인천의 도시공간과 커먼즈,
도시에 대한 권리

인천학연구총서 42

인천의 도시공간과 커먼즈, 도시에 대한 권리

양준호·민운기·이희환

보고사
BOGOSA

1. 본 공동저서의 글 중 일부는 이 책의 주제와 관련해 기존에 발표된 원고를 수정·보완해 수록하였습니다. 인천의 도시현안의 변화과정을 살펴보는 데도 참조가 되도록 노력하였습니다.

2. 각 글의 저자와 작성시기에 대해서는 첫 각주를 통해 개고 유무와 함께 밝혀두었습니다. 별도의 표시가 없는 원고는 새로 작성된 원고입니다.

3. 이 책에 활용된 참고문헌은 각주로 대신하고 별도로 작성하지 않았습니다.

4. 책, 신문명, 장편 소설 등은 『 』, 논문이나 발표문, 단편소설 등은 「 」, 단체명이나 특정개념은 ' ', 그 외의 고유명사는 〈 〉로 표시하였습니다.

도시를 '민주적으로' 재생시켜내는 것, 그리고 그 조건

최근 우리 사회에는 '도시재생'이 매우 큰 이슈로 떠오르고 있다. 시민의 삶의 터전이자 자기실현의 공간으로서의 도시를 보다 시민적으로 다시 디자인해내는 것만큼 중요한 과제는 없기 때문이다. 문재인 정부가 들어서면서 야심차게 내놓은 이른바 '도시재생 뉴딜 정책'의 방법과 향방에 모든 시민들이 촉각을 곤두세우고 있는 것 역시 그러한 이유 때문일 것이다. 그러나 반대로 도시가 새롭게 개조되는 과정에서 행여나 부동산 가치가 오르지는 않을까 하는 입장에서 도시 재개발·재건축의 틀로 도시재생을 인식하는 시민들 역시 자신의 경제적 이해관계를 토대로 도시를 다른 형태로 바꾸고자 하는 도시재생 프로젝트를 주목하고 있다. 이렇듯, 도시라는 공간에는 도시를 시민적으로 또 민주적으로 디자인해내는 것에 중점을 두는 '설계자'로서의 시민과 도시 개발을 통한 경제적인 부를 챙기는 것에 관심을 두는 '투자자'로서의 시민이 혼재한다. 그러나 도시는 지극히 '공공적인' 공간이다. 일부 시민들의 사적인 경제수익을 위해 존재하는 공간이 아니라 시민 전체의 편익과 가치 실현 그리고 민주주의와 참여가 담보되어야 하는 공간이어야 한다. 도시라는 공간을 창출해내고, 유지하고, 또 이를 바꿔나가는 과정에 대해 도시민 스스로가 책임을 지며, 또 도시민에게는 그 능동적이고 적극적인 '참여적' 행동을 전개해냄으로써 도시를 규정하는 공공적인 룰을 구축하여 이를 토대로 도시공간의 디자인에 관여하는 여러 주체들을 통제해나갈 권리가 있다. 바로 이와 같은 도시민의 책임과 권리가 있기에, 도시라는 공간은 '공공성'을 견지해야 하고 또 이를 지향해야 한다는 것이다. 즉 도시 '공공성'의 원천은 바로 이와 같은 도시민의 권리에 있다. 그런 의미에서, 도시는 '투자자'로서의 시민이 아닌 '설계자'로서의 시민의 참여와 책임 그리고 권리에 의해 기획되고 작동되며 발전되어야 한다. 따라서 도시는 대의제에 의한 입법 및 관료기구에 의한 행정적 재량에 맡기는 것이 아니라 도시 안의 여러 문제들과 관련해서 직접민주주의적인 시민 참여와 여러 시민조직들의 밑에서부터의 의사결정에 의해 경영되어야 하는 것은 말할 필요도 없이 당연한 것이다.

그런 맥락에서, '도시를 민주적으로 재생해내는 것'은 최근 우리 사회에 있어 가장 중요한 과제가 아닐 수 없다. 도시공간의 재생을 위에서 언급한 시민의 참여와 책임 그리고 권리를 토대로 기획하고 또 영위해나가는 것이야말로 시민의 역사로서의 도시 미래를 디자인하는 것임에 틀림없다는 신념에 입각하여, 우리 저자들은 도시공간으로서 인천이 직면한 여러 상황들을 '시민적' 관점에서 짚어보고, 또 그런 고찰의 과정에서 추출해낼 수 있는 인천 시민들의 도시에 대한 참여와 책임 그리고 권리의 문제를 진지하게 생각해보고자 한다. 도시 인천의 시민적, 민주적, 공동체적 재생이야말로, 신자유주의 도시화 특히 기업주의적 도시개발의 전형으로 평가되고 있는 인천경제자유구역 개발과 자본과 지역 성장연합의 논리에 갇혀 도시에 대한 시민들의 권리를 짓밟고 있는 인천 곳곳의 대기업의존형·토목공사형 개발 사업들의 폐해와 그 반민주적·천민자본주의적 위기를 극복하고 도시에 대한 시민의 역량을 더욱 강화할 수 있게 해주는 열쇠임에 틀림없다. 또 이와 같은 현실 인식은 그간 보여준 인천시와 각 기초자치단체들의 천박한 도시개발 논리에 대항하기 위해 나타난 여러 도시운동들, 특히 도시의 '공공성'을 전면에 내세우며 도시에 대한 시민의 참여와 책임 그리고 권리를 강조해온 실천적인 시민운동에 의해 인천 내에서는 꽤 광범위하게 또 깊게 공유되어 오고 있는 것도 사실이다. 이는 비단 인천뿐만 아니라 전국의 주요 도시에서도 공통적으로 확대 재생산되고 있는 신자유주의적 도시화 또는 도시개발에 대한 저항적 시민 패러다임이다. 그러한 시민 실천과 인식이 형성되어 있기 때문에 문재인 정부는 밑에서부터의 도시 개조를 담보한다는 명분으로 '도시재생 뉴딜'로 불리는 정책을 내놓게 되었고, 또 인천시 역시 '도시재생'을 가장 중요한 정책과제로 인식하는데 이르게 된 것으로 보인다. 그러나, 화려한 도시 개조와 부동산 가격 상승, 그리고 대기업 유치와 함께 전개되는 도시재생은 우리 사회에서 뿌리 깊게 작동되어 오고 있는 산업도시 재개발이라는 낡은 경로 의존적 지향성에서 기인하는 것이다. 이는 '도시재생'이라고 하는 정책과제를 부상시키게 된 배경 그 자체를 상황 변화에 대한 성찰도 없이 또 다시 재현시키는 것에 다름없다. 도시가 역사의 전환기에 실패를 또 다시 반복하게 되면, 도시가 역사의 전환기에 잘못된 항해도를 그리게 되면, 도시는 타이타닉호과 같이 빙산에 부딪히게 된다. 도시가 이상적인 미래로 가기 위한 정확한 항해도를 그리기 위해서는 도시의 과거 역사로부터 교훈을 추출해내면서 '도시'는 과연 어떤 공간이어야 하는지에 대한 근본적인 성찰과 고민에서 출발하지 않으면 안 된다. 지금과 같은 도시의 역사 전환기에 있어서의 '도시재생'이라고 하는 것은 도시의 르네상스를 꾀하는, 즉 도시공간에서 살아가고 있는 인간의 복원을 의미한다고 해도 과언이 아니다. 그리고 '르네상스'가 전 역사 상황의 변화를 의미하고 있는 것처럼, 도시의 르네상스 역시 인간의 전 역사 상황의 변화를 담보하는 것이 아니고 무엇이겠는가.

　지금까지의 '도시문제'는 산업화 사회가 초래한 여러 문제들이었다. 그러나 지금의 도시들은 산업화가 아니라 탈산업화(de-industrialization) 경향에 마주하고 있다. 공업의 쇠퇴와 함께, 도시는 피폐화되고 쇠망하고 있다. 이는, 산업사회에서 탈산업 사회로의 역사 전환기에 공업이 성장의 축으로 작용했던 산업도시가 역사의 뒤안길로 사라지는 과정에서 나타나는 비극적 위기이다. 그렇다면, 지금 우리 사회에서 최대의 이슈로 떠오르게 된 '도시재생'이라고 하는 것은 쇠퇴해버린 산업사회에 있어서의 도시가 아니라 탈산업화 사회에 있어서의 도시를 재생시켜내는 것이어야 한다. 그러나 산업도시가 쇠망하고 있다고 해서 '도시의 시대'가 끝난 것은 아니다. 산업사회에서 탈산업 사회로의 이행은 '새로운' 도시의 시대가 막을 열게 된 것임을 의미한다. 분명히, 산업사회는 산업도시 또는 공업도시를 발전시켰다. 또 산업사회는 인간이 생활하는 사회를 국가 차원에서 통합하는 국민국가 시대의 산물이었다. 그런데 탈산업화 경향과 함께 인간의 생활을 통합해온 국민국가의 틀이 동요되기 시작했고 심지어 급속한 글로벌화가 진행되고 있다. 그러나 글로벌화 경향에 따라 국민국가에 의해 보장되어 온 인간의 생활이 파괴되기 시작함과 동시에 도시의 '르네상스'에 의해 인간이 생활하는 공간으로서의 장(場)

을 재생시키고자 하는 움직임 역시 본격적으로 대두되고 있다. 이와 같은 변증법적 상황 하에서, 국민국가의 기능은 위로 또 아래로 분기되면서 글로벌라이제이션(globalization)과 함께 로컬라이제이션(localization)이 진전되고 있다. '지속가능한 도시(sustainable city)'를 최대의 정책적, 시민적 과제로 여겨 오고 있는, 그리고 전 세계적으로 모범 사례로 평가되어 오고 있는 유럽에서의 '도시재생'은 시민 생활의 장으로서의 도시를 다시 살려내는 것에 초점을 맞추고 있다. 이와 같은 '도시재생'은 산업화 또는 공업화에 의해 오염된 도시의 자연환경을 되살려 놓는 것과 도시 고유의 지역문화를 재생시켜내는 것을 동시에 강조하고 있다. 즉 탈산업화 시대의 '도시재생'은 도시의 자연환경 재생과 함께 국민국가가 성립하기 이전부터 지역사회가 키워 온 지역문화의 부흥을 동시에 꾀하는 방향으로 전개되고 있다. '문화'라고 하는 것은 인간의 생활양식이기에, 도시 고유의 문화는 그 도시 시민들만의 생활양식이다. 따라서 도시 문화의 부흥은 시민을 성장, 발전시키는 교육의 부흥과도 연동된다. 도시는 인간 생활 공간의 장이다. 그렇다면, 도시는 시민을 성장시키고 또 발전시키는 것을 담보할 수 있는 공간이어야 한다. 이는 도시의 목적이 '인간' 그리고 '시민' 그 자체여야 한다는 의미이다. 도시정책이 그에 초점을 맞춰 펼쳐져야 하고 도시운동 역시 이를 목적으로 설정하여 전개되어야 한다. 이제 도시는 자본의 가치 증식 수단으로서의 공간이 아니다. '인간적', '시민적' 도시이어야 한다.

이와 같은 '인간적', '시민적' 도시에는 우수하고 또 창의력이 풍부한 인재들이 모이게 된다. 이들은 도시가 처한 역사적, 정치적, 사회적 상황에 맞춰 도시 발전의 동력으로 작용하게 될 새로운 산업의 싹을 틔운다.

'인간적', '시민적' 도시를 만들어내는 것은 도시 안에 인간적인, 그리고
시민적인 '지식사회(knowledge society)'를 구축하여 역사 전환기의 위기
를 극복해나가는 것에 다름없다. 공업화 또는 산업화에 의존해온 우리나
라 주요 도시는 지금 탈산업화 경향에 마주하면서 그 쇠퇴 경향을 현저하
게 드러내고 있다. 인천 역시 그렇다. 국가 차원의 산업도시로 성장해온
인천은 산업공동화와 전반적인 탈산업화 경향에 마주하면서 지역경제의
성장 동력을 상실한 지 오래다. IT, BT, NT와 같은 탈공업적 지식 기반
을 강조하며 급속히 개발해온 인천경제자유구역 역시 막대한 시민혈세
를 투입하면서도 지역 내 투자, 고용을 전혀 담보해내지 못 하고 있다.
게다가 탈산업화 하에서의 인천 지역경제는 자급성도 또 자기완결성도
높이지 못 하고 있는 상황에 빠져 있다. 탈산업화 하에서의 도시는 이와
같은 지역경제 차원의 문제만 안고 있는 것이 아니다. 도시 내 공동체는
해체되고 있고 폭력과 범죄가 무기질화된 도시공간 내에 난무하고 있다.
이와 같은 문제들을 해결하기 위해서도, 시민이 직접 지역사회와 지역경
제를 구축하고 또 시민의 생활을 기획하는 권한을 강화할 수 있는 '도시
재생'이 요청되고 있다. 인간이 그리고 시민이 보다 인간적으로 발전하
는 것을 역사에 기대해본다면, 산업화 사회 이후에 도래한 도시 사회에
있어서는 '르네상스'에 걸맞는 수준의 인간적인 그리고 시민적인 생활이
영위되지 않으면 안 된다. 일본의 세계적인 도시학자 우에다 카즈히로(植
田和弘)가 언급했듯이, 이와 같은 인간의 그리고 시민의 생활이 영위되는
'용기(container)'로서의, 또 지역문화를 지키고 키워내는 '부란기(incubator)'
로서의 도시를 재생시켜내는 것이야 말로, 다음 세대를 위한 지금 시민
들의 가장 중요한 숙제이지 않겠는가. 도시의 '인간적', '시민적' 도시재
생을 고민하는 것은 도시를 살아갈 다음 세대들을 위한 우리들의 사명이

다. 자본 가치 증식을 위한 토건형 개발과 '경제자유구역 만능론'에 멍든, 도시의 시민자산(commons)이 사유화되고 또 지자체와 지역 성장연합 간의 강고한 관성이 시민의 '도시에 대한 권리'를 마구 짓밟고 있는 우리 인천에서는 더 더욱 '인간적', '시민적' 도시재생에 관한 고민이 절실하다. 이 책이 지금 우리 도시민들의 그러한 '역사적' 고민을 위한 하나의 단서가 되길 빈다. 마지막으로, 이 책의 출판을 허락해준 인천학연구원에 대해 진심으로 감사의 뜻을 표한다.

2018. 12.
저자를 대표하여
양준호

제2부   인천의 도시공간과 도시의 정치경제학

공허한 미래에 현재의 삶을 투기하는 스펙타클 도시정치

제3부   인천의 도시운동과 '도시에 대한 권리'

제1부

인천의 도시사와
도시이론·운동의 모색

근대도시 '새인천'의 형성과정

1. '제물포'라는 지명과 운명

　　제물포라는 이름은 '여러 강의 둑'이라는 뜻으로 풀이된다. 이러한 지명
이 붙게 된 것은 대단히 흥미로운 전설 때문이다. 이미 몇천 년 전에 제물포
가 조선의 교역항이 되리라는 예언이 있었는데, 이것이 곧 사실로 나타났
다는 이야기다. 예언에는 가까운 인천까지 포함됐는데, '인천'이라는 이름
은 '인간을 사랑하는 강'을 의미한다. 그러나 제물포는 이름만 그럴싸한,
명색뿐인 우두머리처럼 한가로이 졸고 있으며, 이름에 걸맞지 않게 너무나
작고 보잘것없다.[1]

　　위의 글은 1883년 12월에 조선을 방문한 미국의 천문학자이자 외교관
인 퍼시벌 로웰(Percival Lowell)이 1886년에 출간한 『조선, 조용한 아침의

---

* 필자 : 이희환
　　이 글은 인천 커먼즈 유산의 역사적 기원을 살펴보기 위해 필자의 구고 「근대 초기 '새인천'
　　의 형성과정 연구」(『인천학연구』 창간호, 인천대 인천학연구원, 2002)와 「인천 개항장
　　의 역사문화지리」(『인천문화연구』 창간호, 인천시립박물관, 2003)의 관련 내용을 새롭
　　게 재구성하여 작성한 것임. 이후에 나온 여러 연구성과를 반영하지 못한 한계가 있음.
1) 퍼시벌 로웰, 『내 기억 속의 조선, 조선 사람들』, 조경철 역, 예담, 2001, 46쪽.

나라(*Choson : The Land of the Morning Calm*)』라는 책에서 제물포의 첫 인상을 표현한 부분이다. 퍼시벌 로웰은 조·미수호통상조약 체결 이후 최초로 견미사절단으로 파견된 민영익, 홍영식 등의 조선보빙사 일행을 도와 미국방문을 순조롭게 마칠 수 있도록 했고, 그 공로로 고종으로부터 '조선 대군주의 빈객'으로 초청 받아 제물포에 입항한 것이었다.[2]

조선을 '고요한 아침의 나라'라는 표현으로 서양에 최초로 소개했던 로웰은 위 글에서 제물포에 대해서도 그 인상과 지명에 대해 흥미 있는 이야기를 들려주고 있다. 제물포가 이미 몇 천 년 전에 조선의 교역항이 되리라는 예언이 있었고 이것이 사실로 나타났다는 이야기는 그 풍문의 출처가 궁금하거니와, 제물포를 '여러 강의 둑'이라거나 인천을 '인간을 사랑하는 강'이라 풀이한 것도 재미있다. 아마도 이들 지명의 한자어의 자의적으로 해석한 것이라 짐작된다. 인천이란 지명의 유래에 대해서는 우리가 익히 알고 있지만, 그러고 보니 실상 '제물포'라는 지명에 대해서는 우리가 그동안 관심을 두지 않았던 것 같다. 언제부터 '제물'이라는 지명이 통용되었고, 그 의미가 무엇인지 아직도 분명히 밝혀져 있지 않은 것이다.

제물포의 지명과 관련하여 러시아 쪽의 기록에는 "상품을 건네는 항구라는 뜻"이라 기록하고 있는데,[3] 이 또한 한자 어의를 그럴듯하게 풀이한 것 같다. 또 다른 이방인인 미국 감리교의 선교사 스크랜튼(W. B. Scranton) 박사는 제물포를 "기우제를 지내는 우물?"이라 의문을 달기도 하였고, 역시 인천에서 활약했던 감리회 선교사 존스(G. H. Johns) 목사는

2) 김원모, 『한미수교사−조선보빙사의 미국사행편(1883)』, 철학과현실사, 1999, 397~409쪽.
3) 러시아 경제성 사무국에서 *KOPEИ*라는 제목으로 출간한 조선에 대한 종합안내서(산끄뜨 뻬떼르브르그 : 1900)의 번역본 『국역 한국지』 본문편(한국정신문화연구원, 1984), 222쪽 참조.

1901년의 기록에서 "물건의 비축이나 보존을 위한 창고를 의미한다"고 단정한 바 있다.[4]

조선 후기의 여러 지도에는 '제물(濟物)'이라는 지명이 보편적으로 나타난다. 월미도의 지명이 '어을미도'·'얼미도'·'얼도' 등으로 혼란스럽게 여러 지도에 표기된 것과 비교하면, 제물포란 지명이 이처럼 고정적인 것은 그것이 이미 오래 전부터 사용된 것임을 말해준다. 그렇다면 아무래도 그 어원은 이곳 바닷가 사람들이 쓰던 토착지명에서 유래했을 것이다. 이를 한자어로 가차한 데서 '濟物'이라는 지명이 등장하였고, 이는 공교롭게도 땅의 운명을 상징하듯이 '근대의 문물이 들고나는 나루'의 자의를 우연히 갖지 않았을까?

로웰의 기록에서 또 하나 관심이 가는 부분은, 그가 '제물포'와 '인천'을 별도의 지역으로 구분하여 기술하고 있다는 점이다. 이러한 인식은 제물포를 찾아왔던 대다수 외국인들의 기록에서도 대체로 동일하게 나타난다. 인천 관아가 위치했던 인천군을 대신하여 새롭게 개항장으로 열린 제물포는 외국인들에게는 인천이 아닌 전혀 다른 장소로 인식되었던 것이다. 관아도 없는 한적한 나루 제물포는 이처럼 외세에 의해 어느 날 갑자기 발견되었다. 그리하여 문물이 들고나는 개항장으로 열렸다.

그런데 지명의 의미와는 달리 로웰이 기록한 것처럼 제물포는 "그럴싸한, 명색뿐인 우두머리처럼 한가로이 졸고 있으며, 이름에 걸맞지 않게 너무나 작고 보잘것없"는 한적한 포구에 지나지 않았다. 로웰은 거듭해

---

4) 황규진·홍종만, 『인천서지방사』, 기독교대한감리회 인천서지방사편찬위원회, 1998, 92~93쪽. 이와 관련하여 1933년 인천부에서 출간한 『仁川府史』 15쪽에서는 '큰물(大水)'로 해석하고 있다. '제밀'·'제미리'라는 지명의 용례를 들어 '제물'과 고구려 지명 '다물(多勿)'과의 연관성을 제기한 견해도 있다. 최원식, 『황해에 부는 바람』(다인아트, 2000), 78쪽.

서 제물포를 이렇게 묘사하고 있다.

　　제물포는 바다와 육지의 특성을 모두 갖춘, 초가지붕이 즐비한 조그만
섬이다. (······) 제물포는 항구가 아니다. 해변과 진흙으로 된 평지가 있을
뿐, 항구로서는 부적당하다. 대신에 하나의 정박지로서 해변 가까이 가는
일 자체가 항해이다. 다른 섬들이나 시가지의 조망에서 격리된 채 인적이
라곤 전혀 없는 황량한 그 곳에 외선 두 척이 정박하고 있다.[5]

　"항구가 아니다"라는 단적인 표현으로 수식된 개항 직후의 제물포에
대한 이러한 인상은 이후 제물포를 찾아왔던 많은 외국인들의 기록에서
역시 비슷하게 나타난다. 1894년 이후 네 차례나 조선을 방문한 바 있던
영국인 이사벨라 비숍(Isabella B. Bishop)의 『조선과 그 이웃나라들』에도
제물포는 "질퍽거리는 진흙뻘"의 바닷가와 그 바닷가의 "모서리를 따라
뿔뿔이 흩어져 있는 초라한 집들의 덩어리"로 "전혀 항구로 불릴 수도
없을 정도"라고 묘사되었다.[6]
　제물포에 대한 외국인들의 이러한 묘사는 물론 외면적인 인상을 주로
표현한 것이다. 그러나 비숍 같이 부산과 원산항을 모두 방문했던 사람
의 경우에도, 수심도 얕고 조수간만의 차도 심한 제물포는 항구로서 입
지조건이 다른 항구에 비하여 형편없게 느껴질 정도였으니, 애초에 항구
로서의 자연적 입지조건 때문에 제물포를 개항장으로 열었던 것은 아니
었다. 비숍이 묘사한 제물포는 그녀가 조선을 처음 방문한 1894년 당시
의 모습이었으니, 제물포가 개항한 지 이미 10년이 지난 시점까지도 제

5) 퍼시벌 로웰, 앞의 책, 44쪽.
6) 이사벨라 버드 비숍, 『한국과 그 이웃나라들』, 이인화 역, 살림, 1994, 21쪽, 39쪽.

물포항의 모습은 크게 달라지지 않았던 것이다.

그러나 1900년대로 넘어가면서 제물포는 확연하게 다른 모습으로 묘사되기 시작한다. 1902년 제물포에 도착한 독일인 지그프리드 겐테의 눈에 비친 제물포의 풍광을 보자.

> 마침내 제물포, 조선 땅으로 가는 출입항, 아시아의 한 독립왕국의 유일한 수문이며 아직도 야만의 땅인 수도 서울의 수문이 나타난다. 자신의 눈을 믿을 수가 없다. 아름답고 푸른 언덕 위 수없이 많은 유럽풍의 집들, 높고 뾰족한 탑이 있는 진짜 교회, 영국과 일본의 깃발들, 그리고 모든 것을 제압하는 언덕위 도시의 상징처럼 높이 선 의젓한 집 위에서 검고 희고 붉은 색을 보다니.[7]

들뜬 영탄조에 담긴 겐테의 개인적 소회를 감안하더라도 위 글에 묘사된 제물포는 비숍이 본 그 풍광이 아니다. "수없이 많은 유럽풍의 집들"과 "높고 뾰족한 탑이 있는 진짜 교회", 그리고 "영국과 일본의 깃발들"에 더하여 "검고 희고 붉은 색"의 독일 깃발까지 나부끼는 국제항의 모습으로 그려져 있는 것이다. 비숍이 본 제물포와 겐테가 본 제물포 사이의 눈에 띄는 두드러진 변화란 실상 채 10년도 안 되는 짧은 기간에 일어난 것이다. 게다가 도시 외관의 변모란 그 도시에서 일어난 중층적이면서도 내재적인 변화의 한 국면만을 외면적으로 보여줄 뿐일 것인데, 도대체 그 사이에 제물포에서는 어떤 일들이 일어난 것일까?

제물포가 개항된 1883년부터 조선이 일본의 식민지로 전락한 1910년 사이에 제물포에서 일어난 일련의 변화는 조그만 포구를 새로운 국제적

---

7) 지그프리드 겐테, 『한국기행』, 최한선 역, 대구효성가톨릭대학교 출판부, 1999, 22쪽.

교역도시로 탈바꿈시킨, 격렬한 실험의 연속이자 압축적인 근대화 과정
에 다름 아니다. 인적 드문 조그만 나루터가 어느 날부터 근대 문물을
실어 나르는 국제항으로 변모하였으며 이후 한국의 근대화를 추동하는
발신처가 된 것이다. 이 글은 제물포에서 시작된 이 격렬한 근대화의 실
험과 그 압축적 근대화 과정에서 나타난 다양한 움직임 중에서 특히 문화
적 변동과정에 관심을 갖고 그 개괄적 양상을 조계를 중심으로 살펴보려
고 한다.

2. 제물포 개항장의 국제성

1876년의 강화도조약 체결과 연이은 부산, 원산항의 개항에 뒤이어
수도 한성의 수문인 인천의 개항이 더 이상 미룰 수 없는 시간이 다가왔
다. 1882년의 임오군란 그 뒤처리를 위한 제물포조약에 따라 인천의 제
물포의 개항이 1883년 1월 1일을 기해 이루어질 것으로 포고된 것이다.
그러나 제물포 개항이 실제로 이루어지고 무역이 시작된 것은 6월경이라
고 한다. 혹자는 인천항 통상사무 감리가 정식 임명된 9월 19일을 개항일
로 보기도 한다. 그런데 앞서 인용한 러시아의 한국에 대한 종합안내서
에는 제물포의 개항 날짜를 6월 16일로 분명히 적시하고 있다.[8] 조선을
사이에 두고 러시아가 일본과 치열하게 경쟁했던 1900년에 출간된 이
보고서가 보여주는 치밀한 실증적 기술을 감안한다면, 6월 16일에 제물
포가 개항했다는 단정적 기술을 쉽게 무시하기 어렵다. 그런데 이 날은
인천해관이 창설된 날이기도 하다. 조선과 여러 열강 사이의 자유로운

---

8) 『국역 한국지』 본문편, 30쪽.

통상을 위한 마련된 개항장의 가장 핵심적인 기관이 해관이라면, 조선 최초로 인천해관이 개설된 이 날을 인천 개항일로 비정해도 크게 문제가 없을 것이다.

비록 세 번째로 만들어진 개항장이긴 하지만, 제물포에 마련된 인천 개항장은 수도 한성의 해문요충이자 보장중지가 열렸다는 점에서 조선이 근대 세계체제와 교통하는 관문의 역할을 담당할 수밖에 없었다. 부산 개항장이 1876년에 제일 먼저 개항되었고 그 규모도 훨씬 컸지만, 이곳은 일찍이 왜관(倭館)이 설치된 지역으로 일본세력의 조선 내 근거지였다. 그리고 부산 개항장의 일본 전관조계적 성격은 개항기 내내 크게 달라지지 않았다. 1879년 역시 일본에 의해 개항된 원산항은 동해안을 타고 남진할 러시아 세력에 대한 견제와 한반도의 자원을 반출할 목적으로 개항돼 제한된 역할을 감당하였다. 이에 비하여 서해안의 인천이 개항된 것은 곧 수도 한성의 개방과 동시에 조선 전체가 서구제국에게 개방되었음을 의미한다.

제물포의 개항장은 부산이나 원산에 비교한다면 그래도 공동조계로서의 성격이 강하게 유지되었던 개항장이었다고 할 수 있다. 물론 인천의 일본 전관조계 지역은 일본만의 강한 독점성을 유지하였다. 그러나 일본과 가까운 최초의 개항장 부산이 일본 독점의 상황(商況)을 이루었던 비한다면 인천 개항장은 각국조계가 설정된 이후로는 뚜렷하게 국제적 교역항으로서의 면모를 띠게 되었다.

인천 개항장의 공동조계로서의 성격을 잘 말해주는 것이 각국거류지의 회와 제물포구락부이다. 조계 지역 내에는 별도의 외국인 행정기구가 존재했다. 1882년 4월 일본영사관이 처음 설치된 이후 영국영사관(1884. 4)과 청국이사부(1884. 4)가 곧 개설되었고, 러일전쟁 직전에는 러시아영사관

(1902.10)이 설치되었다. 일본인들은 조계의 주요한 안건을 다룰 '인천일본거류지의회'도 조직 운영하였고, 경찰서도 조직하였다. 그러나 인천에 영사관을 세우지 않은 나라에서도 개항장 인천에서 자국의 의사를 대변하고 이권을 도모하기 위한 기관의 필요성이 컸다. 그리하여 각국조계가 설정된 뒤 얼마 지나지 않아 인천 개항장 조계 지역을 공동 관리하는 시공서(Town Hall)와 의회(Municipal Council), 경찰서 등을 1884년 7월을 전후하여 설치하였다.

각국조계의 집행기관인 시공서는 일종일 조계자치구청(租界自治區廳)의 역할을 하였으며 조계 내에서 행정권과 함께 사법권까지 행사하였다. 후에 신동공사(紳董公司)로 변모한 인천 각국거류지의회는 1885년 최초로 8명의 위원을 선출하여 개항장의 여러 사무 및 이권과 관련된 중요한 안건을 심의하였다.9)

한편 인천에 거주하기 시작한 외국인들은 제물포구락부를 조직하여 사교와 친목을 도모하였다. 1891년 봄에 조직된 제물포구락부에는 외교관을 비롯한 관리와 상인 같은 유력한 조계 지역 내의 신사, 숙녀들을 회원으로 하였고, 입회조건이 매우 까다로운 고급 사교모임이었다고 한다.

> 6월 22일 토요일 하오 4시반 제물포구락부의 신축 개관식이 거행되었다. 많은 내빈이 참집한 가운데, 앨런(Dr. H. N. Allen) 박사 부인이 신관 입구 문을 은제 열쇠로 열었다.
> 내빈들이 훌륭한 집과 장식을 두루 구경하고 칭찬한 다음, 영국영사 허버트 꼬프(Mr. Herbert Goffe) 씨는 동 구락부 건축에 대한 경과보고와 사바틴(Mr. Sabatin, 러시아인), 데쉴러(Mr. Deshler, 미국인) 그리고 뤼일

---

9) 보다 자세한 것은 최성연의 『개항과 양관역정』, 경기문화사, 1959, 87~91쪽 참조.

르스(Mr. Luhrs, 독일인) 제씨의 각별한 노고를 찬양하는 간결한 스피치를 마치고, 개관 선언을 하여주기를 앨런 부인에게 간청하였다.[10]

위의 글은 1901년 6월 신축한 제물포구락부 신관 개관식 당시의 모습을 보도한 기사이다. 새로 건축된 제물포구락부 신관에는 당구대와 도서실, 사교실과 테니스 코트 등이 함께 설치되었다. 미국공사 부인을 비롯하여 영국 영사와 각국의 유력 인사들이 모여 그들만을 위한 고급 사교클럽의 문을 은제 열쇠로 열고 들어가는 이 장면은 매우 상징적이다. 제국주의 시대를 추동했던 서양 부르주아의 사교문화가 한적한 포구 제물포의 언덕에서 연출되고 있었던 것이다. 인천 개항장은 어느덧 서구 부르주아들의 자랑스런 영토로 편입되었던 것이다.

중화체제 하의 봉건적 쇄국체제에서 조선이 강제로 근대 자본주의 체제로 편입되는 이 역사적 과정에서, 사실 인천만큼 그 지정학적 위치가 높이 부각되고 그리하여 군사적, 외교적 시련을 많이 겪은 지역은 달리 없다. 1883년 개항 이후에도 안팎으로부터 주어지는 온갖 시련에서 인천 지역은 결코 자유로울 수 없었다. 1884년의 갑신정변이나 1894년 청일전쟁, 1904년의 러일전쟁을 거치면서도 인천은 전란의 한가운데 있었다. 그러나 그러한 시련 속에서도 개항 이후 인천 지역은 근대 자본주의 문명이 조선에 유입해 들어오는 관문지역으로서 정치적, 경제적, 사회적, 문화적 제 측면에서 격렬한 실험장이 되었다. 그리고 그 위태로운 실험은 제국주의적 수탈과 자본주의적 발전, 그리고 민족적 존엄과 세계사적 평등이라는 이

---

10) *The Korea Review*, Vol. 1, p.271, 『개항과 양관역정』, 135~136쪽에서 재인용. *The Korea Review*는 *The Passing of Korea*(London : 1906)를 쓴 Homer B. Hulbert가 1901년부터 1906년까지 발간한 감리교계 월간지이다. 신복룡, 「역자서문」, 『대한제국멸망사』, 평민사, 1984, 5쪽.

중적이면서도 양가적인 가치 위에서 진행될 수밖에 없었다.

중국과도 다르고 일본과는 또 다른 조선의 근대화 과정에서 인천 지역
에서 펼쳐진 이 초유의 근대화 실험은 따라서 매우 복잡한 양상을 띨
수밖에 없다. 이 양가적이고 이중적인 가치의 길항 속에서 '인천'이라는
새로운 근대 도시가 매우 유동적으로 상황 속에서 형성되었으며, 이 도
시가 갖게 될 정체성은 다시 전체 조선의 근대화 과정뿐만 아니라 나아가
동아시아와 세계의 변화 속에서 구조화되고 재조정되었을 터이다.

그러므로 이 도시의 형성과정을 살펴보는 일은 단순히 수치의 고저나
제도의 유무 같은 외형적인 것만으로 측정될 수 없는 복잡한 시야를 요구
한다. 아울러 밖으로부터 주어지는 타율적인 영향과 결과만으로 판단하
는 것도 한계를 가질 수밖에 없다. 그 전체상을 왜곡시키거나 사장하는
일면성의 한계를 피할 수 없게 될 것이기 때문이다. 제물포 포구 앞에
새롭게 형성된 근대도시는 전통시대의 인천도호부 지역과는 따른 '새로
운 근대도시' 즉 '새인천'의 형성과정에 다름 아니다. 새인천의 형성과정
은 곧 한국 근대사의 기원에 해당하는 중요한 연구 영역인 만큼 보다
냉정한 실증과 심오한 성찰을 요구한다.[11]

---

11) 이하 언급되는 인천의 근대화 과정에 대한 역사적 사실들은 다음의 자료들을 참조하였
다. 이에 대해서는 별도의 각주를 달지 않는다.
   인천직할시사편찬위원회 편, 『인천시사』 상권, 인천직할시, 1995.
   박광성, 「인천항의 조계에 대하여」, 『기전문화연구』 20, 인천교육대학교 기전문화연
구소, 1991.
   高橋幸八郎 외, 『일본근대사론』, 차태석·김리진 역, 지식산업사, 1981.

3. '새인천'의 제도적 구축과정

부산항·원산항에 이어 1883년에 해문요충인 인천항을 개항시킴으로써 일본 세력은 본격적으로 조선 공략에 나섰다. 비록 조수간만의 차가 크기는 하지만 월미도 앞의 정박지는 여러 섬들에 둘러싸여 풍랑이 크지 않고, 간조시에도 깊은 수심을 유지하는 수로가 있으며 부두를 용이하게 축조할 수 있다는 점 등 서해안의 개항장으로는 최적지로 판단되었던 것이다. 이 지역은 원래 인천군 다소면(多所面)의 해안지대인 제물량(濟物梁) 일대로 인천군 관아가 위치해 있던 인천읍내와는 상당한 거리에 위치해 있었다. 일본인들에 의해 이곳이 선택되고 개항장이 마련됨으로써, 결과적으로 전통시대 인천의 중심지역인 인천읍 지역이 몰락하고 개항장을 중심으로 한 새로운 인천 지역이 탄생하게 되었다.

'새인천'의 건설은 제도적 차원에서 조계, 감리서, 해관의 설치로 구체화되었고, 그 물적 토대로써 항만, 도로, 철도, 정보·통신망, 상업금융망의 구축으로 현실화되어 나갔다.[12]

---

12) 이 장에서 다룰 내용에 관해서는 앞의 각주 11)의 자료에 더하여 다음의 자료를 참조하였다.

仁川府 편, 『仁川府史』, 1933.

이현종, 『한국개항장연구』, 중판; 일조각, 1980.

손정목, 『한국개항기도시사회경제사연구』, 일지사, 1992.

신태범, 『인천 한 세기』, 홍성사, 1983.

인천세관 편, 『인천세관110년약사』, 1982.

인천항운노동조합, 『인천항변천사』, 1995.

김용하, 「인천개항초기의 시가지 형성」, 『황해문화』 창간호, 1993년 겨울호.

1) 근대적 제도의 유입

(1) 조계(租界)의 설정

'새인천'의 건설은 우선 조계의 설정으로부터 시작되었다. 부산을 개항한 직후 일본이 제일 먼저 착수한 일도 조계의 설정이었거니와 일본은 불평등조약을 통해 확보한 교두보 개항장(開港場)[13]에서 그들 세력의 통상거주(通商居住)와 치외법권(治外法權)의 자유를 구가하기 위해 조계의 설정을 서둘렀다.

제국주의 침략의 전초기지 역할을 한 조계는 동아시아 3국의 개방 과정에서만 나타나는 특이한 제도로써 일본만은 이를 거류지(居留地)라고 불렀다. 아편전쟁의 결과로 영국이 중국 상해에 조계를 설정한 것이 그 시초였으며, 일본에서는 1858년 안정오개국조약(安政五個國條約)을 통해 5개항에 걸쳐 조계가 설정되었다. 1876년 일본은 조선에 강화도조약을 강요하여 부산·원산·인천을 차례로 개항시키는 과정에서, 1877년 1월 30일 부산일조계조약으로 부산항에 최초로 조계를 설정한 데 이어 원산과 인천에도 차례로 조계를 설정하였다.

인천항의 조계는 1883년 9월 30일에 조인된 인천구조계약서(仁川口租界約書)를 통해 설정되었다. 제물포를 개항시킨 일본의 주도권을 인정하여 제물포의 정중앙 1만여 평 부지에 일본 전관조계가 들어섰다. 일본에

---

13) 개항장(開港場), 개시장(開市場), 개방지(開放地), 잡거지(雜居地)는 그 성격상 차이가 있다. 개항장은 연안항구 중에서 선택하여 조약에 따라 외국상선의 출입이 허용된 곳으로, 외국인 거류지가 설정되고 감리서가 설치되고 외교관이 주재하며 수출입 상품의 관세처가 되는 곳이다. 개시장은 외국인 거류지가 없이 상업행위를 허용한 지역을 말하며, 개방지는 월미도, 용산과 같이 일정 지역을 외국인에게 개방하여 그들로 하여금 자유롭게 거주 행동하게 한 곳으로 조차지(租借地)에 준하는 지역이다. 보다 자세한 내용에 대해서는 이현종, 위의 책, 18~27쪽을 참조.

뒤이어 청나라도 조청상민수륙무역장정(朝淸商民水陸貿易章程, 1882.8.23)·
인천구화상지계장정(仁川口華商地界章程, 1884.4.2)을 조선 정부와 체결하
여 조계 설정에 나섰다. 이어 미국·영국·독일·러시아 등 각 나라와도
차례로 수호통상조약을 체결하면서는 인천을 위시하여 진남포·목포·군
산·마산·성진 등지에 각국조계장정(各國租界章程)이 체결되어 제물포 응
봉산 자락 10만 평 부지에 각국공동조계가 들어서게 되었다.

그런데 동아시아 조계 설정 과정에서 조선의 경우 특이한 점은 중국이
나 일본의 조계가 여러 나라가 함께 사용하는 공동조계(共同租界)적 성격이
강한 반면에 조선에 설정된 조계는 일본의 독점적 지위를 보장하는 전관조
계(專管租界)적 성격을 갖고 설정되었다는 점이다. 1845년에 설정된 상해
조계도 애초에는 영국의 전관조계로 설정되었으나 1854년에 이르러 오히
려 공동조계로 그 성격이 변모하였으며, 1858년 미국에 의해 일본의 5개항
에 설정된 조계는 처음부터 공동조계였다. 이에 비하면 부산, 원산, 인천
항에 차례로 설정된 일본조계는 일본의 독점적 지위를 보장하는 전관조계
로 설정되었고, 청국 전관조계 이후에 설정된 공동조계로서의 각국조계는
부족한 일본 전관조계를 대신하는 일본 세력의 주도적인 활동 근거지로
잠식되어 갔다. 일본과 상권을 두고 각축하던 청국은 조선인 거주 지역인
삼리채 등지로 그들의 조계 지역을 계속 확장해 나갔다.

세력이 날로 팽창하여 그들 조계가 계속 협소해지자 일본은 각국조계
로 영역을 넓히는 한편, 일본조계 앞 바다를 매립하면서 그들의 독점적
거점 지역을 크게 확장해 나갔다. 이렇게 해서 확장된 인천 일본 전관조
계는 다른 어느 나라, 어느 지역의 조계보다도 주권침해적 성격이 강하
였다. 바로 옆의 청국 전관조계가 주로 경제적 목적의 활용에 머물렀던
반면 일본 전관조계는 군사적 성격까지 가미되었으니, '특별조계'라는

별칭도 생겨났거니와, 이는 실상 조차지(租借地)에 준하는 것이었다.[14]

(2) 감리서(監理署)의 설치

대규모의 선박이 접안할 수 있는 항만과 통상거주 및 영업의 치외법권
적 지위를 보장해주는 개항장 조계의 확보를 통해 후발자본주의 국가
일본은 인천을 거점으로 조선에서 그들의 무한 이윤추구를 도모해나갔
다. 개항 초기까지도 근대적인 외교와 통상에 어두웠던 조선 정부에서는
이에 대해 속수무책이었다가 인천이 개항될 무렵에야 이에 대한 제도적
인 준비를 서둘렀다. 그렇게 하여 마련된 것이 감리서의 설치와 해관의
창설이다.

감리서는 개항장에 설치되어 대외통상관계의 업무를 처리하던 기관으
로 1883년 9월에 부산·원산·인천 세 곳에 처음 설치되었다. 1889년에는
청나라 및 러시아와의 육로통상사무를 처리하기 위하여 경흥·회령·의주
에도 설치하였다. 1895년 지방제도의 개편으로 잠시 폐지되었다가 1896
년 8월에 다시 설치되었다.

초기에는 해당지역의 부사가 감리를 겸임하면서 기존의 행정체계 안에
서 업무를 처리하였으나 개항장의 사무가 증가하면서 1892년에 이르러서
는 직원을 따로 파견하여 독립된 관서로서 기능하게 되었다. 그 소관업무
는 대체로 외국영사와의 교섭, 조계 안의 일체 사무, 개항장에서의 상품
수출입과 세액을 결정하고 그 세금을 거두어서 탁지부와 외부에 보고하
는 관세업무, 거류지 내의 외국인과 왕래하는 조선상인의 보호, 개항장의

---

14) 이와 관련한 연구로는 노영택의 「개항기 인천의 청국인 발호」(『기전문화연구』 6, 인천
교육대학교 기전문화연구소, 1975)와 이현주의 「개항기 인천의 화교사회와 하와이 이민」
(『2001 인천재발견』, 인천발전연구원, 2001) 등이 있다.

상업·치안질서 유지 등 개항장 내 모든 사무를 전담하여 처리하였다.

개항장 인천에 정식으로 감리가 임명된 것은 1883년 9월 19일이다. 부산, 원산과 함께 인천에도 감리인천항통상사무(監理仁川港通商事務)로 행호군 조병직(趙秉稷)이 임명되었다. 부산에는 부호군 이헌영이 임명되었고, 원산항은 사무가 간편하다 하여 덕원부사로 하여금 겸임하게 하였다. 1890년에 이르러서는 직원을 증설하여 인천에 서기관 5명, 부산과 원산에는 각각 4명, 그 밖의 지역에는 2명씩을 두었으며, 다시 인천, 부산, 원산에는 외아문 소속의 방판(幇辦) 1명씩을 더 두도록 했다. 감리서의 직제와 그 직원 수를 보아서도 인천항의 통상사무가 여타 개항장보다도 가장 번잡했음을 알 수 있다.

감리서는 설치된 지 10여 년만인 1895년 5월 26일 지방제도의 개편에 따라 폐지된다. 전국이 23부(府)로 나뉘면서 폐지된 것인데, 이에 따라 인천감리서의 통상사무는 인천부 관찰사에게 맡겨졌다. 그러나 역설적이게도 감리서의 폐지가 구 인천의 완전한 몰락을 가져오는 결정적인 계기가 되었다. 23부의 한 부로 설정된 인천부 관청의 위치가 구 인천읍 지역이 아닌 제물포 지역으로 이설되었던 것이다. 얼마 후 다시 감리서제가 시행되면서 인천 행정의 중심은 개항장 통상사무로 완전히 이월되었으니, 개항장 제물포 일대가 인천읍 지역을 밀어내고 새로운 인천의 중심으로 떠올랐던 것이다. 감리서는 1905년 을사조약으로 외교권을 일제에 박탈당하면서 폐지되었고, 그 업무는 해당 지역의 부윤이나 관찰사에게 이관되었다.

(3) 해관(海關) 창설

개항장의 여러 통상사무를 담당하는 감리서의 업무와의 별도로 국가 간의 교역에 따른 관세 업무도 시급한 현안으로 대두하였다. 이를 담당하는 기관이 바로 해관이다. 1876년 불평등하게 체결된 조일수호조규로 인하여 조선은 개항 직후부터 시작된 일본의 무관세무역에 속수무책으로 당해야 했다. 뒤늦게 무관세무역의 문제를 알게 된 조선 정부는 이를 시정하고 관세권을 회복하기 위해 해관의 창설을 서둘렀다. 그리하여 1878년 9월 28일을 기하여 부산 두모진(豆毛鎭)에 해관을 설치하고 수출입화물에 대해 일정율의 세금을 부과, 징수하도록 조처했다. 그러나 그때까지 무관세무역을 통해 부당이득을 취해온 일본은 이것이 1876년에 체결되었던 조·일무역규칙 및 그 동안 양국 대표간에 문서상으로 합의한 사항에 위배된다고 주장하며 해관을 철폐하도록 압력을 가했다. 이에 밀린 조선 정부는 1878년 12월 26일 두모진해관과 과세조처를 철폐하고 일본과의 협상을 통해 관세문제를 해결하려고 시도했다. 그러나 일본의 무성의로 별다른 성과를 얻지 못했다.

그러던 중 1882년 초부터 청나라 이홍장(李鴻章)의 알선으로 미국과의 통상협정이 본격화되면서 관세 문제가 표면에 떠올랐다. 상황이 이에 이르자 일본 정부도 종래의 무성의한 태도를 바꾸어 조선과의 관세협상에 관심을 갖기 시작했다. 마침내 1882년 5월 조·미수호통상조약이 체결되고 여기에서 미국이 조선의 관세권을 정식으로 인정하고 나오자 일본 정부는 그제야 자국 상품에 대한 관세율을 최대한 낮추려고 협상에 임하기 시작했다. 그 결과 1883년 7월 25일 조·일통상장정 및 해관세칙이 정식 조인되었다. 이로 인해 조선은 관세권의 일부를 회복하고 합법적으로 해관을 창설할 수 있게 되었다.

그러나 당시 조선 정부는 관세행정 및 해관 운영 등에 관한 경험이 전혀 없었으므로 독일인 P. G. 묄렌도르프를 고용해 해관의 창설과 함께 향후 운영에 관한 업무를 총괄·지휘하도록 했다. 이리하여 1883년 6월 16일에 인천세관이 창설되었고, 이어 10월 1일에 원산해관, 10월 4일에 부산해관이 각각 창설되면서 관세업무가 본격적으로 개시되었다.

그런데 인천해관의 창설된 1883년 6월경에는 조선정부가 미국 및 일본과 관세와 해관 설치에 관한 협정을 아직 체결하지 않았을 때였다. 그러나 협상과정에서 관세권의 정당성을 수긍할 수밖에 없는 이들 국가의 입장을 이미 충분히 파악했기 때문에 조선 정부에서 적극적으로 인천해관의 창설을 서둘렀던 것이다. 인천해관장으로는 영국인 A. B. 스트리플링이 임명되었다. 해관 창설에 연이어 개항장 통상사무를 담당하는 감리가 임명된 것이 9월 19일의 일이다.

어렵게 해관이 창설되었지만 청나라의 강력한 영향 밑에 있는 총세무사 묄렌도르프와 그 수하의 외국인 해관장(세무사)들은 조선의 입장이나 이권을 돌보지 않고 청·일 세력을 위시한 서구 열강의 이권과 외교력에 크게 좌우되는 시책들을 폈다. 그 결과 인천 개항장은 조선인 감리와 외국인 해관장 사이의 불편한 이중구조 상태에서 유동적으로 흘러가지 않을 수 없었다.

하지만 외국인에 손에 의해 창설된 해관은 인천 지역에서 향후 중요한 역할을 수행하였다. 해관의 직원으로 서구 문물에 밝고 영어에도 능통한 당대의 신지식인들이 대거 유입해 들어옴으로써, 이들에 의해 인천의 내적 근대화가 일정 부분 추동되었던 것이다.

2) 물질문명의 구축과 침탈구조

근대적 제도와 기구가 불안정한 상태에서나마 서서히 자리를 잡아가는 과정과 병행하여, '새인천' 개항장에는 근대 물질문명의 소산들인 온갖 박래품들이 쏟아져 들어오기 시작했다. 그리고 이 박래품들이 인천을 거점으로 하여 서울을 비롯한 내륙 곳곳으로 펴져 나가기 시작했다. 그러나 이러한 과정이 원활하기 위해서는 항만의 정비, 철도와 도로의 건설, 창고시설의 건설과 같은 사회간접자본의 확충이 필요하게 되었다. 아울러 조선 내의 정보교환뿐만 아니라 외국과의 원활한 정보소통을 위해서도 통신망과 정보망의 구축이 시급하였다. 그리고 이를 운영, 관리할 사회 인프라와 조직망이 긴요하게 되었다. 이에 따라 '새인천' 지역에는 근대 자본주의 물질문명의 온갖 기제들이 일거에 구축되기 시작했다.

(1) 인천 항만(港灣)의 정비

해문요충인 인천항은 깊은 수심이 있다고는 하나 조수간만의 차가 커서 무시로 큰 배가 드나들기에 불편함이 적지 않았다. 이에 따라 열강들에 의해 개항 직후부터 인천항의 정비가 추진되었다. 1884년 9월에는 1년간 인천해관의 러시아인 토목기사 사바틴에 의해 해관 전면에 석축을 쌓고 만조시에도 이용할 수 있는 선착장과 승강장을 만드는 공사가 1년여의 기간 동안 진행하여 완공하였다. 1885년에는 자딘 매디슨 상회에 의하여 인천과 상해를 오가는 기선항로가 최초로 개설되었다. 또 1886년에는 내부(內部)에서 외국에 주문한 기선이 인천에 도착, 각 도를 운행하며 조세를 운반해오기 시작하였다.

그렇지만 인천항은 큰 배가 드나들기에는 불편함이 여전하였다. 그리하여 1893년에는 영국인 기사 챔버스의 설계에 따라 해관 앞 바다를 매축하는 동시에 돌제를 쌓아 보강하였다. 이를 통해 인천항은 어느 정도 국제항으로서 그 숨통을 틀 수 있었다.

출입선박이 갑자기 증가하여 인천항의 시설 확충이 시급한 과제로 대두된 것은 러일전쟁이 끝난 뒤부터이다. 통감부를 설치하여 조선에 대한 독점적 패권을 확보한 일본은 1906년을 시작으로 십 수 년에 걸쳐 본격적인 인천 축항 공사를 대규모로 전개하였다.

한편 일본은 1890년 12월 12일(음력) 조선 정부와 월미도기지조차조약(月尾島基地租借條約)을 체결하여 월미도를 그들의 군사적, 상업적 전진기지로 삼았다. 일본에 뒤이어 미국도 월미도에 석유 저장고 설립을 시도, 타운센드 상회의 중재 아래 1896년 스탠더드 석유회사의 석유 저장고가 설치되었다. 아관파천 이후에는 러시아도 월미도(月尾島)의 군사적 이용을 도모하기 위해 일본과 치열하게 각축하였다. 그리하여 러시아까지 월미도에 저탄고를 마련함으로써 그 아름다운 풍광을 뒷전으로 하고 열강의 위험스런 창고시설이 밀집하는 조차지대로 변모하였다.[15]

(2) 경인철도(京仁鐵道) 부설

항만의 정비와 함께 시급한 것이 도로와 철도의 건설이었다. 철도가 건설되기 이전까지 경인간의 교통과 운수는 경인도로와 인천–용산간의

---

15) 월미도는 부산 앞바다의 절영도(絶影島), 목포 앞바다의 고하도(高下島)와 비슷한 운명을 겪었다. 아관파천 이후 러·일 세력이 각축하면서 개항장에서의 패권을 도모하기 위한 군사적, 상업적 거점지역으로 표적이 되면서 조차지가 된 섬들이다. 이 두 세력의 침탈에 편승하여 땅을 팔아먹는 조선인 지주와 관리가 나타나 더 한층 이 세 섬은 근대의 시련을 혹독하게 겪기도 하였다. 월미도에 대한 본격적인 학술적 접근으로는 인하대 박물관의 『월미산 일대 문화유적 지표조사 보고서』(2001)가 있어 참조가 된다.

수로가 고작이었다. 경인도로는 인천개항과 함께 확장공사에 착수되어 1883년 4월 무렵에는 노폭 2m 정도의 도로가 마련되었으나, 여전히 좁으며 그나마 평탄하지 못하여 이용이 많지 않았다. 대신에 한강을 오르내리는 인천−용산간 항운이 주로 이용되었다. 1886년 처음 기선이 드나들기 시작하여 경인철도가 부설되기 이전까지 이 항로는 자못 번잡하였다.

경인철도의 필요성이 대두하여 그 건설 논의가 공식적으로 제기된 것은 1894년에 와서이다. 청일전쟁 발발 직후 일본이 경인철도의 특권을 노리고 조일잠정합동조관(朝日暫定合同條款)을 체결하면서 경인철도 부설권을 노렸던 것이다. 그러나 열강들이 일본 독점의 부당성을 계속 제기하는 한편 을미사변(1895)으로 인하여 배일 기운에 한층 높아지자 조선 정부는 미국인 J. R. 모오스에게 철도 부설권을 부여하였다. 이에 모오스는 인천에 진출한 타운센드 상사와 함께 한국개발공사를 설립하고 콜브란을 기사장으로 삼아 노선을 측량하기 시작하여 1897년 3월 드디어 예상 공기 3년의 경인선 기공식을 인천 우각현(牛角峴)에서 거행하였다.

그러나 공사자금의 조달에 어려움을 겪었던 모오스는 1899년 1월 31일 부설권을 결국 일본 경인철도인수조합에 양도하고 말았다. 결국 경인철도는 일본인의 손에 의해 완공되었다. 1899년 9월 18일 인천역에서 1차 개통식(노량진−인간 구간)을 거행하였다. 한강철교 공사와 서대문까지의 한성 지역 공사도 완료되어 1900년 11월 12일 종착역인 서대문역에서 전구간 개통식이 거행되었다. 근대문명의 상징이 철도가 경인간에 부설됨으로써 인천은 더 한층 근대문명이 조선에 유입하는 관문지역으로 급부상하였다.

(3) 통신망(通信網)의 구축

조선에 우편제도가 처음 도입된 것은 1884년 홍영식이 우정국을 설치하면서 처음 추진되었다. 그러나 우정국의 개국과 동시에 발발한 갑신정변으로 말미암아 신식우편제도의 도입은 한참 늦추어져 1894년 갑오개혁의 일환으로 전국 각지에 우체사가 설치되면서 본격화되었다. 그 일환으로 인천에도 1895년에 우체사(郵遞司)가 설치되었다.

그러나 조선에 우체사가 설치되기 이전부터 일본은 인천 일본영사관 내에 우편국을 설치 운영하였다. 인천 개항 이전인 1882년부터 인천주재 영사에게 우편사무를 아울러 관장하게 하여 1884년 영사관 내에 우편국을 설치하고 우편사무를 시작하였다. 이어 1888년엔 한성 일본공사관에 출장소를 설치하여 여타의 외국인들이 일본 우편국을 널리 이용하기에 이르렀다.

일본공사관 우편국은 1888년부터 전신 사무도 취급하였다. 일본은 이미 1883년에 부산과 나가사키를 연결하는 조일해저전선부설에 관한 조약을 체결하고 1884년 2월에 이를 개통시켰으며, 개통과 동시에 부산에 일본전신분국을 설치하여 경성, 인천, 원산에 거류하는 일본인들에게 전보를 무료 송수신하기 시작하였다. 그러나 이 일본 전신은 서울과 부산간에 전선이 놓이지 않았기 때문에 결정적으로 불구의 상태에 놓여 있었다.

이를 대신해 이용할 수 있었던 것이 1885년에 체결된 전선조약에 따라 가설된 청국의 전신이다. 인천이사부에 전신국 기지를 설치하여 운영된 청국 전신은 서울을 경유하여 의주·천진에까지 이어져 그 이용도가 높았다. 이에 불만을 느낀 일본은 조선 정부에 그 부당성을 항의하여 마침내 조선정부로 하여금 서울-부산간의 전선을 가설하게 하였다. 1894년 청일전쟁에서 승리한 뒤로는 그들의 군사적, 정치적 필요로 따라 인천-

서울-부산간에 군용전신선을 새로 가설함으로써 조선 통신망을 완전히 장악해갔다.

(4) 신문(新聞)의 발간

정보통신망의 확보와 함께 일본이 발 빠르게 착수한 일이 신문의 발간이다. 1881년 11월 부산에서 일본 상인들에 의해 최초로 발간된 일문 순간 신문『조선시보(朝鮮時報)』는 조선에서 발간된 최초의 일본어 신문이다. 이 신문은 1883년 7월 15일 저동에 설치된 박문국에 의하여 10월 1일 창간호를 보게 된『한성순보(漢城旬報)』보다 2년을 앞서는 것이다. 개화파에 의해 발간된 순한문 신문『한성순보』는 갑신정변의 와중에서 그나마 발간이 정지되었다가 속간되었으며『한성주보(漢城週報)』로 제호를 바꾸는 등의 우여곡절을 겪다가 결국 1888년 폐간되었다. 이후 우리 손에 의해 신문이 다시 간행된 것은 8년 후의 일로, 1896년 서재필에 의해『독립신문』이 발행되는 것을 기다려야만 했다. 그 사이 일본인들은 경향 각지에서 다양한 목적의 신문들을 쏟아내고 있었다.

이 중에서 인천에서 간행된 신문만도『인천경성격주상보(仁川京城隔週商報)』(1890년 창간, 1891년『조선순보(朝鮮旬報)』로 개제, 1892년『조선신보(朝鮮新報)』로 개제),『신조선(新朝鮮)』(격일간지, 1894),『인천상보(仁川商報)』(1903년 창간, 1906년『조선일일신문(朝鮮日日新聞)』으로 개제)『조선타임즈』(1907년 창간, 1908년『조선신보』와 병합하면서 제호를 일간『조선신문(朝鮮新聞)』으로 개제) 등의 일문 신문이 있었다.『대한일보(大韓日報)』는 1904년 3월 10일 국한문신문으로 인천에서 창간되어 이 해 12월 서울로 발행소를 옮겨 발행되기도 하였다.[16] 이러한 신문들에 더하여 서울에서 발행되던『경성일보(京城日報)』의 인천지국이 1905년에 개설되었고, 일본 본토의 유력 신문 지국

및 통신사까지 가세하여 인천은 가히 일본 신문의 주요 거점이 되었다.[17]

　이들 신문 중에서도『조선신보』는 서울에서 발간되던『한성신보(漢城申報)』와 함께 오랜 기간 발행되면서 그 영향력을 크게 끼쳤다. 1천호 발간 기념 경축식이 있었던 1900년 7월 16일에 일본 정부대관들과 유지인들이 무수히 축사를 하였다는『제국신문』기사(1900.7.17)를 보아도 그 영향력을 능히 짐작할 수 있다. 애국계몽기를 대표하는 민족신문인『황성신문(皇城新聞)』마저도 많은 국내외 기사를『조선신보』기사에 크게 의지하였다. 한편으로『조선신보』는 일본인들의 입장에 서서 침략적 논조를 숨기지 않았으므로『황성신문』『뎨국신문』등은 논설을 통해 여러 차례『조선신보』의 폐해를 지적하기도 하였다.『독립신문』은『조선신보』가 조선 정부 대신들을 거론하면서 성은 기록치 않고 이름만 쓰는 것을 지적하여 "그거슨 다만 그 대신의게만 실례가 아니라 죠션 정부에 실례"라고 일침을 가하기도 하였다.[18]

　한편 구한말 시대부터 철저한 친일파로 암약하다 식민지시대 들어 대표적인 친일파 논객 겸 작가로 활약한 바 있는 최영년(崔永年) 최찬식(崔瓚植) 부자가『대한일보』『조선일일신문』『조선신문』등과 같은 인천의 일본신문과 깊은 인연 속에 성장하였다는 점도 주목할 대목이다.[19]『조선신보』를 위시한 이들 일본의 입장을 대변하는 많은 일본 신문의 왜곡된 정보와 편파적 논조가 개항장 인천뿐만 아니라 당대 조선 사회에 커다란 영향력을 발휘하였다.

16) 정진석,『한국언론사연구』, 일조각, 1983, 5~6쪽.; 仁川府廳 編,『仁川府史』, 仁川府, 1933, 1379~1394쪽.; 신연수, 「인천에서 발간된 일본문 신문」,『월간인천』, 1989. 5.
17)『仁川府史』, 1387쪽.
18)『독립신문』, 1896. 5. 16.
19) 최원식, 「1910년대 친일문학과 근대성」,『민족문학사연구』14호, 1999, 185~193쪽.

(5) 상업·금융의 진출

항만·도로·철도로 구축되는 교통망과 우편·전신·신문으로 장악되는 정보·통신망의 구축은 자본의 이윤확장을 위한 물적 토대로써 식민지 침탈의 효율성을 위해 필수적인 기제이다. 제국주의 국가의 군사력과 정치력을 등에 업은 자본의 강력한 이윤 동기가 그러한 물적 토대를 인천에 그처럼 빠르게 구축했던 것이다. 일본을 위시한 열강의 자본은 이러한 물적 토대의 구축과 동시에 그들의 이윤 획득을 위한 첨병으로 조선의 관문인 인천 지역에 그들의 경제 인프라를 속속 마련해갔다.

인천이 개항되자마자 인천에 이주한 일본 상인들은 일본 전관조계가 설정된 뒤로는 그 수가 급격히 증가하였다. 1883년 12월에 이미 인천의 일본인 수가 348명에 이르렀고, 영업을 시작한 상인도 21명에 달하였다. 이들의 상업 행위를 돕기 위해 일본제일은행 부산지점이 1883년 11월에 인천출장소를 재빨리 개설하였다. 연이어 1890년 10월에는 제18은행 지점이 개설되었고, 1892년 7월에는 제58은행 지점이 역시 인천에 개설되었다. 조선 정부에 차관을 제공할 정도로 막강한 금력을 자랑하는 일본 은행의 자금력에 기대어 인천의 일본 상인세력은 급속히 증가, 1893년에는 그 수가 이미 3,041명을 헤아리게 되었다.

은행에 뒤이어 1885년에는 일본우선주식회사 인천지점이 개설되었다. 1893년에는 대판상선주식회사가 인천지점을 개설하여 사실상 인천항 수출입상품을 독점수송하기에 이르렀다. 서울과 내륙에서 배일 분위기가 팽배하였던 을미사변 직후에도 인천은 일본 상인들이 이를 피해 집결하여 미래의 내륙상권을 도모하는, 일본 상업자본의 전진기지로 건재하였다.

일본 상업자본과 금융의 발 빠른 진출과 동시에 청국 상인들의 진출도 활발하였다. 1884년부터 시작된 청국 상인의 내항은 1888년 상해의 상업기선주식회사가 중국 여러 항과 인천항 사이의 회항항로를 마련하자 아연 크게 활기를 띠어 일본상인과의 치열한 경쟁에 돌입하였다.

일본과 가까운 개항장 부산이 일본 독점의 상황(商況)을 이루었던 반면 인천은 각국조계가 설정된 이후로 단연 국제항의 성격을 띠게 되었다. (물론 일본 전관조계 지역은 일본만의 강한 독점성을 유지하였다.) 이에 따라 일본, 청국 상인에 뒤이어 서구 상사의 진출도 활발히 진행되었다. 영국계의 이화양행(怡和洋行), 미국계의 타운선상사(陀雲仙商社, 일명 타운센드양행), 독일계의 세창양행(世昌洋行, 일명 마이어양행) 등이 개항 직후에 인천에 가장 먼저 진출한 서구 상사들이다. 이 중 타운선상사와 세창양행은 쌍벽을 이루며 인천을 주무대로 조선에서 다양한 상업 및 산업 활동을 펼쳐나갔다.[20]

일본·청국을 위시한 이들 서구 상사의 진출에 의해서 성냥을 비롯한 석유, 시계, 바늘, 전화기, 화장품, 약품 등과 같은 근대 박래품들이 쏟아져 들어오고, 그 결과 조선인의 생활세계는 커다란 변천을 겪게 되었다. 거대 자본과 금융 그리고 휘황찬란한 박래품으로 무장한 외국 상업자본에 대항하여 조선의 민족상인들도 그 나름대로 근대적 상업 활동 방식을 모색하였다.[21] 그러나 근대적 금융제도와 상업조직을 가진 그들에게 밀려 민족상인의 활동은 날로 위축될 뿐이었다.

이상에서 살펴본 것처럼, 인천은 개항 이후 채 10년이 되지 않는 기간

---

20) 그 구체적 사례 연구로써, 하지연의 「타운센드 상회(Townsend & Co.) 연구」(『한국근현대사연구』 4집, 1996)가 있어 참고가 된다.

21) 이에 대한 자세한 고찰은 조기준의 「한말의 민족상인단체의 성격고-인천신상협회를 중심으로」(『학술원논문집』 13(인문사회과학 편), 1974)와 이병천의 「개항기 외국상인의 침입과 한국상인의 대응」(서울대 박사논문, 1985) 등을 참조.

동안에 급격한 근대화의 격류에 휩싸였다. 그리하여 천년 역사의 옛 인
천 지역이 몰락하고 대신 외세에 의해 새롭게 형성된 '새인천' 지역이 부
상하였다. 그러나 그곳에 새롭게 구축된 근대 물질문명은 밖으로부터
주어진 외재적인 것이었을 뿐만 아니라 정신적, 문화적, 일상적 훈련이
이루어지기도 전에 흘러 들어온 형식적 제도화의 산물로 외형적 물질성
에 기초하고 있었다. 그 물질문명의 기제들이 노린 것은 미개한 조선에
광명의 빛을 던져주기 위한 것이 결코 아니었다. 철저히 조선의 생산력
을 침탈하여 제국주의 모국의 자본을 살찌우기 위함이었다. 언뜻 보면
무질서하고 상호 모순되는 것 같지만, 인천에서 구축된 근대 물질문명의
기제들은 철저히 침탈의 구조를 구축하고 있었다. 그러니 자연 이로부터
크고 작은 분란과 갈등이 생기지 않을 수 없었다.

4. 일·청 전관조계의 문화지리

1) 일본조계의 문화적 팽창

잘있거라 인천아 이별 후에도
벚꽃은 무사히 피어나렴
머나먼 고향에서 쓸쓸한 밤에는
꿈에도 울리겠지 월미도야

기차는 떠나가고 항구는 희미한데
이제 이별의 눈물로 외치나니
뜨거운 인사를 받아줘요
그대여 고마웠어요 부디 안녕![22]

위에 인용한 노래 가사는 인천에 살던 일본인들이 1945년 패전 이후에 인천을 떠나면서 지어 부른 노래이다. 인천을 그들의 도시로 기획하고 살아왔던 일본인들이 인천을 떠나면서 어떠한 심정을 갖고 있었는지를 잘 보여준다. 자신들을 키워주었던 또 다른 고향 인천에 대한 고마움과 아쉬움이 그대로 묻어난다. 그만큼 일본인의 입장에서 보면, 인천은 일본인에 의한 일본인을 위한 일본인의 도시였다.

제물포에 가장 먼저 상륙하여 일본 전관조계를 구축하고 이곳을 터전으로 삼아 조선을 침탈해갔던 일본인들이 남긴 문화사업으로 가장 먼저 주목할 것이 전술한 바 있듯이 근대적인 신문의 발간이다. 전신, 전보 같은 정보통신망의 구축과 함께 인천에서도 발 빠르게 신문 발간 작업에 착수하였다.23) 이들 인천의 일문 신문 중에서 특히『조선신보』는 1천호 발간 기념 경축식을 1900년 7월 16일에 개최하였다. "일본 정부대관들이며 유지인들이 무슈히 축수를 지어 그 신보샤로 보"냈다는『제국신문』기사(1900.7.17)를 보더라도『조선신보』의 막강한 영향력을 능히 짐작할 수 있다. 그러나『조선신보』는 일본인들의 입장에 서서 침략적 논조를 숨기지 않았으므로『독립신문』『황성신문』『뎨국신문』등은 여러 차례 논설을 통해『조선신보』의 폐해를 지적하기도 하였다.

인천활판소를 근거지로 신문과 서적 등을 발간하는 한편 일본인들은

---

22) 1945년 8월 15일 조선의 해방(일본의 패전)과 함께 인천을 철수하던 일본인 상조회가 철수하기 직전에 만들어 불렀던 노래이다. 2차대전 때 불렀던 일본군가〈잘있거라 라바올〉의 곡조에 가사만 새로 지어 철수하는 일본인들이 함께 불렀다고 한다.「인천철수지」하(『황해문화』2001년 여름호), 243~244쪽.

23) 1881년 11월 부산에서 일본 상인들에 의해 최초로 발간된 일문 신문인『朝鮮時報』(순간)는 조선에서 발간된 최초의 근대적 신문이다. 이 신문은 1883년 7월 15일 저동에 설치된 박문국에 의하여 10월 1일 창간호를 보게 된『漢城旬報』보다 2년을 앞선다.

그들의 자제들을 교육하기 위하여 근대 교육기관의 설립도 추진하였다. 1887년에 처음으로 일본인들은 그들의 영사관에 영어야학사를 개설하였다. 영국인을 교사로 초빙하여 운영한 이 학교는 영사관 내에 가교사를 만들어 운영하였는데, 1891년에는 미국인 랜디스 박사(Dr. Eli B. Landis)를 교사로 초빙하여 '인천영학사(仁川英學舍)'라 칭하고 40여 명의 학생을 가르쳤다. 이 영어학교는 영국 성공회 학교와 제휴하기도 하면서 영어야학교로 발전하였고, 고등상업 학과를 두어 적지 않은 학생들을 배출하는 성과를 보여주었다고 한다.24)

영어학교와는 별도로 일본인들은 1889년에 일본거류지의회 및 일본인 유지들의 기금 출연으로 인천공립소학교를 개교하였다. 제물포구락부 근처에 있었던 이 학교를 통해서 일본인들은 그들의 자제에게 일본제국에 대한 애국심을 북돋고 자국의 역사와 문화를 교육해나갔다. 고등과와 심상과 두 과정으로 나누어 운영한 이 학교의 1891년도 학생수는 다음과 같다.

〈도표 1〉 1891년 일본인 인천공립소학교 학생수25)

	남학생	여학생	총계(명)
심상소학교	54	23	77
고등소학교	26	6	32

---

24) 靑山好惠, 『仁川事情』, 朝鮮新報社, 1893, 18~19쪽.
25) 같은 책, 19~21쪽.

한편, 갑오개혁 이후 조선 정부에 의해 인천에 최초로 학교가 세워지는 데, 관립한성외국어학교 인천지교(흔히 '官立仁港外國語學校'라 부름)가 그것이다. 1895년 6월 27일 설치된 이 학교에서는 일어를 중심으로 교육하였는데, 교사는 내동의 인천감리서 건물을 사용하였고 교장도 인천감리가 겸임하였다.

그런데 이 학교의 설립 이면에도 일본 세력의 조선진출을 용이하게 하기 위한 교육적 차원의 의도가 짙게 깔려 있었다. 일본인들의 기록에 의하면 이 학교의 설립 과정에는 일본인들의 직접적인 참여가 있었다는 것이다. 당시의 인천 감리였던 박세환(朴世煥)과 함께 인천 주재 일본영사의 주선으로 개교 결정이 내려졌으며, 일본세력의 추천으로 암기후태랑(岩騎厚太郎)을 이 학교의 학감으로 초빙하였던 것이다. 일본의 조선교육에 대한 주도면밀한 진출의도가 관립인항외국어학교의 설립 배경에 잠복되어 있었던 것이다.26)

한편, 일본 전관조계에는 1890년대 초 인부좌(仁富座)가 개설된 데 이어 1897년에 인천좌(仁川座)라는 상설 옥내 공연장이 최초로 만들어졌다.27) "인천시 송학동2가 다비다母子寮 터전에 목조 단층"으로 세워진 인천좌는 "주로 일본인들의 오락장으로서 '만자이(萬歲)' '고오당(講談)' '우다(歌曲)' 등을 상연하였다"고 한다.28) 일본조계 내의 일본인들을 주 대상으로 하는 유흥 공연장이었음을 짐작할 수 있다.

그런데 최성연에 의해 인천좌의 위치로 제시된 송학동2가 다비다모자원 부지는, 미국의 중계상인 모오스(James R. Mores)와 데쉴러(David W.

26) 櫻井義之, 「官立仁川日語學校について」, 『朝鮮學報』 81, 1976, 155쪽.
27) 『仁川府史』, 1471쪽.
28) 최성연, 앞의 책, 198쪽.

Deshler)의 사택이 각각 위치해 있던 지역이고, 특히 다비다모자원은 데쉴러 사택의 일부였다고 고증되었다.[29] 데쉴러 사택이 여러 채의 굉장한 순일본식 주택과 한 채의 단층 양관이 넓고 훌륭한 일본식 정원과 조화를 이뤘다는 최성연의 또다른 기술을 놓고 본다면,[30] 인천좌의 위치가 더욱 모호해진다. 1896년 조선에 처음 왔던 데쉴러는 1897년 무렵부터 1905년까지 제물포에 체류했으니 그가 이 사택에 있을 때 인천좌도 존재했을 것이다. 게다가 송학동2가는 각국조계 지역이다. 이러한 정황으로 보아서 인천좌는 그리 오래 유지되지 못했거나 그도 아니면 미국인의 사택지 주변에 위치하였다가 제대로 운영되지 못했던 것이 아닌가 짐작된다.

인천좌가 이처럼 제 역할을 하지 못한 탓인지 일본인들은 일본조계 내에 새로운 상설 극장을 개설한다. 1905년 지금의 사동(沙洞)에 '가부기좌(歌舞伎座)'를 개설하였고, 1909년에는 지금의 신생동(新生洞)에 '표관(飄館)'을 개설하였다. 가부끼좌는 순일본식 목조 2층 건물에 상하객석을 다다미로 깔고 회전무대와 '하나미찌(花道)'를 갖추었으며, 대소도구와 무대배경, 막까지 갖춘 800석 규모의 극장이었다. 당시로서는 최첨단 극장이었다.[31] 이 일본 극장은 조선인들이 용동에 세운 상설극장인 '축항사(築港舍)'(協律舍의 후신)와 함께 1900년대 후반부터 1920년대까지 〈혁신단〉〈취성좌〉를 비롯한 신파극단부터 〈신극좌〉〈민중극단〉〈토월회〉〈신무대〉 등과 같은 많은 연극단체에게 무대를 제공하여 다채로운 근대 연극을 상연하였다. 가부끼좌와 함께 일본 연극무대를 제공하였던 표관은 점차 일본

29) 오인환·공정자·김용하, 「데쉴러Deshler를 찾아서」, 『황해문화』 2002년 겨울호, 262~269쪽.
30) 최성연, 앞의 책, 126쪽.
31) 고일, 『인천석금』, 경기문화사, 1955, 99쪽; 최성연, 앞의 책, 199쪽.

인들의 활동사진 전용상영관으로 자리를 잡아나갔다.[32]

  인쇄와 출판, 신문의 발간, 근대 교육과 연행과 같은 새로운 근대적 문화 기제 이외에도 인천의 일본조계는 재래의 조선 생활문화나 정신문화와는 전혀 다른 근대문화 내지는 일본식의 근대문화를 이식했을 터이다. 그 낯설고 생소한 일본조계 문화가 조선인들에게 던져준 충격을 단적으로 보여주는 풍경은, 가령 이런 장면일 것이다.

> 東公園으로 불리게 된 이전부터 팔팔로(八阪樓라는 일본요정의 이름을 을 딴 신생정 가로의 한국식 명-인용자)는 日人村 한복판에 있었을 뿐 아니라 주위의 경치도 신통치 않은 거북하기 만한 神社 境內였으므로 한국 사람들은 벚꽃이 피는 봄철 아니면 仁川神社의 祝祭(오마쓰리)가 벌어지는 가을철에나 이따금 들르곤 했지 평시에는 출입하는 일이 별로 없었다.
>   벚꽃놀이는 기억이 없으나 2~3일간 계속되는 '오마쓰리' 때는 밤이 되면 꽃등을 달아 온 경내가 대낮처럼 밝았고 광장에는 처음 보는 일본인 장사치와 재주꾼이 모여 왔으므로 구경하러 간 일이 있었다.[33]

  위의 인용문은 식민지시대 인천의 산증인이었던 고 신태범 박사가 인천신사가 위치했던 동공원 일대를 회상한 대목이다. 1890년에 일본인들이 신생정에 세운 인천신사의 이질적인 모습이 식민지시대까지도 여전히 조선사람들에게는 쉽사리 접근을 허용하지 않는 매우 이절적인 모습이었음을 보여준다. 일본인들은 1908년 월미도 정상에도 애탕신사를 세웠는데 천리교를 비롯한 일본의 여러 종교들의 유입도 인천 사람들에게

32) 개항 초기 인천의 극장에 대한 보다 자세한 연구는 이희환, 「인천근대연극사 연구(1883 -1950)」, 『인천학연구』 5호, 인천대 인천학연구원, 2006, 참조.
33) 신태범, 『인천 한 세기 - 몸소 지켜본 이야기들』, 홍성사, 1983, 69쪽.

는 적지 않은 정신적 충격을 주었을 것이다. 여기에 신생정과 부도정(敷
島町) 일대에 세워진 일본식 요정과 유곽들, 그리고 율목동에 조성된 일
인 공동묘지가 드리운 문화적 이질감은 당대의 조선인들에게는 쉽게 동
화될 수 없는 성질의 것이었다.

2) 청국조계의 생활문화

인천에서 자라던 어린이에게는 淸館의 설놀이라는 또 하나의 설잔치가
곁들여 있었다. 除夜놀이부터 시작해서 대보름날 元宵節에 끝나는 春節 15일
간 청관은 온통 축제 분위기에 휩싸인다. 꾀죄죄하던 옷을 벗고 깨끗한 설빔
으로 새 사람처럼 보이는 淸人들이 큰 길을 서성댄다. (……) 舞龍이라는
춤추는 용을 중심으로 악대가 따르고 그 뒤에는 〈꼬우처오(高蹻)〉라고 부르
는 높은 나무다리를 타고 활보하는 「三國志」와 「西遊記」의 주인공들로 분장
한 가장인물 수십 명이 행진을 한다. 당시에는 이 이상 가는 호화찬란한
구경거리는 없었다. 이러한 春節놀이도 1931년에 터진 滿洲事變 전에 자취를
감추게 된 것 같다.[34]

일본신사의 오마쓰리 축제에 대한 조선사람들의 거리감에 비하면, 위
에 인용된 중국인거리의 춘절놀이에 대한 아이들은 호감과 흥분은 무척
대조적이다. 『삼국지』와 『서유기』로 대변되는 중국문화에 대한 오랜 친
숙함과 그 화려함이 일차적인 요인이었을 것이다. 그러나 이런 점 이외
에도 인천이라는 도시에서 일본 제국주의에 의해 척박한 삶을 살아가야
했던 양국 민중 사이의 동병상련도 없지 않았을 터이다.

---

34) 같은 책, 27~28쪽.

그러나 청국조계가 제물포 개항 직후에는 결코 그렇지 않았다. 일본영사관을 중심으로 자유공원 동서사면 만여 평을 점유했던 일본 전관조계의 서쪽에는 약 5,000평에 달하는 청국조계가 자리잡고 있었다. 1884년 「인천구화상지계장정」을 통해 설치된 청국 전관조계는 그러나 밀려드는 청국상인들로 인해 곧 포화상태에 이르게 되었다. 그리하여 청국인들은 1887년에 부내면(府內面) 내리(內里)에 새로 시가지를 조성하고 '삼리채거류지'라 명명하면서 제2의 조계로 삼았다.[35]

중국인 거류지에는 주로 상인들이 거주하면서 생선전, 포목점, 청요리점, 이발소, 채소점, 호떡집과 같은 식품, 잡화류의 수출입에 종사하였다. 개항 초에 제물포의 상권을 장악하고 있던 일본상인들에 비하면 미약했던 청국 상인들은 그러나 1888년 상해의 상업기선주식회사가 중국의 여러 항과 인천항 사이에 회항항로를 마련하자 아연 크게 활기를 띠어 1890년부터 청일전쟁 때까지 4년간은 수입무역에서 일본인들을 능가할 수 있었다.

그런데 개항기에 인천에 진출한 화교는 대부분 산동성 출신의 상인과 노동자들이었다. 청일전쟁 이전까지 원세개(袁世凱)를 비롯한 자국정부의 강력한 후원 속에서 청국 전관조계는 전성기를 구가하였다. 심지어는 화농(華農)이 크게 증가하여 부천군 다주면에 농장을 차리고 경인간의 채소공급을 독점할 정도였다고 한다. 그러나 1894년 청일전쟁의 패배는 청국조계의 일시적 몰락을 가져왔다. 청국 상인들의 활동 범위는 3개의 개항장으로 국한되었고, 청 거상들이 대부분 철수하였으며 모든 기반이 붕괴되었던 것이다.

---

35) 이현주, 「개항기 인천의 화교사회와 하와이 이민」, 『2001인천재발견』상, 인천발전연구원, 2001, 69~70쪽. 이하 청국조계에 대한 개괄적인 소개는 이 글은 참조하였음.

1895년 1월 15일, 나가사키를 거쳐 제물포에 닿았을 때 (……) 한때 장사가 번창하고 밤낮으로 북소리 징소리 폭죽소리가 요란하던 중국인 거리는 조용하고 황폐했으며 (……) 거리에는 단 한사람의 중국인도 없었다. (……) 일본 점령기의 중국인 거리는 중세의 페스트 오염지역 만큼이나 궤멸적인 모습을 보이고 있었다.[36]

그러나 '삼리채거류지'를 중심으로 생계를 위해 남아있던 청인들은 조선인들과 삶의 터전을 놓고 치열하게 갈등하였다. 1897년부터 표면화된 삼리채의 청국 거류지 불법확장 문제는 영국 영사의 간섭과 조선 정부의 무기력한 대응 속에서 1899년에 결국 조선인 가옥을 철거하면서 이 일대가 중국인들의 손에 넘어가며 일단락되었다. 이와 궤를 같이 하여 1900년 무렵부터는 청상들의 활동도 다시 활기를 띠어 갔다.

이상에서 살펴본 것처럼, 청국조계는 개항 초기에는 일본 세력과 어깨를 견주면서 기세등등하다가 1894년 청일전쟁의 패배 이후에는 생계를 위해 남아 있거나 중국에서 새로이 건너오는 청인들에 의해 오히려 조선인들을 구축하면서 조선인들과 함께 개항장 인천의 하층을 점해갔던 것 같다.

그런데 이러한 청인들의 일반적인 처지에서 예외적인 한 중국인이 있었다. 우리탕(吳禮堂, Woo Li Tang)이라는 인물이다. "淸國외교관 출신으로 인천해관(仁川海關) 일을 보면서 한말외교(韓末外交)의 숨은 공로자"[37]로 기억되는 이 인물은 존스톤별장과 함께 당시 인천의 랜드마크 구실을 했던 '오례당'이라는 독일식 호화주택의 소유자였다. 출생연대조차 제대로 알

---

36) 이사벨라 버드 비숍, 앞의 책, 286~287쪽.
37) 신태범, 앞의 책, 53쪽.

려지지 않았던 신비의 인물로, 1912년 죽은 후에도 중국인묘지인 의장지에 묻히지 않고 각국조계에 있는 외인 묘지에 묻힌 특이한 인물이다.

김원모 교수는 논저『한미수교사』에서 우리탕에 대해 자세한 소개하고 있다.[38] 조선정부의 요청에 의해 이홍장이 독일인 묄렌도르프를 조선해관 창설업무에 천거하자 청국해관에서 함께 근무하던 우리탕도 함께 내한하면서 인천과 인연을 맺은 인물이다. 미국유학생 출신으로 영어에 매우 능통한 우리탕은 1883년 4월 10일 조선에 입국하여 6월 16일에 인천해관이 창설되자 이곳에 곧바로 방판으로 배속되어 근무하였다. 그러던 중 7월 16일에 조선 정부가 최초로 미국에 파견하는 조선보빙사의 통역으로 발탁되었다. 견미보빙사 일행은 대미 외교교섭 업무상 영어, 서반아어, 중국어를 자유자재로 구사하는 인물이 필요하였고, 이에 묄렌도르프는 우리탕을 천거하여 민영익, 홍영식 등과 함께 통역으로 미국에 가게 되었던 것이다. 이 사행길에는 당시 일본에 있던 미국인 퍼시벌 로웰도 참찬관의 자격으로 동행하였다. 미국 사행을 마친 후 전권대사 민영익을 비롯한 서광범, 변수 일행은 세계일주 길에 올랐고, 부전권대사 홍영식과 함께 우리탕과 로웰 등은 곧바로 조선 귀국길에 올라 그 해 12월 20일에 제물포에 도착하였다. 로웰이 제물포에 대한 기록은 바로 이 경험의 소산인 것이다.

귀국 후 우리탕은 인천해관에서 다시 근무하다가 상무위원이 되어 용산에서 통상업무를 일시 담당하기도 하였다. 1885년 묄렌도르프가 소환될 때에도 그는 조선에 남았으며, 원산의 상무위원으로 1889년까지 근무하다가 1890년경 은퇴하여 인천에 영주하였다. 그는 이 과정에서 많은

---

38) 김원모, 앞의 책, 375~397쪽 참조.

재산을 모았고 은퇴 후에도 부동산업과 고리대금업으로 치부하여 인천
의 외국인 중에서 가장 큰 거부가 되었다 한다.

조선에 오기 전 주스페인 청국공사관의 서기관으로 일한 바 있었던
우리탕은 그곳에서 만난 스페인 여성과 결혼하였고, 조선에서도 이 부인
과 함께 생활하였다. 1909년 그는 부인의 소원에 따라 거대한 양관을
인천에 신축하였다. '오례당'으로 알려진 이 독일식 양관은 연건평 405평
의 2층 건물로 둥근 돔 지붕을 지닌 인천 유일의 붉은 벽돌 저택이었다.
불행하게도 이 건물은 한국전쟁 때 전화를 입어 파괴되었지만, 말년의
우리탕은 제물포구락부와 이 집을 고가면서 인천주재 외국인 저명인사들
과 사교를 나누고 여생을 보내다가 1912년 생을 마쳤던 것이다. 혹시 그가
청인들의 삼리채거류지 확장과 관련하여, 조선인들을 구축하는 데 있어
서 숨은 배후로 활동하지는 않았을까? 그러나 이는 어디까지나 막연한
추측일 뿐이다.

5. 각국조계의 문화지리

우리탕이 묻힌 각국조계의 외인 묘지에 대한 규칙이 1894년 6월 26일
에 공포되었다.[39] 1884년 각국조계장정이 조인된 지 10년 만에 제물포
에서 죽은 외국인들을 위한 공동묘지 규칙이 마련된 것이다. 이후 외국
인 묘지에는 인천에서 활동하다 생을 마감한 여러 나라의 외국인들이
묻혔다. 현재는 인천광역시 부평구 추모공원으로 이전한 외인 묘지에는
우리탕과 랜디스를 비롯한 많은 외국인들과 실비명으로 남아 있는 신원

---

39) 김원모 편저, 『근대한국외교사연표』, 단대출판부, 1984, 142쪽.

미상의 외국인들을 포함하여 모두 66명의 유해가 안치되어 있다.

신원을 알 수 있는 외국인들은 주로 외교관과 선교사, 군인, 의사, 선원 등으로 그 신분도 다채로운데, 더더욱 놀라운 것은 이들의 국적이다. 미국, 영국, 독일, 러시아 등 개항기에 조선에서 각축했던 주요한 제국주의 국가들뿐만 아니라 네덜란드, 스페인, 호주, 이태리와 같은 나라의 사람들이 여기에 묻혀 있는 것이다. 100년 전 이들은 어찌하여 이 땅에 묻히게 된 것일까. 그리고 그들은 당시의 조선인들에게 어떤 존재였던가? 지금 우리에게 그들의 존재는 무엇을 의미하는가? 그 자세한 내막이야 현재로서 온전히 알 수는 없겠지만, 그 의미만큼은 오늘의 시점에서 새삼 되새겨야 할 것이다. 이하에서는 제물포 각국조계에서 뚜렷한 자취를 남긴 여러 나라들의 흔적들을 더듬어보고자 한다.

1) 미국의 교회와 사업가 - 내리교회와 타운센드 상회

일본에 뒤이어 조선과 통상조약을 체결한 나라는 미국이었다. 1882년 조미통상조약을 체결한 미국은 제물포에 각국조계가 설정되면서 조선에서의 활동을 본격화하는데, 그 한 방향은 개신교를 통한 포교활동이고 다른 한 방향은 상회사를 통한 무역과 이권침탈이었다.

가장 먼저 조선에 선교활동을 전개한 교파가 미국의 북감리회와 북장로회였는데, 이들이 조선에 첫발을 디디면서 조선에서의 최초의 종교활동을 시작한 곳이 제물포였다. 외국인의 신앙의 자유가 용인되었던 개항장 인천에는 기독교를 비롯하여 일본의 여러 종교들까지 이미 들어오고 있었다. 특히 인천은 기독교 선교사들의 단순한 경유지에 그치지 않고 한국 최초의 포교지역이 되었다. 그런데 알렌과 언더우드를 중심으로

한 미국 북장로회는 서울을 중심으로 한 선교·교육활동에 집중한 반면,
아펜젤러와 스크랜튼 중심의 미국 북감리회는 서울과 함께 개항장 인천
을 기반으로 해서 조선인 사회로 깊이 파고들었다.

> 우리는 제물포에 대한 점령이 하루 빨리 이루어지기를 바라고 있다.
> (……) 이러한 평가 속에서 제물포에 거주할 새로운 의사가 여전히 필요하
> 다. 이곳의 인구는 급속도로 증가하고 있는데, 우리가 이곳에 처음 왔을
> 때보다 이미 3배 이상 늘었다. 이곳은 수도 서울의 외항으로서 마땅히 점령
> 해야 할 중요한 거점이다. 이곳과 서울과의 관계는 일본에 있어서 요코하
> 마와 도꾜와의 그것과 같다.40)

위의 글은 1888년 미국 북감리회의 선교사 스크랜튼이 쓴 연례보고서
의 일절이다. 제물포에 대한 스크랜튼의 이러한 관심과 의욕은 1889년에
실현되었다. 개항장 중심가에 있는 두 채의 작은 오두막을 구하여 교인
노병일을 통해 선교활동을 전개하기 시작한 것이다. 그러나 이곳이 청국
조계 안에 있었기 때문에 변두리에 인접한 높은 지대로 즉시 그 거점을
옮겼다. 이 새로운 선교의 거점이 내리교회의 첫 시작이었던 셈이다.41)

1889년 5월경부터 한성에 있던 올링거(F. Ohlinger) 선교사가 이곳을
왕래하면서 주일 예배를 거행하기 시작하였다. 올링거 선교사는 내리교
회의 공식적인 담임자 역할을 한 것이다. 1891년 6월에 열린 제7차 한국
선교회에서는 아펜젤러 선교사를 새로 인천거점 즉 내리교회 관리자로

---

40) 스크랜튼, 「1888년 연례보고서」, 홍석창 편, 『제물포지방 교회사자료집(1885~1930)』,
   에이멘, 1995, 68쪽.
41) 보다 자세한 인천 지역 감리교회의 활동에 대해서는 『인천광역시사』 제5권-사회·문화(인
   천광역시사편찬위원회, 2002), 202~217쪽 참조.

임명하였다. 아펜젤러는 인천의 일을 맡으면서 한국 최초의 예배당이라 할 수 있는 예배소 건축에도 착수했다. 아펜젤러가 인천선교의 책임자가 돼 노병일의 조력을 받으면서 전도활동을 한 결과 2~3명의 사람들이 매주일 모이게 되었는데, 이 시기에 생긴 조선인 교인으로 훗날 최초의 조선인 목사가 된 사람이 김기범(金箕範)이다.

1892년 6월 이후에는 배재학당에서 교육사업과 문서선교 활동을 하고 있던 존스(George H. Jones, 趙元時) 선교사가 3대 책임자로 임명되었고, 그는 강화도를 비롯한 제물포 인근 지방에 대한 선교에 착수하였다. 존스는 1893년 4월부터 인천으로 거처를 옮겨 1902년 5월 미국으로 귀환할 때까지 감리교 인천선교를 적극적으로 추진하였다. 존스 목사의 선교 착수 이래 내리교회는 개항장 인근의 여러 곳에 지교회(支敎會)를 세우고 부평, 강화, 교동, 연안 등지에도 교회를 세워나갔다. 한편으로 내리교회는 교육활동에도 힘을 기울여 1892년에 교회 안에 영화여학당(永化女學堂) 세웠다.[42]

1897년에 존스 목사는 교회 안에 청년조직을 만들 것을 제안하고 추진하였다. 이에 따라 1897년 6월 무렵에 엡윗청년회가 조직되었다. 이 엡윗청년회는 한국 교회 청년운동의 효시로 식민지시대인 1920년대에는 유력한 청년운동 단체로 발전하였다. 내리교회가 이처럼 제일 먼저 청년회 조직에 착수할 수 있었던 것은 1892년부터 시작된 영화학당을 통해 길러진 인재들이 이 무렵 청년회를 조직할 수 있는 인적 자원이 되었기 때문일 것이다. 존스 목사는 이처럼 교육을 위주로 한 선교활동을 전개하는 동시에 선교 잡지의 창간을 통해서도 포교활동을 전개하였다. 1900년에 존스

---

42) 인천교육사편찬위원회 편, 『인천교육사』, 인천광역시 교육청, 1995, 190~194쪽.

목사는 인천 우각리에서 조선어 선교잡지 『신학월보』를 창간하였는데, 이 잡지는 국문으로 된 최초의 잡지로 언급되고 있다.

1901년 5월 9일부터 14일까지 서울에서 열린 제17차 한국선교회에서는 그간 논의되던 선교관할지역의 분할과 함께 조선인에 대한 목사직 성품 수여문제가 주요 의제가 되었다. 여기서 조선인 목사직 성품 수여가 결정됨에 따라 내리교회의 김기범 전도사가 1901년 5월 14일 평양의 김창식(金昌植)과 함께 한국인 최초로 목사안수를 받게 되었다. 존스 목사를 중심으로 김기범과 같은 한국인 교우들의 열성적인 참여에 의해 내리교회는 인천 지역에 깊게 뿌리를 내렸다. 이들의 주선에 의해서 1902년에 조선인들의 최초 미주 이민이 시작되었음은 널리 알려진 사실이다.[43]

한편 미국 북감리회의 선교, 교육활동과 별도로 미국의 상회사 타운센드 상회의 활동도 문화사적 측면에서 주목할 필요가 있다.[44] 미국 상인 모오스(J. R. Mores)는 1877년부터 일본 요코하마에서 상회사를 운영하기 시작하여 1894년에는 미국무역상사(America Trading Company)라는 상호를 내걸고 영업한 결과 동양의 미국 상회사 중에 가장 큰 회사로 발전시켰다. 모오스는 1883년 차관 협상차 일본에 온 김옥균과의 만남을 통해 조선 진출에 대한 계획을 세웠으며, 실무경험이 많은 타운센드(Walter D. Townsend)를 조선에 파견하기로 결정한다. 그리하여 김옥균과 동행한 타운센드가 나고야호를 타고 1884년 5월 1일 제물포에 도착하여 미국무역상사 조선지점을 제물포에 설립하였다.

조선의 삼림 및 광산이권을 노리고 진출한 타운센드 상회는 조선정부 관허의 조선 상회사인 순신창(順信昌)을 인수하고 가장 수익성이 있는 미

---

43) 이현주, 앞의 글, 81~94쪽 참조.
44) 하지연, 앞의 논문 참조.

곡무역에 진출한다. 관리인으로 조선인 서상집(徐相集)을 고용하여 적극적으로 추진된 미곡무역은 조선인 객주 및 감리서 직원과의 마찰, 그리고 인천항의 방곡령 단속 속에서도 계속되었다. 1892년부터는 정미업에 손을 대는 한편 자본력을 바탕으로 조선 상인을 대상으로 고율의 고리대금업을 전개하였다. 그리고 이를 통해 조선에서의 토지확보와 함께 자본축적을 꾀하였다. 일본 소재 미국무역상사와의 중개무역을 통해 무기를 비롯한 잡화류 무역으로 막대한 이익을 올리기도 하고, 왕궁의 전등시설 가설공사에까지 참여하였다.

1895년 무렵 모오스의 미국무역상사로부터 독립한 타운센드는 이후 석유와 폭약의 중개무역, 금융 보험업 등으로 업종을 확대하였다. 1897년 미국의 거대 석유기업인 스탠다드 석유회사와 계약하여 조선에서의 석유 독점판매권을 획득하였고, 월미도에 50만 통의 석유를 저장할 수 있는 창고를 건설하여 독점적인 석유판매 이익을 얻었다. 1912년까지 지속된 타운센드 상회의 석유사업으로 이 상회는 전성기를 구가하였다. 한편 1900년에는 부평의 율도에 폭약창고를 건설하여 광산개발에 소요되는 폭약의 중개무역을 병행하였다.

알렌을 비롯한 미국 공사들의 적극적인 후원으로 날로 팽창하던 타운센드 상회는 1905년 일본의 조선강점 이후 석유를 제외한 기타 업종을 축소하면서 쇠퇴하였다. 1918년 타운센드 사망 이후에도 타운센드 상회는 후계자에 의해 1930년경까지 존속하다가 미국으로 철수한다.

이상에서 살펴본 타운센드 상회의 무역활동은 인천 지역에 적지 않은 영향을 미쳤을 것이다. 타운센드 상회를 통해 들어온 석유가 당시의 조선사회에 던져준 생활상의 변화는 가장 상징적인 것이다. 일본인 부인을 둔 타운센드는 친일적인 성향의 인물이었고 각국거류지의회의 중요위원

으로 매번 선거 때마다 당선되었던 권력가이자, 수익이 된다면 어떠한
사업에라도 뛰어 든 사업가였다. 중국인 우리탕과 마찬가지로 그도 개항
장 인천의 어엿한 주인이었던 셈이다. 그러나 타운센드 상회에서 근대적
인 상업업무를 배운 서상집, 장기빈과 같은 일군의 조선인들은 이후 조
선인 사회 내부의 변화에 일익을 담당하기도 한다.

2) 프랑스 천주교회 – 선교사와 수녀의 사회복지

수세기에 걸쳐 혹독한 박해와 탄압에 직면했던 프랑스의 천주교 선교
사들은 1886년 조불조약으로 한성과 개항장에서 거주가 허용되었다. 이
에 조선대목구가 설정되어 주교가 된 블랑(Blanc, 白圭三)은 성당과 이에
부속되는 시설을 건축하기 위해 필요한 대지를 물색, 지금의 명동인 종
현 언덕에 넓고 전망 좋은 대지를 매입하여 정지작업을 시작하였다. 이
와 동시에 개항장에도 본당 건설을 추진하였다.

1887년 개항지 원산에 본당을 설립한 주교는 이어 상업이 번창한 수도
의 관문 제물포에 본당을 설립하기 위해 빌렘(J. Wilhelm, 洪錫九) 신부를
인천의 초대 본당신부로 임명하여 본격적인 전교 활동에 나서도록 하였
다. 그리하여 1889년 7월 1일 빌렘 신부가 인천에 부임함으로써 제물포
본당이 창설되었다. 그런데 초기의 인천 천주교회는 각국조계 지역 중에
서도 조선인 마을이 가까운 곳에 자리를 잡았고 전교활동도 주로 조선인
들을 상대로 이루어진 것 같다. 빌렘 신부가 보낸 「1889년 연말보고서」
에는 초창기 제물포의 상황을 다음과 같이 보고하고 있다.

서울에서 도보로 하루 길이 되는 곳에 비교적 상업이 번창한 항구 제물 포 또는 인천이라고 하는 곳에 선교사 한 명이 배치되었습니다. 상인들과 세관 직원들이 사는 외국인 거류지 근처에 주민 2,000명 가량이 되는 커다 란 조선 사람 마을이 형성되어 있습니다. 교우라고는 조선 사람 59명과 장 사하러 거기 와 있는 일본 사람 25명뿐입니다. 빌렘 신부는 그들 사이에서 성직을 더 쉽게 수행할 수 있도록 일본말을 배우기 시작할 참입니다.[45]

1890년 빌렘 신부는 현 답동본당이 자리한 언덕 3,212평의 부지를 확 보했다. 원래는 외국인의 왕래가 잦고 주민들이 모여 사는 북성포에 자 리를 잡으려 했으나 장래의 발전 가능성이 적은 것 같아 답동 언덕으로 결정하였다 한다. 그런데 그 땅은 원래 관이 소유한 땅이었다. 이를 당시 인천 감리서 직원이었던 민선훈(閔善勳, 요셉)이 본당에 기부하는 셈으로 엽전 25냥에 파는 방식으로 희사하였다. 그리하여 7월에 임시 성당의 정초식을 거행하였다.[46]

제물포 본당이 이처럼 기초를 잡아가는 것과 동시에 여러 어려움도 뒤따랐다. 인종과 국적이 다른 사람들이 혼합되어 있는 개항장 인천은 이익을 추구하는 사람들이 많아서 도덕적 관념이나 종교적 진리를 받아 들이지 못한다고 빌렘 신부는 보고하고 있다. 이에 더하여 또 다른 어려 움이 있었으니 개신교와의 마찰이다. 서울과 달리 천주교보다 먼저 자리 를 잡은 개신교의 여러 교파는 천주교가 뒤늦게 본당을 창설하고 신부를 파견하자 여러 가지 측면에서 견제하였던 것 같다. 개신교에서는 새로 인천에 전도사를 파견하여 좋은 보수를 주기도 하고 일본 호텔의 큰 홀에

45) 「1889년 연말보고서」, 『인천교구의 전사』, 인천교구사 제1집, 한국교회사연구소, 1988, 33쪽.
46) 한국교회사연구소 편, 『서울교구 연보』 1, 천주교 명동교회, 1984.

서 주일 예배를 봄으로써 청중을 끌어들이려 했으며, 제물포 본당에서
성당을 지으려고 땅을 매입하자 개신교에서도 교리 강의실 건축 공사에
착수하는 등, 인천에서도 천주교와 개신교 사이의 종교적 갈등이 빚어지
고 있었다.[47]

1890년 11월 르 비엘(Le Viel, 申三德) 신부가 제물포 본당의 제2대 주임
신부로 파견되었다. 르 비엘 신부는 빌렘 신부가 매입해 둔 대지에 1891
년 7월 31일 경리부로 쓸 집 한 채를 짓고, 그 안에 조그만 성당을 마련하
였다. 그러나 당시까지도 "교우들은 그들이 살고 있는 주위의 나쁜 영향
과 싸우기 위해 서로 단결하기는커녕 장사꾼들 사이의 경쟁이나 양반들
의 교만 때문에 서로 분열되어 있"[48]었다.

잦은 병치레를 앓았던 르 비엘 신부는 1892년 10월에 홍콩 요양소로
떠나고 그의 뒤를 이어 비에모(P. Villemot, 禹一模) 신부가 제물포 본당의
제3대 선교사로 부임하였다. 비에모 신부는 부임 직후인 1893년 3월 뮈텔
주교에게 학교 개설을 제안하는 편지를 보낸다. 전교회장과 교우들의 가
정을 방문하다가 제물포에 학교를 세워야 할 필요성을 인식하였고, 이미
15명의 어린이가 본당 내에서 교육을 받고 있으나 이 학생들을 가르칠
선생님이 부족하여 정식 학교의 개설이 필요하다는 것이다.[49] 천주교회
의 이러한 학교개설 노력은 후에 그 열매를 맺기에 이른다.

한편 1893년 뮈텔 주교는 조선교구의 재정적인 곤란을 해결해 보고자
프랑스의 샬트르 성바오로 수녀회 교구에 지원을 요청하였다. 마침 제4대

---

47) 빌렘 신부, 「1890년 연말보고서」, 한국교회사연구소 편, 『파리외방전교회 선교사 서한
문』, 인천교구사 제2집, 한국교회사연구소, 1988, 4~5쪽. 이하 이 책을 『선교사 서한문』
으로 약칭함.
48) 르 비엘 신부, 「1891년 연말보고서」, 『선교사 서한문』, 6쪽.
49) 「1893. 3. 13 빌모 신부 서한」, 『선교사 서한문』, 19~21쪽.

선교사로 부임한 마라발 신부가 뮈텔 주교에게 편지를 보내어, 1893년 인천항에서 발병한 장티푸스로 죽어가는 노동자들을 위해 성당 내에 치료소를 두었는데, 많은 환자를 보살피기 위해 제물포에 수녀원의 설립이 필요하다고 제안하였다. 이에 뮈텔 주교는 답동에 사두었던 3,212평의 성당 부지 중 일부를 샬트르 수녀원 부지로 떼어주어 1893년 7월 초 기초 공사를 시작함으로써 수녀원 건립 공사가 시작되었다.[50) 1894년 청일전쟁의 발발로 공사가 한때 중단되기도 했지만, 8월 18일 드디어 공사가 마무리되어 서양식 3층 벽돌집으로 된 성 바오로 수녀회 제물포 분원이 설치되었다.[51) 이후 수녀원은 병자들의 치료뿐만이 아니라 15명 가량의 어린이들을 모아 처음으로 고아원(오늘날 해성보육원의 전신)을 운영해 나갔고, 특히 여자 아동들의 교육에도 착수하였다.

수녀원의 건립과 함께 성당의 건립도 시작되었다. 1895년 8월에 정초식을 거행하여 1896년 7월에는 종탑이 먼저 완공되었다. 그리고 1897년 7월 4일 저녁 7시경 뮈텔 주교에 의해 인천 성당의 축성식이 거행되었다. 주교가 집전한 미사가 신축된 성전에서 봉헌되고, 81명의 교우에 대한 견진성사도 올려졌다.[52)

한편 1894년 샬트르 성 바오로 수녀회 제물포 분원이 생긴 이후로 수녀회에서는 성영회를 운영하여 고아들을 기르는 한편 무료진료소를 개설하고 가정 방문치료를 병행하여 지역에서 좋은 평판을 듣게 되었다. 수녀회는 한편으로 고아들에게 초보적인 읽기, 쓰기, 수공예 등을 가르

---

50) 천주교 명동교회 편, 『뮈텔주교 일기』 1, 한국교회사연구소, 1986, 145쪽.
51) 샬트르 성바오로 수녀회, 『바오로 뜰 안의 애환 85년사』, 가톨릭출판사, 1973, 200~202쪽.
52) 「1987. 7. 4. 뮈텔 주교 일기」, 『인천교구의 전사』, 81쪽.

치면서 교육사도 활동을 전개하고 있었다. 이 초보적인 교육활동을 발전시켜서 수녀회에서는 1899년 8월부터 여자 통학학교를 개교하였다.

> 1894년에 설립된 샤르트르 성 바오로회 수녀들의 고아원은 현재 106명의 아이들을 수용하고 있습니다. 수녀들은 또 1년 전부터 외부에서 통학하는 학교를 열었는데, 벌써 30명 가량의 한국 소녀들이 다니고 있습니다. 거기서는 읽기, 쓰기, 바느질 등을 가르칩니다. 약 반수나 되는 외교인 학생들도 다른 학생들과 마찬가지로 기도도 배우고 교리문답도 배웁니다.[53)]

고아원과는 별도로 외부에서 성당으로 통학하는 학생을 대상으로, 그것도 신자가 아닌 절반 가량의 조선인 여자 학생들만을 대상으로 시작한 이 학교는 아마도 한국 최초의 근대식 초등 여성교육기관이 아닐까 생각된다. 일부 교우 자녀 및 외교인 여자아이들을 성당으로 통학하게 하여 읽기와 쓰기, 바느질 등의 실용적 기술을 가르치고 이와 함께 종교 교육을 병행한 이 학교는 정식학교라고 보기는 어렵겠지만 선교활동에는 많은 도움을 주었던 것 같다. 조선교구에서는 이 학교가 교육을 통해 선교에서 적지 않은 효과를 거두는 것을 주목하였다. 그리하여 제물포에서의 여자 통학학교에 뒤이어 1900년에는 종현성당, 1901년에는 약현성당에서도 여학생들을 위한 학교를 개설하였다. 제물포의 여학교를 비롯한 이들 자선학교들은 이후 매우 번창해 갔다.

제물포 여자학교의 성공적인 운영은 1900년 인천항 사립 박문학교의 개교에 많은 영향을 주었다. 수녀회의 자선·봉사활동으로 시작한 이 여학교가 지역에 큰 관심을 일으키게 되고 아울러 선교에서 큰 효과를 발휘

---

53)「파리외방전교회 1900년도 연말보고서」,『인천교구의 전사』, 91~92쪽.

하였던 것이다. 1892년 이후부터 1899년 여자기술학교의 운영에 이르기까지 제물포 본당 내에서 지속적으로 추진되었던 학교 개설 움직임은 1900년에 드디어 조선인 교우들과의 협력에 의하여 인천항 사립 박문학교를 개교하기에 이른다. 오랜 박해와 시련 속에서 포교 활동을 전개했던 천주교는 조선인 마을을 중심으로 파고들면서 서양의 여러 종교 중에서도 가장 많은 신자수를 얻게 되었다.

〈도표 2〉 1901년 무렵의 종교 교파별 신자수(유아, 소아 미포함)

서구 기독교 포교단	신자회원수	세례지원자 또는 전도 假입회자수
천주교 포교단 (파리)	42,441명	7,000명 이상
러시아 그리스정교회 (포교 개시)	16명	?
영국 성공회	400명 이하	?
미국, 캐나다, 호주의 개신교 각 교파	5,047명	17,935명
계	47,994명	24,935명
총계		72,839명

출전:『근대한국외교사연표』, 9쪽.

이상에서 살펴본 천주교회의 인천 정착과정은 주로 프랑스에 있는 파리외방전교회 소속 프랑스 신부들과 샬트르 성바오로 수녀회의 수녀들에 의해 수행되었다. 개항장 인천에서 프랑스 천주교회는 선교사업을 통해 자연스럽게 그들의 문화를 인천에 전파했으며, 여러 사회복지 시설의 확충을 통해서 주로 인천의 조선사람들에게 새로운 패턴의 생활문화를 전파하였을 것이다. 나아가 일군의 조선인 천주교 유력신자들은 개항

기 인천에서 개명한 지식인으로 활약하면서 계몽운동과 교육운동을 전
개하는데 이바지하기도 하였다.

3) 영국 성공회와 영·일동맹

영국은 일본, 미국에 뒤이어 조선과 세 번째로 통상조약을 체결하고,
제물포의 요지인 해안 언덕 위에 영사관을 일찍이 건설하였다. 지금의
항동 1가 올림포스 호텔 부근 언덕 위 인천해관 근처의 요지에 영사관을
신축하고 초대 인천영사로 해링톤(Harington)이 부임하였다. 영국영사관
은 개항 직후부터 인천 각국조계 내에서 막강한 정치력을 발휘하였는데,
1883년 인천해관이 창설될 때 초대 해관장으로 취임한 이도 영국인 스트
리플링(A. B. Stripling)이다. 해관의 감독감인 영국인 존스톤(J. C. Johnston)
이 1901년 만국공원에 지은 별장(뒤에 인천각으로 바뀜)은 그 아름다운 외관
으로 하여 인천의 랜드마크 구실을 하였다.

미국 감리교회와 프랑스 천주교회 이외에 영국의 성공회(聖公會)에서도
제물포에서 한국 최초의 전교를 시작하였다. 영국 성공회는 해외에 있는
영국 영지나 식민지에 거주하는 영국의 백성들에게 신앙을 지켜주기 위해
성직자들을 조직적으로 파견하였는데, 일본에 의해 개방된 조선에 대해서
도 1890년 선교사를 파견하였다. 1890년 9월 29일 인천에 상륙한 성공회
의 코프(Charles J. Corfe, 고요한) 주교는 인천 도착 당일 인천해관 존스톤의
자녀에게 한국에서의 첫 영세성사를 베풀고 요한(John)이라는 세례명을
지어 주었다고 한다. 이후 코프 주교는 각국조계 지역인 지금의 인천 송학
동 3가에 교회를 신축하고 인천에서 본격적으로 전교활동을 시작하였다.

코프 주교와 함께 내한한 미국인 랜디스는 성공회 신자이자 의사였다.

그는 성공회 성당 옆 내동 4번지에 약대인병원(藥大人病院, 성 루가병원의
전신)을 개설하여 인술을 베풀면서 포교에 힘써 많은 성과를 거두었다.
랜디스는 이 병원의 성공적인 운영과 함께 1891년에는 영어학교도 개설
하여 40명의 학생을 가르쳤다. 이 성공회 영어학교는 감리교에서 운영하
는 영화학교, 천주교에서 시작했던 여자기술학교와 선의의 경쟁을 전개
하면서 조선인 사회에 근대교육의 씨앗을 뿌렸다. 1897년 랜디스의 사후
에도 이 학교는 다른 선교사들에 의해 1900년대까지 지속되었다.

그런데 앞서 일본조계를 살펴보면서 일본인들이 영학사를 운영할 때
랜디스가 교사로 활동한 사실을 기술한 바 있다. 이러한 사실은 제물포에
서 영국과 일본 사이의 긴밀한 상호관계를 암시해준다. 한편 1894년 청일
전쟁에서 청국이 패배한 이후 청국인들에 대한 교섭과 처분을 영국영사가
나서 처리하였다. 이는 당시의 영국의 국제적 지위를 보여주는 사례일
것이다. 영국은 인천영사관을 통해 제물포에 막강한 영향력을 발휘했으리
라 짐작되는 것이다. 조선에 크게 집중하지 않았던 영국은 영·일동맹을
통해서 러시아의 남진을 경계하면서 일본의 배후에서 적지 않은 영향력을
행사하였을 것이다.

4) 독일 세창양행의 박래품

영국과 달리 독일은 각국조계장정의 조인 당사국이면서도 유독 영사
관을 설치하지 않았다. 애초 독일도 영사관 건립을 목적으로 대지를 확
보하고 '독일영사관대지'라는 표지석을 세워 두었다고 한다.[54] 독일 역
시 영국, 프랑스와 마찬가지로 세계 식민지 쟁탈에 뛰어든 터라 조선에

---

54) 『인천광역시사』 제2권, 443쪽.

대하여 크게 관심을 기울일 상황이 아니었던 때문은 아닐까 짐작된다.

비록 영사관을 세우진 않았지만 제물포에 대한 독일세력의 진출은 세창
양행(世昌洋行, E. Meyer & Co.)을 통해 적극적으로 실현되었다.[55] 세창양행
은 1883년 1월 통리교섭통상사무아문의 참판으로 임명되어 외교 통상관계
업무를 장악하고 있던 독일인 묄렌도르프의 후원에 의하여 무역 및 용역
거래, 자본투자 등의 경제활동을 전개하기 시작하였다. 독일인 마이어(H.
E. Meyer, 麥爾)가 함부르크에 둔 본사를 중심으로 동아시아 무역사업에
적극 참여하여, 1884년 제물포에 세창양행을 설립하였던 것이다.

인천에 최초로 진출한 구미 외국상사이기도 한 세창양행은 사옥을 건
축하고 초기에는 바늘, 면도날, 물감, 의약품, 양품 등 생활필수품의 판
매로 시작, 점차 쇠, 강철, 기계, 무기 등을 중개무역 하였고, 은행업,
광산업, 해운, 보험, 고리대금업에까지 영역을 확대하였다. 특히 선박운
송 및 해운, 차관 업무, 기술자 고빙, 광산개발 등을 통해 막대한 이익을
올렸는데, 1885년 말 묄렌도르프가 귀국한 후에도 한성의 독일영사관의
비호 아래 안정적으로 사세를 확장하여 갔다.

1888년 경성전환국이 개국되면서 최초의 근대 화폐를 발행할 때에도
세창양행을 통해 수입한 독일제 조폐기기가 설치되어 화폐를 주조하였
으며, 1889년에는 독일에서 쾌속정을 구입하여 제강호라 이름하고 인
천~마포간을 왕복 운항하였는데 이 사업에도 제물포 세창양행이 사업수
완을 발휘하였다. 1893년 1월에 민영준·정병하·우경선 등이 연안해운
업을 목적으로 '이운사'라는 기선회사를 설립하였다가 청일전쟁으로 말
미암아 관리하는 사람이 없어져 이운사 소속의 4척 기선이 일본우선주

---

55) 세창양행에 대해서는 최성연의 앞의 책 및 『인천광역시사』 제2권, 512~523쪽을 참조.

식회사에 의해 위탁 운영되었다. 연안 도시간의 정기운항을 담당한 이운사 해운도 일본과의 계약이 끝나자 1895년 무렵부터는 인천의 세창양행이 관리하여 운항하게 되었다.

이처럼 세창양행은 무역을 중심으로 하면서 독일인 관료와 영사관의 비호 아래 한국 내의 이권에 깊숙이 개입하였고 그 과정에서 막대한 이익을 남겼다. 조선 정부를 대상으로도 적극적인 사업을 벌여, 독일의 조선경제 침탈의 중개 역할을 담당하였다. 이러한 세창양행의 활동은 1910년대의 인천 상권 경쟁에서 다른 여러 나라들을 크게 앞서는 결과를 결과하였다.

〈도표 3〉 1910년도 각국조계 내의 지주수와 세액

순위	국적	지주수	年세액(달러)	비율(%)
1	독일	11	3,225.92	42
2	일본	31	1,776.47	23
3	한국 해관	1	953.78	12
4	영국	8	672.24	9
5	청국	3	296.92	4
6	러시아	2	201.90	3
7	각국지계 사무소	1	269.90	3
8	미국	1	182.70	2
9	불국	1	134.00	2
합	계	59	7,714.63	100

– 최성연, 『개항과 양관역정』, 90쪽

위의 표를 보면 각국조계 내까지도 일본인들의 토지 침투가 많이 이루어진 것을 알 수 있다. 지주수가 11명밖에 되지 않는 독일이 전체의 42%

에 달하는 세금을 내고 있다는 점은, 세창양행이 인천 개항장에서 차지
하고 있던 경제적 영향력을 단적으로 말해준다.

1884년 세창양행의 제물포 진출과 함께 각국조계 내에 건축된 세창양
행 사택은 이탤리식 2층 벽돌집으로 가장 오래된 양관 중의 하나였다.
1차 세계대전에서 독일이 패하자 세창양행은 철수하였고, 일본인들이
1922년에 이 양관을 인천부립도서관으로 탈바꿈시켰다. 한국전쟁으로
건물이 파괴된 그 자리에는 현재 맥아더 동상이 서 있다.

지금까지도 그 명성이 전해지는 세창양행의 바늘이라든가, 『독립신
문』을 비롯한 구한말의 신문에 빠지지 않고 등장하는 세창양행의 광고를
놓고 보더라도, 당대에 세창양행이 조선인들의 생활세계에 가한 변화가
어느 정도였는가는 능히 짐작하고도 남음이 있다.

5) 후발주자 러시아와 월미도 석탄고

독일과 함께 후발자본주의 국가였던 러시아의 제물포 진출은 가장 늦
은 편이었다. 러시아의 군함이 일찍부터 제물포에 빈번히 출입하기는
하였지만, 직접적인 진출은 다른 국가들보다 많이 늦었다. 1902년 10월
31일에야 제물포에 영사관을 개설한다.[56] 제물포 러시아영사관 설치의
직접적인 이유는 인천에 기항하는 동청(東淸)철도주식회사 소속 기선 관
련 사무를 취급하기 위한 것이었다. 서울에 있던 부영사관이 인천에 이
설되는 방식으로 급하게 추진된 것인데, 1896년 아관파천 이후 일본과의
치열한 이권다툼을 전개하면서 러시아도 그제서야 제물포의 중요성을
자각했던 모양이다. 앞서 인용한 조선에 대한 종합보고서의 작성도 이

---

56) 러시아영사관의 개설과정에 대해서는 『인천광역시사』 제2권, 443쪽을 참조하였음.

무렵에 이루어진 것이다.

그러나 러시아는 영사관 개설 이전부터 이미 제물포에 그들의 거점을 마련하기에 노심초사했다. 1894년 동학농민운동이 일어나자 청·일 양국의 군대가 제물포에 상륙하였다. 청·일 양국의 출병으로 양국관계가 험악하게 되자 구미 각국에서도 정황을 살피고 자국 공사관을 보호하기 위해 인천에 군함을 파견하였다. 영국, 독일, 프랑스, 미국의 군함과 함께 러시아 군함도 입항하게 되었을 때, 인천항은 국제적인 분쟁지역으로 비화될 수밖에 없었다. 이 때 영국영사가 인천항의 중립문제를 제안하였다. 일본군이 청의 동시 철병을 요구를 거부하자 청의 원세개가 영국영사와 각국 사신들에게 도움을 요청한 것이었다. 이 문제를 논의하기 위해 각국 사이에 3차례에 걸쳐 회의가 개최되었으나 러시아 공사 웨베르(K. Waeber)의 반대로 인천항의 중립화는 결국 좌절되고 말았다.[57]

인천항의 중립화를 거부한 러시아는 청일전쟁의 패배로 탈락한 청나라를 대신하여 조선침탈을 두고 일본과 각축하였다. 인천항의 정박지이자 연료 수급창고로 적지인 월미도에 석탄저장고를 마련하였다. 1891년 「월미도조차조약」을 체결한 일본에 뒤이어 1896년에 「월미도조차조약」을 체결하여 월미도 남서단에 석탄창고를 마련했던 것이다.[58] 이후 두 나라가 러일전쟁에 이르기까지 치열한 각축을 전개하였음을 주지하는 바와 같다.

1902년에 러시아 영사관이 처음 들어선 곳은 각국조계 내에 있었던 랜디스의 영국병원 자리이다. 1884년 인천제물포각국조계장정을 체결할 때 러시아는 조약 체결권자도 아니었으며 조계 내에 살고 있는 주민도 없었다. 이 때문에 러시아는 각국조계를 공동관리하는 각국거류지의회

---

57) 『인천광역시사』 제2권, 469쪽.
58) 『월미산 일대 문화유적 지표조사 보고서』, 인하대 박물관, 2001, 50~51쪽.

의 의원도 될 수 없었다. 따라서 서울의 부영사관을 제물포 각국조계로 이설한 것은 의회 의원 자격을 얻어 인천에서 자신들의 이익을 확대하려는 목적 때문이었던 것으로 추정된다. 후에 러시아영사관은 선린동에 청사를 신축하고 이전하였는데 러일전쟁 발생으로 영사가 귀국하면서 영사관도 폐쇄되었다.

이주민도 없었을 뿐더러 뒤늦게 제물포에 등장한 러시아는 이처럼 청을 대신하여 일본과 각축하면서 정치적, 군사적인 측면으로 활동하다가 끝내 1904년 바랴크호와 코레츠, 숭가리호가 일본 함대의 기습 공격을 받아 팔미도 앞바다에서 침몰하는 러일전쟁으로 치달았다.

6. 식민지 근대로의 굴절

> 인천 제물포 모두 살기 좋아도
> 왜인 위세로 난 못살겠네 흥 // (……)
> 아리랑 아리랑 아라리오
> 아랑랑 일션 아라리아 (모두 슬픈 듯이 부를 것) //
> 산도 싫고 물도 싫은데
> 누굴 바라고 여기 왔나 //
> 아리랑 아리랑 아라리오
> 아라랑 알션 아라리오 (한번 더 부를 것)
> — 19세기 인천에서 불렸던 〈아리랑〉 부분59)

---

59) 홍석현, 『신편 조선회화』, 동경 : 박문관, 1894; 허경진, 「19세기 인천에서 불려졌던 〈아리랑〉의 근대적 성격」, 『동방학지』 115집, 연세대학교 국학연구원, 2002에서 재인용.

　개항장 인천에서 조선인들 사이에 불렸던 민요 〈아리랑〉에는 당시의 조선인들이 처했던 어려움을 말해준다. 특히 인천을 개항시키고 저들만의 도시로 만들어갔던 일본인들에 대한 서글픈 분노가 잘 나타나 있다. 이처럼 조선인들의 삶을 위협하면서 외세의 이권 침탈을 위해 개방되었던 인천 개항장은 결국 청일전쟁과 러일전쟁에서 승리한 일본이 조선을 식민지화함으로써 그 역사적 운명을 다하였다.

　1910년 8월 29일, 한일합방조약이 강제로 공포됨으로써 대한제국은 마침내 멸망하였다. 일제는 합방조약의 체결과 함께 재빨리 조선총독부를 설치하고 대한제국의 국호를 조선으로 개칭하였으며, 식민지 경영에 필요한 여러 법률과 제도를 실시해나갔다. 조선이 개항을 통해 세계에 문호를 열고 열강의 각축 속에서 근대의 격랑 속에 던져져 유례없는 항해에 나선 지 35년 만에, 결국 아시아에서 후발 제국주의 국가로 도약한 일본에게 국권을 상실하고 만 것이다.

　이 유례없는 조선의 항로에서 인천 지역은 작은 조타수의 노릇을 하였다. 일찍이 서양세력에 의해 발견되어 제국주의 자본의 조선 침탈을 위한 교두보로 개항된 인천이었다. 그 결과 인천에서는 서양의 제국주의 열강과 이에 편승한 청·일 세력이 각축하는 가운데 '축소된 세계체제'가 자리 잡은 조선 제일의 국제도시로 변모하게 되었다. 그렇기 때문에 이곳에서는 수많은 근대적 제도와 문명과 기제가 무질서하게 구축되고 그에 따른 질주와 저항과 갈등이 폭발적으로 분출하였다. 압축적으로 진행된 근대화의 과정을 통하여 어느덧 조선 제일의 국제 항구도시로 탄생한 '새인천' 개항장, 그 곳에서 펼쳐진 35년간의 온갖 실험과 파열은 그렇기 때문에 이후의 한국 근대사의 중요한 기원을 내장되어 있다.

인천의 남촌과 북촌,
오래된 도시 양극화의 역사

북촌 배다리와 수도국산 일대를 중심으로

1. 전통과 근대문화의 접변

그간 인천의 근대사는 개항장 중심으로 기술되어 왔다. 그 때문에 동구를 비롯한 개항장 바깥 지역의 역사는 제대로 기록될 수 없었다. 근대 도시 인천이 개항장으로부터 시작되었기 때문에 어쩌면 개항장 중심으로 기록할 수밖에 없는 것이 당연하다고 할 수도 있다. 그러나 개항장 이외 지역에서도 서민들의 역사는 면면이 이어져왔다. 특히 동구 지역에서는 전통적인 삶의 문화에 더하여 일본 및 서양세력에 의해 밀려들어온 근대문화가 접촉하면서 다양한 문화적 접변이 일어났다.

1900년 경인철도가 개통되면서 철로를 중심으로 개항장 중심의 근대

* 필자 : 이희환

이 글은 필자가 엮어 펴낸 『인천 배다리 시간·장소·사람들 – 인천 배다리의 역사· 문화·공간』(도서출판 작가들, 2009)에 수록된 필자의 글을 도시 양극화라는 관점에서 수정, 보완한 것임.

문화와 개항장 밖의 변두리 문화는 더 한층 뚜렷해졌다. 개항장을 중심으로 하는 이식문화 지역(중앙동, 송학동 등)과 이식문화와 전통문화가 공존하는 완충문화 지역(신포동, 용동, 경동 등)을 거쳐 철로를 건너면서 조선인 이주민들에 의해 형성된 변두리 문화가 존재하였다. 그리고 그 변두리 문화의 중심지가 바로 동구의 배다리 지역이었다.

경인철도는 인천 도시를 양분하면서 공간을 차등적으로 변화시키는 구분선이 되었다. 경인철도 이남의 지역은 개항장 일대로 근대도시로 변모하였고, 그 이북과 내륙 지역은 상대적으로 전통문화가 유지되면서 서서히 도시화한 변두리 지역이었다. 개항장 일대가 근대적 도시계획에 의해 계획적으로 개발, 변모하였다면, 변두리 지역은 자연적인 지형이 유지된 채 서서히 개발, 변모하였다. 그러한 변두리 지역 가운데 오늘날의 금창동에 해당하는 배다리 일대에서는 특히 격렬한 전통문화와 근대문화의 접변이 일어났다. 1890년대부터 미국 북감리회가 이 지역을 조선의 선교기지로 삼아 활발한 선교활동을 전개함으로써 그러한 문화적 접변이 활발하게 일어나는 계기가 되었다.

'배다리'는 정식 행정 지명은 아니지만 인천 사람들에게는 잘 알려져 있는 지명이다. 경인선 전철이 지나는 배다리 철교 아래 동구와 중구의 경계를 이루는 지점을 말한다. 지금은 흔적조차 찾을 길 없지만 배다리엔 19세기 말까지 수문통 갯골과 이어지는 큰 개울이 있었다. 그래서 밀물 때면 중앙시장 입구와 송현초등학교 일대까지 바닷물이 들어와 작은 배를 댈 수 있었다고 한다. 당시 이곳엔 배를 댈 수 있도록 만든 다리가 있었는데, '배다리'란 이름은 이 다리에서 비롯된 것으로 보인다. 1950년대 말까지만 해도 배다리엔 밀물 때면 비릿한 갯내음과 함께 갈매기들도 날아들었다고 한다.

또 배다리에서 싸리재고개로 올라가는 공터를 중심으로 유랑극단이나 떠돌이 약장수 등이 자주 찾아 당시 볼거리가 많지 않았던 지역 주민들에게 구경거리를 제공하기도 했다. 이런 이유들로 인해 배다리는 아직도 많은 인천인들에게 향수를 불러일으키는 지역이다. 개항 이후 급증한 일본인들에 의해 채미전거리(동인천역에서 배다리 입구까지의 거리) 끝 쪽으로 밀려난 한국 상인들은 배다리 쪽으로 몰려 자리를 잡기 시작했다. 인천의 주인이었던 한국인이 외세에 밀려나 형성한 한국인 거리, 바로 그 곳 한가운데에 '배다리'가 있었던 것이다.

배다리는 인천 근대교육의 산실로 인천 최초의 근대학교인 영화학교와 인천 최초의 공립학교인 창영초등학교가 위치해 있다. 그리고 알렌별장 자리에서는 영화여학교와 이화여고를 나온 이순희 여사가 계명학교를 열어 많은 인재를 키운 인천 근대교육의 산실이다. 영화학교는 존스 목사

〈그림 1〉 개항 직후 우각리 일대의 모습

와 마가렛 벵겔 선교사가 1892년 4월 세운 교회 내 남녀매일학교의 후신
이다. 남녀가 유별하여 남자매일학교는 존스 목사가 여자매일학교는 마
가렛 벵겔 선교사가 책임 운영하였다. 1893년 5월 결혼한 두 사람은 교육
을 통한 선교 활동에 정력적으로 임하였다. 그리하여 학교 개설 초창기에
벵겔 선교사의 숙소에서 2명의 교사(백헬렌, 강세실리아)가 1명의 여학생을
가르치면서 시작되었다.

1900년 내리교회 예배당의 건축으로 우각리 에즈베리 임시예배당으
로 옮기면서 이곳에서 영화여자매일학교도 운영하였다. 1901년 12월 내
리교회 예배당이 완공되면서 옮겨가자 에즈베리 예배당은 에즈베리 여
자매일학교 교사로 사용하였다. 내리교회 안에도 영화여자매일학교가
운영되어 2개의 여자매일학교가 운영되었다. 그런데 1902년 12월 갑작
스런 화재로 에즈베리 예배당과 목사관이 완전 소각되는 사태가 발생하
였다. 이에 1903년 미국 네브라스카 목재기업가 콜린스의 기부로 경동
125번지 120평의 부지를 매입하여 26평의 교사를 신축해 두 매일학교로
통합 운영하였다. 매일학교의 교사는 이화학당 졸업생으로 채용하였고,
졸업생 중 성적우수자를 이화학당에 입학시켰는데, 영화학교는 이화학
당의 부속 여학교였던 셈이다. 김애리시, 김활란, 서은숙, 김애마 등이
바로 이러한 경로를 통해 이화학당을 졸업하게 되었다. 이후 영화학교는
영화여자소학교로 발전하여 우각리 36번지 1,138평을 매입하여 현대식
학교로 변모하였다. 인천 지역뿐만 아니라 강화, 부평, 부천, 남양, 강화
등지의 아동들이 근대교육을 받기 위해 영화여학교로 몰려왔다. 또한
1916년 인천 지역에서 조선인 유아들을 위한 교육기관인 영화유치원을
최초로 운영하였다. 영화여학교 강당에 유치원을 개원한 것인데, 인천
지역 유아교육에 대한 관심과 자녀교육에 대한 중요성을 인식하게 하는

계기를 마련해 주었다.

한편 한말 애국지사인 정재홍 선생이 우각리에 천기의숙('인명의숙'의 전신)을 설립하기도 하였다. 이 학교는 1907년 조선인을 위한 초등학교로 세워진 인천공립보통학교의 모태가 되었다. 인천공립보통학교는 정재홍 선생이 설립 운영한 인명학교의 맥을 이은 인천 최초의 공립학교이다. 1919년 3월 7일 인천지역에서 최초로 독립만세운동을 인천상업학교와 동맹하여 주도한 민족의식이 강한 학교였다. 창영초등학교를 졸업생으로 미술사학자 고유섭, 서울대 총장 신태환, 대법원장 조진만 등 쟁쟁한 인재들을 양성한 명문학교이다.

인천 근대교육의 산실로서 뿐만 아니라 배다리는 인천 기독교의 산실이기도 하였다. 1897년 미북감리회 선교사 조원시 목사에 의해 한국 서지방(인천, 강화, 남양, 황해도 연안 등)의 선교기지가 세워졌다. 미국 뉴욕 휴즈 감독의 재정지원을 받아 에즈베리 목사관을 세웠던 것이다. 에즈베리는 감리교 창시자 웨슬러 목사로부터 미국으로 파송 받아 처음 미국에 감리교를 전파한 목사이다. 존스 목사(한국명 조원시)는 평생 존경한 에즈베리 목사처럼 기독교의 불모지인 한국 서지방을 개척하겠다는 의지를 담아 에즈베리 목사관 건설에 착수하였다. 1895년 멕시코 은화 600달러를 들어 우각리 38번지와 42번지 일대를 매수하여 1897년 7월 에즈베리 목사관을 건축하여 벽돌조 1층 건물을 1898년 1월 완공하였다.

그러나 존스 목사는 그 이전인 1895년 한국 최초의 자립예배당을 우각리에 세웠다. 이는 여성전용 예배당으로 그 당시 남녀를 구별하는 관습을 반영한 예배당이었는데, 남자교인들이 날품을 팔고 여성교인들은 빨래 등을 해서 얻은 소득을 전액 헌금하여 세운 한국인 자립예배당으로선 한국 최초이다. 1900년 6월 내리교회가 새 예배당을 짓기 위해 건축을 시작할 때 에즈베리 목사관을 증축하여 임시예배당으로 사용하였다. 이후 에즈베리 예배당은 영화여자매일학교 교사로도 사용되었다. 1902년 12월 갑작스런 화재로 에즈베리 예배당과 목사관이 전소되는 사건이 일어났다. 화재로 교사를 잃은 영화여자매일학교는 우각리 131번지에 교사를 신축하고 내리교회 내 여자매일학교와 통합 운영하였다.

1905년에는 배다리 지역인 우각리 42번지에 인천주재 여선교사 기숙사인 갬블홈(Gamble's Home)을 건축하여 여성사경회 장소로 사용하였다. 우각리 41-3번지 갬블홈 위쪽에 남선교사 기숙사도 건축하였다. 1909년에는 우각리 36번지에 1,138평의 영화여학당 부지를 매입하여 지하1층, 지상3층의 근대식 교사를 건축하였다. 선교기지의 부지는 우각리 40, 41번지 임야와 대지 3,400평 정도였다. 1930년대 미국 공황의 영향으로 미국으로부터 선교기금이 급격하게 감소하였을 때 교회 명의의 땅은 전부 매각하고 여선교회 부지만 남게 되었다. 그러나 남녀선교사 기숙사는 단순히 미국인 선교사들의 숙소로만 사용된 것이 아니라 인천, 부평, 부천, 연안, 강화, 남양 등 도서지역의 교회 지도자들을 교육하는 장소로 이곳의 성경교육을 통해 각 지역의 선교를 확산시키는 중추적 역할을 하였다.

1936년에는 우각리 40, 41번지 여선교회 부지 중 일부를 내리교회의 내분으로 뛰쳐나온 교인들을 위해 헤스 선교사에게 제공함으로서 창영교회가 세워졌다. 창영교회는 1938년 의사인 코스트롭 선교사의 기부로 코스트롭 기념예배당을 지어 오늘에 이르고 있다.

우각리 에즈베리 선교기지는 인천 기독교의 모교회인 내리교회와 더불어 인천 기독교의 메카로 인천기독교 선교박물관이 세워져야 할 역사적 의미를 가지고 있다. 인천, 강화 지역의 기독교가 다른 지역에 비해

꽃을 피웠던 것은 우각리 선교기지가 존재하였기 때문이다. 그러나 그렇게 부각되지 못한 이유는 여러 가지가 있지만 일제의 방해에 의해 선교기지 내에 길이 생겨나면서 선교기지는 산산조각이 나 버렸다. 남선교사 기숙사와 갬블홈 사이에 소방도로를 만듦으로써 별개의 장소로 여겨지고 남선교사 기숙사 뒤에 있었던 아펜젤러 사택도 이 길에 의해 역시 단절되었다. 그리고 지금은 별개의 집들이 들어서버려 그 흔적을 찾을 수 없을 정도가 되었다.

2. 일제 강점기 인천의 남촌과 북촌

1935년 12월에 『조광』지에 발표된 엄흥섭의 단편 「새벽바다」는 인천을 문학적 공간으로 이곳으로 떠밀려온 민중의 생활상을 그린 소설이다. "부두의 공기를 흔든 大連丸"이 석탄연기를 내뿜는 인천항을 배경으로 시작되는 「새벽바다」의 주인공 최서방은 강경애의 장편 『인간문제』에서 만날 수 있었던 인천 축항(築港)에서 떠도는 날품팔이 부두노동자이다. 농촌에서 떠밀려 인천의 빈민굴에 살게 되면서 날품팔이로 살아가야 하는 최서방과 그 가족의 삶을 통해 식민지 치하의 가혹한 농업정책과 일제의 착취로 인해 도시 부랑자로 살아갈 수밖에 없는 식민지 민중들의 암담한 현실을 보여준 단편이다. 그런데 이 작품에서 주목되는 것은 특히 일제에 의해 외형적으로만 비대해 가는 인천이라는 근대도시와, 그곳에서 힘겹게 살아가는 최서방을 비롯한 빈민들의 삶이 매우 대조적으로 그려지고 있다는 점이다.

삼봉이는 한다리를 쩔룩쩔룩 저르면서 최서방과 같이 부두에서 거리로 들어슨다. 발서 저녁들을 먹었는지 젊은 사내 젊은 계집이 짝을 지여 바닷바람을 쏘이러 나온다.

거리에는 어느 틈에 감빛같은 전등불이 피였다.

레코ㅡ드 소리가 요란스럽게 들린다.

극장앞에는 발서부터 기생, 여학생, 트레머리, 들이 사각모, 양복쟁이들 사이에 뒤섞이여 표들을 사느라고 야단이다. (……)

평평하고 대설대같이 곧은 상점가를 한참 지나고 난 뒤에는 바닷바람이 선선하게도 불어치는 숲이 욱어진 낮은 언덕의 울긋불긋한 문화주택을 모조리 뒤에 두고 한참만에야 시외로 나왔다.

제법 어둑어둑하다.

그들은 이 M항구의 가장 빈민굴인 K동으로 휘여들어갔다.

— 엄흥섭, 「새벽바다」(『길』, 한성도서주식회사, 1938), 214~215쪽.

거대한 축항 부두의 숨막힐 듯한 공기와 근대도시로 탈바꿈한 인천 시가지의 화려함, 그러나 그 바로 뒤에는 을씨년스런 빈민굴이 또한 커다랗게 확장되어 갈 수밖에 없었던, 자본주의 근대도시의 병리학을 이 소설을 잘 보여주고 있는 것이다. 특히 위 인용문에는 일본인 상가를 중심으로 번화하게 발달한 인천 중심시가지와 유한계급들의 모습이 잘 그려져 있다. "감빛 같은 전등불" "레코드 소리" "극장" "트레머리" "문화주택" 등의 사물들이 발산하는 매혹적인 근대의 공간이 1930년대 인천 중심가 본정통에도 자리하고 있었음을 생생하게 보여준다.

도시의 이 화려한 외관과 달리 그러나 주인공 최서방이 살아가는 K동 어두운 빈민굴과 그 속에서 살아가야 하는 민중들의 삶은 비참하기 짝이 없다. 최서방의 마누라는 '오마니'라고 불리는 파출부 노릇을 하고 있고, 딸은 어린 나이에 벌써 공장에 다니며 생계를 책임지고 있으며, 어린 아들

〈그림 2〉 남촌과 북촌의 경계였던 홍여문을 넘어가는 조선 사람들

돌이는 아무도 없는 낮에는 방구석에서 줄에 묶여 지내야만 한다. 땔감을 구하기 위해 묘지에 세운 말뚝을 빼러가야 하는 최서방의 모습을 통해 엄흥섭은 비참한 식민지 민중들의 삶을 형상화하였다.

암담한 현실 속에서 미래에 대한 전망을 담지한 긍정적 주인공으로, 공장 생활을 하면서 세상을 알기 위해선 배워야 한다는 신념으로 야학에 다니는 딸의 모습을 그려내고 있지만, 소설의 결말은 끝내 흐린 날씨와 내일에 대한 최서방의 암울한 넋두리로 마무리되고 있다. 결국 이 소설은 농촌에서 떠밀려 도시 빈민으로 전락하는 식민지 민중의 비참한 삶에 대한 핍진한 보고인 셈이다.

오늘날의 동구 지역 한가운데 야트막하나마 뚜렷하게 그 자취를 간직한 산등성이가 있다. 송림산, 일명 '수도국산'이다. 송림산이란 지금은 대규모의 아파트촌으로 변모한 수도국산의 옛 이름이다. 옛 지명이 만수산(萬壽山)인 송림산(松林山)은 소나무가 많다 하여 붙여진 이름이다. 지금은 어느덧 구도심의 한가운데 비죽이 솟아 아파트와 공원으로 재개발되었지만, 이곳은 대대로 서민들이 모여 살던 인천의 대표적 달동네 지역이었다. 「새벽바다」의 주인공 최서방이 살았던 빈민굴이 있던 곳은 아마도 수도국산이었을 것이다.

'수도국산'이란 이름은 인천의 식수 공급난을 해소하기 위해 만든 '송현배수지'와 이를 관장하는 '수도국(水道局)'에서 유래하였다. 대한제국 광무(光武)10년인 1906년에 착공하여 1909년에 완공된 '송현배수지'는 인천과 노량진을 잇는 상수도관을 통해 확보한 물을 저장하기 위해 만수산(또는 송림산) 위에 건설한 15,577톤 규모의 배수지에 저장하는 시설이다. 동인천역에서 내리면 우측(북쪽)으로 높은 아파트 단지를 볼 수 있다. 이 아파트 자리가 바로 옛 '달동네' 지역이고, 이 아파트 단지 옆에 '수도국산 달동네 박물관'과 '송현배수지'가 위치해 있다. 지금도 이곳은 5천㎡의 저수조 3개를 갖추고 인근 지역에 수돗물을 공급하고 있다. 배수지 주변은 공원으로 조성되어 많은 시민들이 산책과 운동을 즐기고 있었다. 옛날 자료사진에 나와 있는 그대로, 길을 따라 들어가서 계단을 올라가면 '송현배수지 제수변실'이 눈에 들어온다. 원통형 콘크리트 구조로서 배수관의 단수, 유압 조절을 하는 '제수 밸브'를 보호하기 위해 만들어진 시설이다. 지붕부분의 생김새나 출입문, 창문의 디자인이 퍽 아름답다. 그것은 동양적이기도 하고, 서양적이기도 한 묘한 분위기를 주었고, 당시 이 시설들이 매우 근대적이고 따라서 시대를 앞서가는 문명의 상징이었다.

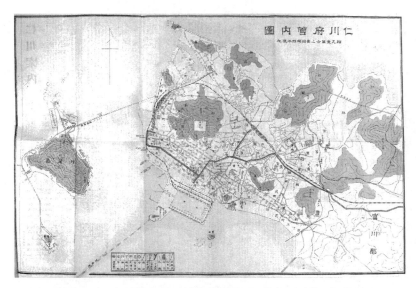

〈그림 3〉 1929년 인천시가도.(인천시립박물관 제공) 경인철도를 중심으로
도시계획이 계획적으로 이루어진 남촌과 달리 북촌은 여전히 정비가 안 돼 있다.

개항 이후 인천을 강제로 개항시킨 일본인들이 제물포 일대(오늘날의
인천 중구)로 밀려들자 조선인들은 억지로 이 수도국산 언저리로 쫓겨 와
옹기종기 모여 살기 시작하였다.

南村市街의 極盛

光武 6,7년경까지는 지금 寺町이라는 畓洞으로부터 東으로 京城通路는
그만 두고라도 一小山에 불과하든 日本 公園地帶에도 겨우 東本願寺, 소학
교, 居留民役所의 役舍, 第一銀行 舍宅이 건축되얏슬 뿐임으로 純 日本市街
는 아조 滿目蕭條하든 것이 意外 행운을 맛난 그네들이라 혹은 官力 혹은
富力으로 日進月盛 鮮人의 遊興村이든 花開洞 全幅을 점령하기 시작하야 現
今의 海岸町, 濱町, 萬石町의 埋立市街를 縱橫擴大하야 온 이래 順調的인

발전의 경로는 着着 築港이 완성되고 海運이 왕성하야 電氣會社, 燐寸會社, 醬油會社, 精米工場공장 등의 一時 勃興함을 따라서 金融機關 及 大商店이 逐日 증가하야 이러케 所向無敵 內外商戰의 勝勢 장차 어느 정도까지 强進할는지 알 수 업슬 뿐이다.

沒落된 北村의 慘狀

從來 朝鮮人들은 각국 居留地의 東坼浦, 沓沓洞, 龍洞, 花開洞, 花島洞(新花水里), 平洞(花平里), 萬石洞 等地에 散在하다가 그나마 日人 居留地의 팽창으로 坼浦, 沓洞 등의 市街地를 여지업시 내여노코는 엇지 하는 수 업시 허위허위 東山을 넘어 典圜局 所在地(今 高等女學校 所在地)의 방면 及 花平里 근방으로 올마버렷다. 이로부터 京城街道는 물론 新花水里 及 花平里의 一帶는 數年도 못 되야서 數百戶나 증가되고 다시 각지 농촌으로부터 소작권을 빼앗긴다. 각 도시로부터 日人에게는 商權을 被奪, 中國人에게는 노동권을 상실 이러케 생존권을 扶持할 수 업서서 男負女戴 八方돌이를 하는 동무들은 가다가 떠러지고 오다가 머물고 하야 표면상 남 보기에는 제법 北部 一帶도 繁盛하야오는 것 가티 뵈이는 지금의 松峴里, 松林里 등의 新設部落, 凹凸不一한 산비탈, 게딱지갓튼 속으로 기어나고 기어들어가는 그들의 窮狀을 보아라. 人情이 잇스면 눈물이 잇슬 것이요 눈물이 잇다하면 피땀이 업슬소냐?

－「인천아 너는 엇더한 도시?」,『개벽』, 1920. 6.

위의 기사는 1920년 『개벽』지에 소개된 인천 도시상에 대한 르포기사이다. 제물포를 강제로 개항시킨 일본이 경인철도의 이남 남촌 지역(오늘날의 중구) 일대를 개발하여 극히 번성해가는 반면에 여기서 쫓겨난 조선사람들은 만석동, 화수동, 화평동, 송현동, 송림동 일대로 밀려나 "新設部落, 凹凸不一한 산비탈, 게딱지갓튼 속으로 기어나고 기어들어가는 그들의 窮狀"에 처하게 되었다는 것을 사실적으로 전달하고 있다. 이 기사가 보여주는 것처럼, 수도국산 일대의 송현동과 송림동, 만석동과 배다리 일대로 많은 가난한 조선 서민들이 몰려들어와 삶의 보금자리를 마련하기 시작하여 오늘날에 이르고 있는 것이다.

3. 인천 북촌 일대의 변모

일제 강점기 수도국산 일대는 1930년대 조선인 빈민촌이 형성되기 이전에는 한때 우거진 소나무와 일본인들이 심어놓은 벚꽃으로 하여 자연의 아름다운 풍취를 선보이던 영화로운 시절도 있었던 모양이다. 1920년대까지만 해도 위락지로서의 면모를 갖고 있었다.

> 봄이 깊어갈수록 인천은 꽃의 바다를 이루어간다. 월미도(月尾島)로부터 송림산(松林山)까지 꽃은 웃음을 띠운다. 이때 인천에서 곳곳이 일어나는 꽃놀이는 연일 계속되는 모양인데, 우선 몇 곳의 꽃놀이를 소개하면 아래와 같다.
> 4월 26일은 송림산 수도저수지 근처에 부청관앵회(府廳觀櫻會)가 있고 같은 달 27일 월미도에는 조선매일신문 주최의 관앵대회가 있고, 5월 11일에는 용산철도국 주최의 가족 관앵대회가 월미도에서 열릴 터이며, 그 외에 조선신문 지국 주최의 야앵대회(夜櫻大會)가 만개시 10일간 동공원(東公園)에서 열린다고.(인천)
> ─「인천에 꽃바다 ─ 연일 놀이도 많다」, 『동아일보』 1924.4.20.

1924년 4월 20일자 『동아일보』 소식란에는 「연일 놀이도 많다」는 부제를 달고 벚꽃으로 꽃바다를 이룬 인천의 꽃놀이 소식을 내보내고 있다. 일제의 조선 강점 이후 1910년대 들어 풍치지구로 지정되고 벚꽃이 대대적으로 식재된 월미도는 식민지시대 내내 봄철의 벚꽃놀이의 명소로 1910년대부터 이름이 높았다. 그런데 위 기사에는 송림산 수도저수지 근처도 벚꽃이 만개하여 부청 직원들이 벚꽃놀이를 즐기러 찾아왔다는 사실을 확인해준다.

그러나 수도국산 일대는 1920년대 후반부터 도시 저소득층의 밀집 주거지역으로 변모하였다. 특히 수도국산 능선을 따라 그 앞뒤로 위치한 송림동과 송현동은 예로부터 수많은 노동자들이 그 고달픈 하루하루의 삶을 이어가던 달동네 지역으로 변모하였다. 이처럼 많은 사람들이 이곳에 몰려 살게 되자 이 일대에는 일찍부터 시장이 발달하고 각종 문물이 교류하였다. 동구 지역의 이러한 면모를, 1910년대 배다리 시장의 모습을 보도한 『매일신보』 기사를 통해서 유추할 수 있다.

오늘은 어느 때며 또한 무슨 날이라고 하는가? 날이라 하면 24시간 지내기도 마찬가지고 주야가 있기도 일반이로되, 특별히 뜻 없는 세월이 유수같아 적지 않은 300여일이 꿈결같이 꼬박꼬박 쉴 새도 없이 넘어 대회일(大晦日)의 인천 연말시황이다. 일전보다 얼만큼 더 풍성한가 하고 인천의 제일 볼만한 배다리 시장에 가서 시찰을 하여 본즉, 어쩌면 그 같이 사람이 옹기종기 모여들었는지 한번 들어갔다가 나오기도 매우 곤란할 뿐 아니라, 평시에는 나무바리나 혹 왕래하던 우각동 마루터기에서부터 삼마장 거리나 되는 배다리까지 각 촌의 어른, 아이들은 물론하고 행인이 연락부절하였는데 빈손으로 가는 자는 하나도 볼 수 없고, 모두 손에 주렁주렁 이것저것 들고 가는 자도 있고, 짐을 진 자도 있으며, 소에 잔뜩 실은 자도 있어, 방긋방긋 웃으며 불이 나게 나가는 모양이다. 매매상황을 본 즉, 각종 물건을 맞춰 도로에 보기 좋게 짐을 쌓아 놓고 목이 터지도록 소리를 질러 대목이니 싸구려니 하며 서로 다투어 한 푼만 남아도 온통 펄쩍이고 사가는 사람들은 값의 헐허고 비쌈을 불게하고 주머니나 지갑을 툭툭 털어서라도 마음 당기는 것을 모두 사갈 마음이며, 가게마다 어찌 많이 들이덤비는지 사고팔기에도 자못 괴로운 대성황을 이루었더라. 또한 우육 한 근에 십전씩인 고로 팔리는 폼이 작년만 못지아니하며 조기는 작년보다 이십 전 가량은 헐하되, 아주 재미가 없는 모양이고 어시장을 가서 본즉 약간 팔리는 것은 한 두름에 오십여 전 육십 전하는 청어뿐이고 다른 것은 흥정이 없어서 이틀, 사흘 동안을 묵혀서 판다하며 다른 시장에는 일전보다 약간 풍성한 모양이나 별로 신기한 것은 없으며 배로 들어오는 벼는 약간 적어지고 철로로 들어오는 현미는 매우 많은 모양이더라.

– 일기자, 「배다리의 시장풍경」, 『매일신보』, 1915. 2. 14.

위 기사를 보면 배다리에 열린 시장은 "인천의 제일 볼만한" 시장일 뿐만 아니라 "한번 들어갔다가 나오기도 매우 곤란할 뿐 아니라, 평시에는 나무바리나 혹 왕래하던 우각동 마루터기에서부터 삼마장 거리나 되는 배다리까지 각 촌의 어른, 아이들은 물론하고 행인이 연락부절"일 정도로 번성했던 시장임을 알 수 있다. 게다가 배다리 시장은 교통 여건도 좋아서 "배로 들어오는 벼는 약간 적어지고 철로로 들어오는 현미는 매우 많은 모양"이라는 문구로 보아서 수로와 육로를 통해 온갖 문물이 넘쳐났던 매우 크고 번창한 시장이었음을 알 수 있다. "빈손으로 가는 자는 하나도 볼 수 없고, 모두 손에 주렁주렁 이것저것 들고 가는 자도 있고, 짐을 진 자도 있으며, 소에 잔뜩 실은 자도 있어, 방긋방긋 웃으며 불이 나게 나가는 모양"이라는 기사로 보아서 인근의 서민들이 애용했던 시장임을 알 수 있다.

1910년대부터 번성했던 배다리 시장은 그 후에도 명맥을 유지하여 오늘날의 중앙시장으로 변모해왔다. 중앙시장은 오늘날의 동인천역 뒤편에

〈그림 4〉 혈문 위에서 본 인천 북촌 마을의 모습을 담은 사진엽서

위치한 화평철교에서 배다리철교 사이의 약 500m에 걸쳐 400여 점포가 밀집되어 있는 규모가 큰 시장이었다. 중앙시장의 원 이름은 소성시장이었는데 해방 후에 자유시장으로 변경되었다. 그 역사를 더듬어볼 수 있는 신문기사를 소개하면 다음과 같다.

자유시장 설치
해방 후 시장 시설의 부족으로 시내 창영동(배다리), 송현동, 화평동, 도원동 일대에는 「야미시장」이 벌어져 각 방면으로 피해가 적지 않아 이에 대한 정리 문제는 벌써부터 물의가 분분하던 바 금번 시에서는 이 「야미시장」의 일소를 기하고자 자유시장조합(가칭)을 설치하여 부정 매매의 일소 등 동 내의 제반 피해를 제거하여 나갈 방침이라 한다.
                                                  -『대중일보』, 1946. 12. 3.

중앙시장(배다리) 드디어 발족

그간 소성시장으로 많은 말썽을 일으켜 오던 동 시장이 4월 10일 인천시의 허가를 얻어 간판을 중앙시장으로 개칭하는 동시에 번영책에 총력을 기울여 큰 시장으로 발전하기를 기대한다.

－『대중일보』, 1950. 4. 11.

고일 선생의 『인천석금』에 의하면 지금의 중앙시장 일대는 논이었다. 송림학교 앞 화평 송림 금곡동 일부가 이에 속한다. 하지만 송현동 언덕 주민들의 생활하수가 논바닥으로 흘러 밀려오는 바닷물과 함께 쓸모없는 갈대밭이 되었다. 그리고 그 갈대밭이 매립되어 인천의 시장 중심지가 되었다.

30년대 초 지금의 오성극장에서 동인천역 축대까지 목조에 양철지붕의 당시로는 대규모 상설시장이 들어서 있었다. 그리고 배다리로부터 역 축대를 따라 개천가에는 야시장이 열려 항동의 낭만을 한껏 돋우기도 했었다. 그러다가 2차대전 말엽에 이곳 시장 일대는 소개지로 모두 철거되었다.

해방이 이 자리에 시장이 다시 들어섰음은 자연스런 일이다. 개천가를 중심으로 비록 판잣집이기는 하나 제법 성시를 이루었었다. 하지만 한국전쟁의 와중에 또다시 깡그리 회진되는 비운을 당하고야 말았다.

이곳에 판잣집 시장은 다시 일어섰다. 오히려 왼쪽으로는 배다리 철교를 지나 창영동까지 아래로는 화평동철교로 해서 구름다리까지 뻗었다. 이곳이 세칭 오늘의 중앙시장으로 이름 그대로 인천상권의 중심지처럼 되었다.

그동안 이곳 상가는 몇 차례의 개축을 거쳐 현대식 상가가 되었다. 동인천역 철로 밑을 뚫는 두 곳 지하상가가 조성된 이후 송현 송림동 일대와 도심이 연결되면서 더욱 활기를 띠게 되었다. 그러니까 인천의 중앙시장은 헐리고 다시 서고 불타고 다시 서는 불사조와도 같은 존재이다.

－ 오광철, 「중앙시장의 정비」(『능허대와 참성단』, 인천출판사, 2004.)

오늘날 중앙시장의 주업종은 의류와 한복, 침구류, 양품 및 기타로서 의류가 주종을 이루고 있다. 점포의 규모는 5~10평 미만이 50% 정도이고, 20평 이상이 5% 정도로 대부분의 점포가 소규모라는 점이 특징이다.
배다리철교 근처에는 해방 후에 생긴 10여 곳의 헌책방들이 밀집해 있는
배다리 중고서점거리가 있다. 한때 동인천역을 주변으로 인천백화점, 동
인천지하상가 등으로 고객을 빼앗겼고 그나마 시장에 진입하는 주차시설
과 소방도로가 없는 전형적인 시장으로 지금은 대형마트에 손님을 빼앗
겨 나날이 쇠락하고 있다.

배다리 중앙시장 이외에도 동구 지역에는 여러 곳에 큰 시장이 있었
다. 송현동에 위치한 송현시장이 지금도 그 명맥을 겨우 유지하고 있다.
오늘날 중앙시장 및 그 주변상권은 주로 그릇, 포목, 한복, 침구류 등이
대부분을 차지하고 있어 '혼수전문상가'의 특성을 지니고 있다.

〈그림 5〉 1950년대 배다리시장의 모습

송림동 로터리에 위치한 현대시장과 동부시장이 재래시장으로 형성·
발전해 왔다. 현재는 현대시장이 쇠퇴하여 동부시장으로 합쳐져 하나의
재래시장 기능을 하고 있다. 예전에는 동인천 주변, 화수동, 화평동 일대
지역의 주거세대 주민의 일상생활, 농·수산물, 기타 야채류, 반찬류 등
의 시장으로 활성화되었던 곳이다. 시장을 중심으로 농·수산물, 야채류
등 업종이 있으며 규모 면에서도 2평 내지 4평 규모이다. 상권의 범위가
좁고 작기 때문에 어떠한 업종도 더 이상 들어설 자리도 없는 실정이다.
이처럼 송현동과 송림동 일대를 중심으로 많은 서민들이 모여 살게 되자
시장이 크게 발달하였다.

특히 배다리는 그 훨씬 전부터 인천의 중심지로 늘 사람들로 북적거렸
지만 본격적으로 한국인 거리의 중심지로 떠오르고 나서면서 더욱 더
인천인의 생활과 밀접한 관계를 맺기 시작했다. 배다리 인근 채미전 거
리에 조성된 청과물 시장은 인천 전역의 청과물이 모여들고 매매되는
상가로 번성했고 미림극장 뒤편 속칭 '양키시장' 자리엔 당시 인천 최대
규모의 공설시장이 세워져 갖가지 일상용품이 집결되어, 일대 주민들뿐
만 아니라 많은 인천 사람들에게 배다리는 생활의 중심지 역할을 담당했
던 것이다.

이와 함께 경동, 유동, 도원동으로 이어지는 배다리 도로변엔 죽재상,
공구상이 들어서기 시작하면서 전문상가를 형성해 번창하기도 했다. 칼,
톱, 소쿠리, 바구니 등 일상생활 구석구석에서 필요한 생활용품을 손으로
만들어 파는 가내수공업 상인들은 오랜 세월을 두고 배다리상가의 풍물
로 자리 잡았다. 그러나 1985년 공설운동장과 동인천을 연결하는 도로가
도시계획에 따라 도로확장이 결정되면서 상인들이 뿔뿔이 흩어져 지금은
10개 남짓한 상가만이 외롭게 배다리의 명맥을 이어가고 있다.

앞서 배다리 지역을 소개하면서 잠시 언급한 수문통 갯골은 인천 시가
지의 중심부 깊숙이 이어져 이곳 주민들의 생활에 끼친 영향이 참으로
컸다. 묘도(괭이부리)로부터 대우중공업, 동국제강, 인천제철 지역은 원
래 바다를 매립하여 생긴 땅이다. 이 지역은 바닷물이 들어오는 넓은 갯
벌과 갈대밭 저지대로써 갯골이 길게 이어져 동인천역 뒤를 지나 창영동
파출소 앞까지 바닷물이 드나들었다. 1892년 고종 29년 서울에 있던 '전
의국'인 조폐창이 인천의 전동, 옛 인천여고 자리로 옮겨지게 되었는데
역시 동전을 찍어내는 무거운 주조기를 비롯한 많은 시설을 운반할 수
있는 육로 교통이 없어서 배를 이용했다고 한다. 한강을 거쳐 강화수로
를 통해 이곳 송현동 갯골로 운반하였다는 기록을 보면 배가 많이 드나들
었음을 알 수 있다.

개항 후 일본인들이 송현동 갯벌 저지대를 매립하여 택지를 조성하고
수로를 만들어 이 갯골은 수문통이라 불리기도 했다. 이 수로 주위에 집
이 들어서고 상점이 자리 잡으면서 송현동에서 송림동, 배다리로 이어지
는 긴 수로변은 야시장(1930년대) 거리로 번창하였다. 그런데 일제시대
일본인들이 이 일대를 매립하면서 조선의 서민들은 갖은 고난을 겪었다.

우리도 철거불응, 도당국에 또 진정
- 공지에 있는 십이 호 주민들이, 송현리 공설시장 문제
인천부청에서는 부내 송현리 삼십육 호를 철거식히고 공설시장을 가설
할 계획으로 도 당국에 인가원을 제출하야 그 삼십육 호 주민들은 접근에
공지를 두고 삼십육 호 식이나 철거한다함은 절대 부당한 일이라 하야 도
당국에 진정을 제출하얏다 함은 이미 보도하얏거니와 이제 그 「공지」라는
곳에도 십이 호나 잇슴으로 그곳 거주민들도 역시 절대할 수 없다는 것으로
작 이십일에 동민총회를 개최한 후 그 즉석에서 대표위원을 선거한 후 즉시

도 당국에 진정을 제출하얏던 바 도 당국에서는 삼십육 호, 십이 호 주민 반반의 진정을 접하엿니 과연 금주 답변이 엇더케 나올지 인천부민들은 매우 긴한 터이니 그 답변을 고대하고 잇는 바라고 한다.

－『동아일보』, 1935. 3. 30.

송현리의 매립지, 벌써 십만 원 폭리
- 기공도 하기 전에 지가망등 의혹은 더욱 중첩

송현리(수문통) 매립 문제는 이미 보도한 바와 가치 인천부윤 永井 말에 의해 된 것으로 십여만 원의 거액을 들여 부에서 매립한 후 인천의 유력자 吉田秀次郎 씨에게 매월 3원90전씩 원가로 매도하기로 결정하얏는데 그에 대한 풍설과 의혹의 의운이 증진하야 아즉 공사도 착수하기 전에 벌서부터 부근 지가가 등귀하며 따라서 지료 등귀로 소시민들은 대타격을 받아 송현리 매립지와 연결될 신화수리 해안지대가 매평에 6원 내지 6원50전이라는 경이적 앙등을 하엿다는 바 이례로 보면 매립도 아니 한 3만여 평에 벌서 10여만 원의 이익을 보게 된 것이므로 가득이나 의혹 많은 송현리 매립지 이용과 처분문제가 주목된다 하며 토목계를 중심으로 말성 많은 곳이어서 큰 관심이라 한다.

－『조선중앙일보』, 1936. 2. 22.

송현리 매립문제
- 도에서 일축당코 다른 명목으로 재신청

매립도 하기 전에 거대한 폭리를 보게 되어 세간의 주목을 끌고 있는 송현리 매립문제는 동당국의 인가를 얻지 못하고 지금까지 끌어오든 중 도 당국으로부터 거대한 이익을 보게 되는 영리사업을 부에서 인가를 얻어 가지고 개인에게 원가로 양여한다는 것은 불가하다 하야 부당국의 인가가 일축당하엿으므로 사회사업의 자원으로 쓰겠다는 명목하에 길전(吉田), 향정(向井), 김윤복(金允福) 삼씨의 명의로 인가 신청을 다시 하기로 하엿는데 부회의 결정을 무시하고 아모 협의도 없이 개인명의로 신청을 하엿다고 비난이 많다 한다.

-『조선중앙일보』, 1936. 5. 6.

이곳은 송림동, 화수동, 창영동, 화평동, 율목동, 송현동으로 둘러싸인 옛 한인촌의 중심이자 배가 드나드는 곳이기 때문에 자연 발생적으로 시장이 형성되어 해방 후에는 상가가 더욱 번창하였고 1960년대 후반에는 이 배다리 수로를 복개하고 현대식 상가를 세워 자유시장으로 더욱 발전하였다. 이처럼 배다리 시장으로 불려온 자유시장은 역사의 뿌리가 깊은 시장으로 인천 시민이 가꾸고 키워온 생활터전이었다.

4. 한국전쟁 이후, 원도심 북촌

한국전쟁 기간 동안 인천 동구 지역은 극심한 전쟁의 피해를 입었다. 인천상륙작전이 임박하여 인천 전역은 다시 한 번 엄청난 폭격을 당하지 않을 수 없었고 수많은 전재민(戰災民)들이 발생하였다. 그리고 1951년 1·4후퇴로 인하여 전선이 다시 남하하자 인천 지역에는 수많은 피난민들이 몰려들어 전쟁의 고통을 가장 격심하게 겪지 않을 수 없게 되었다.

한국전쟁이 끝난 이후 전재민(戰災民)에 대한 구호사업은 심각한 사회문제가 되었다. 월남한 동포들이 대거 정착했던 인천시도 예외가 될 수 없었다. 당시 수혜대상자는 너무 많은데 구호물자는 한정되어 있어서 전재민에 대한 구호에 어려움을 겪지 않을 수 없었다. 전쟁난민에 대한 구호사업은 항구적인 대책을 필요로 하게 되었다.

전쟁 중에는 취업자가 총인구의 10%에 불과하였으나 휴전이 된 1953년 말에는 취업률이 43%로 증가되었고 이듬해에는 50%를 넘어섰다. 이것은 전쟁 후 소비재 물품이 상당량 필요하게 되었고 외국원조물자 및 전쟁 잔해물로 거래가 활발해져서 일시적으로 호경기를 맞았기 때문이며 1955 년부터는 이러한 비정상적 경제상황이 점차 좋아지기 시작하였다. 대체로 1950년대에는 물가변동이 심하고 산업시설이 약한 점 등, 여러 경제여건이 좋지 못하였으나 1950년대 후반부터는 조금씩 안정을 얻기 시작하고, 1960년대 이르러서는 구호대상자가 16,257명으로 감소되었다.

전대미문의 전쟁으로 인한 인천시의 직접적인 인명 피해는 물론이고 전쟁 난민 발생으로 야기된 그 후유증은 참담한 것이었다. 전쟁 기간 동안 남한 주민들의 전시 피난 이동의 흐름은 서울을 비롯한 경기 및 강원지역 인구의 급속한 감소와 이들의 피난 유입에 의한 대구, 부산 등을 중심으로 하는 지역의 인구 급증 현상을 가져왔다. 휴전에 의한 전쟁 종식은 이들의 원거주지 귀환 이동으로 인구의 급증에 따라 전쟁 전 수준의 인구 복귀현상과 월남 피난민들의 도시 지역 정착으로 도시 인구의 급증이라는 현상을 나타냈다. 이 점은 인천도 예외는 아니었다.

인천 지역에 몰려든 전재민과 피난민들은 중구 일대가 아니면 주로 동구의 만석동 일대와 수도국산 일대에 몰려들었다. 그리고 그 외의 일부 피난민들이 남구의 학익동 일대와 남동구 소래포구 일대에 삶의 터전을 마련했던 것으로 보인다. 이에 대한 정확한 통계조사나 연구가 이루어지지 않아서 그 정확한 비율을 확인할 수 없지만, 피난민들의 새로운 삶의 보금자리는 역시 변두리의 달동네나 해안가의 저지대 습지 외에 달리 없었을 터이다. 일제시대부터 개항장에서 밀려난 조선 사람들이 모여 살던 수도국산에도 한국전쟁이 터지면서 이북에서 피난 내려 온 이들이 대거 몰려들었다.

　인간이 굶는 마당에 축생을 먼저 먹일 수는 없는 일. 더구나 꿀꿀이죽은 매우 기름지고 풍성하면서도 매 끼니 식단이 바뀌는 호사스러운(?) 것이었다. 따라서 초근목피 부황 든 백성들에게는 꿀꿀이죽이야말로 허한 속을 채우고 보(補)해 주는 아주 훌륭한 음식이었다. 그래서 거기에 착안한 누군가가 남의 침 묻은 이 음식 쓰레기를 팔기 시작한 것이었다. (……) 죽지 않으려면 먹어야 했지만 죽기보다도 싫은 일이 그 일이었다. 어엿한 인중(仁中) 학생으로서 너무나 자존심이 상했다. 4·19가 나고 학교가 휴교에 들어갔던 며칠 동안 나는 보자기에 싼 큰 양푼을 들고 그 '음식'을 사러 다니지 않으면 안 되었다. 종이, 목재, 깡통, 쇠붙이 등속의 각종 폐자재들과 거기에 커다란 드럼통 두 개를 실은 트럭이 미군 부대로부터 우리가 길게 줄을 서서 기다리고 있는 마당에 도착하는 시간은 대개 낮 3~4시경이었다.

　야속하다고 할까, 기막히다고 할까. 차가 도착하면 각종 쓰레기들이 내려지고 죽이 담긴 두 개의 드럼통도 한쪽으로 옮겨진다. 그러면 앞치마를 두른 남자가 달려들어 내용물 속에 손을 넣어 전체를 세밀하게 조사한다. 통 속에 가라앉은 '왕건' 덩어리를 건져내기 위해서였다. 이렇게 골라진 소시지나 햄 덩어리, 또 닭고기, 칠면조, 양고기, 스테이크 조각 같은 것들은 잘 손질이 된 후 어엿한 미제 고기로 행세하며 팔렸다.

　창영동 골목에는 이런 고기류와 함께 꿀꿀이죽을 끓여 파는 전문점(?)이 여럿 늘어서 있었다. 지금은 골목길조차 그 흔적이 남았는지 모르지만 이 골목을 '굴꿀이 골목'이라고 불렀다. 이곳은 막일꾼, 노무자, 지게꾼 같은 사람들이 끼니를 위해 이용했다.

　꿀꿀이죽은 이 골목에서 한 번 더 걸러지고 물이 첨가되는 게 보통이었다. 그렇게 되면 멀건 국물 속에는 으깨진 당근 조각이나 완두콩 부스러기밖에는 남지 않는데 그래도 값은 소(小)짜가 한 양재기에 5환, 대짜가 10환이나 되었다.

　이렇게 적으면 꿀꿀이죽도 그다지 못 먹을 음식은 아니라는 오해를 할지 모른다. 그러나 한국 사람들이 그것을 처음 먹기 시작했을 때에는 참으로 끔찍하기 이를 데 없었다. 부러진 이쑤시개, 담배 필터, 엉킨 '지리가미(티

슈)'덩이, 껌을 쌌던 은박지 따위가 우리 입속에서 씹혔기 때문이었다. 끓여 퍼 놓은 죽 속에 담배꽁초가 필터만 남긴 채 풀어져 거뭇거뭇한 무늬를 이루고 있거나 씹던 껌을 숟가락으로 건져내는 순간은 정말 지옥이었다.

고맙다고 해야 할지, 미군들은 우리가 그것을 먹는다는 사실을 안 뒤부터 코를 푼 지리가미나 이쑤시개, 껌 종이 따위가 섞이지 않도록 제법 신경을 썼다는 것이다. 물론 인천 시민 모두가 연명을 위해 이 슬픈 음식을 먹지는 않았겠지만 당시 상당수의 시민과 피난민들이 여기에 목을 매고 산 것만은 틀림없는 사실이다.

— 김윤식, 「전쟁과 '꿀꿀이죽'」
(『인천개항장풍경』, 인천시역사자료관, 2006.)

위 글은 전쟁 이후 피난민을 비롯한 인천의 서민들의 삶이 어떠했는지를 여실히 보여주는 '꿀꿀이죽'에 대한 회고문이다. 꿀꿀이죽 골목으로 유명했던 창영동 일대를 중심으로 수도국산에 몰려들었던 서민들의 삶이 그야말로 곤궁하기 그지없는 삶이었으리라는 것은 위의 인용문 하나로도 충분히 짐작할 수 있다.

전후 인천 서민들의 삶을 이야기할 때 빼놓을 수 없는 '명소'가 또 하나 있다. '배다리 헌책방 골목'이 바로 그곳이다. 동구 금곡동과 창영동의 경계지역에 자리 잡고 있는 이 헌책방 골목은 한국전쟁으로 폐허가 된 거리에 리어커와 노점상들이 하나둘 모여들기 시작하면서 형성됐다. 한때는 40여 곳의 헌책방들이 밀집해 전성기를 이루기도 했다. 그러다가 70~80년대 경제성장기를 거치면서 빛바랜 헌책보다 새 책을 선호하는 시류에 밀려 이제는 아벨·한미·창영·삼성·우리서점 등 5곳만이 남아 헌책방 골목을 지키고 있다.

〈그림 6〉 수도국산에서 바라본 동구 송림동 일대의 모습

1970년대 이후 수도국산 달동네에도 변화가 일어나기 시작했다. 이 지역 주민들의 분포도 세대교체가 이뤄지면서 실향민들의 숫자가 급격히 줄고 호남·충청지역 사람들이 뿌리를 내리기 시작했다. 그러나 수도국산으로 대표되는 동구 지역의 주거환경은 열악하기 짝이 없고 주민들도 대부분 영세민이어서 나라 안에서도 대표적인 '달동네'로 꼽혔을 정도였다. 5만 5천여 평의 산비탈에 무려 3천 여 가구의 낡은 집들이 다닥다닥 붙어 있었으니 말이다. 주민들은 늘 붕괴위험에 시달리기도 했다. 또 폭 1m 가량에 불과한 좁은 길이 거미줄처럼 얽혀 있어 손수레조차 제대로 다닐 수 없었다. 지난 1988년에는 수도국산에 5일째 물이 나오지 않자 주민들이 줄지어 동네 아래로 물통을 들고 내려가 급수차에서 물을 받는 진풍경이 벌어지기도 했다.

그런 수도국산도 거센 도시개발의 물결 앞에선 어쩔 수 없었다. 2001년까지 불량주택 1,780동을 철거하고 아파트 3천여 가구를 짓기 위한 전국 최대 규모의 '송현지구(수도국산) 주거환경개선사업'이 추진되어 지금은 거대한 아파트촌으로 변모하였다. 이제 수도국산의 모습은 역사기록에서 나 찾아보게 되었다. 다행히 이런 역사적 자취를 보존하기 위해 동구청 직원을 중심으로 '수도국산 물품'을 수집하는 작업이 진행됐고 철거현장 에서 수집한 물품을 비롯 수도국산 주소를 새긴 문패, 수도국산 지번을 적은 보안등 표시판, 붓글씨로 운치를 낸 문짝 등을 모아 수도국산 달동네 박물관이 들어섰다.

그리 크지 않은 공간 안에 달동네의 풍광과 삶의 모습을 알뜰하게 재 현한 달동네박물관은 한 시간 남짓한 짧은 시간 동안 우리가 벌써 아스라 이 잊어가고 있는 지난 연대를 떠올리게 한다. 그러나 박물관을 나오자 마자 앞을 가로막고 선 거대한 고층아파트의 차가운 위용과 함께 우리는 새로운 개발이익을 쫓아 끊임없이 개발의 봉토를 요구하는 냉엄한 자본 의 논리를 마주할 수밖에 없다.

광역도시 인천의 형성과 시·공간의 정치학

1. 광역도시 인천의 형성과정

1981년 7월 직할시 승격과 1995년 3월 광역시로 승격된 이후에도 인천 지역은 도시 지역의 확장을 멈추지 않고 급팽창하고 있다. 그러나 인천 지역의 도심 확장이 근년에만 이루어진 것은 아니다. 전통시대의 인천 지역은 지금의 문학산 일대를 중심으로 한 지역으로 지금의 미추홀구와 남동구 일부 지역에 해당하였다. 조선시대 인천도호부가 설치되었던 문학산 일대와 함께, 계양산 일대에는 부평도호부가 별도의 전통 행정구역으로 독자적 삶의 단위를 이루었다.

1876년 문호개방을 계기로 조선이 근대 세계체제로 나아가는 과정에서 가장 직접적인 변화가 인천 지역에 밀어닥쳤다. 1883년 제물포항에 개항장이 마련되면서 이곳을 외국세력이 '새인천'으로 건설한 것이다.

---

* 필자 : 이희환

　이 글은 필자가 쓴 「광역도시 인천의 문화권역과 자원」(『한 권으로 읽는 인천』, 인천발전 연구원, 2005)이라는 글을 바탕으로 2000년대 후반 인천의 도시현안 문제를 추가하여 작성한 글임.

〈그림 1〉 인천의 시계 확장[1]

원래의 인천 지역이었던 문학산 일대는 인천부가 아닌 부천군(富川郡)관할 행정구역으로 변경된 것은 상징적이다.

구인천의 몰락과 '새인천'의 부상은 인천이 겪은 근대화의 극심한 격동과 더불어 전통과의 단절을 상징하는 것이다. 일한병합 이후인 1914년 통계를 보면, 당시의 인천이란 오늘날의 송림동, 창영동, 도원동 및 그 서쪽 항만지대에 한정된 6.05㎢ 지역으로 한정하고 있다. 1936년 10월에 이르러서야 원인천 지역이었지만 부천군에 편입되었던 다주면(多朱面) 전역과 문학면(文鶴面) 일부가 인천부로 편입되었다. 1940년 4월 2차로 부천군 문학면 등 4개 면과 부평 일부가 다시 인천에 편입되어 그 면적이

---

1) 내고장 인천향토교육 길라잡이 http://ssrr.new21.net/inchon/

165.82㎢에 이르게 되었다.

해방 직후 잠시 '제물포시'라는 행정구역을 사용하기도 했던 인천은 한국전쟁을 겪고 난 이후 급속히 산업화의 도시로 변모하였다. 산업화에 따라 공유수면의 매립이 이어지고, 1963년 1월에는 작약도가 인천에 편입되었다. 1981년 7월 1일을 기하여 인천시가 직할시로 승격되고, 1989년 1월1일 경기도 김포군 계양면과 옹진군 영종, 용유면이 새로 인천시로 편입되었다. 1995년 3월 1일자로 강화군, 옹진군 전역과 함께 김포의 검단면을 통합해 광역시로 오늘에 이르고 있느니, 그 면적은 무려 958.24㎢에 이른다. 그러나 인천 지역은 지금도 뭍으로는 시 외곽 지역으로, 그리고 바다로는 갯벌을 매립하여 신도시를 건설하면서 끊임없이 도시권역의 확장을 거듭하고 있다.

2. 인천의 도시 특성 – 시간적 압축과 공간적 팽창

한국 근대화의 특징 중에 한 가지겠지만, 인천은 서구의 근대도시가 오랜 세월을 두고 거쳐 왔던 과정을 단기간 내에 압축하여 경험해왔다. 그리고 그 과정은 인천이라는 도시의 몸체가 급팽창하는 과정과 병렬적으로 진행됨으로써 도시의 독자적 특성이라 할 정체성이 미처 다져질 겨를도 없이 흘러온 과정이었다.

시간적 압축과 공간적 팽창이 인천처럼 동시다발적으로 진행된 도시는 아마도 흔치 않을 것이다. 특히 인천은 수도 서울의 길목에 위치한 까닭에 부산과는 또 다른 도시 특성을 갖는다. 시간적 압축과 공간적 팽창이라는 측면에서는 부산도 인천 못지않은 격동을 거쳐 왔지만, 수도의 관문에

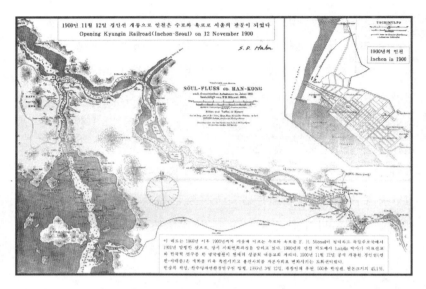

〈그림 2〉 1900년 경인철도 부설 이후의 인천~서울간 육로와 해로(출처 : 한상복)

위치한 항도 인천은 도시의 유동적 성격이 한층 강할 수밖에 없었던 것이다. 좀 더 세밀한 논증이 필요하겠지만, 대구, 광주, 대전과 같은 여타의 광역도시가 인근 지방에서 가지는 중심도시의 성격을 갖고 있고, 도 그러한 성격이 전통시대와 큰 단절 없이 근대 이후에도 이어져 왔다고 볼 수 있을 것이다. 그런 측면에 비추어보면, 근대도시 인천의 유동적 성격은 더 한층 두드러진다.

인천은 따라서 단일한 도시 정체성 대신에 유동성과 복잡성을 중요한 도시의 특성으로 갖는다. 이것이 때로 인천을 정체성이 없는 도시로 각인시킨 중요한 원인이기도 하다. 그러나 역으로 생각해보면 인천이 가진 역동성과 다양성 그리고 가능성으로 적극적으로 해석할 수 있을 터이다. 이러한 인천의 도시적 특성은 인천이 급격한 변천과 급격한 팽창의 과정에서 광역시 내로 편입한, 각기 다른 문화권역의 특성과 그 문화적 자원을 살펴보면 쉽게 확인할 수 있다.

오늘날의 인천광역시가 형성된 역사적 과정과 그 생활권역을 감안할 때, 인천광역시는 크게 여섯 개의 문화권역으로 나누어보는 것이 가능할 것이다. 인천의 역사가 발원하여 근대 이전까지 면면한 역사를 이어왔던 '원인천문화권역'(미추홀구, 남동구), 계양산을 중심으로 역사적으로나 문화적으로 독자적 삶의 단위를 이루었던 '부평문화권역'(부평구, 계양구, 서구), 선사시대부터 고려, 조선, 개항기를 거치면서 중요한 역사의 무대가 되었던 '강화문화권역'(강화군), 인천 앞 바다 및 옹진군의 도서 지역을 포괄하는 '해양문화권역'(옹진군), 근대 이후 제물포 개항과 더불어 '새인천'으로 건설된 '개항문화권역'(중구, 동구), 그리고 최근의 도시 확장과정에서 편입된 '신도시문화권역'(연수구, 송도신도시, 검단 등) 등이 그것이다.

급격한 팽창과 변모를 거듭한 인천 지역의 특성과, 광역시로 개편된 최근 10년간의 급속한 도시재편을 염두에 둘 때, 인천의 문화권역을 위와 같이 구분하는 것은 아무래도 잠정적이며 자의적일 수밖에 없다. 인천 속의 서로 다른 문화적 특성을 살펴보기 위한 공간적 구분이기에 시기와 특성에 따라서는 문화권역이 서로 겹치기로 하며 더 세분될 수도 있으며 이 또한 시공간적 상황에 따라 유동, 변모할 것이다. 그러나 인천 지역의 도시적 특성과 그 문화를 이해하는 데는 권역을 위와 같이 나누어 살펴보는 것이 도움이 될 것이다.

3. 문화권역별 특성과 문화자원

1) 원인천문화권

지금의 미추홀구와 남동구의 일부에 해당하는 문학산 주변 지역을 '원인천 문화권'으로 볼 수 있다. 이 지역에서는 신석기시대의 유물이 지역의 곳곳에서 발견된 것을 통해 오랜 옛날부터 부족세력이 자리 잡았던 지역으로 추정한다. 인천이 역사의 기록에 처음 등장하는 것은 비류가 건설한 미추홀국을 통해서이다. 『삼국사기(三國史記)』(百濟本紀)에 보이는 비류의 미추홀을 통해 인천이 오랜 옛날부터 삶의 터전이었음을 알 수 있다.

『인천부읍지』(고적조)에 "능허대는 府西 10리에 있으며 바다에 임하여 높이 100여 척으로 솟아 있어 대양을 바라보매 막힘이 없다. 밑에 大津이 있는데 삼국이 鼎峙하였을 때 고구려에 의하여 백제의 朝天路가 경색되었으므로 중국으로 들어가는 사신이 이곳에서 배를 띄워 산동반도의 登州, 萊州에 도달하였다고 한다."는 기록이 보인다. 고구려, 백제, 신라 삼국뿐만이 아니라 멀리 중국의 당나라까지 각축하던 한강유역, 그 교역의 중심이었던 한강 하구 지역에 위치한 인천은 이미 삼국시대 초기부터 동북아의 요지였음을 알 수 있다.

고려시대에 들어 인천은 여러 왕후들의 출신지로 이름이 높아 공양왕 2년인 1390년에는 7대어향(七代御鄕)이라 하여 경원부(慶源府)로 승격되기도 하였다. 문종조에서 인종조에 이르기까지 7대 동안 이곳 인주이씨(仁州李氏) 집안에서 다섯 왕비가 나왔던 것이다. 이로 보건대 고려시대의 인천은 강력한 귀족토호 세력의 도시였던 것이다. 중앙집권적 권력에 의해 지방이 억눌리던 조선시대 초기인 태종 3년에 인천군(仁川郡)으로 축소 개편되었으나 세조 시대에 다시 인천도호부로 승격된 이후 개항 이전까지 역사를 이어왔다. 개항 이후 일본 세력에 의해 제물포가 '새인천'으로 개발되면서 철저히 버림받았던 이 지역은 90년대 들어 인천광역시의 새로운 중심지로 부상하였다. 신석기, 청동기 유적뿐만 아니라 비류와 관련한 많은 문화유산들이 멸실된 가운데서도 문학산성과 백제우물터, 인천도호부 관아 건물이 남아 있다.

〈그림 3〉 문학산록 전경(출처 : 『문학산의 역사와 역사유적』, 인천시립박물관, 2002)

그러나 분단시대 들어 문학산 정상에는 미사일부대가 똬리를 틀고 주저앉았다. 1998년 미사일 오발사고를 일으켰던 문학산의 나이키미사일부대는 인천시민의 세금 800억 원을 들여 영종도 금산과 예단포 지역으로 이전시켜주었는데도 불구하고, 현재까지도 인천시민에게 접근조차 허락하지 않더니, 국방부에서는 2005년 무렵 패트리어트 미사일을 이곳에 배치하려는 SAM-X사업을 추진하였다. 국방부의 이러한 미사일 배치 계획을 시민의 힘으로 저지하고 하루 빨리 인천역사의 발원지인 문학산을 시민들의 평화공원으로 조성해야 한다. 그를 위해 대대적인 발굴이 먼저 이루어지고 외세의 침략에 대항한 김민선 부사를 추모했던 '안관당

제' 같은 사라진 민속까지 복원하여 전통시대 인천의 진면목을 드러내야
할 것이다.

2) 부평문화권

부평도호부가 위치했던 계양산(桂陽山) 일대의 평야지대도 면면한 역
사가 이어져 왔고 그와 관련한 유적이 남아 있다. 여기도 현재 초등학교
건물로 사용하고 있는 부평도호부 관아가 인천시 지정 유형문화재로 지
정되어 있다. 어사대(御射臺)를 비롯해 특히 이 지역에는 정조대왕 관련
사적들이 보이는데 조사, 발굴하여 복원하는 일이 시급하다. 고려시대
부평에 재임했던 대문호 이규보의 시문도 부평 지역과 깊이 관련한 정신
적 유산들이다.

평야지대였던 부평지역의 전통 농경문화는 오늘날 부평풍물축제로 농
업자료관의 형태로 이어져오고 있다. 그렇지만, 부평 지역이 근대에 들
어와서는 공업지대로 변모하여 오늘에 이르고 있고, 최근에 들어와서는
대규모 주거지역으로 변모한 과정을 함께 고려해야 할 것이다.

이런 관점에서 보았을 때, 부평 지역이 가진 문화자원을 다양한 각도에
서 바라볼 필요가 있다. 우선 부평 지역의 전통과 관련하여 계양산에 대한
정밀한 학술적 연구와 사적 공원 지정이 필요하겠다. 그러나 이와 더불어
근대 이후 부평이 겪었던 역사적 격변과정에 대한 연구도 동시에 이루어
져야 한다. 일제시대의 조병창을 비롯한 부평공장지대와 일제의 수탈에
대한 연구에 더하여 해방 이후 미군이 진주했던 역사를 적극적으로 연구,
발굴해야 할 것이다. 여기에 서울 인근의 대규모 주거공간으로 재편되고
있는 부천, 부평지역이 갖는 새로운 공간문화적 특성을 감안할 때 새로운

시대감각에 빛나는 문화자원의 적극적 창조가 고민되어야 할 것이다.

3) 강화문화권

강화도는 전국의 어느 지역보다도 유서 깊은 역사를 간직한 곳이고 그에 따라 역사의 굽이굽이를 잘 보여주는 문화유산들을 풍부하게 간직한 곳이다. 현재의 행정구역은 인천이지만 역사적으로나 문화적인 측면에서 강화는 매우 강한 독자성을 형성하였으며, 인천과 직접적인 연관을 맺기 시작한 것은 개항 전후 무렵부터라고 볼 수 있다. 그러나 교통의 발달과 더하여 인천광역시 내의 행정구역으로 편입되면서 강화문화권의 독자성을 살리면서도 인천 전체의 문화적 자원으로 적극적으로 활용하는 노력이 필요하다.

단군왕검의 사적을 비롯하여 항몽 관련 사적과 병자호란 관련 사적, 병인·신미양요 관련 사적 등 이루 헤아릴 수 없는 많은 사적들이 즐비한 곳이 강화도이다. 이곳은 뿐만 아니라 조선 후기의 새로운 학문적 긴장을 이끌어내었던 강화학파의 요람이기도 했다. 강화도 일대를 전국 어느 곳에도 뒤지지 않는 사적공원으로 복원하고 관련 박물관을 건립함으로써 인천시민 뿐만이 아니라 전국민 역사교육의 장으로 만들 필요가 절실하다. 뿐만 아니라 세계 삼대 갯벌의 하나인 강화 남단 갯벌을 비롯하여 저어새 보호구역 등 독특한 자연유산이 풍요한 곳도 강화이다. 그러나 최근 들어 강화를 관광과 관련하여 개발하려는 여러 계획들이 무질서하게 난무하고 있는 실정이니 안타깝다.

4) 개항문화권

1883년의 개항과 함께 개항장이 마련되었던 인천 중구와 그 주변지역
인 동구 일대는 우리나라에 근대문물이 들어온 과정을 생생히 간직한
곳이다. 한국 근대사의 정치, 문화, 경제, 사회의 제반 변화가 이 지역을
경과하면서 실험되었거니와, 경술국치 이후에는 일본인의 도시로 재편
된 곳이 바로 이곳이다. 따라서 이곳의 근대문화는 근대성과 함께 식민
성을 동시에 갖고 있다. 한국전쟁과 분단, 개발의 시대를 지나면서 많은
근대건축물이 소실되고 자료도 유실된 데서 알 수 있듯이, 해방 이후 이
곳의 문화는 한동안 방치되었다. 그러나 수도의 관문이었던 까닭에 다른
지역에 비하여 지금도 많은 근대문화유산이 남아 있다.

최근 들어 이 지역의 근대문화유산에 대한 관심이 고조되고 있는 것은
반가운 일이다. 근대건축물을 포함하여 거리와 경관까지도 관심의 대상
으로 부상하고 있다. 그러나 인천이 가진 근대문화유산에 대한 보다 적
극적인 보존과 활용 방안은 근대성과 식민성의 양면에 대한 보다 적극적
인 해석과 연구가 전제되어야 한다.

무엇보다 쇠락과 동시에 개발의 위기에 직면한 개항장과 만국공원,
월미도와 인천항 지역을 지금처럼 자본의 논리에 맡길 것이 아니라 보존
하고 특화시켜야 한다. 그리고 이 일대의 역사를 궁구하는 '근대역사박
물관'의 건립이 절실하다. 특히 월미도는 현재 군부대가 이전하여 공원
이 조성된 이후에 매립지 위에 조성된 주거지역에 대한 도시개발의 유혹
에 흔들리고 있다. 종합적인 근대문화유산 보존을 위한 토론이 필요하다
고 하겠다.

〈그림 4〉 1930년대의 인천항 전경 사진엽서

5) 해양문화권

인천의 문화와 정체성을 논함에 있어 빠뜨릴 수 없는 것이 바다이다. 인천의 정체성 자체가 바다에서 오는 것이니만큼 해양문화야말로 인천 문화의 핵심이다. 그런데 현재 인천은 바다를 방치하고 있다. 인천 인근 의 섬들은 외톨이인 채로 인천의 문화 속에서 겉돌고 있는 형편이다. 십 여 년 전의 굴업도 사태나 최근 경매로 기업에 낙찰된 작약도의 사례에서 보듯이 바다와 인근의 섬들은 위기에 처해 있다. 해양문화의 부활은 미 래 인천의 사활은 물론 인천문화의 재건과도 깊은 관련이 있을 것이다.

우선 사방으로 둘러쳐진 인천 지역 해안의 철책을 걷는 일부터 시작해 야 한다. 그리고 현재 개발의 현장으로 탈바꿈 하고 있는 송도와 영종도 에 대해서도 세심한 문화적 배려를 잊지 말아야 한다. 월미도와 소래, 연안부두 같은 곳은 그저 유흥가로 내버려둘 일이 아니다. 지역 축제의

흥겨운 마당이자 시민들의 문화적 휴식 공간으로 다시 건설해야 한다.
옹진군 내의 백령도, 영흥도 같은 섬들을 비롯하여 덕적도, 무의도 같
은 지역 내의 크고 작은 섬들의 문화와 생태에 대한 종합적 연구와 함께
도서 지역을 친수적 문화로 보존, 활용하는 정책이 개발되어야 한다. 이
러한 모든 작업은 지역의 관광산업 발달과도 깊은 관련이 있을 것이다.

6) 신도시문화권

90년대 건설된 연수신도시 지역에 이어 김포에 속했던 검단면이 인천
광역시로 편입되어 새로운 신도시 지역으로 개발되고 소래포구 주변 지
역도 급속하게 도시지역으로 개발되고 있다. 그리고 도시지역 내에서도
각종 도시개발사업과 재개발사업이 이어지고 있다. 여기에 더하여 송도
앞바다 갯벌을 매립하여 대규모의 국제신도시가 건설되고 있다. 송도신
도시와 함께 서구의 너른 청라매립지와 영종도 공항 주변 지역이 경제자
유구역으로 지정되어 개발되고 있다.

송도와 영종지구의 경제자유구역 개발계획에는 관광과 문화, 위락공
간을 배치하는 계획이 담겨 있다. 그러나 이 지역은 보다 적극적으로 미
래지향적인 문화자원의 육성과 창조가 시도해야 한다. 동북아시아의 관
문을 표방하는 국제도시 인천의 미래지향적 가치에 어울리는 문화자원
의 창조가 절실한 것이다. 그리고 그것은 하드웨어와 함께 소프트웨어가
함께 구축됨으로써 가능할 것이다.

4. 시·공간을 둘러싼 신개발주의와 갈등들

시간적인 압축과 공간적인 급팽창을 거듭해온 광역도시 인천은 따라서 도시환경적 차원에서 수많은 과제를 안고 있다. 흔히 정체성 없는 도시, 언제든 기회만 되면 떠나고 싶은 오염의 도시로 인천이 기억되는 건 그 때문이다. 그러나 이제 인천은 300만 시민이 살아갈 독자적인 삶의 공간으로 탈바꿈해야 한다. 과거 특정한 집단의 이해와 요구에 의해 압축되고 굴절되었던 인천의 시간과 공간의 맥락을 앞으로는 시민들의 쾌적한 삶과 그 질적 향상을 위해 재조정하는 작업이 필요하다. 그러기 위해서는 좁은 의미의 문화예술뿐만 아니라 도시공간과 시민 생활세계 전면에 대한 문화적 성찰이 전제되어야 한다. 그리하여 인천의 역사와 문화, 복지와 환경이 조화를 이루는 도시로 인천이 거듭날 수 있도록 다차원적 영역에 걸친 토론과 계획이 필요할 것이다. 이하에서는 2000년대 후반기 인천이 앓고 있는 도시환경의 몇몇 사례를 제시해본다.

1) 정체성 없는 분단도시 – 문화도시의 꿈

인천시민들의 정주성과 인천이라는 도시의 정체성을 몰각케 하는 도시공간 문제는 무수히 많다. 인천의 역사를 상징하는 인천도호부 관아와 향교가 자리한 인천의 주산(主山)인 승학산에는 지금도 군부대가 자리하고 있어서 훈련 때마다 문학경기장에까지 서슬 퍼런 총소리가 귀청을 때린다. 한가로운 시민들의 삶에 전쟁의 상처와 공포를 덧내는 전쟁 관련 시설은 비단 승학산 예비군부대의 총성뿐만이 아니다. 인천은 너무도 많은 전쟁 관련 기념물로 넘쳐난다. 50년 만에 군부대가 나가면서 생태공원으로 조성중인 월미공원에는 다시 해군의 과시성 주둔기념물이 연평해전의 승리를 찬양하는 번쩍이는 부조물을 설치하여 공원을 균열시켜 놓았다. 월미도 해안의 벌컨포부대도 월미공원에 이전하겠다고 지속적으로 요구하고 있으며 이에 대해 중구청에서 적극 거들고 있다고 한다. 연안부대 친수공간에는 러일전쟁 러시아 전사자 추모비가 우여곡절 끝에 세워지기도 하였다. 많은 이들이 지적한 바 있지만, 국제도시로서 인천의 역사적 정체성을 상징하는 자유공원에는 호전적인 미국장군 맥아더의 동상이 반공주의의 화신으로 40여 년간 버티고 있다.

문학산 정상의 군부대도 인천의 역사를 짓누르는 군사시설이다. 인천 사람들의 마음의 진산인 문학산, 그 추억의 배꼽산의 정상에 인천시민은 그 누구라도 함부로 올라가지 못한다니. 1950년대 미군 부대가 처음 진주한 이후 지금까지도 레이더부대가 진주하고 있기 때문이다. 몇 년 전 오발 사고를 일으킨 송도의 미사일부대가 송도신도시 건설을 빌미로 어렵사리 영종도로 이전하는 문제가 오랜 논란 끝에 합의되어 지금 영종도에서는 미사일부대 이전공사가 진행 중이다. 송도의 미사일부대가 이전하면 문학산의 정상에 위치한 레이더부대로 따라서 이전해야 하며 영종도의 백운산에서는 레이더부대의 이전부지도 함께 공사 중에 있다고 한다. 그러나 어찌된 일인지 문학산 레이더 부대가 이전한다는 소식은 종무소식이고, 레이더부대는 끝내 잔류한다는 풍문만이 파다하다.

분단의 대가를 가장 혹독하게 겪은 곳이 바로 인천 지역이다. '안보'도 중요하지만, 그 미명 아래 더 이상 낡은 질서가 인천의 도심, 미래의 한가운데 자리할 이유가 없으며, 또 그래서도 안 된다. 이제부터라도 상처투성이 전쟁기념물로 분칠된 인천의 도시 이미지를 걷어내고 환한 평화의 미소가 깃든 평화 도시로 재구축할 때이다

2) 탐욕이 삼킨 월미도의 난개발

지난 50여 년간 월미산에 진주했던 군부대가 철수함으로써 2001년 10월 13일에 마침내 월미산 일원이 '월미공원'이라는 이름으로 인천시민들에게 돌아왔다. 때마침 월미도를 포함한 중구 일대가 2001년 6월 26일을 기해 문화관광부에 의해 월미관광특구로 지정되었다. 이를 계기로, 2003년 4월부터 현재까지 인천광역시 중구 월미도의 해안에 위치한 매립지 8만 평 부지에 대하여 자유공원 북록지역과 함께 지구단위계획이 진행되었다. 연구용역을 진행해온 인천발전연구원에서는 2004년 5월 31일에 그동안 작성한 지구단위계획안에 대해서 주민설명회와 시민공청회를 거쳤지만 오히려 논란이 증폭되어 왔다.

1984년부터 고도지구를 지정하여 3~4층 높이로 월미도의 경관을 보존해왔고, 이제 그것을 자산으로 월미관광특구를 활성화시켜야 할 인천시 도시계획 당국은 일관된 도시계획 원칙에 입각하여 월미도에 대한 지구단위계획을 공명정대하게 집행해야 하지만 주민들의 민원을 해소하는 차원에서 접근하는 모습을 여실히 보여주었다. 심지어는 지구단위계획안이 확정되지 않았는데도 불구하고 인천광역시장이 주민들과의 공개적인 간담회 석상에서 7층으로 고도를 완화해주겠다는 약속을 하였다. 자신들의 눈앞에 보이는 개발이익 때문에 관계 공무원과 시민단체, 연구자들에게 욕설과 위협을 가하는 월미도의 일부 상인, 지주들과 그들의 편협한 요구를 일방적으로 대변하고 있는 지자체 장과 일부 시의원까지 나서면서 월미도 지구단위계획을 둘러싸고 치열한 갈등이 빚어지고 있다. 난마처럼 얽혀 있는 각종의 이해와 요구 속에서 도시를 계획하고 가꾸는 일이 점점 어려워지게 되었다. 한국의 대부분의 도시들에서 이처럼 주민들의 이권적 요구로 계획적인 도시설계가 허다하게 실패로 돌아가는 사례를 발견할 수 있다.

도시공간과 토지는 후손들에게 우리가 빌려 쓰는 땅이라는 인식을 가지고 작은 이해득실을 넘어서는 관점에서 접근해야 한다. 그런 의미에서 한국 근대사의 역사적 현장이면서 풍요로운 문화와 자연이 함께 어우러진 아름다운 자산으로 월미도와 자유공원을 지켜나가야 한다. 그렇지 않아도 월미도 일대의 부동산 값이 많이 치솟았다고 한다. 월미도의 고도지구가 대폭 완화되고 전면적인 상업시설이 허용된다면 월미도는 더 이상 주민들이 살 수 없는, 그 어느 도시에나 가도 흔히 볼 수 있는 타락한 유흥지가 될 것이 불을 보듯 뻔하다. 후손에게 아름답게 물려줄 수 있는 역사적이면서도 문화적인 공공의 도시공간을 지키고 가꾸기 위해 모두가 슬기와 역량을 모아야 한다.

3) 전면적인 도시개발의 향방

21세기 들어 인천의 도시지도가 급속하게 변모하고 있다. 전면적 개발을 통해 인천의 도시공간이 급속도로 재편되고 외곽으로 급속히 확장하고 있기 때문이다. 김포와 인접한 서구, 검단 지역에서는 대규모 택지개발사업이 동시다발적으로 진행되고 있고, 시흥과 인접한 논현, 소래, 서창 지역에서도 앞서거니 뒤서거니 각종 도시개발 계획이 추진돼왔다.

건교부가 주택공사를 내세워 추진할 계획인 서창2택지개발 계획은 그린벨트를 해제하고 그곳에 임대주택 50%를 포함하는 대단위 아파트 단지로 건설하겠다는 것이다. 지자체의 고유한 공간환경 및 도시계획을 무시한 채 「국민임대주택건설등에관한특별조치법」이라는 특별법을 내세워 추진되고 있는 건교부의 계획은 임대주택 건설이라는 명분과 달리 막대한 개발이익만 주공에게 선사할 것이다. 그 때문에 현재 경기도의 여러 지자체와 환경단체의 반대에 직면하고 있다. 하물며 전국에서 녹지율과 더불어 그린벨트 비율이 가장 낮은 곳인 인천이 아닌가?

그런데 수도권해양생태공원을 사이에 두고 서창지구와 마주한 (주)한화 소유의 남동구 고잔동 일대 72만여 평도 새로운 도시개발지역으로 편입되었다. 공업지역 유휴지인 이 지역을 주거 및 상업지역으로 용도변경하여 신도시로 개발하는 계획은 이로부터 발생하는 막대한 개발이익을 이 땅의 소유자이자 개발 제안자인 (주)한화에게 선사할 것이다. 그러나 더 큰 문제는 한화부지의 용도변경 특혜가 여기에서 멈추지 않고 또 다른 기업들이 소유하고 있는 대규모 공업지역의 '개발을 위한 개발'을 크게 자극하고 있다는 데 있다. 연수구의 송도유원지 지역에서는 (주)대우자판이 소유하고 있는 80여만 평 부지의 용도변경을 통한 대규모 개발계획이 추진되고 있다. 전임 최기선 시장의 구속 사태까지 불러왔던 이곳의 용도변경 문제는 그 때문에 인천시가 녹지지역으로 보존하기로 약속한 바 있다. 그럼에도 불구하고 주거 및 상업지역으로 용도변경하여 105층짜리 국제금융센터 건설을 비롯한 개발계획이 은밀히 논의되고 있는 것이다. 바로 옆, (주)동양화학 소유의 용현·학익 지구의 유수지 부지에 대해서는 동양화학이 폐석회를 매립한 후 도시계획 용도변경을 통한 개발 계획을 추진해 논란에 논란을 거듭하고 있다.

급속도로 진행되고 있는 인천에서의 이와 같은 전면적인 도시개발과 공간의 팽창은 과연 누구를 위한 것인가. 그리고 이처럼 무분별한 도시지역의 무한확장이 가져올 환경의 파괴와 주거 및 원도심의 주거 생활환경이 열악해지는 것은 어떻게 보장할 것인가. 한정된 공공재인 토지와 도시공간을 자본의 이윤추구 논리에 전적으로 맡겨 개발 일변도로 나긴 다면 그 도시의 미래가 잿빛으로 화하고 말 것임은 불문가지이다. 이를 위해서도 대규모의 도시개발에 대한 시민적 차원의 접근과 개발이익의 환수를 통한 공공적 가치의 제도화 방안을 마련해야 한다.

4) 신개발주의의 파고, 경제자유구역과 구도심개발

2006년 건교부의 승인을 받은 2020인천도시기본계획은 2000년을 기준년도로 삼고 2020년을 목표년도로 삼아서 인천의 미래도시상을 설계하는 매우 중요한 말 그대로 도시의 기본계획이다. 지난 1997년에 작성한 이후 7년만으로, 지역 안팎으로 달라진 도시환경을 매우 섬세하고 고려하여 인천이라는 도시가 살기 좋은 도시로 거듭나기 위한 철학적 성찰을 전제로 미래도시상을 설계하는 매우 중요한 마스터플랜 계획이다. 인천 시민사회 단체들은 그동안 도시계획 행정의 중요성을 새삼 인식하고, 인구 350만을 목표로 했던 2020인천도시기본계획(안)이 진행될 당시 토론과 논의를 거쳐 〈공동의견서〉를 제출하고 추가 공청회를 요청하였으나 인천시는 이를 무시되었다. 그리고 그 결과 확정된 2020인천도시기본계획은 "21세기 동북아 물류중심, 경제자유도시 인천"이라는 슬로건 아래 인구 310만을 목표로 하는 개발계획들로 채워졌다.

2020인천도시기본계획의 이러한 슬로건과 지표상 나타나는 도시철학의 부재는 근본적으로 참여정부 아래 인천시에서 주도면밀하게 추진되고 있는 신개발주의에서 비롯된다. 경제자유구역 개발이 그 정점에 놓여 있음은 물론이다. 1997년에 설정한 2011년 도시기본계획으로는 포괄하는 못하는 경제자유구역 개발을 뒷받침하고, 여기에 국민의정부에서 추진한

국토계획의 변경 즉 그린벨트 해제가 가시화됨으로써, 개발논리를 시 전역으로 확장하기 위해 2020도시기본계획이 추진되었다고 본다. 2005년부터 인천시에서 논의되기 시작한 "구도심개발" "구도심균형발전"은 상대적으로 그동안 인천의 구도심이 정책적으로 얼마나 차별을 받아왔는지를 잘 보여주고 있다. 2006년 들어 "지역균형발전계획"으로 재포장되어 엄청난 계획들이 제출되기 시작하였으나, 이러한 "지역균형 발전 및 삶의 질 향상"이 이번 계획의 직접적 목적은 아니다. 이는 슬로건이 잘 말해주듯 경제자유구역을 중심에 놓은 후발계획이자 구도심에 대한 전면적인 재개발을 획책하고 있다.

〈그림 5〉 2020인천도시기본계획(안) 시민공청회 모습

5. 다채로운 '공간의 문화정치학'을 꿈꾼다

정치권력의 성과주의 행정과 신자유주의의 흐름을 틈탄 자본의 투기적 확장 속에서 인천은 지금 전면적인 '신개발주의의 발호'에 직면하고 있다. 이처럼 공간을 둘러싼 일방통행식 신개발주의가 횡횡하는 인천의 현실에서 어떻게 하면 공공성에 입각한 '공간의 문화정치학'을 어떻게 다채롭게 도모해나갈 것인가. 그리고 그 주체는 어디에 있는가. 너무나 거대한 규모로 밀어붙이는 행정과 은밀한 거래가 횡횡하는 가운데 미시적 차원의 문화정치학적 담론들은 한낱 사소할 뿐인가?

〈도표 1〉 인천의 도시정체성과 미래 지향 구상

〈인천의 정체성〉	〈20세기〉	〈21세기〉
능허대, 항구, 갯벌 (해양성)	성장제일주의, 서울집중 (변방)	동북아 관문 도시 (개방성)
공항, 개항장, 뜨내기 (사회성)	개발과 경쟁, 사회갈등 (갈등)	공존공생의 화합도시 (역동성)
전통과 근대, 안과 밖 (다양성)	분단, 냉전, 획일화 (혼돈)	평화와 교류의 문화도시 (창조성)

급속한 인천의 근대화와 도시팽창 과정에서 인천은 주인 없는 '뜨내기 도시'와 같이 도시 정체성의 혼돈과 정주의식의 부재에 시달려 왔다. 특히 강력한 중앙집권적 사회체제 속에서 수도 서울과 1시간 거리 내에 인접한 까닭에 인천의 고통은 배가되었다. 그러나 냉전체제의 해체와 함께 21세기 들어 남북의 화해가 가시화되고 지방자치제가 더욱 내실화 되는 가운데 인천의 도시 정체성은 새로운 가능성으로 발돋움할 것으로 믿는다.

요는 우리가 어떻게 인천의 공간 문제에 개입하여 다채로운 '공간의 문화정치학'을 펼쳐 보이느냐에 달려있다. 도시의 정체성은 결코 고정불변의 그 어떤 실체가 아닌, 꿈을 가진 사람들에 의해 창조되는 새로운 과정 그 자체이기 때문이다.

인천 도시공간의 역사와 변천

문학산·주안·송도신도시

1. 문학산, 귀환하지 못한 인천사

1) '문학산'이라는 이름

흔히들 인천의 진산(鎭山)을 문학산(文鶴山)으로 알고 있는 분들이 많은 것 같다. 전래의 풍수사상에서 유래한 진산의 개념은, 도읍이나 성시(城市)의 뒤쪽에 있는 큰 산으로, 그 고을을 진호(鎭護)하고 더불어 상징적 표식(랜드마크)의 역할을 하는 산을 의미하였다. 이에 따르면 인천의 진산은 인천도호부(지금의 문학초등학교 자리)의 뒤편에 위치한 승학산(昇鶴山)이 되어야 한다. 그러나 진산은 위치도 중요하지만 그 고을의 상징적인 랜드마크가 되어야 했다. 승학산이 그렇지 못했거니와 인천 관아 앞의 문학산도 이에 조금 모자랐으니, 관아에선 떨어져 있지만 멀리서도 그

---

* 필자 : 이희환

　이 글은 2009년 진행한 지역인문학 강의원고로, 각기 별도로 작성된 인천의 중요한 도시공간인 문학산, 주안, 송도 일대의 도시변화 과정을 2009년 당시의 도시현안 문제와 함께 살펴보고자 작성한 원고임.

모양을 살필 수 있는 산을 진산으로 삼기도 했던 것이다. 과거에는 인천 부역이었으나 오늘날의 시흥군에 위치한 소래산(蘇來山)이 인천의 진산으로 기록된 까닭이다.

그러나 문학산은 주봉인 문학산을 위시하여 북쪽으로 연경산, 노적산에 이르고, 남쪽으로는 수리봉과 길마산으로 연이어 너르게 퍼져 있어, 천년의 세월 동안 인천이라는 고을을 안온하게 품에 안은, 인천 사람들에게는 마음의 진산이자 생활 속의 진산에 다름 아니었다.

> 인천 사람들은 예부터 문학산을 배꼽산이라고 불러 왔다. 산봉우리의 烽火臺가, 동서로 완만하게 흘러내리고 있는 여체의 아름다운 곡선을 방불케 하는 능선의 중간 지점에 자리하고 있었으므로 흡사 사람이 배꼽을 내놓고 누워 있는 형국으로 보이기 때문이었으리라. 지금은 배꼽이 없어졌을 뿐만 아니라 인천 사람이 줄어서 문학산이라고 불러야만 통하는 형편이다.
> – 신태범, 『인천 한 세기』(홍성사, 1983), 56쪽.

인천도호부의 남쪽에 있다 하여 남산(南山)이라 불리기도 하고, 오랜 옛날 축성되어 내려온 산성이 있었기에 성산(城山)이라고도 기록되었으며, 산세의 형상이 학이 날개를 펴고 앉은 것 같은 모양을 닮았다 하여 학산(鶴山)이라고도 불렸던 문학산에는 '배꼽산'이라는 재미있는 이름도 한동안 따라 다녔다. 이 친근한 이름은 고 신태범 박사의 설명처럼, 여체의 아름다운 곡선 그 한중간에 위치한 문학산정 봉수대의 모습에서 유래한 것일 터이다. 해방 전 인천에서 학교를 다녔던 사람들이 어김없이 원족(遠足)을 갔던 '배꼽산'의 추억은, 그러나 봉수대가 허물어지고 군부대가 진주하면서 그 이름마저 희미해지며 가뭇없이 사라졌다.

'배꼽산'이라는 이름마저 희미해진 오늘날 저 산을 일컬어 '문학산'이

라고 한다. 이 명칭은 18세기 중엽부터 널리 사용되기 시작하였는데, 학
의 형용을 본딴 '鶴山'이란 이름에다 향교 안에 있는 문묘의 '문'자가 붙
어 쓰이게 되었다는 설과, 숙종 34년(1708년)에 준공된 사액서원인 '학산
서원'에서 '학산'이란 이름이 유래하였고 여기에 학문을 뜻하는 '文'자가
합쳐져 생긴 이름이라는 해석도 있다. 언어학적 관점에서는 '주변을 빙
둘러싸다'란 의미의 '둠' 또는 '두름'(분지)이라는 고유어 지명을 한자로
기록할 때 '두루미산(鶴山)'으로 표기되었다는 해석도 그럴듯하다.[1] 이
언어학적 해석을 밀고 나가면 '文'자가 붙게 된 것도 '크다'라는 말의 관
형사형인 '클' '글'로부터 유래하였다고 볼 것이니, 이쯤 되면 문학산은
'큰 두름' 즉 커다란 고을을 굽어보는 산으로도 이해된다.

2) 문학산의 역사와 문화

멀리 신석기시대부터 사람들이 살았지만 문학산 지역에서는 특히 청
동기인들이 집단적으로 삶의 터전을 가꾸었음을 보여주는 유적이 다수
발굴되었고 그 상징적 유물인 고인돌이 도처에 산재하고 있다. 그러나
문학산의 역사시대는 비류(沸流)가 남하하여 이곳에 미추홀국(彌鄒忽國)
을 창건했다고 기록된 4세기 무렵부터이다. 아직까지도 학계에서는 미
추홀의 위치에 대하여 여러 이설들이 분분한 상태이다. 그러나 문학산성
의 존재를 논거로 삼아 인천 문학산이 초기 백제의 중심지였던 미추홀이
라는 견해가 큰 세를 차지하고 있다.

사료가 부족하고 고고학적 근거조차 결핍된 초기 백제사를 대신해주는

---

1) 최재용, 『월미도가 달꼬리라고? – 최재용의 인천 땅이름 이야기』, 다인아트, 2003 참조.

백제의 건국과 관련해서도 다양한 전승신화가 전해진다. 고구려의 시조 주몽이 두 아들을 낳으니 장자 비류와 차자 온조인데, 이들과 관련하여 백제 건국신화가 전해지고 있는 것이다. 아우 온조(溫祚)를 백제의 시조로 삼는 온조 전승이 가장 유력한 것인데, 미추홀의 땅이 습기가 많고 물이 짜서 백성들이 편히 살지 못하매 위례성에 터전을 잡은 온조의 백성들이 편히 사는 것을 보고 부끄러워 죽고 말았다는 형 비류의 삶은 비극적이다.

> 문학산으로 오르는 좁은 길이 아득하여라.
> 일찍이 미추국을 세울 때 의지했던 곳이라네.
> 지나치는 비는 번번이 원앙이 새겨진 기와에 떨어지고,
> 이른 봄 망제의 혼이 깃든 철쭉은 구석에 피었다네.
> 오래된 우물에 연기가 솟아오름은 비류의 스러진 넋이려나,
> 주인 없는 사당에 모여 갈가마귀에게 제사를 올리네.
> 산성을 허물어 제왕의 기운이 다시 일 것을 억눌러 막았는데,
> 무너져 흩어진 너른 산성, 그 비늘 같은 석축돌이 꾸짖는도다.
> 文鶴山登細路賒, 彌鄒曾據設邦家.
> 雨過頻得鴛鴦瓦, 春到偏開望帝花.
> 古井生雲疑覇氣, 叢祀無主付神鴉.
> 殘城又捍龍蛇刦, 壞粉張鱗石噴牙.
>
> －「文鶴山城」, 『一夢稿』 권 19.

조선시대의 문인 이규상(李奎象, 1727~1799)은 인천부사였던 부친을 따라 인천에 왔다가 여러 인천시편들을 한시로 남겨놓았다. 위에 인용한 시는 그 중의 한 편인 「문학산성」이다. 비운의 제왕이었던 비류의 한을 허물어진 문학산성에 비추어 부조하였다. 이규상은 문학산성을 지나 사모지고개(三亥酒峴)를 넘어 능허대(凌虛臺)에도 다다른다. "흰 물결 몰려

와 땅이 보이지 않는"다고 묘사한 능허대는 대진(大津) 나루터와 함께 문학산 지역을 근거지로 중국과 통교하던 백제의 관문이었다.

고구려, 백제, 신라의 쟁패 속에 부침을 거듭하던 문학산 일대는 고려왕조에 들어 문학산을 근거지로 해상무역으로 성장한 호족세력 인주이씨(仁州李氏)와 함께 부침을 거듭 한다. 7대에 걸쳐 80년 동안 고려의 정권을 장악했던, 그래서 한때는 '칠대어향(七代御鄕)'으로도 기록된 인주이씨 시대는 이자겸의 난으로 종말을 고하였다.

이후로도 부침을 거듭하던 문학산 일대는 조선왕조에 들어 이 지역의 읍치(邑治) 즉 관아가 문학산의 맞은편인 승학산으로 결정되면서 역사의 전면에 등장하게 된다. '인천(仁川)'이라는 읍호가 처음 등장한 것도 조선 태종대의 일이다. 세조대에 이르러 인천도호부로 승격된 후 인천은 수도 한성 서부의 중요한 관방지역이자 이 지역 백성들의 삶의 터전으로 자리를 잡았다.

『세종실록』지리지에 그 첫 기록이 보이는 성산봉수(문학산 봉수)는 갑오개혁을 전후로 봉수제도가 폐지되기 이전까지 사용되었다. 멀리 전라도 순천에서 출발하여 진도, 수원, 그리고 안산의 정왕산 봉수에 잇닿는 인천의 문학산 봉수는 다시 부평, 김포, 강화, 양천을 거쳐 한성의 남산에 이어지면서 조신시대의 군사적 통신수단의 역할을 담당하였다.

이 봉수대의 봉화로도 막지 못한 전운이 인천지역에 이르렀으니, 임진왜란이 닥쳐왔다. 왜병이 몰려들자, 부사 김민선(金敏善, 1542~1592)은 지역 사민(士民)들을 이끌고 문학산성에서 응전하면서 왜병으로부터 인천을 지켜내었다. 문학산 봉수 동쪽 밑에는 안관당(安官堂)이라는 건물이 있었는데 후대의 사람들이 그를 추모해 지은 사당이었다. 일종의 의병이라 할 수 있는 인천의 백성들과 관아의 수장인 부사가 합심하여 왜적의 침입으로부터 강토를 지킨 역사도 그렇지만, 전란의 와중에 병으로 억울하게 죽은 김 부사의 영혼을 지역민들이 비용을 염출하여 사당을 지어 모시고 인천의 수호신 받들었다는 전설 같은 풍속도 아름답다. 실제로 안관당의 신은 1971년 신미양요 때 부사 구완식과 군사들의 사기를 진작케 하는 영험을 보여주기도 하였다 한다.

「문학산성(文鶴山城)」이라는 한시를 통해 문학산의 역사를 서정적으로 더듬었던 이규상과 어깨를 견주면서, 인천의 승경을 노래한 조선시대의 학자이자 시인인 탄옹(炭翁) 권시(權諰, 1604~1672)도 우리는 기억해야 한다. 훗날 대전의 도산서원(道山書院)에 제향될 정도로 대학자였던 그도 젊은 시절 인천 소래에 살면서 인천의 여러 승경을 노래하였다. 인천 객관 남쪽에 병풍처럼 두른 문학산을 자주 찾은 탄옹은 「등문학봉(登文鶴峰)」 연작시와 「능허대」를 비롯한 여러 인천시편들을 남긴 바 있다. 그런데 이 시절 문학산에는 문학사(文鶴寺)라는 절이 있었고 이 절에는 송강 정철(鄭澈)이 강화도에 있을 때 중봉(重峯) 조헌(趙憲)의 전사 소식을 듣고 썼다는 "오랑캐 있어 자주 칼을 보게 되고 벗들이 죽어 거문고 줄을 끊노라. 평소 읽던 출사표를, 전쟁통에 길게 다시 읊조리노라."(虜在頻看劍, 人亡欲斷琴. 平生出師表, 臨亂更長吟)라는 시가 걸려 있었다고 한다. 탄옹은 여기에 차운하는 시를 남긴 인천의 시인이었던 것이다.

이러한 역사와 서정을 뒤로하고 근대 이후 문학산 일대는 몰락하고 만다. 한반도를 노린 제국주의 세력들의 각축 속에서 그 첨병으로 치달았던 일본 제국주의 세력이 수도 한성을 공략하기 좋은 길목인 제물포 일대에 개항장을 마련함으로써 문학산 일대는 구읍으로 전락하였던 것이다. 부천군 문학면으로 방치되었던 문학산은 1930년대에 들어 관광지로 개발된다. 월미도, 송도유원지의 개발과 함께 문학산에도 대공원을 설치함으로써 식민 통치의 안정을 꾀하였던 것이리라. 그러는 한편 일제 당국은 철저히 인천인들의 마음 속 진산이었던 문학산을 파괴하기에 주저하지 않았으니, 안관당의 훼철을 방관, 조장했을 뿐 아니라 인천도호부 관아에 1917년 부천공립보통학교 설립을 인가하였고, 이곳에 심지어는 경찰주재소를 설치하는 만행을 저지르기도 하였다.

해방 이후의 혼돈과 한국전쟁을 겪으면서도 문학산은 의연히 그 자리를 지켰다. 구한말 최후의 어전화가에서 일제시대 한국화단의 대표적 작가로 변신했던 이당(以堂) 김은호(金殷鎬, 1892~1979)를 길러냈던 문학산이건만 근대화의 격랑 속에서 더 한층 쓸쓸한 한촌으로 저물어가는 듯했다.

산천은 의구하되 인걸은 간 데 없다고 했던가. 때때로 그치지 않고 많은 예술가들이 이곳을 찾아들었다. 황해도 해주 출신의 시인 이인석(李仁石, 1917~1979)은 해방 후에 인천으로 월남하여 언론계에 종사하면서 활발한 시작 활동을 전개하였고 인천 지역에서도 활발한 문예활동을 전개하였다. 그가 1955년 발간한 첫시집 『사랑』에는 이런 시가 남아 있다.

옛날 원님이 살았다는 기와장과 비석들이
이끼 푸른 마을 뒤에는 몇 백년 늙었는가
아름드리 은행나무 느티나무 총총하게
– 이인석, 시 「문학산 근처」 부분

이인석 시인이 시적 서정으로 조탁했던 문학산의 스러지는 역사와 향수를, 의사이면서 사진작가였던 이종화(李宗和) 선생은 『문학산』(仁川鄕土史資料, 興信文化社, 1965)이라는 사진집으로 남겨놓았다. 그의 사진들이 만약 없었더라면, 인천 사람들 그 마음의 진산이었던 문학산은 더없이 초라해졌을 것이다.

3) 문학산의 귀환을 꿈꾸며

> 1958년에 동문을 중심으로 성벽의 일부를 개수했고 뒤이어 安官堂 등 사
> 적을 정비하려던 차에 다음해인 1959년에 군사기지로 수용되었다. 정비계
> 획은 중단되었으나 文鶴山城이 20세기에 이르러서도 중요한 국방임무를
> 수행하고 있으니 참으로 대견한 일이라 하겠다. 오랜 세월을 두고 나라를
> 지켜오던 봉화대는 없어졌으나 최신병기가 그 자리에 앉아 수비하고 있으
> 니 文鶴山은 예나 지금이나 믿음직한 인천의 主山이다.
> ― 신태범, 『인천 한 세기』, 58~59쪽.

신태범 박사의 증언대로 문학산성과 안관당이 있던 문학산정이 군사기
지로 수용되면서 1960년부터 정상부를 대대적으로 삭토하는 공사가 시작
되었다. 1962년부터 미군부대가 상주하기 시작하여 1979년까지 머물렀고
그 뒤를 이어 한국군 부대가 오늘까지도 의연히 그 자리를 지키고 있다.

학산서원과 향교에서 유래한 '文'자를 붙였던 '문학산(文鶴山)'이란 이
름 대신 이제는 '武'자를 붙여 '무학산(武鶴山)'이라 불러야 할 것인가! 공
교롭게도 문학산 밑 언저리에는 2002년 월드컵대회를 위해 조성한 대규
모의 문학경기장까지 자리하게 되었다. 문학산은 여전히 옛 정체성을
되찾지 못하고 있는 것이다.

냉전시대의 끝에서 신태범 박사는 "20세기에 이르러서도 중요한 국방
임무를 수행하고 있으니 참으로 대견한 일"이라 말씀하시었으나, 그 후
로 시대 또한 많이 달라졌다. 미군부대의 진주가 우리에게 남긴 것은,
기름의 유출로 인한 문학산의 대규모 환경파괴였음이 지난 2001년 KBS
의 다큐멘터리 프로그램『환경스페셜』〈숨쉬지 않는 땅, 문학산〉편의
방영을 통해 백일하에 드러났다. 문학산 레이더 부대와 짝하여 송도에

진주하고 있는 미사일 공군부대가 1998년 12월 4일에 일으킨 오발사고
는 대규모의 살상무기와 겹하여 인천시민이 불안하게 살아갈 수밖에 없
음을 여실히 보여주었다.

때마침 송도 미사일 부대의 이전이 합의되었다. 문학산 정상의 레이더
부대가 더 이상 존속한 명분이 사라졌다. 이 군부대가 문학산 정산에서
철수하면 실로 45년만에 문학산이 온전히 인천시민의 품으로 돌아오는
것이다. 이는 또한 남구 주민들이 지속적으로 전개해왔던 '문학산 살리
기 운동'에 대한 소중한 선물인 셈이다.

문학산의 온전한 귀환에 덧붙여 욕심을 보태본다. 조선시대 인천의
읍치였던 인천도호부 관아를 안고 있는 승학산의 예비군부대도 차제에
시 외곽으로 이전한다면, 그야말로 금상첨화가 아닐 것인가. 차제에 남북
의 진정한 화해와 세계평화를 위해서라도 문학산과 승학산에 남아 있는
군사문화의 흔적들을 서서히 지워나가면서 분단시대 내내 억눌렸던 문학
산 지역의 역사와 문화를 되살려나가야 한다. 일제에 의해 훼손되고 파괴
된 문학산의 역사도 엄밀히 복원하고, 이를 바탕으로 시민들이 풍요로운
휴식과 문화를 즐길 수 있는 공간으로 문학산 지역을 재구축해나가자.
이를 위해 다양한 토론의 마당이 문학산 정상에서 거듭 펼쳐지기를 설레
며 꿈꾼다.

2. 주안, 갯고랑 위에 생긴 도시공간

1) '주안'이라는 지명

주안(朱安)은 주안산(朱雁山)이라는 지명 때문에 생긴 이름이라고 한다.

『인천광역시사』에 따르면, 『동국여지승람』과 『대동여지도』에 보이는 주안산은 지금의 간석동과 만수동, 부평동 사이에 위치한 만월산이었을 것으로 짐작된다. 글자 그대로 흙이 붉고[朱] 산의 모양이 기러기[雁]가 내려앉은 것 같아 주안산이라 불렸다고 생각하기 쉽지만, 『대동여지도』에는 주안산(朱岸山)으로 기록되어 있으니 그 차이를 분명히 알기 어렵다.

전통시대부터 내려오는 원래의 지명 주안은 지금의 남동구 간석·구월·십정동 일대에 해당하는 주안면(朱雁面) 일대로 보는 것이 타당하다. 1899년 경인철도가 만들어질 때 당시까지만 해도 전통시대의 통신·교통 요충지였던 역마가 머무는 자리도 간석리에 있었다고 한다. 그러나 근대문물을 실어 나르는 근대 철도가 생기고 나니 이 역은 필요 없게 되었고, 그 대신에 당시 충훈리(忠勳里)라 불렸던 지금의 주안동 일대에 새 역사가 생겨 그 이름을 주안역이라고 불렀다. '농사를 짓는 곳이라 물이 많다'는 의미의 '다수(多水)'에서 비롯된 지명으로 짐작되는 다소면(多所面) 소속의 충훈리는 바닷가였던 이곳에 정부 기구인 충훈부(忠勳府)의 방죽이 놓여 있어 붙은 지명이라고 한다.

충훈리에 주안역이 생긴 데 이어 1900년대 들어 이곳에 생긴 염전까지도 '주안염전'이라 불리면서 결국은 충훈리 일대가 '주안'이라는 지명을 빼앗아 오게 되었다. 주안은 그 뒤 일제에 의해 '주안(朱岸)'으로도 불리다가 지금과 같은 '주안(朱安)'으로 한자 표기가 바뀌게 되었다. 원래의 주안의 한자 '雁'이 너무 복잡하다고 하여 전통의 지명과는 아무런 상관이 없는 '安'자를 대신 갖다 붙였다는 이야기다.

오늘날의 주안은 행정동으로는 가장 많은 8개의 동을 거느린 거대 도시지역이다. 그러나 멀리 신석기 시대의 유적인 주안지석묘 2기가 남아 있는 데서 알 수 있듯이 오랜 옛날부터 터전을 잡고 살았던 고장이요,

지명의 유래가 된 주안산에는 주안사(朱雁寺)가 있었다. 오늘날의 만월산 약사사(藥師寺)는 바로 이 주안사지 위에 세워진 사찰인데, 주안사의 창건 연대는 출토유물로 보아 고려말이 아니면 조선시대 초에 있었던 사찰일 것으로 추정된다고 하니, 이미 오래전부터 전통시대 인천 행정의 중심이었던 문학산 일대에서 수도 한성을 잇는 자리목에 위치한 전통이 맥맥한 지역이었다.

그러나 전통시대의 서정을 담고 있는 '주안(朱雁)'이라는 지명은 오늘날 간 데 없다. 대신에 종작없는 '만월산(滿月山)'과 '주안(朱安)'으로 남은 이곳의 운명은, 지명의 개변이 말해주듯이 일제시대 이후로 급격한 산업화와 도시화의 길을 걷는다.

2) 황무지개간사건과 주안염전

제국주의 열강의 각축 속에서 청일, 러일전쟁에서 승리한 일본은 1905년 통감부를 세우고 조선에 대한 침탈을 본격화한다. 1905년 주안에서 일어난 황무지 개간사건은 그 대표적 실례이다. 1905년 2월 조선인 이희열이 인천군 주안면 주안포와 부평군 가자포의 황무지를 영친왕궁에 부속시키고 개간 3년 뒤부터 영친왕궁에 납세하는 것을 약조하고 개간특허권을 받아내었다. 그러나 사실은 일본인 송전행장(松田行藏)이라는 자가 이희열의 명의를 이용하여 이익금의 일부를 주겠다며 꾸민 불법적인 토지침탈이었다. 외국인의 토지소유를 법률적으로 금지하고 있는데도 불구하고 통감부의 힘에 의지하여 이를 돌파하고자 한 것이다. 이후 통감부와 한국정부의 궁내부, 농상공부, 그리고 인천군 사이에 개간권의 인정여부, 환수문제 등을 둘러싼 분쟁이 지속되었다고 한다.

'농사를 짓는 곳이라 물이 많다'는 다소면 중에서도 충훈리 일대, 즉 오늘날의 주안 일대에는 바닷물이 많았다. 간척사업이 많이 진행되어서 오늘날 그 해안선을 더듬을 엄두조차 낼 수 없지만, 지금의 간석동과 십정동 일대까지가 모두 바닷가요 갯벌이었다. 일본인에 의한 황무지간척사업이 추진된 것도 바로 이 일대인 주안포 지역이었다. 이곳에서 1900년대 들어 우리나라 최초로 천일염전(天日鹽田) 지대가 생기게 되었는데, 이곳이 바로 '주안염전' 지대이다.

> **염전추경(鹽田秋景)**
> 물빛엔 흰 뫼지고 고범(孤帆)은 아득하다.
> 천주(天柱)는 맑게 높아 적운(赤雲)만 야자파(也自波)를
> 어즈버 옛날의 뜻을 그 님께 아뢰과저.

위 시조는 한국 고고미술사 연구의 개척자인 우현(又玄) 고유섭(高裕燮, 1905~1944) 선생이 경성제국대학 예과 1학년생으로 경인선 기차를 타고 통학하던 때의 서경을 노래한 연시조 「경인팔경」(『동아일보』, 1925)의 제6연이다. 어느 가을날의 해질녘 주안염전의 풍광을 옛스런 시조가락에 풀어 놓았다. 이때까지만 해도 자연과 인공이 함께 하는 아름다운 풍광으로 아득하였던 주안염전 지대. 바다의 물빛과 하늘의 적운이 저절로 굽이치는 자연의 아름다운 물결 속에서 뭍의 소금밭에서는 흰 소금 뫼가 두둑하게 솟아오르고……

우리나라 최초의 천일염전인 주안염전이 생긴 뒤 근대식으로 품질 좋은 소금을 다량으로 생산하게 되자 국가적 차원에서 소금 생산을 늘리기 위해 염전을 계속 확장시킨다. 이에 따라 소래 지역에 남동염전이 생겼고, 곧이어 시흥 지역에 군자염전이 만들어졌다. 멀리 평안도 광양만에

서부터 서해안을 끼고 있는 충청도, 전라도 지방에까지도 염전지대가 조
성되었다. 하지만 인천에 특히 염전이 많아 1930년대에는 인천 관내 염
전에서 생산한 소금이 전국 소금 생산량의 절반에 육박하였다 한다. 이
무렵 인천항은 호렴(胡鹽)이라 불리던 중국 산동(山東)산 천일염의 수입항
으로도 유명한 터였다. 인천시내 곳곳에 천일염을 정제하여 새하얀 곤소
금을 만드는 공장도 당연히 많았다. 1937년 개통한 수원~인천간의 수인
선 열차도 소금을 많이 실어 날라서 흔히들 '소금열차'라 불렀다 한다.
인천과 소금과의 이 같은 인연 때문일까. 지금까지도 인천사람들을 '짠
물'에 빗대는 이유가 여기서 비롯됐을지도 모른다.

3) 산업화시대, 주안 5공단과 택지개발

총독부의 기관지인 『매일신보』을 보면 주안염전에 대한 기사가 심심치
않게 등장한다. 1900년대부터 지속적인 확장을 거듭한 주안염전 지대에
는 소금공장 주변으로 수많은 염전 인부들이 모여 사는 신흥마을도 형성
되었다. 이에 따라 주안소학교가 개교하고 버스노선도 신설되었다. 일제
말에 이르면 향차 더 많은 지역 발전을 도모하기 위해 중공업 공장을
유치하려는 시도가 있었음을 『매일신보』의 기사는 보여주고 있다. 그러
나 1945년의 해방과 정치적 격변과 혼란, 그리고 그에 뒤이은 3년간의
한국전쟁은 인천뿐만 아니라 주안염전 일대에도 막대한 파괴의 후유증을
남겼을 터이다. 사진가 김명철은 스러져가는 주안염전 지대의 풍광과
그곳 사람들의 모습을 깊은 우수가 깃든 흑백사진들로 남겨놓았다.

1950년대의 전후복구기를 거치면서도 한적한 염전지대로 방치되었던
이 일대에 본격적인 근대화의 물결이 당도한다. 박정희 군사정권의 등장

과 함께 시작된 1960년대 이후의 수출주도형 산업화정책이 그것이다. 1961년 제1차 경제개발계획의 일환으로 경인지구가 특정지역으로 공고됨에 따라 1965년에 도시개발 5개년 계획이 수립되었다. 이에 따라 인천에서는 1967년 송도·간석, 주안2지구의 토지구획정리사업을 시작으로 시 전역에 대한 각종 도시개발이 진행되었다. 주안에서는 1967년에 이어 1969년, 1976년, 1979년에 연이은 토지구획정리사업으로 계획도시 조성이 이루어졌다. 대규모의 계획적인 공업단지 및 주택단지가 조성됨으로 시가지의 교외확산이 이루어지기 시작했던 것이다.

이 시기 주안지역의 도시발달에 중요한 역할을 하게 되는 교통수단이 확충되었다. 1965년에 경인선철도가 복선화 되었고, 1969년에 경인고속도로가 완전 개통되었으며, 1974년에는 경인선이 전철화 되었다. 그리고 1976년 내항 개발까지 완료되어 해상교통의 중추적 역할도 기대하게 되었다. 이러한 교통의 발달은 한편으로 인천 지역을 서울 중심의 대도시권으로 통합되도록 촉진하면서 상호의존적 관계를 강화시켰다.

한국수출산업 국가산업단지가 주안에 조성된 것도 이때이다. 인천수출공단은 부평수출공단이 성공적으로 운영되면서 5억 9,000만 원을 투입하여 근로자 1만 명을 고용할 계획으로 인천수출 제2단지를 조성키로 하고 1969년에 시작되어 1971년을 준공 목표로 부지 조성공사를 추진하게 된다. 유치 대상업체는 우수한 기술과 현대적 시설을 갖춘 미국·일본·유럽 등의 선진기업을 우선하고 국내 합작업체를 포함한 40~70여 업체를 유치, 단지 내 입주기업을 업종별로 배치 계열화하여 인천항개발계획과 연계한 초현대적인 임해공단을 건설, 연간 1억 달러의 수출을 실현할 계획을 세웠던 것이다. 1973년 7월 15일 한국수출공단 제5단지, 일명 주안 5공단이 준공된 것이다. 오늘날 송도에서 펼쳐지고 있는 경제자유구역 논리의 '70년대판'이 주안 5공단에서 펼쳐졌던 것이다. 그러나 오늘날 주안 5공단은 가파른 산업화의 흔적만은 큰 몸체로 간직한 채 날로 슬럼화하고 있다.

나날이 슬럼화하고 있는 주안 5공단 지역과는 반대로, 경인선 건너편의 신도시 지역은 주거지역으로 재개발을 거듭하고 있다. 이 지역은 인천이 수도권 임해 공업도시로 발전하고 인구가 지속적으로 증가함에 따라 개발된 택지개발 지구였다. 인천에서의 택지개발을 위한 토지구획정리사업은 해방 전 조선총독부에 의해 숭의지구와 송림지구, 부평지구 등이 고시된 것이 최초이지만, 해방 후의 사회적 혼란, 재원·기술인력 부족 등으로 실행하지 못하고 6·25전쟁으로 피난민의 무단점유와 지주의 반대로 답보 상태에 머물러 있었다. 1962년 1월 20일에 드디어 도시계획법이 공포되고, 1966년 8월 3일 토지구획정리사업법이 공포됨으로서 1967년부터 택지개발사업이 본격적으로 착수되었다.

바둑판을 그어놓은 것 같은 도로와 그 사이에 같은 모양으로 나란히 처마를 맞추고 들어서 있는 단독주택단지로 개발된 지역이 남아있는 한편으로, 6층 높이의 주안주공아파트가 지어진 것이 30여 년 전 그 어름이다. 1980년대 초까지 도시 토지수요를 충족시키기 위해 활발하게 진행되면서 도시개발수단의 주종을 이루어 왔던 토지구획정리사업이 토지투기조장 및 지가상승의 요인으로 작용하기도 하였다.

1985년 승기천이 복개되어 큰 대로가 뚫리고, 1988년에는 주안지하상가가 민자유치로 건설되면서 주안지역은 정점에 다다른다. 주안지역의 상주인구가 불어나다 보니 자연스럽게 지역 상권이 활성화되고 교육과 금융, 각급 행정기관이 주안에 밀집하게 되어 한동안 주안 일대는 인천의 새로운 중심축으로 발전하였다. 동인천, 부평과 함께 주안 지역은 전

철역과 시내버스 노선이 결절을 이루는 산업화시대의 신흥 도심지역에
특화되었던 것이다.

4) 주안이라는 도시공간의 미래

그러나 인천의 광역화와 함께 도시의 주거기능이 연수, 만수, 계산,
연희 등 도시 외곽으로 분산되고, 행정이나 금융기능은 구월동의 시청
일대로 옮아가면서 주안의 옛명성은 점차 퇴색하고 있다. 옛 주안면 지역
이었던 구월동 일대는 시청과 교육청 등 행정기관을 비롯하여 여러 금융기
관·종합병원·복합영화관·문화예술회관·농수산물도매센터 그리고 대형
백화점까지 입지하여 최대의 기능집적이 이루어졌고, 여기에 버스종합터
미널과 인천도시전철이 개통되어 접근성이 가장 뛰어난 교통결절지를 형
성하면서 명실상부한 인천광역시의 중심지역으로 성장하였다. 이에 반해
주안 지역은 나날이 쇠락하는 구도심으로 떨어졌다.

도시공간으로서 주안지역의 궤적을 상징적으로 보여주는 시설이 인천
시민회관이다. 인천광역시 남구 주안동 190-4번지의 2,003평 대지 위
에 1,350석의 객석을 갖추고 20여 년간 인천시민들과 애환을 함께 했던
곳이 인천시민회관이었다. 1974년 4월 13일 개관 이후 공공집회 및 각종
문화예술행사가 활발히 개최되어 왔으며, 1992년 지하전시실 설치로 각
종 문화예술 작품을 상설 전시함으로써 향토문화창달의 산실로서 크게
이바지하였던 인천시민회관이다.

1985년 5월 3일 인천시민회관 앞 사거리에서 일어난 소위 '5·3사태'는
한 시대의 풍문으로만 기억된 채 아직 그 사건의 실체를 온전히 기록하지
못하고 있다. 그럼에도 불구하고 그 역사적 사건을 지켜보았던, 그리고

그 거친 산업화의 시대 억압의 유신시대를 시민들과 함께 했던 시민회관
은 지금 헐리어 주안에서 사라지고 만 것이다. 시설의 노후화와 구월동
인천종합문화예술회관의 개관으로 2000년 9월에 철거되어 사라진 인천
시민회관처럼, 주안이라는 도시공간은 노후화 되면 철거시켜버릴 한때
의 유산은 결코 아닐 터이다.

문학산을 버리고 제물포 포구를 강제 개항한 일제나, 동인천을 버리고
다시 주안공단을 직조한 산업화 권력이나, 주안을 두고 구월동, 송도신
도시로 내닫는 자본의 무한한 도시탐욕에는 인간과 문화가 깃들 여지가
별로 없다. 낡고 오래된 것을 품어 간직하면서 새로운 것과의 조화로운
창조로 잇는 일이야말로, 그리하여 인간다운 도시, 문화가 생생히 살아
숨쉬는 도시를 만드는 일이야말로 이제부터 새롭게 주안이라는 도시공
간에서 진지하게 모색되어야 할 과제일 것이다.

3. 송도 경제자유구역, 신상류층의 방주?

1) '송도'로의 시·공간 여행

지금은 송도신도시 때문에 너무나 친숙한, 어쩌면 인천의 미래를 대표
하는 지명이 되어 버렸지만, '송도'라는 지명이 인천에만 있는 것은 아니
다. 부산의 송도가 가장 잘 알려진 지명이라면, 개성의 다른 이름으로
익히 알려진 '송도(松都)'를 우리는 서책의 여러 곳에서 흔히 만난다. 인천
의 '송도(松島)'는 어떤가. 과거엔 풍물로 유명한 송도해수욕장으로 입소
문이 돌았지만, 근년에 와서 현란한 네온사인으로 휘황한 유흥가와 갯벌
을 매립하여 건설되는 첨단 해상신도시 건설 뉴스로 세간에 널리 알려진

인천의 한 지명이 송도인 것이다.

인천사람들에게 송도는 월미도 못지않게 남다르다. 인천에서 학교를 다닌 사람치고 송도유원지로 소풍을 가보지 않은 사람은 아마 없을 듯하다. 그리고 거기에서 청량산의 아름한 풍광과 갯벌 위로 붉게 피어나는 서해의 석양을 한번쯤은 바라보았을 터이다. 어느덧 송도는 월미도와 함께 금세기 인천의 낭만과 서정을 상징하는 곳이 되었다. 하지만 인천의 지역적 위상이 서울의 변두리로 침몰하는 것과 함께 송도도 하루치의 소풍터로 쓸쓸하게 정체되었다. 그러다가 90년대, 소비 자본주의의 범람과 함께 그 한 방류지로 소란해졌다.

인천의 행정구역 명칭에는 없는 '송도'라는 지명이 크게 주목을 끈 것은 바로 지금, 21세기를 넘어서면서부터이다. 전국 최초로 경제자유구역으로 지정된 송도는 어느 날 갑자기 영종, 청라지역과 함께 동북아의 중심국가를 표방하고 있는 대한민국의 미래까지도 책임져야 할 땅이 되어버렸다. 송도신도시가 가시화되면서 이곳의 행정동명을 무엇으로 할 것인지 '비류동'으로 하자는 의견과 '송도동'으로 하자는 의견으로 설왕설래가 분분하지만, 분명 송도라는 이 새로운 도시공간의 미래는 인천의 역사를 어떻게든 바꿔놓을 것이다. 그 불가지한 미래를 더듬어보기 위해 과거로의 시·공간여행을 떠나보도록 하자.

2) '먼우금'의 기억

'먼우금(遠又今)'이란 지명이 있었다. 광무 10년(1906) 서면으로 지명이 바뀔 때까지 먼우금면이란 지명으로 살아있던, 지금으로 말하면, 바다와 인접한 옥련동, 동춘동, 청학동, 연수동 일대를 가리키는 지명이었다.

청량산과 봉제산이 따뜻하게 손을 맞잡고 바다를 품에 안은 지역 먼우금. 오늘날 옥련동의 속칭이기도 한 송도는 그 먼우금(면)의 한가운데 자리 잡고 있었던 것이다.

　이 지명에 얽힌 이야기도 많다. 옛날 문학면에서 먼우금면으로 들어오려면 뱃길로 4~500미터는 되는 거리를 갯골을 따라 10리 이상 돌아 걸어와야 했다고 한다. 그래서 '멀고도 가깝다'고 해서 먼우금이라 불렀다는 것이다. 또 다른 지명유래는, 이 지역의 산세가 머리에서 뻗쳐 내려오다 팔이나 다리가 오금처럼 휘어 오므라져서 '먼오금'이라 불렀던 것이 먼우금으로 변했다는 이야기다. 또 다른 설화로는 옛날 능허대(한나루, 지금의 옥련동 소재)에서 사신들이 배를 타고 중국대륙으로 드나들 때 유래한 것으로, '떠날 때는 먼 길이나 이곳에 다다르면 갈 길이 가깝다'는 뜻에서 먼우금이라 했다는 것이다.

　이 운치어린 지명이 공식적으로 사라진 것은 1937년 11월 20일, 일제에 의한 인천부 정화규정 시행에 따라 '송도정(松島町)'으로 개칭되면서이다. 일제가 만든 '송도'라는 지명이 우리 고유의 아름다운 지명을 대체한 것이다. 지금은 사라진 지명 먼우금에 오늘날 송도의 희미해진 과거가 묻어 있는데, 송도의 먼 과거의 시원은 물론 능허대다. 고대 백제가 중국 동진과 100여 년 이상을 통교할 때 사신들이 중국 등주, 내주로 왕래하던 한나루(大津)터 앞에 능허대가 서 있었다.

　비류백제의 흥망과 함께 한 능허대의 쇠락 후에도 바다와 갯벌이 가져다주는 풍족한 어자원으로 하여 풍요로운 삶의 터전을 이루어왔다. 인천의 다른 어느 지역보다도 토착민이 집성촌과 자연부락을 이루며 대대손손 살아왔던 곳이다. 자앞마을, 동막마을, 독암마을, 목암마을, 옥골, 한진부락 등에는 연일 정씨 문중을 비롯하여 곡부 공씨, 전주 이씨, 해평

윤씨, 제주 고씨 등의 일가들이 10대를 넘게 살아온 집성촌이 자리 잡고 있었다. 바다와 갯벌이 가져다주는 풍족한 어자원을 한가로이 낚던 어촌 지대 먼우금의 기억은 그라나 이제 그 어디 작은 풋말에도 남아 있지 않고 사라졌다.

3) 똥물 송도유원지로의 소풍

한적하게 평온을 낚던 먼우금이 소요해진 것은 역시 근대에 들어와서 이다. 옛 인천의 중심 문학이 일제에 의해 쇠락하고 개항장을 중심으로 '새인천'이 건설되는 것과 동시에 조용한 어촌 먼우금은 월미도와 함께 유흥지대로 개발된다. 워낙 아름다운 풍광을 간직한 곳이기도 했지만, 이곳에서 나는 상합조개, 동죽조개는 맛이 좋아 이곳의 특산물로 이름이 높아 돈 많은 식도락가들의 발길을 끌었다고 한다. 또 갯벌 위로 펼쳐진 아름다운 바다의 풍광을 만끽하고자 많은 피서객이 몰려들었다. 송도정 으로 개칭되었던 일제말부터는 '송도유원지'라는 간판이 나붙어 휴양지 로 국내에 널리 알려졌고, 〈청향장〉이란 3층 여관이 생기고 아울러 골프 와 당구, 사교춤을 즐길 수 있는 시설들이 들어서면서 유흥지의 면모를 갖추어 갔다. 뿐만 아니라 이곳에는 고관대작과 부자들의 별장이 청량산 등성이에 많이 들어서기도 했다. 한다. 송도 앞바다의 아암도(일명 똥섬) 역시 유흥섬이 되었음은 물론이다.

송도 일대는 한국전쟁으로 인하여 또 한번 커다란 변화를 겪는다. 6·25가 발발하자 인천상륙작전의 블루비치(Blue Beach) 상륙지점으로 이 일대가 전화를 겪은 것은 물론, 상륙작전 성공 후 송도 해변에는 전쟁에 참전한 영연방군의 휴양소가 들어섰다. 그리고 전쟁 기간 동안에 월남한 피난민들이 몰려들어 새로 마을이 들어서기도 했다고 한다.

월미도도 마찬가지지만, 인천의 아름다운 풍광이 일제에 의해 처음 개발되고 전쟁시에는 미국과 영국의 휴양지로 징발된 것은 송도도 마찬가지였다. 전쟁이 끝난 이후에도 송도의 한가운데에는 육군방공학교의 훈련장이 들어섰었다고 한다. 전쟁이 끝나고 국가에 의한 징발이 해제된 후 개발을 둘러싼 분규로 지역 토착민의 가슴을 멍들게 했던 유흥지 송도의 오래되지 않은 과거를 지금 기억하는 이도 그리 많지 않다.

무차별적인 국토개발과 근대화주의에 휩쓸리는 와중에도 쉼터를 찾아 몰려드는 도시민의 휴양지로 송도는 공휴일과 주말에는 인산인해를 이루었고, 한때는 신혼여행지로도 각광을 받았다 한다. 1962년부터 본격적인 관광지 개발이 시작되어 1969년에는 국민관광지가 되기에 이르렀으니, 이로부터 30년 이상을 송도는 서울공화국의 소비 배설지대로 흥성거렸다.

1984년 청량산 중턱에 흉물스럽게 들어선 인천상륙작전기념관(설계 김수근)의 위압적인 쇠와 돌의 한기로 인하여 이곳에서 살다 터전을 잃고 내몰린 토착민들의 가녀린 체온을 느낄 수는 더더욱 없다. 현란한 네온사인 아래 음주가무로 휘청이는 위락지 송도의 즉흥적 감각만이 존재할 뿐이었다.

4) 1997년, 신개발지 송도 드라이브

한때 이 지역 토착민들의 삶을 실어 나르던, 수원과 송도를 이어주던 수인선 협궤열차가 멎은 지도 이미 오래 전이다. 대신에 왕복 8차선의 해안도로와 서해안고속도로가 잇따라 놓여졌다. 이제 송도는 친구와 어깨를 걸고 걸어갈 수 있는 소풍지가 아니라 자가용을 타고 해안도로를 달려 서구풍의 향락과 쾌락을 구가하는 포스트모던한 위락지도 탈바꿈되었다. 현란한 네온사인에 최신식의 디자인 구조물로 화려하게 단장한 고급 카페, 음식점, 모텔, 단란주점, 온갖 편의 시설들이 서울과 인근 지역 부유층의 소비욕을 자극하고 있다. 옥련동과 동춘동 일대에 들어선 대단위 아파트 단지의 위용 또한 대단하다. 그 어딜 둘러봐도 먼우금 시절의 한가로운 경치는 찾을 길 없다. 아파트와 불야성의 한켠에 서 있는 시립박물관은 전시된 유물의 운명처럼 마냥 고즈넉한데, 불야성을 이루는 야경 저 너머의 해안도로에는 헤드라이트 밝힌 자동차의 행렬이 하냥 쏟아져 들어온다.

개발의 신작로 해안도로 바로 옆 바다에서 지금 또다른 개발이 진행되고 있다. 드넓은 갯벌을 메워 자본의 콘크리트로 뒤덮으려는 거대한 공사가 그것이다. 1997년부터 2006년까지 1조 7,240억 원을 들여 송도와 그 앞바다 일대를 송도 미디어밸리와 신도시로 개발하기 위한 공사가 진행되고 있는 것이다. 매립 중인 면적만도 660만 평이고 그 한가운데 여의도 면적보다도 15만 평이나 넓은 106만 평에 미디어밸리가 조성될 계획이라고 한다. 미국의 실리콘밸리를 모방한 미디어밸리의 첨단산업기지화 계획은 2000년대 '드림 인천' 구상의 하나로 인천광역시가 강력하게 추진하는 사업이다. 이제 얼마 남지 않은 이 지역 토착어민의 생계는 물론이려니와 대자연 갯벌의 파괴가 가져오는 예측불가능한 재앙에 대한 경고의 목소리도 잦아든지 이미 오래다.

'지속가능한 개발'이라는 말이 유행한 지도 오래지만, 현재 진행되고 있는 송도의 개발에 2000년대 인천의 명운이 달려 있다. 그리고 그 명운을 결정할 주사위는 던져졌지만 아직 땅에 떨어지지 않았다. 거대 자본이 획책하는 가파른 개발의 질주로 황폐화 될 것인가, 아니면 먼우금 시절의 기억을 되살려 자연과 인간이 조화롭게 만나는 터전으로 기름질 것인가.

5) 2004년 '경제자유구역' 만능론과 망국론 사이

2000년대 인천의 명운이 걸린 송도를 초조하게 지켜보던 그때로부터 다시 수년의 시간이 지나갔다. 그런데, 언제부터인가 인천의 시민사회에서는 송도신도시와 경제자유구역에 대해 이야기하는 것을 은연중에 회피하는 경향이 생겼다. 전임시장으로부터 본격화되어 현 안상수 시장이 부임한 이후 저돌적으로 추진되면서, 송도신도시를 비롯한 청라, 영종의 경제자유구역은 이제는 인천뿐만 아니라 한국의 명운이 걸린 대역사로 선전되어 왔다. 특히 노무현 정부가 들어서면서 동북아의 중심국가 건설이 정부의 중요 시책으로 채택되면서 인천경제자유구역은 거스를 수 없는 대세로 추진되고 있다. 이처럼 '경제자유구역 만능론'이 횡횡하는 가운데서 온갖 개발계획 정보로부터 철저히 차단된 상태에서 인천의 시민사회는 경제자유구역에 대해 어디서부터 생산적인 토론을 개진해야 하는지 수수방관, 막막해져버린 것이다.

그러나 신자유주의의 도도한 물결 속에서 탄력을 받아 추진되고 있는 경제자유구역은 태생적으로 많은 문제점들을 내포할 수밖에 없다. 무엇보다 외국자본을 유인하기 위해 행정의 간소화와 세제상의 특혜를 주는 것에 그치지 않고, 그들이 이곳에서 마음대로 경제생활을 해나갈 수 있도록 노동시장의 유연화뿐만 아니라 의료, 교육, 환경, 문화를 비롯한 모든 여건들을 그들의 구비에 맞게 개방하기 때문이다. 따라서 이곳에서는 국내법에 따르는 노동자의 권리가 보장되지 않는 것은 물론이고 우리나라 고유의 역사적, 사회적 환경 속에서 형성된 의료체계나 교육체계, 사회체계가 무화되며, 따라서 한국 사회와는 전혀 다른 외국인들을 위한 특별행정구역이 탄생하는 것이다.

2004년 인천시에서는 1,611만 평에 달하는 송도신도시가 협소해서 그

주변지역인 북항 배후지역 162만 평을 비롯해 송도유원지 80만 평, 수도
권매립지 590만 평, 용현·학익지구 80만 평, 소래·논현지구 75만 평,
수도권해양생태공원 인근 44만 평 등 총 937만 평에 달하는 미개발 지역을
모두 경제자유구역으로 포함시킬 시너지 효과를 내도록 개발하겠다고 발
표하기도 하였다. 최근에는 이미 매립이 완료된 1-4공구에 이어 송도 갯
벌의 추가 매립 허가를 받아 진행되고 있다. 문제는 인천의 구도심과 전체
의 공간구조를 무시하고 행정편의주의 발상으로 저마다의 사연을 갖고
있는 공간들을 경제특구로 흡수하는 무분별한 외연확장에만 그치지 않는
다. 이 경제특구 안에 들어서는 의료와 교육, 노동시장, 그리고 영어가
공용어로 사용되는 무국적의 도시공간의 존재 자체가 한국사회에 커다란
영향을 미칠 것이라는 데 있다. 특히 이미 여러 차례 보도된 바 있는 의료와
교육의 전면적 개방과 이에 대한 내국인 이용이 허락됨에 따라 이곳에서는
가뜩이나 양극화로 치닫는 사회적 위화감이 극대화될 것이다.

그런데 더 큰 문제는 각종 개발계획과 특혜가 난무하는 가운데서도
현재까지 송도신도시에서 얻어진 가시적 성과가 무엇이고 과연 경제자
유구역이 제대로 가고 있는지, 이것이 한국사회에 미칠 영향에 대해서는
대비는 되어 있는지, 벗겨도 벗겨도 그 속을 드러내지 않는 양파처럼,
이 모든 사실들을 좀처럼 알 수 없다는 데 있다. 여러 차례 투자양해각서
(MOU)를 체결하였다는 보도를 접하기는 하였으나 정작 본계약을 체결하
였다는 소식은 듣지 못했을 뿐만 아니라, 철저히 게일이라는 외국 부동
산회사에 끌려 다니는 모습만 보여주고 있을 뿐이다. 얼마 전 인천시의
회 행정감사를 통해 부분적으로 드러났지만, 인천경제자유구역청은 송
도신도시 1, 3공구를 매입한 미국 부동산회사 게일사로부터 받아야 할
토지대금 1차분 중 2억 달러를 2005년 4월까지 받지 못했을 뿐만 아니라

2006년 4월로 지급시한을 늦춰주었다. 그러면서도 이들이 요구하는 국제업무지역(167만 평)에 대해서는 용적률을 최고 500%까지 풀어주는 특혜를 베풀고 있다. 이와는 대조적으로 영종도 인천공항에서 송도신도시로 연결되는 제2연륙교의 교각폭을 둘러싸고 인천구도심의 젖줄인 인천항을 배려하지 않은 채 700m를 고수하는 차별적 행정을 목도하고 인천시민은 분노했던 것이다.

게다가 인천시는 부족한 재정 속에 경제자유구역 인프라 조성 사업을 추진하기 위해 2006년에도 다시 엄청난 빚을 내야 할 실정이다. 시가 2006년도에 발행하는 기채만 해도 33건에 3,904억 원에 달했다고 한다. 이 모든 돈이 인천시민의 세금으로 충당될 터인데, 도대체 그간 송도신도시를 비롯한 경제자유구역에 투자된 돈은 그 얼마인가. 이로부터 차별받은 인천 구도심 시민들의 생계와 복지, 문화와 환경상의 잃어버린 10년의 세월은 어떻게 보상해줄 것인가. 보상은 고사하고, 앞으로도 얼마나 많은 돈이 투자되어야 하여, 그 결과는 과연 장밋빛 성공일 것인가. 그리고 그 성공의 열매는 누구에게 돌아갈 것인가.

6) 제2의 개항장, 신상류층의 방주?

2004년 4월 7일 발간된 『Newsweek』 624호는 송도신도시를 "charm city"라고 소개하면서, 1,830억 달러가 투자되는 신도시 실험의 거대함만큼이나 그 성공가능성에 대해서 매우 조심스런 태도를 보였다. "송도 신도시의 야심이 실현될 것인지는 다른 도시들이 수세기를 거쳐 발전시켜온 특성을 이 도시가 10여 년의 기간 만에 개발할 수 있는지에 달려 있다. 또 실제로 수익이 발생하기까지는 상당한 시간이 걸릴 것이다."

인천시민으로서 그 동안 쏟아 부은 돈이 아까워서라도, 천혜의 송도 갯벌이 매립으로 사라진 것을 보상받기 위해서라도 송도신도시는 반드시 성공해야 한다. 그러나 브레이크 없는 자동차처럼 개발과 투자의 속도전으로, 다른 도시가 수세기에 걸쳐 발전시킨 것을 10여 년의 기간에 압축하여 이루어내려는 욕심 때문에 잃어버릴 것이 더 많을 것을 걱정한다.

그러한 시도가 저 19세기 제물포 개항장에서는 가능했는지 모른다. 19세기 말, 외세에 의해 강제로 개항되어 인천에 마련되었던 "제물포 개항장"은 비록 제국주의적 침탈이라는 본질을 망각할 수 없지만, 우리나라가 근대세계체제로 나아가는 통과의례였다고 할 때, 오늘날 인천시와 정부에 의해 인공적으로 만들어지고 있는 송도신도시, 이 제2의 개항장은 끊임없이 공간을 유전하는 자본주의의 유령이 잠시 배회하다 떠나갈 '돈 놓고 돈 먹기'식 아비규환의 투전판이 되지는 않을까.

벌써 그런 조짐이 나타나고 있다. 인천시가 출자하여 서민주거 안정을 위해 만든 공기업인 인천도시개발공사가 송도신도시에서 처음 지은 웰카운티(Well-county)라는 이름의 중대형 아파트의 분양가가 다른 민간 아파트보다 평당 100만 원 이상이 높은 데도 불구하고 전 평형이 4.29:1의 경쟁률로 마감되었을 뿐만 아니라 계약률도 97.1%에 달했다는 것이다. 부동산 경기의 극단적 위축 속에서 벌어진 이러한 현상을 어떻게 바라봐야 할 것인가. 한국근대화의 초고속 압축성장의 모든 딜레마를 온축하고 있는 서울의 강남 못지않게, 송도신도시에 새로운 신상류층의 거대한 방주가 만들어지고야 말 것이라는, 이미 상식이 된 이 예측이 부디 빗나가기를 무기력하게 바라고 또 바라보는 것이다.

도시권 운동과 그 방법으로서의 '커먼즈'

1. '도시에 대한 권리'

인천경제자유구역이 개발이익을 챙기는 데 여념이 없는 부동산투기 자본의 움직임에 의해 지금껏 견인되어 온 것처럼, '자본(Capital)'이라는 것이 새로운 도시를 만들어내고 또 기존의 도시를 완전히 다른 모습으로 바꿔 나가는 원동력으로 작용한다는 사실을 부정하는 사람은 없을 것이다. 지금 우리가 살아가는데 있어 중요한 룰로 작용하고 있는 자본주의의 핵심 원리는 바로 '자본'이 잉여가치를 끊임없이 추구하는 것에 있다. 경제자유구역 사업, 아시안게임주경기장 건립 등과 같은, 흔히 '도시개발'로 불리는 도시공간의 대규모 재편 프로젝트는 마땅한 투자처가 없어 지역사회는 물론 나라 전체에서 떠돌고 있는 잉여가치를 개발을 위한 자본으로 흡수하여 이를 통해 또 추가적인 잉여가치를 만들어내는 결정적인 수단으로 사용되어 왔다.

강남의 타워팰리스나 송도의 더샵퍼스트월드 같은 초고층 호화 아파트

---

* 필자 : 양준호

에 주거하는 것은 물론 새로운 라이프 스타일의 하나이기도 하고, 동시에 이는 소비의 대상이라는 점에서 하나의 상품인 것이 분명하다. 그러나 이는 어디까지나 경제적으로 그것을 선택하고 또 구입할 수 있는 사람들에게나 해당되는 것이며, 그러한 경제능력이 없는 사람들은 오히려 '자본'에 의해 이 도시로부터 철저히 배제당하고 있는 것이 사실이다. 칼 맑스는 그의 저서 『자본』에서 생산수단을 지배하는 소수의 자본가가 본인의 생계를 위해 노동력을 팔 수 밖에 없는 다수의 공장노동자를 일방적으로 착취하는 자본주의적 계급관계를 밝혀내었다. 그런데 이러한 계급관계는 '공장'에서 '도시'로까지 확장되고 있다. 즉 대규모 도시개발을 통해 이윤을 추구하는 일부 집단과 개발된 도시 인프라로부터 철저히 소외되는 다수의 도시노동자가 대립하는, 그런 또 다른 차원의 계급관계가 형성된다는 것이다. 이와 같은 인식에 의거해서 생각해보면, 흔히 '도시개발'로 불리는 프로젝트는 오로지 '자본'의 이해관계에 의한 것이며, 또 이 프로젝트로 인해 도시인구의 대다수를 점하고 있는 노동자들의 신성한 '도시에 대한 권리'가 철저하게 침해당하고 있음을 알 수 있다. 따라서 이 도시의 1%에 불과한 집단들이 배타적으로 또는 독점적으로 장악하고 있는 '도시에 대한 권리', 즉 도시를 뜯어고치거나 아니면 새롭게 만들어 내는 집단적인 권리를 99%의 시민들에게 돌려줄 수 있는 길을 모색하는 것은 매우 중요한 일이다. 이는 도시 디자인에 대한 민주적 거버넌스를 강화하는 길일 뿐만 아니라 자본주의 고유의 폭력적 행보에 대해 제동을 가하는 변혁적인 시민대응이기도 하다.

외젠 오스만의 프랑스 파리 대개조 사업은 파리 코뮌의 전투적인 대응을 낳았고, 로버트 모제스가 추진한 미국 주요 도시의 교외화 전략은 제인 제이콥스가 이끄는 시민들의 끈질긴 저항운동을 불러일으켰다. 즉

'자본'이 지자체와 합작하여 도시개조를 명분으로 금융정책을 동원하여 방대한 이윤을 추구하는 것과 이에 대한 저항운동은 언제 어디서나 동시에 나타나고 있다. 이와 같은 역사적 사건을 단순히 역사로서가 아니라 지금을 살아가고 있는 우리가 우리의 '도시에 대한 권리'를 위해 싸워나가는 데 있어 활용 가능한 타산지석으로 삼아야 할 필요가 있다. 도시란, '자본'에 의해 지배되는 공간이면서도 동시에 이에 대한 시민들의 저항이 끊임없이 나타나는 '운동체적 공간'이다.

우리 눈앞에서 벌어지고 있는, '경제자유구역'으로 불리는 대규모 도시개발은 어떠한가. 천혜의 자연공간이자 여러 어민들이 공동으로 삶의 터전으로 여겨 온 아름다운 갯벌이었지 않았나. 그러한 도시 '공유자산'이 처한 현실은 어떠한가? 토지매각을 통한 개발계획은 각종 편법과 특혜 남발로 국내외 '자본'의 배를 불리는 사업으로 전락하고 있고, 또 이는 토지의 매각 및 이용 방법과 조세감면의 허점을 이용해 투기꾼들이 득실거리는 그런 공간으로 전락한 지 오래다. 가난한 사람들은 새롭게 개발된 도시 인프라에 접근조차 할 수 없다. 1%의 '성장연합'에 의해 99%의 시민들이 배제되고 있다. 이러한 인천에 파리코뮌과 제인 제이콥스의 저항운동보다 더 치열하고 격렬한 '도시에 대한 권리' 되찾기 운동이 나타나는 것은 시간문제다.

2. '도시에 대한 권리'로의 중심 이동

'도시화'는 자본주의 체제가 발전·재생산하는 데 크게 기여했고, 그것은 지금도 마찬가지다. 예를 들어, 인천경제자유구역 같은, 대규모 토목

건설 공사로 조성된 도시화 공간은 자본주의 경제시스템에서 구조적으로 창출될 수밖에 없는 '잉여'를 흡수하는 데 결정적인 역할을 감당했고, 지금도 그렇다. 그렇듯, 도시화니 경제자유구역이니 하는 대규모 토목 공사형 지역개발은 사실 위기 국면에 있는 자본주의에 연명의 여지를 가져다주는, 그야말로 반동적 현상이다. 따라서 '개발, 개발' 해대는 정치꾼들은 어떻게든 자본주의를 지켜내는 데 혈안이 돼있는 반동세력인 셈이다. 세계적인 맑스주의 도시학자 데이비드 하비의 주장대로, 자본주의 체제에서 '도시'는 지대한 영향력을 발휘한다. 자본주의를 발전시키고 또 재생산하는 데 활용되는 공간적 수단이라는 의미다. 그래서 자본주의 체제에 비판적인, 또는 자본주의를 뛰어넘는 새로운 시스템을 지향하는 사람들은 '도시'에 초점을 맞춘 진보적인 운동을 적극적으로 인식해야 한다. 아니, 이를 지금보다 훨씬 더 본격적으로 또 전방위적으로 벌여야 할 필요가 있다. 이런 맥락의 변혁적 도시운동에서 매우 중요한 개념은 바로 '도시에 대한 권리'다. '도시에 대한 권리'는 자본주의 사회에서 많은 사람이 쉽게 또 흔히 머릿속에 떠올리는 개인적이거나 협소한 재산권 개념 같은 게 아니다. '도시에 대한 권리'라고 하는 것은 도시가 만들어지고 개조되는 일련의 도시화 과정에 대한 권력을 근본적이고도 급진적인 방식으로 형성하자고 주장하기 위한 보다 집단적이고 사회적이며 보다 넓은 의미의 실천적 개념이다. 지금까지 '좌파'들은 주로 사회적으로 배제되거나 소외된 집단이나 전통적인 노동계급에 초점을 맞춘 운동에 집중해왔다. 물론, 이러한 운동 기조는 분명 필요하다. 또, 중심에 서야 할 운동이다. 그러나 이들이, 위에서 언급한 '도시에 대한 권리'를 쟁취하기 위한 여러 차원의 사회적 투쟁이 갖는 중요성을 간과하거나 무시해온 것도 사실이다. 그래서 이른바 '좌파'들의 변혁운동은 자본주의 연명의

일등공신인 도시로까지 그 투쟁 대상의 외연을 확대해야 한다. 도시 내의
공공 서비스 및 공공 공간에 대한 접근 권리와 시민권 등을 요구하는 도시
운동과 그런 운동을 주도하는 조직이 자본주의를 변혁시켜내는 투쟁에서
보다 더 중심적인 자리로 이동해야 할 필요가 있다는 의미다. 한 도시에서
다른 도시로 이어지는 반자본주의 투쟁에 관해 다시 생각해보자. 특히,
도시 혁명에 관한 여러 테제를 다시 생각해보자. 그 중 하나는 파업에서
공장 접수에 이르는, 노동계급을 기반으로 한 계급투쟁이 주변의 이웃과
지역사회에서 '도시에 대한 권리'에 눈을 뜬 다양한 대중의 지지를 탄탄하
게 받아낼 수 있다면, 그 성공의 가능성은 훨씬 더 높아지지 않겠는가.
이는 부인하기 어려운 사실이다. '도시에 대한 권리' 그 자체에 민감한,
그리고 그 자체를 적극적으로 인식하는 대중들은 대체로 자신이 갖는
도시의 독점적·배타적 소유에 관한 비판적 문제의식과 노동계급의 작업
장에서의 반자본주의 투쟁 간에 존재하는 공통분모를 쉽게 알아차릴 수
있다. 실제로 그렇다. 체제 변혁운동을 위한 실천적 시각의 초점이 '도시'
로 확장되는 것, 역사적으로 볼 때 매우 절실하다.

3. 도시권 회복을 위한 실천으로서의 '공유자산화(Commoning)'

앞에서도 언급했듯이, 데이비드 하비는 도시를 자본에 의해 지배되는
공간임과 동시에 이에 대한 시민의 저항이 끊임없이 나타나는 '운동체적'
공간으로 규정한 바 있다. 우리 역시 국가나 자본이 그들의 이해관계를
위해 도시공간을 상품화하고 또 사람들의 '사용가치'의 집적공간으로서
도시가 '교환가치'로 대체되는 과정이 진행됨에 따라, 사람들이 도시로

부터 점차 소외된다는 점을 전혀 인식하지 못한 것은 아니다. 그러나 우리는 자본이 도시화를 추동하는 근본적인 힘으로 작용하고 있는 것에 불만과 의구심을 품으면서도 이 현상을 시민 차원에서 통제하면서 보다 공공적이고 민주적인 '대안 도시'를 구축해내는 것에는 실패했다. 바꿔 말해, 도시를 기반으로 하는 우리 시민들의 계급투쟁이 상실된 지 오래다. 도시에 대한 권리. 이는 도시를 뜯어고치거나 아니면 새롭게 만들어 내는 시민의 집단적 권리를 말한다. 그렇다면 우리는 지금 자본과 그 추종세력들에 의해 배타적으로 독점되고 있는 이 권리를 현실적으로 우리 손에 넣을 수 있는 것일까? 이러한 물음과 관련해 우리 눈앞의 현실을 직시하면 '도시권'이 시민에게 공평하게 부여되는 일은 어쩌면 요원한 것일 수 있다. 예를 들어, 송도 등지에서 이뤄지고 있는 인천경제자유구역 개발 현황을 보라. 모든 시민이 접근, 이용해오던 공공적 공간으로서의 갯벌 위에 생겨난 이곳에 투기자본만이 난무하고 있고, 또 이곳의 일부를 지방자치단체가 빚 청산을 위해 멋대로 매각하려들고 있지 않은가. 결국 자본과 지자체만 그 권리를 향유하고 있는 이 현실을 고려하면, 세계 여러 도시에서 나타나고 있는, 권리를 위한 시민의 반란은 쉬운 일이 아님이 분명하다. 즉 현실과 '도시권'을 위한 운동 사이에 명확한 접점이 성립되지 않고 있다는 것이다. 그렇다면 우리가 추구하는 '도시권'의 단서를 어디에서부터 추출할 수 있는 것일까? 도시재생에 관한 시민의 집단적 권리를 고찰하는데 먼저 '집단'이 창출하는 가치가 무엇인지, 또 그것이 어떻게 자본에 의해 독점되는지를 이해하는 것이 중요하다. 도시의 역사성이 풍부하게 녹아든 공간 일대가 어느 날 갑자기 고급 아파트단지로 재개발됐다고 하자. 일상다반사인 이러한 변화 하에서는, 그저 땅주인이 토지소유권을 넘겨준 것 이상으로 매우 다양한 사람들이 모여

서로 관계를 맺으며 창출해온 일종의 '공간적 질'을 잃게 된다. 이러한 공간의 성과는 결코 혼자서는 창출해낼 수 없다는 특징을 갖는다는 점에서 '집단적으로 생산된 가치'로 간주할 수 있다. '공유자산적(common) 가치'로 부르기도 한다. 또 도시재개발에 의해, 이러한 집단적 가치는 사라질 뿐 아니라 고급 아파트 입주자들에 의해 배타적으로 소유되고 활용돼버린다. 따라서 이러한 문제의식을 바탕으로 도시공간을 '공유자산화(commoning)'하는 사회적 실천이 중요하다. 도시는 여러 차원의 이해관계의 '공유자산화'가 서로 대항하는 공간이어서, 원리적으로 투쟁이 내재돼있는 공간이다. 그렇다면 결국 '도시권' 되찾기를 위한 첫걸음은 '집단적으로' 창출되는 가치를 제대로 이해하고 이를 토대로 그 가치가 창출되는 공간이 '사적으로' 영유되지 않는 상황을 지켜내는 투쟁에서부터 시작되어야 한다.

4. '공유자산화(Commoning)'로 불리는 사회적 실천과 투쟁의 여러 형태

맑스주의 도시론의 거장 앙리 르페브르(Henri Lefebvre)가 약 반세기전인 1967년에 내놓은 그의 저서 『도시에 대한 권리』에서 주장했던 것처럼, 우리는 국가와 자본이 그들의 존속을 위해 공간을 상품화함으로써 시민들의 사용가치가 집적되어 있던 도시가 교환가치의 진열 공간으로 대체되는 과정이 진행되면서 시민들이 도시로부터 점차 소외되어 간다는 사실을 인식하지 못 했던 것은 아니다. 오히려, 르페브르 이후 반세기 동안, 또는 더 오랜 기간 동안, 우리는 자본이 도시화(urbanization)를 추동하는 핵심 원동력으로 작용해왔다는 사실에 대해 비판적인 문제의식을 가지면서도 이러한 자본의 가치증식 수단으로서의 '도시화' 현상을 근본적으로 막고 또 그 대안으로서의 도시를 실천적으로 구축하는데 실패했다고 볼 수 있다. 그런 역사적 사실을 고려할 때, 우리는 우리의 '도시에 대한 권리'라고 하는 것을 진정 우리 손으로 쥘 수 있는 것인가 하는 문제에 마주하게 된다. 특히 우리 눈앞에 전개되고 있는 국내 여러 도시 공간과 또 지금 우리가 살고 있는 인천이라는 도시, 그리고 글로벌화된 자본주의 경제에 대한 국가 차원의 반동적 구제 대응을 목격하고 있노라면, 데이비드 하비가 그의 저서 『반란의 도시』에서 소개하고 있는 세계 각지의 도시에서 나타난 '시민 반란'과의 접점을 완전히 상실해버리는 허무함에 사로잡히기까지 한다. 그렇다면, 과연 어디에서 또 무엇에서 우리들의 '도시에 대한 권리'의 단서를 찾을 수 있는 것일까? 여기서는 데이비드 하비의 언어들을 활용해서 이 물음에 대해 생각해보고자 한다.

'도시에 대한 권리', 즉 집단적 차원에서 도시의 창조와 재창조에 관한 권리를 고찰하는데 있어서, 먼저 집단이 생산하는 가치란 무엇인지 또 그것이 어떻게 자본에 영유(領有)되어버리는지를 이해하는 것은 매우 중요하다. 즉 '도시에 대한 권리'를 생각하는데 있어서 이는 출발점이 되어야 하는 문제들이다. 도로변 뒤에 멋진 분위기의 클래식 카페나 재즈 바가 모여 있는 매우 고상하고 역사성이 풍부한 골목 일대가 어느 날 갑자기 고급 아파트 단지로 개발되었다고 하자. 앞에서도 언급했듯이, 쉽게 목격할 법한 이 현상으로 인해, 단순히 개별 지주들이 각자의 토지 소유권을 넘겨버린 것 이상으로, 다종다양한 사람들이 모여 또 함께 교류하고 소통하면서 생산해온 어떤 공간적인 질이 사라지게 된다. 이 '공간적 질'은 결코 한 사람으로는 만들어낼 수 없는 것이기에 집단적으로만 창출해낼 수 있는 가치인 것이다. 그리고 이러한 '공간적 질'은 반드시 경제적으로 측정할 수 있는 것도 아니다. 앞에서 언급했듯이, 데이비드 하비는 이런 종류의 가치를 '공유자산적 가치(commons) – 이하에서는 커먼즈로 부른다 – '로 규정한다. 또 여기서의 커먼즈는 상실될 뿐만 아니라 별도의 커먼즈로 치환되어 버린다. 부유층이 모여 사는 '게이티드 커뮤니티(gated community) 주거단지'를 머릿속에 떠올려 보자. 그것은 도로변 뒤의 멋진 골목과 사람들 간에 형성되어 또 도시 전체의 사람들이 향유해왔던 커먼즈와는 분명 다른 종류의 것이겠지만, 고급 아파트 단지 내에는 부유한 입주자들이 도시 전체의 사람들을 전혀 고려하지 않고 그 공간 자원을 자기들끼리 균등하게 나눠 가지는 것을 가능케 하는, 한정된 가치의 공유가 이루어진다. 이런 종류의 가치 역시 부유한 아파트 입주자들이 공동으로 출자해서 발생한 것이라는 점에서 집단적으로 창출된 가치, 즉 커먼즈의 하나인 셈이다. 결국 도시공간, 즉 토지와 같은 공유 자원을 둘러싼 투쟁은 서로 다른 집단이 각각 하나의(특정) 토지에서 찾아내는 서로 다른 커먼즈들이 서로 부딪힐 때 발생한다. 그리고 대부분의 경우, 자본 측에 있는 화폐가치에 의한 커먼즈가 이 싸움에서 승리하게 된다.

데이비드 하비는 이와 같은 커먼즈를 보다 정확하게는 '불안정하고 가변적인 사회관계'로 정의한다. 여기서의 '사회관계'가 '자기 규정하는 여러 사회집단과 사회적, 물적인 환경과의 관계 중에서 그 집단의 생존과 생계에 있어 중요하다고 간주되는 여러 측면의 것들'로 설명되고 있듯이, 커먼즈는 어떤 사회집단 그 자체도 또 어떤 환경 그 자체도 아니라, 사회집단과 환경 사이에 있는 '관계'의 형태로 나타나고 또 작용하는 것이다. 하비는 바로 여기 – '관계' – 에 도시 공간을 '공유자산화(commoning) 하고자 하는, 하나의 사회적 실천이 존재한다고 지적하고 있다. 즉 하비는 '공유자산화'로 불리는 동사적인 개념을 도입함으로써, 다종다양한 사람들이 만들어내는 도시공간을, 서로 다른 커먼즈가 나타나는 공간으로 분절시켜 또 '공유자산화'의 주어가 되는 여러 사회집단들이 중층적으로 존재하는 공간으로 규정하여, 이를 이해할 수 있도록 하는 인식의 틀을 제공해주고 있다. 이와 같은 하비의 방법론에 의거하면, 도시란 결국 여러 종류의 '공유자산화'가 길항(拮抗) – 동등한 힘으로 버티고 대항하는 것 – 하는 공간이며, 원리적으로 투쟁을 내재하는 공간이다. 그리고 도시는 그러한 '대항과 투쟁'에서 거의 대부분은 자본이 승리하는 공간이기도 하다. 이와 같은 문제의식을 토대로 해서 생각해보면, '도시에 대한 권리'를 향한 첫걸음은 바로 자본의 '공유자산화'에 의해 다른 사회집단의 '공유자산화'가 억제되지 않는 상태를 지켜내는 것에서부터 시작되어야 한다는 논리를 도출해낼 수 있다.

'공유자산화'로 불리는 사회적 실천을 고찰하는 것은 공공적 공간의 활용방식 또는 작동방식을 파악하는데 있어서도 매우 유익하다. 위에서 언급했듯이, 커먼즈는 사회집단과 도시환경 간의 관계이므로, 그저 물적인 환경에 지나지 않는 광장이나 골목과 같은 공공적 공간 그 자체는 커먼즈가 아니다. 데이비드 하비의 『반란의 도시』에서도 등장하는, 도시민 봉기의 무대였던 카이로의 타리르광장, 마드리드의 솔광장, 바르셀로나의 카탈루냐광장 등에서는 누구든지 오고가고 할 수 있는 공간에 사람들이 집결하여 정치적인 견해를 표명하거나 자신의 요구를 밝히거나 함으로써 하나의 명확한 커먼즈가 발현되어 왔다. 하비는 특히 공공적 공간에 있어서의 '공유자산화'가 비상품적인 사회적 실천으로 전개되는 것은 – 즉 시장교환이나 시장평가의 논리가 배제되는 것은 – '도시에 대한 권리'를 획득하는데 있어서의 정치적 기반으로 작용하게 되기 때문에, 매우 중요한 역할을 수행할 수 있음을 강조한다. 즉 사람들 간의 연대가 도시의 물적 환경을 획득하여 이를 '공유자산화' 해나가는 과정에서 큰 힘을 발휘한다는 의미다. 해서, 여기서의 투쟁은 공공적 공간을 관리하는 자본이나 국가 측이 공공적 공간 – 넓게 말하자면 공공적 공간 개념에는 교육이나 하수시설과 같은 공공재가 포함된다 – 을 다양한 명분과 논리로 줄여나가는 것에 의해 더욱 가시화되고 또 심화된다. 여기서의 자본과 국가의 반동적 대응은 물적인 환경에 대한 영유적 컨트롤에 의해 다른 사회집단의 '공유자산화'를 막고 이들의 힘을 억제하는 것에 초점을 맞추는 것이다.

5. 도시 안에 자본과의 투쟁은 여전히 존재한다

지금까지 논의한 것은 물리적인 환경을 둘러싼 투쟁의 한 형태에 지나지 않는다. 자본은 또 다른 형태로 커먼즈를 영유하기도 한다. 하비는 이를 '지대(rent)의 기법'으로 부른다. 맨 처음에 언급했던 도로변 뒤의 멋진 골목으로 다시 돌아가 보자. 이곳에서 생산되는 커먼즈는 꼭 그곳에 살고 있지 않는 사람들에게도 독특한 도시적 매력을 발산한다. 즉 다른 지역과의 매력의 차이가 상품화된다는 것이다. 하비가 '문화 커먼즈'로 규정하는 이와 같은 가치는 아무리 사용되어도 파괴되지는 않지만, 이는 '과도하게 남용'됨으로써 그 질은 저하되고 또 진부해진다. 도로변 뒤 멋진 골목 상권의 저임금 기조로 인해 그곳에 오래된 건물을 개조하여 품질이 좋은 물건들을 파는 가게가 많이 모여드는 매력적인 공간이 새로 생겼다고 하자. 그렇게 되면 그곳에는 눈 깜짝 할 사이에 브랜드 매장이 진출하고 또 그곳의 지가가 급등하게 되면서 최종적으로는 세련되지 않은 또 질이 나쁜 물건들을 파는 가게들이 넘치게 된다. 이와 같은 현상은 우리의 일상에서 쉽게 찾아볼 수 있다. 결국, '문화 커먼즈'는 그 남용에 의해 가치를 잃고 만다. 물리적으로 공간을 영유당하는 경우가 아닐지라도, 도시에는 자본과의 투쟁이 여전히 존재함을 알아차려야 한다.

6. 공간 모델로서의 '도시 공유자산(Commons)'

지금까지 '공유자산화(Commoning)'로 불리는 사회적 실천과 도시 내 투쟁의 형태를 부유층이 모여 사는 '게이티드 커뮤니티(gated community) 주거단지', 정치적인 집단에 의해 영유되는 광장, 문화 공유자산(commons, 이하 커먼즈)으로서의 도로변 안쪽의 오래되고 분위기 있는 골목을 사례로 들며 논의했다.

데이비드 하비는 이와 같이 '공유자산화'된 물리적인 환경을 '도시 커먼즈'로 정의하고 있다. 자본과의 투쟁에 있어서 전선(前線)으로 규정할 수도 있는 '도시 커먼즈'는, 특정 집단의 사회적 실천이 현실의 도시공간에 정착된 것으로, 일종의 공간 모델로서 이해될 수 있는 개념이다. 이러한 맥락에서, 하비가 '도시 커먼즈'는 특정 사회집단에 의해 배타적으로 이용되는 경우와 다양한 사람들 모두에게 부분적으로 또는 완전하게 개방되어 이용되는 경우가 있다고 논의하는 것에 주목해볼 필요가 있다.

자본에 의한 도시 내 공유자원의 지배 원리 중 하나는 전자와 같이 자본에 의한 '공유자산화'가 다른 사회집단의 '공유자산화'를 억제한다는 점이다. 따라서 여기서는 공간 모델의 작동방식이 어떤 식으로 커먼즈를 둘러싼 투쟁에 가세하고 있는지 하는 질문을 토대로 '도시 커먼즈'를 고찰해볼 필요가 있는데, '게이티드 커뮤니티 주거단지'와 같은 '도시 커먼즈'가 전형적인 사례다. 이는 입주 부유층의 경제적 이해관계를 공유하는 사회집단이 명확하게 영역이 규정되는 건축 공간에 집중되어 있는 곳으로, 마치 제1차 인클로저의 '울타리 둘러치기(enclosure)'처럼 배타적인 논리에 의해 구축된 공간 모델이다. 특정 사회집단이 어떤 공간을 먼저 '공유자산화'하게 되면 이 공간에 대한 다른 사회집단의 '공유자산화' 가능성은 소멸되어 버릴 수밖에 없다. 그런데 이와 관련하여 데이비드 하비의 논의를 언급하면, 어떤 커먼즈를 위해 그 외의 커먼즈가 배타적으로 취급되는 것이 되레 유효하게 작동하는 경우도 있다. 예를 들어, 특정 자연 지구를 보호하기 위해서는 일반 시민들이 그곳에 들어가지 못하게 하는 것이 유효한 방책으로 작용하는 것처럼, '울타리 둘러치기'와 같은 배타적 논리가 늘 항상 악(惡)은 아니다.

반면에, 하비가 반자본주의 투쟁의 가능성을 찾고 있는 정치적인 사회집단에 의해 점거되는 공공 공간의 사례는 이데올로기를 공유함으로써 조직되는 사회집단이 '울타리 둘러치기'가 없는 광장이나 거리 등의 공공공간을 영유함으로써 구축된 '도시 커먼즈'를 보여준다. 이는 단순히 장벽이 없는 공간이면 다양한 주체들에 의한 비상품적인 '공유자산화'를 허용하는 것이 아니라 ─ 그것도 매우 중요하지만 ─, 특정 사회집단의 공간에 대한 '공유자산화'와 동시에 여타 사회집단에 의한 '공유자산화'도 중층적으로 성립되는, 공간에 잠재되어 있는 본질적 성질에 역점을 두는 것이다. 생각해보면, 하나의 물리적인 환경으로 작용하는 공간이 복수의 사회집단에 의한 '공유자산화'를 허용하는 것은 충분히 가능했으며, 또 일반적인 것이었다.

예를 들어, 시가지의 도로는 지금 교통공간으로서 기능하는 것이 일반적이지만 – 자동차를 이용하는 사람들로 구성된 사회집단에 의해 도로가 그들의 이해관계를 충족하는 형태로 '공유자산화'되었지만 –, 시가지의 도로가 교통공간임과 동시에 어린이들이 뛰어노는 공간이기도 했고, 동네 사람들이 함께 모여 회의하는 공간이기도 했으며, 나아가 행상인들이 물건을 파는 공간이기도 했다. 이와 같은 공간의 중층적인 활용은 늘 항상 나타났던 일반적인 현상이었다.

데이비드 하비의 문제의식으로 다시 돌아가자. 시민의 '도시에 대한 권리'를 관철하는데 있어서 하나의 장벽으로 작용하는 것은, 특정 물리적 환경과 사회집단 간의 관계에 있어서 예를 들어 '공공적이다'라는 레토릭 하에서 일의적(一義的)인 '공유자산화'밖에 허용하지 않는 공간의 경향이다. 여기서 '레토릭'이라는 표현을 사용한 것은, 위에서 언급한 교통공간의 예에서 나타나고 있듯이, 교통공간이 공공적인 것인지 아닌지는 그 시대의 사회가 결정하는 것이며, 잠재적으로는 공간 그 자체에서 각종 '공유자산화' 움직임에 어떤 서열을 매기는 움직임은 나타나지 않는 법이기 때문이다. 물론, 교통기능 그 자체를 부정해야 된다는 것은 아니지만, 이와 같은 일종의 레토릭을 근거로 하여 공간이 성립되는 과정에 있어 다양한 형태의 '공유자산화'를 허용하지 않는 논리가 지배적으로 작용해오고 있다는 점을 반드시 인식해야 할 필요가 있다.

이 문제는 도시 디자인 과정에서 매우 중요한 과제이기도 하다. 왜냐하면, 이와 같은 레토릭을 강조하는 형태로 공간을 구현하는 것이 도시 디자인의 역할이기 때문이다. 그런 의미에서, 도시 디자인의 주체는 자신이 특정 사회집단의 '공유자산화'를 지원하는 반면, 여타 사회집단의 '공유자산화'는 억제하는 것에 물리적 환경 창조라는 수단으로 가세하고 있다는 점을 자각하지 않으면 안 된다. 이는 중요한 과제임과 동시에,

도시 디자인 주체에게 부여되어 있는 '도시에 대한 권리'에 접근하는 회로이기도 하다. 물리적 환경과 사회집단 간의 관계를 다시 바꿔 나가는 것은, 자본과 공적기관의 레토릭을 상대화하고 다양한 사회집단의 '공유자산화' 움직임을 허용하는 것으로 이어질 수 있다. 이것을 현실화해내기 위해서는, 먼저 우리들의 '공유자산화'에 대한 인식부터 바꿔내야 할 필요가 있는 것이다.

7. 신체에 내재하는 '도시 공유자산(Commons)'

〈신체에 내재하는 '도시 공유자산'〉이라는 문제 설정에 대한 지적 사색과 관련한 몇 가지 선례를 소개하고자 한다. 앙리 르페브르는 시민들의 '도시에 대한 권리'를 복원하고 교환가치가 아닌 사용가치가 풍부한 '작품'으로서의 도시 ─ 데이비드 하비의 용어법으로 환언하면, 비상품적인 커먼즈의 축적으로서의 도시 ─ 를 되찾기 위해서는, '놀이'나 '축제'와 같은 시민의 '신체'에 의해 영위되는 공간을 영유하고자 하는 실천적 감각이 중요함을 강조한다. 여기서의, 공간을 영유하는 감각이라고 하는 것은 하비가 언급하고 있는 '공간의 공유자산화'와 유사한 개념으로 볼 수 있다. '놀이', '축제', '음악', '춤'과 같은 시민의 '신체'에 의해 발현되는 행위는 집단적으로 성립될 수 있는 것인데, 여기서의 공동성은 정치적인 이데올로기와 같이 개인의 신체 외부에 존재하면서 사람들에게 공유되는 것이라기보다는 본질적으로 개인의 신체 안에 내장되어 있다는 점에서 그 특징을 찾을 수 있다.

예를 들어, 음악에 맞춰 자연스럽게 몸을 움직이는 본능과 경향은 기본적으로 각 개인의 신체에 내재되어 있는 것으로, 하나의 집단을 형성하게 하는 것으로도 작용한다. 이는 '공유자산화'의 주체인 사회집단을 규정하는 요인을 논의할 때, 이해관계 및 이데올로기와 같이 경계를 명확하게 설정하는 것 이외에도 개인의 신체에 내장된 춤과 같은 자연스럽고도 다양한 공동성을 간과해서는 안 된다는 점을 시사하고 있다. 이와 같은 문제의식을 건축 디자인을 통해 구체화하는 것을 목적으로 1945년 이후 네덜란드에 수많은 '놀이' 공간을 디자인한 건축가 알도 반 아이크(Aldo van Eyck)를 주목해보자. 앙리 르페브르와 같은 시대를 살았던 아이크는 이른바 '중간 영역' 이론을 발전시킨 장본인으로 잘 알려져 있다. 그 이론의 핵심은 '공간은 다양한 것들을 동시에 존재할 수 있게 하는 환경이어야 한다'는 것이다. 아이크는 당시의 주택 디자인 이론과 도시계획 이론 간의 분절을 비판했다. 두 이론 모두 하나로 연결되는 도시공간에 관한 것이면서도 주택 디자인 이론은 도시를 배타적으로 이해하고 또 도시계획이론은 주택을 경시해버리면서 두 이론이 각각의 독자적인 논리로 작용하고 있던 것에 반대했다. '중간 영역'은 내부와 외부 사이에서 찾을 수 있는 부분이 아니라 내부이면서도 외부일 수 있는 공간을 의미하는 개념이다. 이에 대해 르페브르 역시 크게 지지했다. 이와 같이, 아이크와 르페브르의 논의에서부터 신체를 매개하는 집단적인 활동과 공간 간의 관계에 대한 그들의 탁월한 통찰을 접할 수 있다. 즉 도시 디자인의 관점에서 우리들이 살고 있는 도시공간의 다의적인 '공유자산화'를 인식해나가는 데 있어 이 두 사람으로부터 많은 것들을 배워야 할 필요가 있다.

지금까지 데이비드 하비가 언급하고 있는 '공유자산화'로 불리는 사회적 실천에 초점을 맞춰 도시공간에 잠재하는 힘들에 관해 논의해보았다. 그러나 이러한 논의는 진보적 도시이론 전체 체계에 있어 빙산의 일각에

불과하다. 마지막으로 덧붙이고 싶은 것은, 하비는 여러 개별 사회집단
이 각각의 공간에서 공동성을 발휘하면서 그들 스스로가 생산해온 커먼
즈를 그들 스스로의 관리 하에 두는 것은 현실적으로 볼 때 어느 정도
가능한 것으로 보고 있다. 오히려 이와 같은 시도들이 그 규모의 문제,
즉 반자본주의 투쟁을 목적으로 하는 또 그들의 활동들이 반자본주의
투쟁으로 이어질 수 있는 복수의 여러 사회집단과 어떻게 연대하고 결사
되어 도시를 조직해야 하는지 하는 과제에 관한 실천적 논의가 이제 더욱
활발하게 전개되어야 할 필요가 있어 보인다.

8. 또 하나의 커먼즈 담론, '공공영역(Public Sphere)'

1) 키워드로서의 '공공영역'

'공공영역(Public Sphere)'은 독일어의 Öffentlichkeit에서 유래된 용어
로, 1990년대 후반 이후 커먼즈를 키워드로 하는 실천적 담론을 기존의
급진적 시민사회론과 연계해서 보다 현대적으로 확장시켜내기 위해 활
용된 사회철학적 개념이다. 이는 단적으로는 커뮤니케이션 또는 소통을
위한 공간으로 해석되기도 하지만, 도시나 커먼즈에 관한 논의와 이론적
상호작용을 할 때면 도시 차원의 관계 및 가치가 창출되는 물리적 차원의
공공적 공간 또는 사회적 공간을 의미하게 된다. 이와 같은 '공공영역'
담론이 현대의 새로운 시민사회 담론들과 함께 1990년대 이후 급속하게
주목을 받게 된 배경에는, 첫째, 새로운 도시 사회운동의 영향과 그 필요
성, 즉 도시 사회운동의 주체로서 NGO 및 사회적 경제조직과 같은 이른
바 '제3섹터'로 불리는 결사체 조직(association)의 급속한 대두와 그 사회

적 역할에 대한 기대 고조, 둘째, 냉전 종식과 정보기술의 발전에 따른 글로벌 차원의 시민사회에 대한 주목, 셋째, 공공사업 및 복지정책과 같은 지자체 도시정책의 교착상태로 인해 지자체가 독점해온 공공성 개념에 대한 비판의 고조 등이 자리 잡고 있다. 결국, '공공영역' 담론은 공공성을 추구하고 실현하는 주체로서 공적기관이 아닌 시민사회에 주목하고 있는데, 이와 같은 주체로서의 시민사회가 본질적으로 지켜내어야 하며 또 실천적으로 창출해내어야 하는 공간을 바로 '공공영역'으로 규정할 수 있다.

현대의 '공공영역' 담론에 있어 어떤 통일적인 '공공영역' 개념은 존재하지 않는다. 특히, 이 담론이 도시에 초점을 맞춰 전개될 경우에는 더더욱 그렇다. 때로는 '커먼즈' 개념과 중복되는 경우도 있고, 때로는 물리적 공간보다는 소통 공간이라는 점을 더 강조하기도 한다. 그러나 더욱 문제시되고 있는 것은, 오늘날의 '공공영역'이 '공공성'과 엄격히 구별되지 못 한 채 겹쳐져 있는 점이 초래하는 개념적 혼란이다. 이러한 혼란의 원인은 독일어 Öffentlichkeit가 곧잘 '공공성'으로도 해석되어 왔기 때문이다. 우리나라에서는 오래전부터 '공공성' 개념이 활용되어 오고 있는데, 중요한 것은 '공공성'을 견지하고 창출해내는 주체로서 공적기관이 부각되어 왔다는 점이다. 최근 들어와서 '공공성'의 또 다른 주체로서의 시민사회가 이론적으로 또 실천적으로 주목을 받고 있지만, 아직까지 '공공성' 개념은 국가 또는 지자체와 같은 공적기관이 독점하고 있는 것이 사실이다. 이에 반해, '공공영역' 개념은 공적기관이 주체가 되는 공공사업에 대항하는 공공성의 기준은 무엇인지 또는 관에 대항할 수 있는 공공성 실현의 주체는 누구인지 하는 문제의식에서 파생된 것으로 볼 수 있다. 결국, '공공영역'이라는 용어에 쓰인 '공공(Public)'의 개념을 관이 관할하고 기획하는 공간으로 인식해버리면서, 기존의 관이 주도해 온 '공공성' 개념과의 혼란을 초래한 것이다. 하버마스의 관련 논의를 적극적으로 의식하면, 단적으로 '공공영역'이라는 개념은 시장도 국가 및 지자체와 같은 공적기관도 아닌 사회 또는 시민사회에 의해 견지되고 구축되는 유무형의 공간을 말한다. 이와 같은 규정을 토대로 하면, '공공성' 개념 역시 공적기관이 독점할 수 있는 개념이 아닌 것이다.

'공공영역' 담론은 기본적으로는 위르겐 하버마스(Jurgen Habermas)에 의해 처음으로 사회철학적인 기초가 구축되었으며, 하버마스의 '시민적 공공영역' 개념에 대한 비판으로서 다양한 형태의 논의가 전개되어 왔다. 그리고 1990년대에 들어오면서 도시 차원의 시민운동을 위한 새로운 방법론에 대한 기대가 고조되고 또 2000년대 중반 이후에는 도시 차원의 시민운동이 도시 '커먼즈' 개념과 맞물리게 되면서 '공공영역' 담론은 보다 더 확장된 형태로 전개되어 왔을 뿐만 아니라 꽤 다양한 이론적 틀을 가진 논의로도 다기화되기 시작했다. 여기서는 복수의 '공공영역' 담론 중에서도 하버마스의 논의를 적극적으로 계승하는 입장, 즉 시민사회에 의해 둘러싸여야 하고 또 새롭게 구축되어야만 하는 '소통과 공간'으로서의 '공공영역'을 강조하는 입장을 견지하고자 한다.

2) 하버마스의 초기 '공공영역' 담론

'공공영역' 담론의 출발점은 1962년에 출판된 하버마스의 『공공영역의 구조 전환(Transformation of the Public Sphere)』으로 간주할 수 있다. 하버마스가 이 책을 통해 강조하고자 한 것은 하나의 역사적인 카테고리로서의 '시민적 공공영역(Bürgerliche Öffentlichkeit)'이라는 개념이다. 그는 '시민적 공공영역'이 '토론하고 소통하는 공중의 영역'으로서 18세기에 성립하였고, 그 후 '소비하는 공중의 영역'으로의 구조 전환을 통해 정치적인 기능을 상실하는 과정을 자세하게 설명하고 있다. 이와 같은 하버마스의 논의를 토대로 하여 '시민적 공공영역'의 개념을 다각도로 정리해보자면, 이 개념은 첫째, 시민혁명 및 근대국가의 성립과 밀접한 관계를 가지고 있는데, 공권력을 가진 정부에 대한 대응물로서 공공적 의의를 지닌 사회적 영역을 지칭한다. 둘째, 이 개념은 시민들이 독서를 하는 공간, 만찬회가 열리는 공간, 살롱, 찻집 등과 같은 시설로서 철학, 문학, 예술에 관해 토론을 벌이는 공중에 의해 구축되는 공간을 의미한다. 하버마스는 이를 '문예적인 공공영역'으로 부른다. 셋째, '시민적 공공영역'은 시민 누구에게나 열려 있는 토론과 창작 그리고 네트워킹을 위한 공간이며, 이곳에서의 시민들은 신분과 계급에 구애받지 않는 평등한 관계를 맺고 있으며, 커뮤니케이션적인 합리성 즉 합의형성을 지향하는 '언설의 합리성'에 의해 토론과 소통이 진행되고, 또 시민 구성원에게는 공중(公衆)으로서의 자기이해가 존재한다. 넷째, '시민적 공공영역'에서는 위에서 언급한 '문예적인 공공영역'을 모체로 하여 공권력에 대한 비판이 지속적으로 전개되어 그것이 공권력에 대한 감시와 이의 제기의 기능으로 발휘되는데, 하버마스는 이를 '정치적 공공영역'으로 부른다. 이와 같은 '시민적 공공영역'의 다양한 측면 중에서도 하버마스가 가장 중요하게 인식했던 것은, 시민들의 '문예적인 공공영역'과 '공중의 자기이해'를 기초로 하는 '정치적인 공공영역'으로서의 '시민적 공공영역'이 발휘하는 '정치적 기능(Politische Funktionen)'이다. 위에서 언급했던 '시민적 공공영역'의 다양한 측면 중 시민 구성원에 대한 평등성과 개방성 그리고 커뮤니케이션적 합리성의 중시와 같은 논점은 '공공영역' 개념의 기초로 작용했다.

지금까지 살펴본 것처럼, 하버마스의 초기 '공공영역' 담론은 정치적 기능을 발휘하는, 공중으로서의 시민들이 서로 토론하고 소통하는 권역에 초점을 맞추고 있는데, 도시 내 '언설의 공간'으로서의 '공공영역' 개념은 여기서부터 시작된 것으로 간주될 수 있다. '공공영역의 구조 전환'이 출판된 이후, 하버마스의 문제 제기는 다양한 국면과 차원에서 활발하게 논의되어 왔으며, 특히 도시 운동을 위한 실천적 담론에는 매우 큰 영향을 주었다. 기존의 도시 운동이 주목해온 '커먼즈'가 도시의 물리적인 그리고 환경적인 공유자산에 국한된 개념이었다고 한다면, '공공영역'은 도시 내 시민들의 관계와 소통 즉 '언설'을 위한 공간으로까지 확대된 개념이다. '커먼즈' 개념을 토대로 도시운동을 전개해온 그룹들이 '공공영역' 개념에 주목하게 된 것은 운동 대상이자 목적인 '커먼즈'의 범위를 보다 전 방위적으로 확장하기 위해서였던 것으로 보인다. 또 현대의 '공공영역' 담론들이 매우 다기화된 형태로 전개된 것은 하버마스의 '시민적 공공영역' 개념에 대한 실천적 비판에서부터 출발한 것임을 간과해서는 안 된다.

9. 나오며 : D. 하비의 정치경제학, 그리고 '도시 소유권'

세계적인 맑스주의 도시정치경제학자 데이비드 하비는 자본은 그 잉여생산물의 집적을 꾀할 수 있는 공간으로서 '도시'를 본질적으로 필요로 하며, 동시에 그 잉여생산물을 흡수 처리하는 공간으로서도 '도시'를 필요로 한다고 지적했다. 이러한 주장은, 자본은 잉여생산물을 더 늘이기 위해서도 또 그 시장을 더 키우기 위해서도 자신이 활동하는 공간으로서의 도시를 그 스스로 만들어나가는 것에 적극적으로 관여해왔으며, 또 도시 형성과정 그 자체가 자본축적을 위한 운동의 주요 무대로 작용했다는 점을 그 논거로 삼고 있다. 역으로 얘기하면, 자본의 축적 운동이라고 하는 것은 도시 형성과정 그 자체란 의미다. 자본은 도시에 조성되어 있는 모든 인프라를 활용해서 거의 모든 것을 '생산'함과 동시에 광범위하고 또 규모도 큰 '소비'를 환기시키거나 또 조직화한다. 이를 통해 자본은 도시화 과정에서 막대한 잉여가치, 즉 거대한 규모의 이윤을 취득하게 되며 또 그것이 대규모 자본축적 운동의 폭발적 순환을 위한 동력으로 작용해 왔다. 따라서 자본은 당연히 도시화 그 자체를 선호할 수밖에 없는 것이다. 자연환경 그 자체인 갯벌을 토목적 방식으로 개발하여 이른바 '경제자유구역'으로 변질시키고 있는 것에서 알 수 있듯이 말이다. 하비는 도시화 그 자체에 의해 생겨난 막대한 잉여가치는 누가 또 어디서 생산한 것인지를 물음으로써, 도시 전체를 '자본의 공장'으로 규정한다. 착취는 개별 공장 및 사무실 안에서만 이루어지는 것이 아니라, 토지, 주택, 교육, 복지 등 도시 생활과 관련된 모든 영역과 공간에서 이루어지고 있다고 강조하며 말이다. 해서, 도시화 과정에서 착취되거나 수탈되는 모든 사람들은 생산수단을 소유하지 못해 결국 임노동자로 전락될 수밖에 없다는 것이다. 도시의 구축 또 그 확대 재생산. 이와 같은 도시화 과정 그 자체를 추동하는 주체가 있고 또 그로 인해 계급적 착취가 이루어지는 공간을 '도시'로 규정한다면, 결국 그 도시 전체는 '자본의 공장'이자 계급투쟁의 최전선인 것이다.

따라서 도시화 그리고 도시개발에 대한 시민의 견제는 자본의 가치증식 과정을 통제하는 매우 진보적인 계급투쟁의 방식 중 하나이다. 하비는 그의 저서 『반란의 도시』에서 '도시는 땅값을 걱정하는 그들만의 것이 아니다'라고 했다. 노장 맑스주의자의 격정적인 주장이다. 그렇다. 한 도시 내에서의 계급투쟁에 임하는 무산계급들은 바로 이러한 '도시에 대한 권리'를 인식해야 한다. 싸움을 위한 논리로 삼아야 한다. 해서, 지역사회의 진보 진영이 벌이는 운동의 목표도 전통적인 계급투쟁뿐만 아니라 모든 시민들이 다들 자신이 살고 있는 도시에 대한 권리를 공평하게 주장할 수 있는, 하비의 이른바 '도시 소유권'으로까지 확장해야 한다. 특히 송도와 같은 경제자유구역에 사는 사람들이 최근 교육, 의료, 교통 관련 지역정책을 떡 주무르듯 독점하고 있는 인천에서는 더 그렇다. 하비는 '우리의 정치적 과제는 미친 듯 날뛰며 글로벌화하고 도시화하는 자본의 역겨운 혼란에서 벗어나, 전혀 다른 유형의 도시를 상상하고 재구성하는 것'이라 했다. 맞다. 시민 모두의 세금으로 화려하게 꾸며놓은 경제자유구역의 귀결로서의 잉여가 그곳에 사는 사람들에게만 노골적으로 배분되고 있는 인천에서는 더 더욱 그렇다. 지역에서 노동운동을, 시민운동을, 그리고 진보적인 정치를 하겠다는 이들에게 있어 하비가 던져주는 도시에 대한 진보적 메시지는 그저 정치경제학의 한 이론으로만 스쳐 지나가도 되는 가벼운 것이 아니다.

제2부

인천의 도시공간과
도시의 정치경제학

공허한 미래에 현재의 삶을 투기하는 스펙타클 도시정치

2009인천세계도시축전과 역세권 재정비촉진사업을 중심으로

1. 명품도시 인천, 公約인가 空約인가

한때 지구지역화(glocalization)라는 신조어가 유행하기도 했지만, 오늘날 도시 지역의 현실에서 몸으로 체감하는 것은 지구화의 도도한 물결이 전면적인 데 반하여, 지역화의 구체적 양상들은 그야말로 지리멸렬하다는 것이다. 이런 면에 비추어보았을 때, '지구지역화'보다는 '지구도시화(glurbanization)'라는 표현이 한층 실감 있게 다가온다.[1) 『슬럼, 지구를 뒤덮다』의 저자 마이크 데이비스의 조사에 따르면, 역사상 최초로 지구상

---

* 필자 : 이희환

    이 글은 필자의 「2009인천세계도시축전'의 문화정치학」(『황해문화』 2009년 여름호)와 「공허한 미래에 삶을 투기하는 인천의 개발공약」(『건축과사회』, 2010년 봄호)의 주요 내용 중 도시공간을 둘러싼 인천 도시정치의 문제점을 주로 살펴보기 위해 재구성한 글임.

1) 조명래, 「지구화 시대 도시의 정치경제-인천시를 사례로」, 『황해문화』 2007년 여름호, 43쪽.

에서 도시인구가 농촌인구보다 많아지는 역사적 분수령이 지금 벌어지고 있다고 한다.2) 마이크 데이비스는 신자유주의의 전면적 확산에 따른 제3세계의 도시화와 슬럼의 착취구조에 대한 실증적 보고에 초점을 두고 있지만, 신자유주의 시대를 맞아 동아시아 지역에서 펼쳐지고 있는 도시화의 양상 또한 심각한 방향으로 전개되고 있다. 마이크 데이비스는 최대 규모의 후기도시(post-urban) 형태들이 출현하는 곳으로 동아시아를 주목하고 있다. 그에 따르면 거대한 메갈로폴리스로 성장하고 있는 중국의 상하이와 이미 세계 최대도시 중의 하나인 도쿄로 이어지는 동아시아 세계도시축은 전 지구적 자본과 정보의 흐름을 통제하는 데 있어서 뉴욕-런던축과 동등한 지위를 획득할 것으로 예견되지만, 그러나 이에 따른 대가로 도시의 규모와 경제가 차별화되면서 도시 내부의 불평등 및 도시 사이의 불평등이 심화될 것이라 지적한다. 이들 거대도시 내부의 식민지화 문화도 큰 문제이기는 하지만, 머지않아 아시아 주민의 대다수가 살게 될 중소도시, 미래 세계인구의 3/4을 짊어질 이류도시 혹은 삼류도시들, 그리고 제3세계 도시의 빈곤화는 한층 심화될 것이라고 경고하였다.3)

이러한 신자유주의시대 도시들의 좌표 위에서 지금 대한민국의 도시들은 어디쯤에 위치하고 있는가. 그리고 머지않은 미래에 어떤 좌표상에 스스로를 위치시키려 하고 있는가? 이런 질문에 대한 해답의 단서 중 하나로 최근 우리나라의 주요 도시들이 앞서거니 뒤서거니 국제행사를 유치하기 위해 치열한 경쟁에 나서고 있는 것은 주목할 만하다. 1986년 아시안게임과 1988년 올림픽을 개최한 서울에 이어 제2의 도시 부산은

---

2) 마이크 데이비스, 『슬럼, 지구를 뒤덮다 - 신자유주의 이후 세계 도시의 빈곤화』, 김정아 옮김, 돌베개, 2007, 15~16쪽.
3) 같은 책, 20~21쪽.

2002년 아시안게임 개최에 뒤이어 제14회 아시안게임까지 개최하였다. 부산에 이어 제3의 도시였던 대구는 2003년엔 하계 유니버시아드 대회를 개최한 데 이어 2011년 세계육상선수권대회를 개최하였다. 여수시가 2012년 국제박람회를 개최하였으며, 인천시는 2014년 아시안게임을 무리하게 개최하였다. 2003년과 2007년에 연이어 동계올림픽 유치에 실패한 강원도 평창군은 삼수 끝에 2018년 동계올림픽을 개최하였다. 이처럼 여러 도시들이 동시다발적으로 국제이벤트 유치를 통해 도시경쟁력을 확보하려는 데는 여러 가지 이유가 있을 것이다. 그러나 그 이면에는 국가경쟁력을 대신하는 도시경쟁력이 미래도시의 사활을 좌우한다는 신자유주의 개발이데올로기가 잠복해 있음을 읽어내기란 그리 어렵지 않다. 그리고 신자유주의 도시경쟁 바람에 가장 앞서 내달리는 도시가 바로 인천광역시일 것이다.

2002년에 인천광역시장에 당선된 후 2006년 재선에 성공한 안상수 시장은 신자유주의 시대에 인천광역시를 거대도시로 만들기 위한 대규모 프로젝트를 그 자신의 최대 정책공약으로 제시하였다. 집권 1기 경제자유구역의 지정을 통해 동북아 경제중심도시 구상을 펼친 데 이어, 경제자유구역 개발에 맞먹는 구도심을 재생프로젝트와 2014년 아시안게임 유치를 중심으로 100대 공약을 제시하여 손쉽게 재선에 성공하였다. 문화와 환경, 삶의 질과 복지 등을 인천의 도시 비전과 8대 방향과제에 가미하기는 하였지만, 그가 제시한 100대 사업과제 중 10여 개 사업을 제외한 무려 90개에 달하는 사업이 개발 및 건설 관련 사업이라는 점에서,[4] 그의 인천 프로젝트는 철저한 개발주의 프로젝트이자, 거대개발을

---

4) 전진삼, 「건설, 대한민국의 최전선에서 인천을 바라보다」, 『건축과사회』 2006년 가을호, 87쪽.

통한 인천의 지구도시화 전략에 다름 아니다. 2007년 들어 안상수 시장과 인천광역시는 이를 '세계 10대 명품도시'론으로 재논리화 하고 있다.

따라서 그가 2006년 지방선거에서 제시했던 100대 공약에 대한 실현 여부에 대한 평가와 그 원인분석은 인천이 지향하는 지구도시화 전략에 대한 점검을 위한 시금석이자, 바람직한 인천이 미래 도시전략을 재구하는 바로미터이다. 뿐만 아니라 이에 대한 평가와 분석은 차기 인천광역시를 이끌어 갈 인천광역시장의 도시철학과 리더십을 분별함에 있어 시민들이 반드시 참조해야 할 척도가 아닐 수 없다. 2006년 가을, 계간 『건축과사회』가 특집으로 기획한 '서울과 6대광역시 당선자 건축·도시 선거공약 쟁점과 제안'의 인천광역시 편을 보면, 여러 논자들이 안상수 인천광역시장 당선자의 공약에 대하여 우려 섞인 기대의 덕담을 건네준 바 있다. 그러나 아쉽게도 4년이 지난 현재 그가 핵심적으로 내세운 공약들은 여러 필자들의 기대보다는 우려했던 사항이 현실로 나타난 경우가 대부분이다. 필자는 그 가운데서 민선 4기 안상수 시장이 인천의 지구도시화 즉 명품도시화를 추진하기 위해 가장 역점을 두고 추진했던 핵심적인 두 공약을 살펴보기로 한다. 구도심 지역에 대한 도시재생사업과 '2014아시안게임'의 전초전이자 명품도시 건설의 상징적 이벤트였던 '2009인천세계도시축전'이 바로 그것이다.

2. 경제자유구역의 전시장 – '인천세계도시축전'의 실패

인천경제자유구역에 대해 지역사회에서 제기하는 우려와 걱정에 대하여 인천시에서는 송도 151층 빌딩, 인천대교의 건설, 고분양가 아파트의

엄청난 경쟁률, 그리고 연세대를 비롯한 대학 캠퍼스와 국제학교의 개교
등을 집중 선전하면서, 도시기반시설이 먼저 갖춰지기만 하면 투자 유치
가 이어질 것이라고 강변해왔다. 그러나 그 투기를 목적으로 한 아파트
의 엄청난 청약경쟁률을 제외한다면 무엇 하나 제대로 이루어진 것이
없다. 이러한 경제자유구역의 정체와 변질을 만회하고 투자 유치라는
경제적 목적과 개발 성공신화의 확산이라는 정치적 목적 아래 문화정치
의 수단으로 재선 직후 안상수 시장이 갑작스럽게 추진한 것이 '2009인
천세계도시축전'(Global Fair & Festival 2009 Incheon Korea)이다.

'80일간의 미래도시 이야기'란 캐치프레이즈를 내걸고 2009년 8월 7일
부터 10월 25일까지 80일간 인천 송도국제도시를 주무대로 펼쳐졌던
'2009인천세계도시축전'은 많은 논란을 남겼다. 인천의 대다수 시민들은
인천에서 최초로 개최된다는 대형 국제이벤트에 많은 관심을 보이고 행사
가 성공하기에 협력해 마지않았다. 그러나 이 행사는 행사의 발의 과정에
서부터 추진과정에 이르기까지 인천시민들과 충분한 공감대를 형성하지
않고 너무도 급작스럽게 추진되었다. 이 행사에 대한 최초의 발의는 2006
년 재선에 성공한 안상수 인천시장이 취임과 동시에 언론에 그 구상을
밝히면서 이루어졌다. 인천경제자유구역 송도에 2008년 6월에 컨벤션센
터가 세워지고, 연이어 2009년에는 인천대교와 아시아트레이드타워가
마무리되는 시점 즉 송도국제도시의 1차 기반시설이 마무리되는 2009년
하반기를 목표로 삼아 '인천세계도시엑스포'가 본격적으로 추진되기 시작
했던 것이다. 게다가 2010년에는 상하이엑스포가 개최되므로 이에 한발
앞서 인천의 발전상을 보여 주고 관광객을 유치하자는 명분도 더해졌다.[5]

---

5) 「세계도시엑스포 추진배경·과제」, 『경인일보』, 2006. 6. 28.

〈그림 1〉 개막 직후의 인천세계도시축전 행사장 입구

'인천세계도시엑스포'의 개최는 또한 2014년 아시안게임의 유치 공약
을 실현가능한 것으로 대리 체험케 하는 효과도 가지고 있었다. 그러나
이 행사가 2009년 하반기를 개최 시기로 삼게 된 속 깊은 배경에는 무엇
보다 2010년 지방자치 선거를 염두에 두고 추진된 것임을 누구나 쉽사리
눈치 챌 수 있다. 2기체제의 출범을 앞두고 안상수 시장은 인천도시엑스
포와 함께 2014년 아시안게임 유치를 최대한 과제로 제시했거니와, 그동
안 강력하게 밀어붙인 개발드라이브 정책을 국제이벤트를 통해 더 한층
가속화하고 아울러 도시엑스포를 성공적으로 치르기만 한다면, 2010지
방선거에서 3선은 '따 놓은 당상'이 되는 것이다. 안 시장의 이러한 구상
은 급속도로 실행단계에 접어들어 2006년 12월에 세계도시엑스포 성공
기원행사를 열고 도시엑스포재단 설립 발기인대회를 개최하면서 준비되

기 시작하였다. 게다가 2007년 4월에는 크게 기대하지 않았던 '2014 아시아경기대회'의 인천유치까지 확정되었다. 그 전초전에 해당하는 '인천세계도시엑스포'는 불과 2년간의 준비기간을 남겨두고 전시(全市) 차원의 총동원체제로 선전되고 본격적으로 준비되었다.

> 인천은 오는 2020년까지 물류와 첨단지식, 서비스 산업의 글로벌허브로서 대한민국의 미래성장을 선도하는 명실상부한 세계 10대 도시로 도약하겠다는 비전을 가지고 역동적으로 움직이고 있다. 그러기 위해서는, 여전히 동아시아의 변방도시쯤으로 인식되고 있는 엄연한 현실이 선결적으로 극복되어야만 하고, 중동의 두바이가 그랬듯이 인천이라는 도시의 브랜드 가치를 획기적으로 높일 수 있도록 전략적으로 선택된 빅 이벤트가 필요하다. 이러한 고민의 산물로서 기획된 '2009인천세계도시축전'은 경제자유구역에 대한 투자와 기업유치, 인천의 잠재력과 현재적 도시경쟁력을 세계에 알리는 투자 마케팅이자 브랜드 마케팅이다.[6)]

윗글은 '인천세계도시축전'이 한창 진행 중일 때 '인천세계도시축전조직위원회' 방종설 사무총장이 발표한 글이거니와, 인천세계도시축전을 추진한 안상수 시정부의 도시전략과 도시축전의 개최목적을 솔직하게 보여준다. "인천의 잠재력과 현재적 도시경쟁력을 세계에 알리는 투자 마케팅이자 브랜드 마케팅"으로 준비된 인천세계도시축전은 그러나 본질적으로 제국주의시대에 비롯된 박람회의 스펙터클 문화정치학을 고스란히 모방한 데 대형 이벤트에 불과하다. 개발주의 시대를 넘어 이미 생태주의적 가치를 지향해 가고 있는 세계엑스포의 추세에 비춰볼 때, "미래도

---

6) 방종설, 「2009인천세계도시축전, 그 시공간적 의미와 성공전략」, 웹진 『인천아뜨리에』 제38호, 인천발전연구원, 2009. 9. 30.

시"라는 해묵은 주제를 내걸고 개발주의의 욕망을 노골적으로 전시하고 대중들을 현혹시키는 스펙터클 이벤트이자 '짝퉁 엑스포'에 불과하다.[7]

전시(Exhibition), 축제(Festival), 컨퍼런스(Conference) 행사를 3대 축으로 하여 진행된 2009인천세계도시축전은, 컨퍼런스 행사를 통해 도시축전이 내건 주제인 "미래도시"에 대하여 다양한 주체들이 새로운 의제를 토론하고, 아울러 세계 지도자들과 도시정책가, 전문가들에게 인천의 개발현황을 홍보하며, 경제자유구역에 대한 투자 유치를 도모하기 위해 총 22개의 컨퍼런스 행사를 진행하였다. 그러나 이 많은 컨퍼런스 행사가 도시축전 전체 행사와 유기적 관련성이 없는 전문가나 업자들 간의 '회의를 위한 회의'에 그쳤고, 지속가능한 도시를 만들기 위한 환경 및 도시개발 관련 컨퍼런스와 함께 유비쿼터스 기술을 다루는 각종 산업 관련 컨퍼런스가 뒤섞여 전체적으로 일관된 주제를 가진 컨퍼런스 행사를 형성하는 데 실패하였다. 환경 및 도시개발 관련 컨퍼런스에 참여한 많은 석학과 학자들이 지속가능한 도시를 위해 생각해야 할 다양한 제언들을 제출하였지만, 이는 인천시가 현재 추진하고 있는 환경 및 역사문화의 파괴, 주민 정주성의 훼손 등에 대한 비판으로 이어지지 못한 채 구두선에 그쳤다. 인천시는 세계의 수많은 석학들과 연구자들을 컨퍼런스 장에 동원하여 도시축전의 전시효과만을 염두에 둔 행사 진행으로 일관하였고, 여러 행사에서 제출된 '인천선언'은 추상적인 언급에 그쳐 실제 인천시의 도시개발 정책과는 괴리되는 모순을 노정하였을 뿐이다.

---

7) 인천세계도시축전에 대한 본격적인 검토는 이희환, 「'2009인천세계도시축전'의 문화정치학」, 『황해문화』 2009년 여름호 참조.

〈그림 2〉 세계도시관 입구

　전시행사의 핵심적인 시설인 '세계도시관'을 살펴보아도 전시콘텐츠
의 빈곤을 여실히 확인할 수 있다. 애초 '세계도시관'은 32개 국내 도시
및 단체를 비롯해 미주와 유럽, 아프리카, 아시아 등 세계 106개 도시를
한자리에서 만나볼 수 있게 기획되었다. 인천세계도시축전의 메인전시
관으로 가장 많은 예산이 여기에 사용되었다고 한다. 그만큼 '세계도시
관'을 통해서 인천시는 세계 도시들의 과거와 현재, 미래, 역사, 문화,
환경 등을 입체적으로 조명, 세계를 배우고 체험하는 기회를 제공할 목
적이었다. 그러나 도시축전이 메인테마관이라고는 하지만 초청된 도시
가 그리 많지 않을 뿐더러 그나마 미국 로스엔젤리스를 비롯한 여러 도시
의 전시부스는 텅 비었다. 여기에 각종 개발사업에 참여하는 기업들의
전시관과 상품을 판매하는 전시부스 등이 뒤섞여 있어 도대체 무엇을
보여주려 한 것인지 혼란스럽기 이를 데 없었다. 공간구성도 기업과 도
시 전시부스가 혼재되어 있고, 이를 일목요연하게 안내해 주는 책자도

비치되지 않은 상태에서 세계도시를 느끼고 체험할 수 있게 하는 프로그램이나 콘텐츠도 거의 전무하였다. 비평가 진중권의 표현대로 "세계도시관은 그야말로 허접의 극치. 세계 여러 도시들의 관광 사진을 패널로 늘어놓은 수준을 벗어나지 못했다"는 야유가 절로 나오니, 도시축전 전체 전시관 중 가장 형편없는 전시관이었다고 해도 과언이 아닐 것이다.

부대 전시관으로 민간기업에게 개발 특혜를 약속하고 기부채납을 받은 '투모로우시티(Tomorrow City)'는 무려 500억 원의 예산이 들어간 시설이다. 명칭 그대로 미래도시를 체험할 수 있는 공간으로 '손가락 끝으로 만나는 내일의 세상.'이라는 달콤한 문구 아래 투모로우시티는 세계도시축전의 5대 볼거리 중 하나로 미래도시의 여러 상(像) 중에서 IT산업에 입각한 유비쿼터스 기술의 편리성을 보여주기 위해 기획, 축전 개막 바로 직전에 완공되었다. 그러나 그 내부 콘텐츠를 보면 이제까지 전 세계에 이미 알려지고 보급되기 시작한 유비쿼터스 기술을 벤치마킹하여 배열하였을 뿐, 이러한 기술이 가진 문제점이나 인문학적인 질문에 대해서는 철저히 배제하고 있다. 입장객들은 4층 U-영상관에서 입체안경을 쓰고 입체 영상 속 주인공이 입장객과 눈을 마주치며 말을 걸어오고 사진을 찍어주는 등 시공을 초월한 3차원 디지털 기술을 연출하였다. 그러나 이 기술은 2008년 세계테마파크박람회에서 가장 혁신적인 콘텐츠로 선정된 것을 베껴왔을 뿐이다. 5층은 유비쿼터스의 체험공간으로 미래도시와 생활을 실제 몸으로 체험하고 느낄 수 있게 구성되었다. 'U-street'의 지능형 거리, 지능형 광고판 등도 미래도시의 첨단기술을 선보였다. 그러나 이 모든 기술은 편리만을 쫓다 보니 인간이 철저히 기술에 의해 통제되고 강박되는 철학적인 문제를 도외시하고 있다. 결국 '투모로우시티'는 비평가 진중권의 말대로 "차라리 하이마트를 가는 것이 훨씬 나을" 정도의 보편화된 기술을 통해서 관람객들에게 어설픈 환상을 강요하는 곳이다. 관람객들을 엘리베이터를 통해 철저히 통제되는 것 또한 미래의 유비쿼터스 기술이 인간을 철저히 통제하는 것을 방불케 하였다.

'투모로우시티관'과 함께 도시축전에 맞추어 급조한 전시시설로 '인천도시계획관'도 빼놓을 수 없는 건축물이다. 인천의 과거와 현재, 미래를 한눈에 볼 수 있는 전시·관람시설로 총 280억 원의 사업비가 투입돼 송도 국제업무단지 내 7천 700㎡의 부지에 지하 1층, 지상 4층, 연건축면적 8천 400㎡ 규모로 건립됐다. 1~2층에는 입체영상관, 고대·근대·현대 도시전시관, 인천모형관, 체험전시관이 들어서고, 3층은 인천경제자유구역 모형관과 영상실, 4층은 회의실, 연구실 등으로 구성됐다. 통상적인 의미로는, 도시행정의 가장 밑그림에 해당하는 도시계획의 모든 구상과 변천을 보여주는 것이 도시계획관이다. 그러나 인천도시계획관은 이미 수년 전에 건립된 상하이 도시계획관을 모방하여 도시축전에 맞춰 급조되었기에 인천의 과거 도시계획의 변천과정을 보여주지 못할 뿐만 아니라 미래의 도시계획은 난무하는 개발계획들로 채워지고 있다. 근대도시 인천의 도시계획사를 보여주는 1층 전시실은 표면적인 이미지와 장치들로 인천의 근대역사를 표피화 하거나 그나마 사진과 모형이 실제의 사실과 어긋난 부분이 여럿 발견되었고, 인천의 현재와 미래를 보여주고자 기획된 2층(인천 전역)과 3층(경제자유구역)에는 마치 대형 투자유치 모형도를 펼쳐 보여주어, 개발주의의 노골적인 욕망을 그대로 전시하였다.

〈그림 3〉 도시계획관 3층의 송도지구의 미래모형

그런데 도시축전 개막 직전인 8월 5일 완공된 '도시계획관'은 도시축전
이 한창인 10월 4일, 채 한 달도 안 되어 인천의 이미지와 미래도시의
비전 등을 함축적으로 표현키 위함이라 하여 인천시가 '컴팩·스마트시티
(Compact·Smart City)'라는 명칭으로 변경하였다. 명칭을 이처럼 바꾼 것
은 역사와 문화, 복지와 환경의 섬세한 조화를 반영해야 할 '도시계획'의
본령에 이르지 못한 전시 콘텐츠의 빈곤이 일차적인 요인이었으리라 판
단된다. 한편으로 '컴팩·스마트시티'란 명칭에는, 압축 고밀도 개발을
지향하는 인천시 도시정책의 욕망을 서구에서 이식된 신조어로 분식한
포장술에 다름 아니다. "도시를 압축하여 고밀·집적 개발함으로써 활기
차게 가꾸자는 비전을 담을 '컴팩시티'와 도시 인프라의 계획·설계·구
축·운영에 IT를 적용해 삶의 질과 경제적 번영을 향상시키는 비전을 담은

'스마트시티'의 합성어는 안상수 시장이 3선 성공을 염두에 두고 내세운 또 다른 허상의 레테르인 것이다. 총평하자면 인천도시계획관은 인천의 과거 도시계획의 변천과정을 보여주지 못할 뿐만 아니라 현재와 미래의 도시계획마저 전면적인 개발계획 및 장밋빛 청사진으로 가득 채워 투자 유치를 도모하기 위한 '인천개발투자유치관'이라 명명하는 것이 정확할 터이다.

인천세계도시축전이 끝나고 2010년 지방자치제 선거철이 다가오면서 1단계 사업이 끝난 인천경제자유구역에 대하여 중앙정부로부터 여러 비판적인 진단이 제기되기 시작하였다. 2003년 인천경제자유구역의 출범 이후 2008년 말까지 외자유치(FDI)는 총 4억 8,660만 달러에 그쳤다. 2008년 말 국제 금융위기 여파로 기존 투자자들마저 추가 투자를 기피하고, 금융권의 대출이 막히면서 이미 투자 계획이 확정된 대규모 개발사업도 차질을 빚고 있는 실정이고, 청라지구 내 월드트레이드센터(WTC) 조성 사업이 투자자 모집이 안 돼 무산됐고, 이미 착공에 들어간 송도 국제 업무단지 내 동북아트레이드타워(NEATT)는 투자자들이 발을 빼면서 사업비 부족으로 공사를 중단하는 소동을 빚기도 하였다. 송도 랜드마크시티 내 151층짜리 쌍둥이빌딩 '인천타워'도 지난해 6월 기공식까지 가졌으나 사업비 조달이 막혀 아직까지 첫 삽을 뜨지 못하고 있다. 자칫 투자 유치가 계속 지지부진할 경우, 경제자유구역은 본래 목표를 상실한 채 단순히 아파트 단지가 들어선 베드타운이나 아파트 지구에 그쳐 경제자유구역이 아닌 국내용 신도시 정도로 전락할 수밖에 없다는 우려가 점차 현실화되고 있다.[8]

---

8) 「우려스러운 경제자유구역 투자 유치」, 『인천신문』, 2009. 4. 27.

인천경제자유구역에 대한 정운찬 국무총리의 비판적 발언에 뒤이어 감사원의 보고서가 공개되면서 2010년 선거에서는 인천경제자유구역에 대한 관할권 문제가 핵심적인 선거이슈로 부상할 것임을 알 수 있다. 뿐만 아니라 '2009인천세계도시축전'에 대한 평가도 선거의 핵심적인 이슈가 될 것이 분명하다. 미래도시에 대한 철학도, 시민들의 자발적 참여나 토론도 생략된 채 추진된 인천세계도시축전은, 여하튼 안상수 시장 체제 아래 추진된 개발주의정책의 피날레였다. 안상수 인천시장은 도시축전이 끝난 직후 "개최목표를 100% 초과달성한 성공한 도시축전이었다, 제2의 도시축전을 2년마다 개최하는 것을 검토하겠다"고 밝혔지만, 이야말로 '손바닥으로 하늘을 가리는 격'이다.

현재까지 인천세계도시축전에 대한 예결산 내역이나 정확한 관람객 수, 입장권 및 무료입장권 발행 규모 등 도시축전의 평가와 관련된 모든 데이터들이 전혀 공개되지 않고 있다. 인천세계도시축전이 남기게 될 후과와 상처는 고스란히 인천시민이 감당해야 한다. 안상수 시장의 자화자찬으로 끝낼 일이 아니라 모든 자료를 공개한 바탕 위에서 인천시민이 냉정하게 평가해야 한다. 인천세계도시축전에 대한 엄정한 평가가 이루어지지 않는다면 2014년 아시안게임을 통해서 우리는 다시 한 번 거대한 스펙터클 문화이벤트에 기만당하고 말 것이기 때문이다.

3. 삶의 문화를 죽이는 역세권 도시재정비촉진사업의 파탄

한편 인천세계도시축전은 인천의 미래비전에 대해서도 다시 한 번 숙고하게 만들었다. 인천의 도시비전을 상하이, 요코하마와 견주는 거대도시담론, 즉 지구도시화 전략이 과연 타당한 것인지 깊이 있게 검토해야 할 과제를 던져준 것이다. 이와 관련하여 2기 안상수 시장이 메가 개발 프로젝트로 인천 구도심지역에 동시다발적으로 추진한 인천도시재생사업의 목적과 추진과정을 냉정하게 살펴보는 것은 인천의 미래비전을 재구함에 있어 반드시 검토해야 할 사안이다.

인천도시재생사업은 안상수 시장이 재선에 성공하면서 경제자유구역 개발과 함께 쌍두마차격으로 새롭게 내세웠던 대표 공약이었다. 경제자유구역 개발로 인해 상대적으로 소외를 받아온 인천의 구도심 지역을 지역 균형발전의 측면에서 재생시키겠다는 것이 공약의 핵심이었다. 인천시는 2005년 1월 '지역 균형발전 전략 기본구상'을 확정하고 가정오거리 뉴타운 개발 등 도시재생사업 24건, 군·구 균형발전 사업 56건, 시민편익시설 확충사업 424건 등 총 504건의 지역균형 발전사업을 관리해 왔다. 재선에 성공한 안상수 시장이 취임한 직후 인천시는 도시균형 발전사업을 체계적으로 추진하기 위해 전국 최초로 '도시균형발전 기본계획'을 수립하고 도시재생사업본부 설립도 검토키로 했다. 인천시는 2007년 2월 8억 원을 들여 '인천도시균형발전 기본계획' 수립용역을 발주하는 한편, 2006년 7월 시행에 들어간 '도시재정비촉진을 위한 특별법'에 맞춰 관련조례를 정비하여 '도시재생과 균형발전 지원에 관한 조례'를 제정할 것이라고 밝혔다. '도시재정비 촉진을 위한 특별법'은 도시재정비 사업지구 범위를 확대하고 절차를 간소화하며 용적률 완화, 금융 및 세제지원을 할 수 있도록 한 것을 적극 활용하여 동시다발적인 도시재생사업에 착수한 것이다.[9]

그러나 이는 서구와 일본의 선진 모델로 시작된 '도시재생사업'과는 그

---

9) 「시, 도시균형발전 전략 세운다」, 『인천신문』, 2006. 9. 29.

발상이나 절차, 목적이 크게 달랐다. 특히 인천발전연구원이 2004년 국제
심포지엄 등을 통해 집중적으로 검토했던 인천 도시재생사업의 본질은
온데간데없이 그 껍데기만 모방한 것이다. 일본의 도시재생사업은 주역주
민, 전문가, 행정의 3자가 협의체를 구성하여 도시재생사업의 구상과 계
획을 입안하는 긴 과정 그 자체이다. 그러나 인천시의 도시재생사업은
행정이 일방적으로 계획하고 입안하여, 서울의 뉴타운 개발을 더 크게
동시다발적으로 전개하는 막가파식 개발사업으로 변질되었다.

　인천시와 새로 급조된 조직인 도시재생국에 의해 변질된 도시재생사업
은 가정오거리와 도화지구에서 먼저 시도되었다. 경인고속도로의 직선화
와 함께 국제금융 허브 구축을 표방하며 추진된 가정오거리 도시재생사
업과, 인천대의 송도 이전에 따른 도화지구 도시재생사업은 그러나 치밀
한 계획과 예산, 사업주체의 역량 및 관련기관과의 협조에 대한 세밀한
검토도 없이 아이디어 차원에서 추진되어 지금까지도 여러 난관에 봉착
해 있다. 한국주택공사와 인천시가 공동 시행사로 나선 가정오거리 사업
은 수년간 보상 문제로 홍역을 앓더니 시행사였던 주공이 LH공사에 통합
되면서 과도한 부채로 인해 사업을 포기할 형편에 이르렀다. 도화지구
도시재생사업은 인천대 송도 이전과 대단위 도시개발사업을 맞바꿔 추진
한 것인데, 사업의 개발이익을 담보로 한 PF대출이 끝내 이루어지지 않아
서 결국 2009년에 인천시에 의해 계약이 일방적으로 해지되고 법적 소송
에 휘말리게 되었다. 이미 부채가 4조 원을 훌쩍 넘어선 인천시 도시개발
공사가 이 사업을 독자적으로 할 수밖에 없는 딜레마에 처하게 된 것이다.

　안상수 시장의 변질된 도시재생사업의 무모함은 경인철도 역세권 및
가좌IC 지구를 대상으로 한 '재정비 촉진사업'에서 적나라하게 드러났
다. 2006년에 입법된 '재정비촉진특별법'에 의해 추진되는 이 사업은 여

러 개발법 중에서도 나지가 50% 이상인 곳에만 적용할 수 있는 '도시개발법'을 적용하여 인천의 서민들이 모여 사는 구도심 지역을 강제수용, 전면 철거하는, 저돌적인 개발사업방식인 것이다. 겉으로는 공영개발이지만, 부지만 공공이 확보하고 막대한 개발은 민간이 나눠 먹는, 속임수 공영개발인 것이다. 사업의 본질이 이렇다 보니, 인천의 대표적인 역사문화지구로 알려진 배다리 지역이 포함된 소위 '동인천역 주변 재정비촉진사업'은 31만 247㎡의 개발사업지에서 단 두 채의 건물만 남긴 채 전면 철거하는 몰상식한 개발이 강요되었다.

인천시가 추진하는 막개발 도시재생사업의 실상을 서서히 알게 된 해당지역 주민들이 2008년부터 서서히 뭉쳐 일어나 2009년에 들어 재촉지구별 공청회를 차례로 무산시키면서 연대하여 저항해 나서기 시작하였다. 이들은 도시재생사업의 본질이 원주민의 정착과 이주를 우선적으로 배려하는 것이 아니라, '세계 10대 명품도시'를 선전하는 인천시와 토건족들만을 위한 원주민 교체사업임을 온몸으로 느끼며 이에 저항하기 시작하였다. 이에 따라 제물포역세권 지구, 인천역세권지구, 가좌IC지구의 공청회가 주민 반대로 무산되는 사태가 발생하였다. 한편 배다리 지역이 포함된 '동인천역 주변 재정비촉진지구'도 배다리 시민모임과 배다리 주민·상가대책위를 중심으로 반대운동에 돌입하면서 다른 지역 주민대책위와 연대활동에 돌입하였다.

2009년 9월 17일 제물포주민비상대책위원회, 인천역세권주민비상대책위원회, 그리고 배다리를 가꾸는 인천시민모임이 연합하여 "인천시는 原거주민을 내몰고 개발·투기자본만 살찌우는 재정비촉진계획을 원점에서 재검토하라!"라는 제목 아래 기자회견을 진행하였다. 3개 대책위는 연이어 9월 22일 2009년 인천광역시가 언론사에 배포한 보도자료에 대

〈그림 4〉 도화지구 도시재생사업 조감도

한 분석 및 반박논평 "인천시 재정비촉진계획, 이래서 문제다!"라는 글을
발표하였다. 이에 대하여 인천시는 보도자료를 통해 "인천시는 현재 진
행 중인 인천역, 동인천역, 제물포 역세권, 도화구역, 가좌IC주변, 가정
오거리 주변, 숭의 운동장 주변 도시재생사업지역에 기반시설을 2014년
까지 완료하여 신·구도심 간 균형 있는 개발을 통해 인천시를 명품도시
로 건설할 계획"이라고 거듭 발표하였다. 허나 이런 추상적인 주장에 대
하여 3개 주민대책위는 구체적인 사업비 조달 방안 및 시기 불명, 획일적
인 고층 아파트 위주의 강제수용, 동시막개발, 지역주민들을 전면개발로
내몰고 건설자본과 투기자본, 부동산족만을 위한 개발의 난장이라는 이
유로 비판하고 나섰다.

도시재생사업지구의 12개 지역주민대책위들은 연합체로 '삶의 자리'
라는 시민단체를 발족시키고 조직적인 저항에 나섰다. 2009년 10월 8일

"인천시의 무책임한 도시재생사업 강행을 규탄한다! 현재의 막가파식 재정비 촉진사업을 즉각 중단하라!"라는 제목 아래, 아래와 같은 요지의 기자회견문을 발표하였다.

> 현재 인천시 도시재생국에 의해 추진되고 있는 재정비촉진계획은 275만 인천시민의 행복을 저당 잡히고 소수의 자산가들과 개발·투기자본의 배를 불리기 위해 강요되고 있다. 따라서 우리 12개 공동대책위원회는 인천 재정비 촉진계획을 근본에서 재검토할 것을 거듭 촉구하는 바이다. 우리의 이러한 정당한 요구가 받아들여지지 않고 강행된다면, 우리는 안상수 시장 체제 아래 추진되어 왔던 인천도시재생사업의 야만적 폭력성에 대하여 지역주민 및 전국의 시민사회와 연대하여 강력히 투쟁할 것이다. 그리하여 "도시는 삶의 자리"라는 소박하면서도 상식적인 진리가 실현될 수 있도록 노력할 것이다. 나아가 우리는 도시의 주인인 원주민들이 그들의 안락한 보금자리를 지키고 가꾸는 합리적인 도시철학과 이를 뒷받침하는 도시계획에 의하여, 후손들에게 역사와 문화와 환경이 조화를 이루는 아름다운 도시를 물려주기 위해 함께 연대하고 대안을 모색해 나갈 것이다.

주민들의 반발이 거세지고 재정비 촉진계획의 무모함이 언론을 통해 널리 확산되었으며, 아울러 제물포지구를 시작으로 가좌IC지구의 공청회까지 무산되고 가장 손쉽게 여겼던 동인천역 주변 재촉지구의 공청회마저 이들의 연대활동을 통해 10월 22일 무산되자, 안상수 시장은 갑자기 공영개발로 추진되는 4개 도시재생사업지구를 대상으로 공영개발에 대한 찬반 여부를 묻는 주민전수조사를 실시하겠다고 밝혔다. 이에 따라 인천시는 2009년 11월 16일부터 30일까지 주민 전수조사를 벌였다. 안상수 인천시장이 12월 28일에 기자회견을 열어 인천 재정비 촉진지구 주민 전수조사에 대한 결과를 발표하고 이를 근거로 하여 수년을 끌어왔던 재정비 촉진지구 사업에 대한 전면적인 재검토 결정을 발표하였다.
4곳의 재촉지구에 대한 주민 전수조사 결과 회수율이 전체적으로 48.8%
에 그쳤을 뿐만 아니라 찬성률이 불과 35.8%에 불과하고 공영개발 반대
표명이 63.2%로 나타났다. 안상수 시장은 공영개발 반대표가 많이 나온
가좌IC주변(82.%)과 인천역주변(75.3%) 지역은 공영개발 사업방식을 변
경하고, 회수율이 37.4%에 그친 제물포 역세권 지구는 반대가 54.1%임
에도 불구하고 사업규모, 방식 등에 대해 주민들과 협의하여 추후 결정
하며, 회수율이 과반수에도 미치지 못했지만 상대적으로 찬성률이 많이
나왔다는 것을 근거로 동인천 역세권은 계획대로 추진하겠다고 밝혔다.

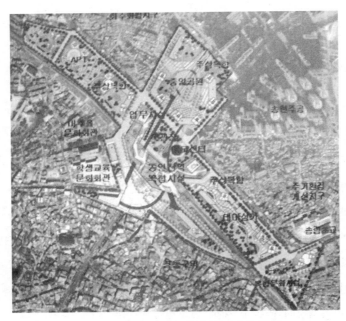

〈그림 5〉 동인천역 주변 재정비촉진계획 구상도

그러나 안상수 인천시장은 첫 단추부터 잘못 끼워진 이 사업에 대한 통렬한 반성 및 사과는 생략한 채, 잘못된 사업의 철회를 주민들의 전수조사 결과를 근거로 철회하였다. 안 시장이 이러한 선택을 하게 된 배경에는 몇 가지 현실적, 정치적 요인이 작용한 듯하다. 첫째, PF 공모방식 재생사업의 한계상황에 기인한 것이다. 애초 인천시가 재생사업을 입안할 당시와는 달리 PF공모에 의한 SPC사업은, 사업추진이 중단된 도화지구와 숭의운동장 재생지구의 사례에서 볼 수 있듯이, 실현가능성이 없는 것으로 입증되었다. 둘째, 안상수 시장의 독선적 추진과 도시재생국 행정의 무계획, 무능력이 한계상황에 처했기 때문이다. 재정비 촉진사업에 착수한 지 3년 가까이 끌어왔으나 행정의 무계획, 무능력과 재원 마련 대책도 없이 비민주적으로 추진해 온 결과 가좌IC 주변과 제물포 역세권부터 만 3년이 도래하여 지구지정이 해제될 상황에 내몰렸기 때문이다. 결국 안상수 시장은 이들 지구의 해제지시와 함께 도시재생국을 폐지하기에 이르렀다. 마지막으로, 2010 지방선거를 앞두고 정치적 부담을 피하기 위함이다. 2010년 지방자치제 선거가 임박하였음에도 불구하고 사업은 지지부진하고 무모한 공영개발에 반대하는 여론이 비등하자, 실현가능성이 없는 도시재생사업을 주민 전수조사 결과를 이유로 포기하는 수순을 밟은 것이다.

안상수 시장은 비록 2개 지구는 지구지정을 해제하고 제물포지구는 보류하였지만, 주민들이 민영개발을 제안하거나 공영개발을 원한다면 추진하겠다는 정책기조는 유지하였다. 뿐만 아니라 회수율이 50%에도 미치지 못한 동인천 역세권은 상대적으로 찬성률이 높다는 이유로 계속 추진하겠다고 밝혔다. 그러나 안상수 시장이 말한 '공영개발'이란 엄밀히 따지면 지구지정만 공영방식으로 하고 실제 개발사업은 민간자본에 맡기

〈그림 6〉 제물포 역세권 재정비촉진지구 조감도

는 '껍데기 공영개발'일 뿐이다. 주민들의 재정착과 이주 대책 및 보상
재원조차 마련하지 않은 '껍데기 공영개발' 사업이다 보니 이러한 사업방
식에 대해 2/3 가까운 주민들이 반대의사를 분명히 표명하였을 뿐만 아니
라 특히 현지에 거주하는 소유자들까지 반대 의견을 제출하게 된 것이다.
2010년 들어 동인천 역세권 지역에서도 배다리 관통 산업도로를 반대해
왔던 배다리 지역과, 추가로 동인천 재촉지구에 편입된 만석·화수지구가
제척 요구를 하자 인천시는 이마저 수용하면서 어떻게든 동인천 역세권
지구만은 도시재생사업 공약의 실현 사례로 남겨두려 고심하였다. 무엇
보다 인천시가 의기양양하게 도시재생국을 수립한 지 불과 3년여 만에
도시재생국을 폐지한다고 밝힌 것은, 그야말로 인천시 스스로 도시재생
사업의 실패를 전면적으로 인정한 꼴이다. 뿐만 아니라 도시재생국의
폐지는 이미 인천시 내부적으로도 그간 추진해 왔던 4곳의 도시재생사업
이 실현가능성이 없었다는 판단을 내린 상태였음을 여실히 보여주는 것

강제수용 저지 및 참개발 쟁취를 위한 인천도시재생지구 주민연합결의대회
●일 시 : 2009. 11. 18(수) 오후 2-4시 ●장 소 : 인천시청 앞 미래광장

〈그림 7〉 도시재생사업 반대 주민결의대회 포스터

이다. 이와 같이 잘못된 사업을 추진해서 지난 3년간 각 지역의 주민들을 고통 속에 몰아넣었던 인천시와 안상수 시장은 다시 한 번 인천시민과 해당 지역 주민들에게 정중히 사과해야 하나 그러지 않았다.

2010년 지방자치제 선거에 나서는 정치인은 이제 도시의 역사와 삶의 문화를 말살하는 막개발을 도시재생사업이라는 이름으로 호도하는 잘못된 우를 범해서는 결코 안 된다. 4곳의 재정비촉진지구마다 중심광장 양옆으로 쌍둥이 빌딩을 세우고 주상복합 아파트만을 가득 채워 넣는 천편일률적인 도시재생사업의 잘못된 발상은 인천을 비롯한 여타의 도시에서도 다시 반복되어서는 안 된다. 비록 시일이 걸릴지라도 〈지역주민-각 분야 전문가-행정〉 3자가 깊이 있게 토론하고 거기에서 계획안을 도출하는 선진적인 도시계획방식을 도입하여 각각의 도시공간의 특성에 걸맞은 다양한 방식의 도시 르네상스 사업방식을 창안해야 할 것이다.

뿐만 아니라 무려 인천의 212개 지역을 도시정비구역으로 지정한 무모한
도시재개발을 지양하고, 도시의 정주자인 사람과 문화를 가꾸고 보존하
는 새로운 방식의 창발적이면서도 대안적인 도시개발 방식을 새로운 공
약으로 제시해야 할 것이다.

4. 도시의 미래를 결정할 지방선거

안상수 시장 체제 아래 저돌적으로 추진되고 있는 적나라한 개발의
욕망은 도시계획의 가장 밑그림에 해당하는 '2025인천도시기본계획(안)'
에 너무나 끔찍하게 반영되었다. 지난 2005년에 건교부의 최종 승인을
거친 '2020인천도시기본계획'이 최종 확정된 지 불과 2년 만에 인천시는
2014년 아시안게임 개최를 빌미로 인천도시기본계획의 재수립을 추진
해 왔다. '2020인천도시기본계획'을 수립할 당시 인천의 시민사회가 〈시
민사회단체 공동의견서〉를 제출하면서 도시철학의 빈곤과 과대한 개발
욕망을 우려한 바 있지만, 인천시는 끝내 350만 명을 목표로 하는 도시
기본계획을 밀어붙이자 결국 건교부 중앙도시계획위원에서 310만 명으
로 축소하도록 결정하는 등 우여곡절을 거친 바 있다.

그런데 어느 용역회사에서 작성했는지는 몰라도 '2025인천도시기본
계획(안)'은 무려 2025년의 계획인구를 400만 명으로 늘려 잡았다. 2010
년 현재의 인천광역시 인구가 285만 명 정도인데 불과 15년 만에 125만
명의 인구를 유입한다는 이 인구목표에서 알 수 있듯이, '2025인천도시
기본계획(안)'은 인천시가 추진하려는 모든 계발계획이 전면적으로 반영
된 것으로, '도시기본계획'이 아닌 '2025인천개발계획청사진'이나 다름

없다. '2025인천도시기본계획(안)'에 첫머리에 밝힌 계획의 배경 및 목적을 보면 그야말로 어울리지 않는 문구들이 마구 혼합되어 있다. 대내외적 여건 변화로 "세계도시축전, 2014아시안게임 개최, 그리고 세계 10대 도시로 부상" 등을 담고 있는데, 대학생들의 보고서에도 이런 식으로 기술하지는 않을 것이다. 더 실소를 금치 못할 건, "도시공간 구조의 변화"로 내세운 "대규모 개발사업, 교통체계의 변화, 도시재생사업 및 도시균형발전 계획"과 "21c 시대적 패러다임"으로 기술한 "삶의 질 제고, 저탄소 녹색성장, 역사성과 다양성 존중, 지속가능한 발전"이 전혀 어울리지 않는다는 점이다.

  이미 수년 전 인구수에 있어서 대구를 제치고 3대 도시에 오른 인천시는 안상수 시장을 중심으로 한 강력한 성장연합(growth coalition)과 토건동맹(construction coalition) 세력에 의해 거침없이 개발주의로 질주해 왔다. 급기야 인천세계도시축전 개최를 전후하여 인천시는 '명품도시'를 운운하기 시작하더니 어느덧 최근에는 본격적으로 "세계 10대 도시"를 공공연한 목표로 공표하고 나섰다. 신자유주의에 편승한 안상수 시장의 공약은 위에서 거명한 것 외에도 크게 작은 도시건축적 차원의 논란들을 연이어 야기하였다. 정명훈이라는 명망 높은 음악가의 이름 앞에 수백억 원을 투자하는 '인천아트센터' 건설사업이 공약으로 제시되어 오랫동안 논란을 거듭해 왔는데, 번듯한 시립미술관조차 없음에도 불구하고 인천시에서 또 다시 일랑 이종상 화백의 작품을 기증받는 조건으로 가칭 '인천시립 일랑미술관'을 건립하는 양해각서(MOU)를 일방적으로 체결하려 했다. 이에 진보와 보수를 아우르는 인천 문화계가 나서 조직적인 반대운동을 전개, 결국 선거철에 임박하여 양해각서를 철회하는 해프닝을 벌이기도 하였다. (재)인천문화재단의 독립성과 이를 뒷받침하는 시조례에 규정된

1,000억 원 기금조성 문제는 해마다 반복되는 문화이슈 가운데 하나이며, 인천 내항의 친수공간화를 둘러싸고 인천시가 일방적으로 민간기업과 양해각서를 체결하여 주상복합건물을 비롯한 개발계획을 입안한 것 또한 지역사회에 커다란 논란만 제공했다.

이처럼 정치권력의 성과주의 행정과 신자유주의의 흐름을 틈탄 자본의 투기적 확장 속에서 전면적인 '신개발주의의 발호'에 갈등했던 것이 지난 민선 4기 인천 지역정치의 현실이었다. 바깥에서 볼 때는, 인천시가 흔히 인용하는 것처럼, "인천이 부럽다"는 질시어린 시선이 적지 않을지 모르나 지금 인천 내에서는 그야말로 아비규환과도 같은 도시문제의 난맥상을 노정하면서 신자유주의 개발 이데올로기가 횡행하는 가운데, 도시의 역사와 현재, 그리고 미래를 깊이 사색하는 인문학적 성찰을 좀체 자리를 잡기 어려운 형편이다.

그러나 이것이 비단 인천만이 처한 현실이라고는 생각되지 않는다. 2002년 아시안게임을 치르면서 대대적인 도시개발에 착수했던 부산도 그렇거니와 살벌한 신자유주의의 도시경쟁에서 뒤처지지 않기 위해 모든 대한민국의 도시들이 지금 쉽사리 단기적으로 성과를 드러낼 수 있는 '삽질 이데올로기'에 현혹되고 있다. 이럴 때일수록 시민사회에서 보다 차분하면서도 총합적인 대응을 모색해야 할 때이다. 그리고 이러한 각 지역, 도시들의 고민과 경험들을 함께 공유하는 연대활동이 절실할 터이다. 그러한 활동의 가장 중요한 순간이 우리 앞에 다가왔다. 2010년 6·2지방선거는 비단 인천뿐만 아니라 대한민국의 도시들이 개발의 유혹 앞에서 어떤 미래를 선택할 것인지를 결정할 순금의 시간대이다.

인천 지방정부의 '창조성' 오·남용과 시민문화주체의 대응

1. 창조도시의 두 얼굴

creativity의 사전적 의미는 "사고하고 문제를 해결하는 데 있어서 독창성에 의해 특징지어지는 지능의 측면"(네이버 사회학사전) 또는 "새롭고, 독창적이고, 유용한 것을 만들어 내는 능력" 또는 "전통적인 사고방식을 벗어나서 새로운 관계를 창출하거나, 비일상적인 아이디어를 산출하는 능력"(네이버 교육심리학 용어사전)을 말한다. 이를 종합하면 "기존에 없던, 그 누구도 생각지 못했던 사고와 방법으로 유·무형의 긴요한 어떤 것을 만들어 내는 능력"이라고 말할 수 있겠다.

이런 특성이 있는 관계로 creativity가 가장 많이 적용되는 곳은 다름 아닌 예술 영역이다. 예술에 있어서 creativity는 존재 조건이다. creativity가 없다면 그것은 예술이 아니거나 죽은 예술이다. 왜냐하면 예술은 주어

* 필자 : 민운기

진 세계와 현실은 물론 그 자신을 비판적으로 바라보는 가운데 또 다른
세계를 열망하는 실천의 측면을 포함하고 있는데, 이를 creativity가 담당
하고 있기 때문이다. 그리고 여기에서의 creativity는 기존의 관습화된
삶과 사회, 세상에 순응하는 것이 아닌, 거리를 둔 가운데 또 다른 가능성
을 타진하고 구체화시키는 변혁의 원동력으로 작용한다.

따라서 creativity가 뛰어난 예술 작품은 많은 찬사 속에 그 만큼의
가치를 얻게 된다. 물론 시대를 앞선 이유로 해당 시기에 그렇지 못한
평가나 대접을 받는 경우도 있지만 결국에는 말이다. 그런데 이러한
creativity의 '근본적' 성격을 일관성 있게 유지하는 일은 쉽지 않다. 이
를테면 그것이 특정한 영역이나 형식에 머무르는 가운데 또 하나의 고급
브랜드 '상품'으로 거래되면서 오히려 그것이 극복하고자 했던 기존 시스
템에 기여하는 경우도 있기 때문이다. 이럴 경우 creativity는 애초의
성격을 잃어버리고 특정 프레임에 갇힌 하나의 기표로 전락하게 된다.

그러한 면에서 보자면 creativity 그 자체가 아무리 순수하거나 긍정
적이라고 하더라도 누가 어떤 목적으로 활용하느냐에 따라 그 성격은
달라질 수 있음에 주목할 필요가 있다. 따라서 이를 어떻게 바람직한 방
향으로 지속시킬 수 있는가는 매우 중요한 과제라고 생각한다. 특히 이
를 강조하고 내세우는 당사자들의 경우 이를 끝까지 지켜낼 수 있는 태도
와 의지가 필요하다.

그런데 creativity는 예술 영역만이 아닌, 도시 정책 및 사업에 있어서도
근래에 많이 접목되고 있어서 그 성격과 실천적 함의를 두고 복잡한 양상으
로 전개되고 있다. 특히 '창조도시' 담론은 이를 비중 있는 요소로 수용하고
있다. 그러나 같은 창조도시를 표방하더라도 그 개념 설정이 다르고 이에
따른 방향성 및 진행 방법과 과정도 전혀 다르게 드러나고 있다.

세계 도처의 각 도시가 산업구조 재편에 따라 위기에 처하거나 쇠퇴하는 상황 속에서 이를 되살리려는 노력의 일환으로 지역 고유의 역사 문화 자산을 중시하고, 도시의 구성원들이 지닌 경험과 지혜를 발휘할 수 있도록 하는 가운데 그 성과를 공유하면서 자립적인 생활 기반을 마련하고자 하는 창조도시 본래의 성격에 가까운 경우가 있는가 하면, 오로지 경제적 효용성의 관점에서 고용과 세수 확보를 위해 기업 친화적인 도시 정책을 펼쳐온 그간의 방식을 되풀이하고 있는 무늬만 창조도시인 경우도 볼 수 있다.

그리고 그 속에서 문화를 포함한 예술은 둘 다 중요하게 도입되고 있는데, 앞서 이야기한 예술에 있어서의 creativity을 전자의 경우 다음과 같은 관점에서 도시 정책과 운영에 접목시키고 있다.

> 예술에는 행동과 사상을 규정하는 낡은 틀에 대한 불만과 불안의 에너지를 표현하는 동시에, 그 에너지를 육성하여 사회의 소리를 만들려는 꿈이 함축되어 있다. 예술의 창조적 파괴라는 요소가 도시의 창조성을 북돋우는 것이다.[1]

예술가들 또한 주어진 영역 내에서의 한정적인 역할에 머물지 않고 "그들의 창조성을 도시 창생의 원동력으로 활용"[2]하고 있다.

> 예술가의 창조적 발상이 기존과는 다른 새로운 가치관과 방식을 제시하고, 그 새로움을 토대로 사회의 존재양상 그 자체를 변혁시키는 이노베이

---

1) 강형기, 「도시창생의 문화전략과 창조도시」, 인천광역시 남구와 연수구 주최 〈창조도시 전략 토론회〉 기조발제, 2010. 10. 15.
2) 같은 글.

션을 가져오는 것이다.3)

그러나 후자의 경우에는 이를 단지 도시를 구성하는 콘텐츠나 볼거리로 채워 도시 홍보의 수단으로 활용하려는 모습을 많이 보게 된다. 필자가 있는 대한민국 인천광역시와 일부 기초자치단체가 이에 해당한다.

이에 필자는 이들 지방정부가 내세우는 creativity를 포함한 그럴듯한 도시브랜드 및 사업 명칭과 그 구체적 추진 내용들을 살펴보며 그것이 어떻게 왜곡되어 사용되고 있는지를, 그리고 그 속에서 문화와 예술은 어떻게 활용되고 있으며 이의 당사자격인 예술인들을 포함한 시민문화 주체들은 이에 어떻게 대응하고 있는지를 소개해보고자 한다.

이를 통해 본질을 숨기고 그럴듯한 수사와 이미지로 포장하는 그들의 이데올로기적 전략에 말려들지 않고, 곳곳에서 진행되고 있는 도시 개발 또는 재생 정책 및 사업에 대한 냉정한 평가와 더불어, 바람직한 도시4)를 이루기 위한 적극적이고도 확대된 예술 활동을 모색하기 위한 기회로 삼고자 한다.

2. '창조도시' 인천경제자유구역(IFEZ)

대한민국 정부가 지난 1995년 지방자치제를 본격 도입, 도시경쟁력이 우선시되면서 그 동안 서울의 위성도시로서의 역할에 머물고 있던 인천

---

3) 같은 글.
4) 여기에는 창조도시를 포함한 인문도시, 포용도시, 지속가능도시, 생태도시 등 모두 포함될 수 있겠다.

은 바다를 접한 지리적 이점을 신성장동력으로 활용하기 위해 초대형 개발 프로젝트를 계획하였는데, 다름 아닌 경제자유구역 조성 사업이다. 앞서서 이를 도입, 추진하고 있는 아랍에미레이트의 두바이나 중국의 상해가 상전벽해처럼 변화하고 있는 모습에 자극을 받은 인천시는 바닷가 해안 및 섬과 섬 사이를 매립하여 조성할 송도-청라-영종 3곳을 2003년 8월 국내 최초로 지정 고시 받아 본격적으로 시작하게 되었다.

주지하다시피 경제자유구역은 "신자유주의 흐름 속에서 외국 자본을 유인하기 위해 행정의 간소화와 세제상의 혜택을 주는 것에 그치지 않고, 그들이 이곳에서 마음대로 경제생활을 해나갈 수 있도록 노동시장의 유연화뿐만 아니라 의료, 교육, 환경, 문화를 비롯한 모든 여건들을 그들의 구미에 맞게 개방"[5]하려는 곳이다. 결국 글로벌 자본에 의한, 자본을 위한, 자본의 구역인 것이다. 그러나 10여 년이 흐른 지금 이마저도 애초의 계획대로 되지 않고 외국 자본 유치보다는 아파트 건축을 통한 또하나의 신도시 건설로 변질되고 있는 형국이다.

그럼에도 불구하고 인천시와 경제자유구역청은 이곳을 '창조도시'라고 홍보하고 있는데, 이의 본래의 성격과는 정반대의 모습을 보여주고 있다. 특히 '송도신도시' 경우 기존의 자연환경을 잘 보존하고 활용하는 방식이 아닌, 천연 갯벌을 메우며 파괴함은 물론 이곳을 터전으로 살아온 수많은 어민들의 생존권이 걸려 있는 땅을 헐값에 매입하여 부동산 투기꾼들에게 되파는 파렴치한 일을 저지르기도 하였다.

또한 예술적 접근으로 이의 creativity을 도시 계획과 운영에 접목시키기보다는 앞서 이야기한 바와 같이 도시를 구성하는 콘텐츠나 볼거리로

---

5) 이희환, 「광역도시 인천의 문화권역과 자원」, 『한 권으로 읽는 인천』, 인천발전연구원, 2006.

채워 도시 홍보의 수단으로 활용하기 위해서나 투자 환경 차원에서 도입하고 있다. 한국 출신의 유명 지휘자에게 오케스트라 공연을 맡기기 위해 콘서트홀과 오페라하우스를 포함하는 송도아트센터 건립을 추진했(으나 여러 문제로 진행이 더디)고, 트라이볼이라는 독특한 건물을 볼거리 차원에서 지어놓고선 이렇다 할 활용을 못하고 있다가 몇 년 전부터 공연장으로 사용하고 있으나 바깥을 향한 문제의식과 개입은 차단되어 있으며, 모든 것이 이 도시의 자산가치를 높이기 위한 수단으로 활용되고 있다.

이러한 상황에서 지역 내 문화 기관이나 예술 주체들도 이러한 문제의식을 지니지 못한 채 자기 사업이나 개인 활동에 머물러 있는 형국이다. 다만 시각예술 영역 일부에서 이렇게 개개인의 자발성은 용납되지 않은 철저한 계획도시이자 인공도시이며 메트릭스화된 도시에 대한 비평적 접근이 시도된 적이 있을 뿐이다. 현재 이곳은 모든 것이 자본의 논리와 욕망으로 이루어지고 운영되는 기업도시의 전형을 보여주고 있다.

> 이른바 '오피니언 리더'라는 표현으로 인천을 뒤에서 좌지우지하는 사람들, 그리고 지방 정치인들. 그러니까 지역의 패권, 지역의 성장 연합, 지역의 개발, 그 개발로 인한 이익의 복류[6] 메커니즘에 참여하고자 하는 사람들, 이런 사람들이 주로 기업의 이윤 추구 활동을 제도적으로, 정책적으로 지원하는 것을 최우선시하여 외국자본이 많이 들어오게끔 혈세를 활용해서 지원정책과 우대정책을 하는 것을 고래고래 강조해서 이를 통해 담보되는 기업의 자본축적을 우리 인천의 발전의 원동력으로 인식하는 그런 도시를 기업주의적 도시라고 합니다.[7]

---

6) 어떤 일이 겉으로 드러나지 않은 채 진행됨을 비유적으로 이르는 말.
7) 양준호(인천대 교수) 〈도시권의 관점에서 본 송도국제도시의 파행적 실태 – 기업주의 도시개발의 망상과 진보적 도시운동의 방향〉, 제125차 인천시민사회포럼, 2016. 6. 21.

송도국제도시는 이런 구도심과 신도심 사이의 내부적인 균형 발전과, 지역사회의 여러 약자들을 포용하고 포섭하는 소셜 인크러시브(social inclusive)한 도시전략이 아니라 그들을 철저히 배제하고, 단지 아주 멋지고 럭셔리한 도시브랜드를 높이는, 즉 외부적 측면을 보다 강조하고 있는 프로젝트임을 강조하구요.[8]

3. '세계 일류 명품도시 인천' 속 문화

이같은 인천경제자유구역 조성과 연계된 시기로, 2006년 치른 지방선거에서 재선에 성공한 안상수 민선 4기 인천시정부는 보다 강력하고도 전면화한 개발 드라이브를 걸기 시작했다. 인천시가 지나치게 신도시 중심의 경제자유구역 조성 사업에만 관심을 쏟고 재정을 투입한다는 구도심 주민들의 불만이 팽배해지던 분위기 속에서 이를 '지역균형발전계획'이라는 명분으로, '도시재생'이라는 이름을 내건 도시 재개발 사업을 인천시 전역으로 확대한 것이다.

그러나 이 사업은 겉으로 드러낸 명분이나 이름과는 달리, 개발을 통한 이익 나눠먹기이며, 도시 및 해당 지역의 역사·문화적 정체성은 물론 주민들의 생활생태계를 파괴하고 나아가서는 치솟은 부동산 가격에의 지불조건이 가능한 사람들로 교체시키려는 막가파식 개발사업이었다. 결국 인천시정부가 내세운 '지역균형발전'은 각 공간의 고유한 특성과 가치를 제대로 인정받도록 하는 것이 아닌 땅값의 균형이었으며, '도시재생'은 근대적 생산주의 패러다임이 우선시되면서 망가진 도시공간을 인

---

8) 같은 글.

간적·생태적 환경으로 '다시re-생성시키는generate' 작업이어야 함에
도 불구하고 그나마 남아있던 소시민적 삶의 근거지와 사연들을 일거에
제거시키고 이익의 논리로 재편하는 무시무시한 이름으로 드러났다.

여기에 더하여 안상수 인천시정부는 인천시의 도시브랜드를 'Fly Incheon'
으로 바꾸고, 시정 구호를 "세계 일류 명품도시 인천"으로 정하여 이를
호도하고 포장하는 다각적인 정책과 사업을 벌여나갔다. '명품도시', 얼
핏 들으면 그럴 듯하고 그야말로 품격 있는 도시를 만들 것처럼 비춰지지
만 그것은 이러한 폭력적인 개발 사업을 포장하고 호도하는 이데올로기
적 수사(修辭)였다. 그러나 이것이 무서운 것은 단지 구호로 끝내지 않고
실제로 이를 만들기 위해 온갖 수단과 방법을 가리지 않고 있다는 점이었
다. 그것이 얼마나 전방위적으로 진행되었는지는 다음과 같은 사례를
통해서도 확인할 수 있는데, 이를테면 당시 기존의 시설은 물론 새로 건립
하는 각종 시설 관련 명칭을 '월드'니, '국제'니, '아세안'이니 하며 바꾸거
나 일방적으로 부여하였다. 개인의 습속과 관련하여서도 "국제시민" 운운
하며 표준화된 글로벌 에티켓을 내세워 개인만이 지닌 독특한 언어나
행위마저 간섭하며 특정의 유형으로 획일화시키려 한 적도 있다.[9]

그리고 '명품도시'에 '문화'가 빠질 리 없다. 아니 드디어 본격적으로
문화를 활용한 "명품도시 건설"이 시작되었다. 그리고 그 '명품'은 오랜
역사와 전통의 축적 속에 만들어지는 누구나 인정하는 그런 도시가 아
닌, 명품의 '이미지'들만으로 채워 그럴듯하게 보여주려 하였다.[10] 앞서
소개한 송도아트센터 건립 추진도 그 중의 하나이고, 인천펜타포트페스

티벌, 인천여성미술비엔날레(Incheon Woman's Arts Biennale)도 개최하였
다. 그 외에 구겐하임 미술관 유치, 세계오페라페스티벌을 개최하기도
하였고, 인천불꽃축제를 개최하여 바닷가 밤하늘에 하룻저녁 6억 원 어
치의 조명탄을 쏘아 올리기도 하였다.

이렇게 안상수 인천시정부에 의해 명품도시 건설을 위한 문화의 홍보
수단화 작업이 대대적으로 이어지던 중 이 모두를 종합하고 그 욕망을
극단적으로 보여주는 대규모 문화 이벤트를 계획하였으니, 다름 아닌
2009년 개최한 인천세계도시축전(Global Fair & Festival 2009 Incheon Korea,
이하 '도시축전')이었다.

> "2009인천세계도시축전은 인천만의 행사가 아닌 선진인류국가 건설의
> '新성장동력 엔진'을 가동하는 행사입니다."
> "2009인천세계도시축전은 대한민국의 국가경쟁력 강화를 도시개발모델
> 을 제시하고 해외투자유치의 활성화 계기를 마련하는 행사입니다."
> "2009인천세계도시축전은 미래의 행복한 인류의 삶과 미래도시의 비전
> 을 공유하는 행사입니다.[11]

도시축전은 인천시가 당시 1,400억 원에 이르는 막대한 예산을 투입,
"내일을 밝히다(Lighting Tomorrow)"라는 주제 아래 "80일간의 미래도시
이야기"란 캐치프레이즈를 내걸고 2009년 8월 7일부터 10월 25일까지
송도국제도시 내 미개발된 나대지에 꾸민 행사장을 중심으로 수많은 공
무원과 행정력을 총동원하여 전시(EXHIBITION)와 국제회의(CONFERANCE)
페스티벌(FESTIVAL) 3개의 영역으로 나누어 진행하였다.

---

11) 인천세계도시축전 홈페이지 www.incheonfair.org

그러나 이는 그 동안 벌여놓은 각종 개발 사업을 포장하고, 호도하며, 또 다른 방식으로 시민들의 동의를 끌어내려는 목적으로 공론화 과정과 절차를 밟지 않은 채 일방적으로 추진한 것이었다. 이에 당시 시민사회 단체들은 다소 뒤늦긴 했지만 '도시축전 바로보기 인천시민행동'을 조직하여 감시와 평가 활동을 벌였다.

> "인천세계도시축전은 제국주의시대에 비롯된 박람회의 스펙터클 문화정치학을 고스란히 욕망하고 있다. 그러나 개발주의 시대를 넘어 이미 생태주의적 가치를 지향해가고 있는 세계엑스포의 추세에 비춰본다면 인천세계도시축전은 여전 개발주의 시대의 욕망에 사로잡혀 있다. 무엇보다 인천세계도시축전은 인천에 유일하게 남아있던 갯벌을 대규모로 매립한 인공도시 위에서, "미래도시"라는 이미 박람회의 역사에서는 오래되고 해묵은 주제를 내걸고 개발주의의 화려한 욕망을 스펙터클한 전시장으로 펼쳐 보이려 한 것이다."[12]

당시 필자가 운영하는 스페이스빔에서도 이를 가만히 두고만 볼 수 없어 도시축전 행사 기간에 〈시티-레이 '도시의 속살'〉이라는 안티성 행사를 열었다. 30여 명의 작가가 참여하여 인천시 곳곳을 발로 뛰며 작품화한 전시를 통해 도시축전 행사가 지닌 개발 호도 및 장밋빛 청사진이 지닌 허구성을 폭로하고, '투시', '진단', '치유' 세 가지의 소주제를 통해 X-Ray로 신체를 투시하듯 도시를 제대로 들여다보고 그 안에 무엇이 건강하고 무엇이 곪았는지 확인을 하여 좋은 것은 살려나가고 그렇지 못한 것은 개선해 나가는 바람직한 방향성을 제시하고자 하였다.

---

12) 이희환, 「'2009인천세계도시축전'의 전반적 평가와 남은 과제들」, '도시축전바로보기 인천시민행동' 주최 〈인천세계도시축전 대시민평가토론회〉 자료집, 2009. 11. 5.

4. '역사문화 중심도시! 비상하는 관광중구!'

그럼에도 불구하고 멈출 줄을 모르고 기세등등하게 달려왔던 안상수 시장은 스스로 벌여놓은 동시다발적 개발 및 이에 따른 피로감과, 도시 축전 같은 이벤트성 사업으로 재정 위기를 초래하는 등 자기 발목을 잡고 2010년 6월 실시된 민선5기 인천광역시장 선거에서 경쟁자인 송영길 후보에게 자리를 내주고 결국 물러났다.[13]

그러나 송영길 인천시정부 또한 시민들의 기대와는 달리 '대한민국의 심장 경제수도 인천'이라는 시정 구호를 내걸고 모든 것을 경제적 관점에서 생각하고 접근하였다. 그러다보니 경제를 위해서는 카지노 시설 유치도 불사하는 소신 있는 태도를 보였다. 그리고 '문화'를 도시 홍보를 위한 수단으로 활용하던 전임 시장과는 달리 아예 관심 자체가 사라졌다.

그러나 이와는 또 다른 차원에서 해당 권역이 지니고 있는 근대 역사 문화유산에 눈을 뜨고 이를 활용한 관광 사업에 뛰어든 곳이 있었으니 다름 아닌 인천시 중구이다. 지방자치제가 실시된 이후 몇 차례의 자치 단체장 교체가 있었지만 중간에 한 번의 공백기를 가진 김홍섭 구청장이 지난 2014년 지방선거에서 또 다시 승리, 3선을 하며 막강한 영향력 속에 "역사문화 중심도시! 비상하는 관광중구!"라는 브랜드명을 내걸고 이를 주도하고 있다.

그런데 개념과 철학 없는 도시 및 관광 정책에 기반을 두고 오로지 경제적인 잣대만을 내세워 접근하다 보니 중구가 지닌 개항장의 역사 문화 정체성을 제대로 살려내지 못하고 오히려 왜곡 및 변질시키고 있다. 구체적으로 월미관광특구(2001) 및 개항장 문화지구(2010) 지정과 더

---

13) 민운기, 「인천광역시 도시문화정책을 되돌아본다」, 294쪽.

불어 중구청 담벼락과 보도처럼 위압적인 홍보시설물을 비롯, 옛 청관의 울긋불긋한 삼국지와 초한지 벽화 및 공자상, 왕희지상, 옛 일본 조계지 건물 외벽의 일본풍 장식 작업과 그 앞의 복고양이 조형물과 인력거 등 역사적 근거와 맥락이 없는 짝퉁 시설물과 장식물을 설치하며 이곳에 대한 진정한 이해와 체험을 가로막고 경박한 '눈요기' 차원으로 전락시키는 우를 범하고 있다.

문제는 이렇게 짝퉁 거리와 장소를 만들어놓았는데 그것이 통한다는 사실이다. 이렇게 '꾸며놓고' 갖은 축제를 벌이며 대대적인 홍보에 나서자 중구 개항장 일대는 주말이 되면 곳곳에서 찾아와 이를 즐기는 사람들로 붐빈다. 이를 보고 사업 시행자인 중구는 성공했다며 자축을 하고 여기에서 자신감을 얻은 이후 중구청장은 이러한 방식의 사업을 더 확장시킬 계획을 세웠다. 2013년 하반기부터 진행해온 있는 송월동 동화마을 조성 사업이 그것이다.

이곳은 차이나타운과 맞닿은 바로 옆 동네로, 침체해 있었지만 그 나름의 역사와 문화적 특성, 삶의 이야기가 깃들어 있는 곳이다. 그러나 중구청장은 개항장을 찾은 관광객들에게 볼거리도 추가 제공하고, 특히 엄마 아빠와 손잡고 온 어린이들이 좋아할 만한 테마를 찾다가 이를 떠올렸다. 사업 시작 1년도 안 되어 이 마을은 온갖 동화 속 이미지들로 뒤덮여졌다. 당연히 그 이미지 이면의 마을이 지닌 이모저모, 즉 속살들은 감추어져 버렸다. 물론 시행 과정 속에서 일부 주민들의 여러 불만과 문제 제기가 있었음에도 불구하고 사람들이 몰려오고 지역 경제에 도움이 될 것이라는 기대와 목소리에 묻혀버렸다. 최근에는 그 구역을 골목 안쪽까지 확장하였다.

2014년 봄, 1차 조성 사업을 마무리하며 개최한 동화마을 축제 때 필자는 그곳에서 '이상한 동화나라의 토끼'라는 개념으로 분장을 하여 현장에 나가 축제의 자발적 참가자가 됨과 동시에, '송월동을 찾습니다.'라는 글귀의 어깨띠를 두르고 행사 주최자는 물론 주민들, 이곳을 찾아온 방문객들이 지닌 최소한의 상식적인 판단과 수준에 기대를 걸고 질문을 던짐으로써 나를 그곳으로부터 이탈시키는 1인 퍼포먼스를 진행한 바 있다.

그러나 이러한 작은 항변은 그들에게 거추장스러운 존재에 불과했으며, 결국 이 또한 '성공'을 하여 아이들은 물론 가족, 연인 등 방문객들로 북적이게 되었다. 사람들이 몰려오다 보니 자연스레 자본의 침투도 이루어졌다. 떠나갔던 자식들이 이곳에 가게를 하겠다며 돌아오는가 하면, 외지인들이 목 좋은 곳의 건물을 매입, 이런 저런 카페나 매점 등을 열기도 하였다. 그러나 이러한 변화가 주민들에게 혜택으로 돌아가지는 않는다.[14] 오히려 사진을 찍으며 떠드는 방문객들의 소리에 시끄럽기도 하고, 급작스레 화장실을 찾아 들어와 난처한 적도 많다는 소식이다.

그럼에도 불구하고 중구청장의 상상력은 끝이 없다. 2014년 7월에는 중구 신포시장 인근 두 골목길을 '개항각국거리'와 '러시아거리'로 각각 꾸미려고 착공식까지 열었다. "도심 속의 작은 유럽"을 만들겠다는 의지로 구비와 시비 10억여 원을 들여 이곳 골목길 상가 건물 외관을 유럽과 러시아 풍의 건축물 이미지로 덧씌우고, 바닥과 가로등을 교체하고 개선문 같은 입구조형물과 아치형의 상징조형물을 설치하려는 계획이었다.

이에 이곳만의 남다른 문화적 특성과 시민들의 기억이 있는 곳을 지워버리는 결과를 낳을 것을 우려한 지역의 문화예술인들이 중구청 앞에서

---

14) 물론 필자는 이러한 잣대로 이 사업의 성공 여부를 판단하지 않는다.

의 1인 시위를 이어가며 거센 반발과 함께 비판의 수위를 높이고, 두 차
례에 걸친 토론회까지 열자 중구청은 한 발 빼는 모습을 보였다.

5. 인천도시공공성네트워크 출범과 활동

　매번 이렇게 지자체들이 일을 벌이고 나면 이후에 문제 제기를 하는
일들이 반복되며 지역사회와 문화예술 진영에서는 보다 적극적이고도
상시적인 대응 조직을 만듦은 물론 대안을 제시해야 하지 않겠는가 하는
의견들이 나타났다. 그래서 뜻을 같이하는 30여 명이 주축이 되어 몇
차례의 사전 준비모임 끝에 2015년 3월 인천도시공공성네트워크(이하 '공
공성넷') 출범식을 가졌다.

　　"오늘 이렇게 곳곳에서 인천의 오늘과 미래를 우려하는 시민들이 더 이
　　상 우리의 도시 '인천'을 돈과 권력의 욕망에 맡기고 이대로 방치할 수 없다
　　는 다짐으로 한 자리에 모였다. 우리의 도시는 우리가 보듬고 지켜야 한다
　　는 마음으로 시민적 연대의 그물망을 형성해보고자 만난 것이다. 우리들이
　　살고 있고 우리 아이들이 살아갈 도시 '인천'은 어느 한 개인이나 집단이
　　독점할 수 없으며, 인천의 시민이면 누구나 공공의 자산과 가치를 공유해
　　야 한다는 상식에 기반하여 우리는 보다 너른 지역운동으로서 새로운 도시
　　문화운동을 벌여 나가고자 함께 모였다."
　　"이 자리에 모인 우리들은 먼저 우리가 살고 있는 도시 인천에 대해 토론
　　하는 공론의 장을 시민들과 함께 지속적으로 만들어 나가고자 한다. 이를
　　통해 '도시의 공공성'이란 가치를 기반으로 인천의 도시철학을 모색해 나갈
　　것이며, 현재의 도시 문제를 비판적으로 점검하면서 도시 인천의 공공적
　　미래상을 대안으로 제시할 것이다. 인천 시민들의 열린 네트워크 '인천도

시공공성네트워크'는 공공성의 정신을 바탕으로 깨어있는 시민들이 그물 코처럼 함께 모여 집단적 토론과 대안적 행동에 나설 것이다. 시민들이 인 천의 주인임을 자부하며 '사람이 사는 도시', '공동체성이 살아 있는 도시' 인천을 만들어보겠다는 소박한 마음과 행동의 네트워크. '인천도시공공성 네트워크'는 바로 여기에서부터 출발하고자 한다."15)

출범 이후 도시의 공공성을 훼손하는 지자체의 사업들은 더욱 횡행하 였다. 중구청장의 도시 분칠하기 작업은 그칠 줄을 모르는 가운데 점차 외곽으로 확산되어가고, 역시 2014년 지방선거를 통해 새롭게 당선된 이흥수 동구청장은 더 이상 전면 철거식 개발 방식이 불가능하다고 판단 했는지 중구청장 따라하기를 시작하였다. 도시 브랜드명으로 "역사의 숨 결, 문화도시 동구인천"이라는 그럴듯한 표현을 내세워 온갖 사업을 펼 치고 있지만 독단적이고도 폐쇄적인 진행 방식으로 구청장 개인의 사고 와 이념으로 도시공간을 독점하는 사유화를 진행시키고 있다. 인천시정 부 또한 지난 2014년 민선6기 지방선거에서 유정복 시장이 새롭게 당선 된 후 '인천 가치 재창조'라는 구호를 내걸어 전임 시장들과는 다른 무언 가를 보여줄 것으로 기대했으나, 역시 결론은 자본의 논리에 입각한 '부 동산 가치 재창조'로 귀결되며 도시의 역사성과 공동체성을 파괴하는 일 이 계속해서 벌어지고 있다. 더불어 대한민국 정부의 국토교통부의 도시 재생선도사업 공모에 당선되어 추진하고 있는 '인천개항창조도시' 사업 또한 마찬가지로, 그 어느 사업보다도 긴밀한 민관 협력 체계를 구축하 고, 기존의 역사 문화 자산들을 적절히 활용하여 가치 있고 매력 있는 도시 공동체를 이루는 '창조적 파괴'의 도시재생이 이루어져야 하는데

15) 인천도시공공성네트워크 발족 취지문 중에서.

오히려 '파괴적 창조'로 나아가고 있다.

공공성넷은 이러한 상황에 맞닥뜨리며 매월 정기 회의를 갖고 SNS를 통해 실시간 정보 교류와 논의를 통해 이에 발빠른 대응을 해왔다. 그 방향성은 앞서 보았듯이 '역사'니 '문화'니 '가치'니 'creativity' 등 그럴듯한 표현을 내걸고 도시를 소수 자본가나 특권층을 위한 공간으로 재편하면서 황폐화시키는 부분에 주목하여 '제대로 된' creativity의 도입과 실현을 통한 '창조도시' 또는 '문화도시', '인문도시', '포용도시', '지속가능도시', '생태도시'를 지향하는 요구였고, '도시에 대한 권리'의 확보 차원이었다. 이를 위한 방법으로는 성명서와 기자회견, 퍼포먼스, 도시포럼, 세미나, 이벤트 개최 등 그때그때의 사안에 따라 열어두고 나름 creative 하게 접근하였다. 이 지면을 통해 대표적인 사례만 몇 가지 시간 순으로 소개해보고자 한다.

1) 신포동 칼국수 골목 이벤트

인천시가 추진하고 있는 누들로드 사업의 일환으로 중구 신포동 옛 칼국수 골목을 허물고 누들플랫폼을 지으려 하여 이의 보존 및 재활성화 차원에서 이벤트를 마련하였다. 〈신포동 칼국수 골목의 추억 나누기+만들기〉라는 제목으로 2015년 12월 21일 오후부터 저녁까지 진행하였다. 구체적인 프로그램으로 신포동 칼국수 집 또는 골목에서 찍은 사진이나 이곳에서의 추억 또는 사연을 나누는 '골목전시', 현재 운영 중에 있는 골목 안 칼국수 집에서 칼국수를 포함한 음식을 따로 또 같이 사서 먹는 '후루룩 칼국수 파티', 이곳에서 칼국수 집을 운영 중인 사장님을 통해 이곳 칼국수 집과 골목에 얽힌 이야기와 변화, 최근의 상황에 대해 듣는

'칼국수 골목 이야기', 현재 인천시와 중구청이 이곳에 계획하고 있는 누들플랫폼 건립 관련 계획과 추진상황에 대해 이야기를 듣고 나누는 '이야기 마당'에 이어 마지막 순서로 칼국수 골목 마당에서 정겨운 음악으로 칼국수 골목이 오랫동안 이어지기를 바라는 마음을 나누는 '골목 공연'을 가졌다.

2) 괭이부리마을 내 '옛 생활 체험관' 운영 대응

동구청장이 인천의 대표적인 가난한 마을로 알려진 동구 만석동 괭이부리마을의 주거환경개선사업 일환으로 자녀를 동반하는 조건으로 1만 원에 1박을 할 수 있는 '옛 생활 체험관'을 일방적으로 설치·운영하려다 "가난을 상품화하려 한다."는 해당 지역 주민들의 거센 반발과 함께 여론의 호된 질책이 일어나 백지화되었다. 그럼에도 불구하고 구청장은 반성과 사과는커녕 자신이 하지 않은 척 유체이탈 화법을 쓰며 "이 사업을 담당했던 공무원을 칭찬하고 격려해줄 계획"이라고 자신의 페이스북에 올렸다. 더 가관인 것은 여기에 한 구청 간부가 댓글을 통해 이 마을의 이야기를 소재로 써서 베스트셀러가 된『괭이부리말 아이들』의 작가 김중미 씨를 거론하며 "그 마을이 계속 낙후되고 가난해야 영주로서 김 작가의 영향력이 유지되죠."라며 당사자를 비방하고 명예를 훼손하였다. 이에 공공성넷은 이를 비판하고 사과 및 해당 간부 파면을 요구하는 성명서를 발표(2015. 7. 16)한 데 이어, 기자회견을 구청사 앞에서 가진 후 장난감 안경에 (프린트 한) 지폐를 붙인 후 쓰고 "모든 것이 돈으로만 보인다."는 풍자를 담은 퍼포먼스를 진행(2015. 7. 28)하였다.

3) 조·미수호통상조약 역사바로알기 한마당

그간 인천 동구 화도진공원으로 알려진 조·미수호통상조약(1882.5.22)
의 체결장소가 새로운 문서의 발굴로 중구 자유공원 중턱이라는 사실이
밝혀졌음에도 불구하고 동구청(장)은 이를 시정하지 않고 대표적인 관광
마케팅이자 콘텐츠로 활용하기 위해 지난해에 이어 2016년에도 화도진축
제를 거행하면서 조인식 재현 행사를 하려고 계획하였다. 이에 공공성넷
에서는 역사적 사실을 바로잡고 이를 왜곡하는 축제 이벤트를 시정할
것을 촉구하면서 조·미수호통상조약 체결이 갖는 근대적 성격과 동시에
침탈적 성격을 시민들에게 알리는 '조·미수호통상조약 역사바로알기 한
마당' 행사를 2016년 5월 20일 현장에서 여러 인천의 시민사회단체와
공동으로 진행하였다. 특히 조·미수호통상조약 체결 조인식을 재현하는
행사를 별도로 가져 동구의 그것에 맞대응하였다. 그러나 동구청(장)은
이에 아랑곳하지 않고 이듬해에도 또 다시 개최하려는 것을 확인한 도시
공공성넷은 이번에는 '조·미수호통상조약 체결지'라고 하는 임시 표지석
을 만들어 화도진공원에다 설치해놓고 이를 뽑아 새롭게 확인된 장소로
옮겨와 설치하는 퍼포먼스를 진행하였다. 그럼에도 불구하고 올해도 재
현 행사는 계속되었고, 지난 6·13 지방선거 후 구청장이 바뀐 상황에서
어떠한 변화가 있을지 주목하고 있는 입장이다.

4) 청사초롱마을

인천 중구가 급조한 송월동 동화마을이 인기를 끌자 이곳의 관광객을
끌어들이기 위해 철길 너머에 위치한 만석동 어촌마을을 청사초롱마을
로 만드는 계획을 발표하였다. 총 71억 원에 달하는 사업비를 들여 송월

동에서 만석동으로 이어지는 만석고가교 입구에 대형 아치를 세움은 물론, 주택가와 골목길은 "한옥풍 파사드로 꾸며 청사초롱길로 조성"하겠으며, 100여 미터 길이의 공장 담장은 "청사초롱을 테마로 한 벽화로 꾸미겠다"고 하였다. 그리고 동네 안쪽의 한 구역에는 "한옥을 신축해 전통 주막과 시음장을 갖춘 주막촌을 조성"하겠다고 하였다. 그런데 이 마을은 일제 강점기인 1930년대 중반 이후 바다를 매립한 곳에 공장들이 들어서며 일본 제국주의 전쟁을 위한 군수물자를 생산 및 조달하던 식민지 시절의 아픈 역사가 서린 곳이며, 6·25 한국전쟁 당시 황해도 등지에서 내려온 피난민은 물론, 근대 산업화 시기 농촌을 떠나온 이주민들이 열악한 주거 환경 속에서 정착하며 공장의 노동자나 부두, 바다 일 등으로 고달픈 삶을 이어온 사연이 있는 곳이다.

이에 도시공공성넷은 "동구의 계획은 이러한 동네를 난데없고 뜬금없는 전통의 이미지와 시설물로 뒤덮으려는 무식함과 무례함의 극치이자 역사적 맥락과 삶의 연속성을 지닌 도시공간 및 주거민에 대한 폭력이 아닐 수 없다."고 비판하며 "이러한 황당하고 어이없는 마을 정체성 왜곡 및 말살 계획을 당장 중단하고 원점에서 재검토할 것"은 물론 "굳이 이곳을 활성화시키겠다면 이곳만이 지닌 남다른 삶의 역사와 오늘의 모습을 이해하고 존중하는 가운데 그 가치와 의미를 되찾고 새롭게 만들어가는 세심하고도 신중한 접근이 이루어져야 한다."는 요지의 기자회견 및 청사초롱 이미지를 역으로 활용한 퍼포먼스를 구청사 앞에서 가졌다.

5) 내항에서 놀자!

정부의 인천 항만 기능 재배치 중장기 계획 속에서 그 동안 고철을 취급하며 오랫동안 인근 주민들에게 피해를 안겨왔던 인천 내항 8부두가 주민들의 끈질긴 환원 투쟁 결과 2016년 4월 40년 만에 돌아왔다. 그러나 중구청이 이를 시민들에게 전면 개방하지 않고 이곳에 있는 곡물창고는 문을 굳게 닫아놓은 채 앞 광장은 인근의 차이나타운과 송월동 동화마을 방문객들을 위한 주차장으로 활용하고자 하였다. 이에 소유주인 인천항만공사나 협의기관인 중구청은 시민들의 자유로운 놀이 및 휴식 공간으로서의 공공적 활용은 안중에도 없고, 어떻게 하든지 민간 자본을 끌어들여 또 다른 수익 확보의 수단으로 활용할 생각뿐임을 확인하였다.

이에 이 공간을 자유롭게 누릴 권리는 시민들 스스로 쟁취해야 한다고 결론을 내리고 7월과 8월의 주말 두 차례에 걸쳐 공공성넷 회원 및 일부 시민들이 들어가 바닥에 그림 그리기, 자전거 타기, 인라인, 연날리기, 드론 띄우기, 족구, 축구 등 이곳에서 신나게 놀아보며 이 공간의 주인은 바로 시민들임을 확인하고 선포하는 시간을 가졌다.

그럼에도 불구하고 인천시는 지난 7월 곡물창고를 활용한 상상플랫폼 조성 사업을 대기업인 씨제이씨지브이(주)에 20년 동안 임대하여 운영하겠다고 발표하였다. 이것이 가시화된다면 이 공간 및 곡물창고는 시민들의 자유로운 이용이 불가능함은 물론 오히려 씨제이씨지브이(주)의 먹잇감으로 전락하며, 나아가 원도심 상권까지 빨아들이는 블랙홀이 될 게 뻔하다. 이에 발끈한 시민 및 시민사회단체, 문화예술활동가들은 '내항과 바다 되찾기 인천시민모임'을 결성하여 성명서 발표, 기자회견, 퍼포먼스, 토론회 등을 개최하며 대응에 나서고 있는데, 올해 지방선거를 통해 새롭게 들어선 민선7기 박남춘 시정부에서도 이의 심각성을 인지하지 못한 채 앞날은 불투명한 상황이다.

6) 월미도 고도완화

인천 해안의 유일한 청정 역사자연공원인 월미도는 일찍부터 그 경관적 가치를 보존하기 위해 3~4층 높이로 고도지구를 설정해 관리해왔다. 그러나 인천시는 2004년 경관 파괴를 우려한 시민사회의 반발 속에서도 월미도 주민들의 숙원사항과 월미도 발전이라는 명분을 내세워 7~9층 높이로 완화해준 바 있다. 이후 월미도는 고층의 모텔들이 난립한 상태일 뿐만 아니라 주거지와 상업지역의 혼재, 현 중구청장 소유의 놀이시설이 두 군데로 늘어나면서 이미 품격 있는 문화의 거리와는 거리가 먼 값싼 유흥지로 전락하였다. 그럼에도 불구하고 인천시는 12년 전과 똑같은 논리로 16~17층, 높이 50미터까지 건축물을 지을 수 있는 고도완화 및 정상부에 이를 수 있는 케이블카 설치를 추진하였다. 더더욱 이는 '인천 가치 재창조'를 부르짖고 있었던 전임 유정복 인천시정부가 추진했던 '개항창조도시' 조성 사업 범위에 뒤늦게 포함시켜 그 배경을 둘러싸고 의혹이 제기되었는데, 당시 유정복 인천시장의 두 친형 일가와 그들이 운영하는 기업이 이 일대 땅을 매입한 사실이 알려지면서 특혜 논란으로 보류되기도 하였다. 이 과정 속에서 공공성넷은 사업 진행 절차를 밟아가는 시점에 맞춰 세 차례에 걸쳐 성명서 발표, 기자회견 등을 통해 이의를 제기하였지만 끝내 도시건축공동위원회에서 통과되었다.

7) 치맥파티 토론회

인천시가 2016년 3월 중국의 아오란그룹 임직원 4,500명이 치킨과 맥주를 곁들여 치맥파티를 벌인 월미도 문화의 거리에 이를 기념하는 상징물을 건립하는 방안을 지난해 8월 발표한 바 있다. 이 조형물은 당시 맥주를 무료로 제공한 맥주업체가 제작해 인천시에 기증할 예정으로, 맥주캔 4,500개를 활용, 배, 등대, 맥주잔, 맥주를 마시는 사람 등으로 조형물을 제작하는 방안 등 다양한 디자인 시안을 검토하고 있다고 하였다. 이에 인천도시공공성네트워크와 필자가 운영하고 있는 스페이스빔은 그 동안 지자체들에 의해 설치된 공공조형물과 시설물의 문제점까지 모두 묶어 그 문제의 심각성을 다루는 긴급 토론회를 열어 여론을 환시시켰다. 두 단체는 개최 취지를 통해 "이 모두가 눈요깃거리 조형물 또는 시설물로 뭇 사람들의 시선을 끌어보려는 얄팍한 사고에 기반을 두고 있다. 시민사회의 공론화 과정을 밟지 않고 폐쇄적인 논의 구조와 일방적인 행정으로 진행하고 있다. 그 속에서 도시의 역사 문화적 정체성의 복원이나 공간의 공공성은 철저히 외면 또는 훼손되고 있다."고 성토하였다. 이 때문이었는지 인천시는 이 계획을 포기하였고, 인천광역시 공공조형물 설치 관련 조례를 제정하여 주민 및 전문가 의견 수렴, 주변과의 조화, 역사적 고증 철저 등 보다 엄격히 처리할 수 있도록 하였다.

8) 인천북성포구살리기시민모임 활동

인천시, 중구청, 동구청, 인천지방해양수산청은 2015년 6월 인천북항 북성포구 준설토투기장 건설사업 시행에 따른 업무분담 협약을 체결하고 이 일대 7만여㎡를 매립하여 준설토투기장으로 조성하기 위한 행정절차를 밟아 왔다. "갯벌의 토사가 퇴적되고 오수 오염에 따른 환경오염"을 그 이유로 들면서 "항만환경을 개선하고 향후 공공시설 도입을 통해 지역 주민 삶의 질 향상을 도모하겠다"고 하였다. 이 소식을 들은 시민들은 인천의 해안에서 유일하게 갯벌이 남아 있고 선상 파시가 열리는 등 가장 인천다운 모습을 담고 있는 포구의 정취가 사라질 것을 우려하여 2016년 11월 '인천북성포구살리기시민모임'을 발족하여 이를 살리기 위한 활동을 전개하기 시작하였다. 그동안 정보공개 청구, 성명서 발표, 현장 탐방, 주민의견 청취, 릴레이 칼럼 쓰기, 사진전 등의 활동을 벌여왔다. 그 과정에서 이 사업은 환경 개선과는 전혀 관계없는 바다 매립을 통한 땅 나눠먹기라는 사실을 밝혀내기도 하였다.

이후에는 이러한 활동을 토대로 근본적인 오염 해결 방안 마련 및 포구의 특성도 살리고 주민 및 상인, 선주들의 불편도 해소하는 차원의 대안 마련을 위한 토론회를 벌였는데, 도시의 공공재를 몇몇 세력들이 이익의 논리로 접근하는 것에 대항하여 시민 차원의 열린 공론의 장을 펼침으로써 도시에 대한 시민들의 권리를 어떻게 되찾고 행사해야 하는지를 보여주는 상징적인 장면이었다고 생각한다. 그럼에도 불구하고 인천지방해양수산청은 행정절차를 마무리하고 2018년 1월 초부터 기어이 매립공사에 들어갈 준비를 하고, '시민모임'은 취소 소송 및 공사 중지 가처분신청 등 법적대응에 나선 가운데 현재는 잠정 중단된 상태다.

6. '창조성'의 오·남용 속 예술의 역할

이상으로 인천의 지방정부가 creativity을 포함한 그럴듯한 말을 내세워 도시의 역사성과 공동체성을 복원하고 재활성화하기는커녕 오히려 파괴하고 돈의 논리로 왜곡시키고 파괴하는 실태와 이에 대응하는 시민 및 문화주체들의 활동상을 소개해보았다.

이를 통해 본질은 달라지지 않고 그럴듯한 말을 내세워 기존의 사업을 지속시키는 행태를 목도할 수 있었다. 언어 또는 표현들은 아무리 좋은 뜻을 지녔다고 하더라도 그것이 개발 세력 등 전혀 다른 사고와 의도를 지닌 주체들에게 선택되어 이용될 경우 전혀 다른 양상으로 드러나면서 역으로 이들의 정책이나 사업을 호도하는 이데올로기적 성격을 띨 수도 있음을 확인하였다.

이러한 상황에서 시민 및 문화주체들은 지방정부가 표방하고 있는 구호와 실제 정책 및 사업들을 주시하며 그것이 제대로 이루어지고 있는지 살펴보고, 바람직한 방향으로 이어질 수 있도록 적극 개입함은 물론 구체적인 대안까지 만들어낼 필요가 있다. 그렇게 하기 위해서는 creativity이 전제된 예술 본래의 정신과 태도에 충실하거나, 기존 예술의 관습적 사고와 틀에 갇히지 말고 보다 열린 관점과 확대된 활동을 creative하게 견지해야 한다.

그러나 대한민국 또는 인천의 현실에서는 대부분 제도적 장르 예술에 갇혀 창작이나 표현, 활동에 있어 특정 영역이나 형식에 한정하는 모습을 보이며 이러한 부분에 대한 관심과 활동이 미약한 편이다. 이런 상황에서 필자가 관여하고 있는 스페이스빔이나 인천도시공공성네트워크 차원에서 앞서 소개한 내용들처럼 새로운 도시주의 활동을 전개하고 있는데, 나름 성과도 있지만 여전히 미흡한 부분이 많고, 지방정부가 행하는 조직적인 업무에 비하면 그 모습이 너무나 초라한 면도 있다.

그럼에도 불구하고 이 같은 노력은 계속되어야 하고, 그 과정 속에서 경험과 실천 역량을 더욱 축적시켜야 한다고 본다.[16) 그렇게 할 때 지방

---

16) 이러한 관점에서 그 동안 필자가 관여하는 스페이스빔은 '배다리 도시학교'를 운영하며 시민 차원에서 도시의 변화와 혁신을 이루기 위한 각종 프로그램을 마련해왔다. 2018년에는 '인천 에코뮤지엄 플랜'을 진행하였는데, 월미도, 내항, 인천역, 동일방직, 수문통

정부가 지닌 이러한 언어의 오·남용을 막고 그 의미와 가치를 도시 정책과 사업 속에 제대로 접목시킬 수 있을 것이다. 그리고 그것이야말로 예술 그 자체의 존재 근거와 역할을 되찾고 '제대로 된' 창조도시를 만드는 지름길이 될 것이다.

다섯 곳을 대상지로 정해 각각이 지닌 역사 및 변천사는 물론 최근의 현안 및 이슈, 행정의 계획 및 진행 중인 사업 등을 두루 살펴보는 가운데 역사성과 정체성의 복원 및 이에 바탕 한 바람직한 활용, 지속가능한 도시, 시민친화적인 장소 만들기 등의 관점에서 구체적인 대안을 마련하고 지역사회에 제안하였다.

인천광역시 도시문화정책을 되돌아본다

개발주의와 도구적 문화정책

1. 들어가기에 앞서

이 글을 쓰게 되면서 다소 망설일 수밖에 없었던 이유 중의 하나는 필자가 도시 관련 전공자 또는 전문가도 아니고, 그렇다고 문화 예술 관련 이론가 또는 비평가도 아닌, 그저 '미술' 전공자에서 시작하여 문화 예술 활동의 적극적인 역할 모색 차원에서 인천이라는 지역에 대한 관심과 개입을 시도하며 겪었던 개인적인 체험의 소유자로서밖에 자격을 지니고 있지 못했기 때문이다.

또 한 가지는 과연 인천시에 '도시문화정책'이라고 불릴만한 정책과 사업이 과연 있었던가, 하는 점이다. 어떤 주제에 대하여 글을 쓴다는 것은 거기에 해당하는 실체가 있어야 하는데, 필자가 보기에 인천시는

* 필자 : 민운기
  이 글은 지난 2014년 국토연구원의 창조적 도시재생 시리즈 44 『창조도시를 넘어서 – 문화개발주의에서 창조적 공동체로』(나남)에 게재된 것을 최근의 내용을 더하여 수정·보완한 것임.

지금까지 제대로 된 그 어떤 도시문화정책도 가진 적이 없기 때문이다. 즉 필자가 생각하는 도시문화정책은 해당 도시가 지닌 역사 문화적 자산과 특성, 요소는 물론 문화 예술을 도시 운영 및 비전의 중요한 근거로 삼아 종합적이고도 다각적인 접근과 연계, 실행을 도모하려는 의지와 그 내용이라고 보는데, 이를 본 적이 없기 때문이다.

물론 〈인천광역시 문화예술중장기종합발전계획〉(2003)이나 〈인천 문화도시 기본계획〉(2010), 〈인천광역시 문화도시 종합발전계획〉(2017) 등을 수립한 적이 있지만 도시와 문화의 상호 관계적 측면에서 접근을 이루지 못한 채 독립된 '문화 예술' 영역에 국한되어 있다. 굳이 떠올려 본다면 도시(재)개발 또는 도시 홍보 차원에서 문화를 하나의 수단으로 적극 이용한 점을 들 수 있는데, 이를 '도시문화정책'이라고 본다면 볼 수도 있겠지만 이와는 별개로 그것이 생각 이상으로 적지 않은 심각한 문제와 후유증을 남기고 있다는 점에서 반드시 짚고 넘어가야 할 중요 사안으로 부각된다고 보아진다.

따라서 이 글은 '인천광역시의 도시문화정책'에 대한 객관적 자료를 통한 논리적 비평이라기보다는 인천이라는 지역에서 문화 예술 관련 활동을 해오며 직·간접적으로 접하고, 느끼고, 때로는 부딪혔던 인천시정부의 도시정책과 사업 및 그 속에서의 문화·예술과, 문화적 관점에서의 이에 대한 인천시정부의 사고와 입장, 태도와 접근 방식 대해 필자 나름의 생각과 경험을 정리한 정도로 머물 수밖에 없음을 미리 밝혀두고자 한다.

2. '문화'에 대한 인천시의 사고와 태도 변화

'문화'가 한 도시 단위에서 중요한 요소로 부각되기 시작한 것은 1995
년부터 전격 시행된 지방자치제 이후가 아닌가 싶다. 그해 개막한 〈광주
비엔날레〉와 이듬해 시작한 〈부산국제영화제〉는 각 지자체들로 하여금
'문화'를 통한 지역 이미지 홍보 및 지역경제 활성화를 위한 본격적인
경쟁에 돌입하게 되는 서막이었다. 그렇다면 인천시는 어떠한가?

> 최근 들어 시민들의 생활수준이 향상되면서 예술문화에 대한 관심과 욕
> 구가 크게 증가하고 있음을 볼 수 있습니다. 이는 인간의 행복이 결코 물질
> 적 풍요만으로는 충족될 수 없으며, 이와 비례한 정신적 풍요가 균형되게
> 충족될 때 진실한 삶의 가치와 행복을 누릴 수 있음을 보여주는 것이라 하
> 겠습니다.[1]

이렇게 '문화'를 의례적인 관심과 존중 정도로 치부하였던 인천시가
문화에 대해 적극적인 관심을 보이기 시작한 것은 민선 2기인 1999년도
부터 시작한 〈송도 트라이포트 록페스티벌〉이라고 할 수 있다. 여기에서
'트라이'는 항만(Sea)과 공항(Air), 정보(Information)로, 이는 그 동안 항구
도시로서의 인천이 1992년 착공하여 2001년 개항을 앞둔 인천국제공항
과, IT(Information Technology)와 BT(Bio Technology) 중심의 경제자유구
역 조성을 위한 준비 작업을 진행해오면서 국제허브시티, 동북아 중심도
시로 도약하려는 인천시의 핵심 경쟁 및 성장 요소이다.

이를 위해 국내 최초의 대형 아웃도어페스티벌로서 '록'을 선택한 것

---

1) 1993년도 제12회 인천미술대전 도록 속 임명제였던 당시 최기선 인천시장 축사 중에서

인데, 결국 이는 다른 지자체에서 경쟁적으로 만드는 문화 이벤트를 인천도 해야 하지 않나 하는 강박관념의 소산이자 전형적인 관 주도 행사로서, 그동안 인천이 서울로 가기 위한 관문도시이자 서울의 위성도시로서 이렇다 할 문화적 정체성 확보는 물론 문화 인프라를 제대로 갖추지 못한 상황에서 이에 대한 정책적 관심을 기대했던 것과는 달리, 도시 홍보의 수단으로 문화를 적극적으로 활용[2]한 첫 사례이며, 향후 이어지는 인천시의 도시(개발)정책을 상징적으로 보여주는 행사라고 할 수 있다.

그러나 다행인지 불행인지 송도유원지 일대 매립지에서 진행한 이 행사는 이 시기 열흘이 넘게 지속된 폭우로 말미암아 계획한 일정을 소화하지 못한 채 중단할 수밖에 없었고, 결국 실패로 돌아가며 연례행사로서 시작한 향후의 계획은 잡지도 못한 채 후일을 기약해야 했다.

그렇지만 여기에서 끝낼 인천시가 아니었다. 이듬해인 2000년 들어 또 다시 대형 이벤트 행사를 계획하였으니 다름 아닌 〈인천세계춤축제〉가 그것이다. 당시 인천시는 총 18억 원이라는 막대한 예산을 들여 미국 등 9개국 13개 팀과 국내 40개 팀을 초청, 9일간의 일정으로 장수동 인천대공원 및 구월동 종합문화예술회관 등지에서 개최하였으나 졸속기획과 홍보부족 등으로 시민들의 관심을 끌지 못해 공연이 무더기 취소되는 등 국제적 망신을 자초하였다.

이를 전후하여 필자는 여타의 지자체는 물론 인천시의 기초자치단체

---

2) 개인적으로 이 행사에 대해 더욱 반감을 가질 수밖에 없었던 이유는 다른 장르도 아닌, '록' 때문이다. 냉전 이데올로기가 장악하던 시기, 자본주의의 맹주 미국에서 시작된 우드스탁 록페스티벌이 지닌 '저항' 정신은 문화와 예술의 가장 중요한 존재 근거라고 생각했는데, 이미 자본에 의해 포섭되어 상업화의 길로 들어선 록을 선택하여 이를 활용하려는 인천시나 그 의도를 아는지 모르는지 이에 응하는 뮤지션들의 태도에서 극도의 실망감을 느꼈다.

차원에서도 우후죽순 생겨나는 축제들에 대하여 다음과 같이 비판한 바
있다.

> 유행에 편승하여 인위적으로 급조된 축제가 과연 성공을 거둘 수 있으
> 며, 지역 주민의 삶 속에 제대로 정착될 수 있을까요? 오히려 개별 주체들
> 을 저마다의 삶의 맥락에서 탈각시키고 끝없는 망각과 자기도취의 상태로
> 몰아가며 우리의 일상을 더욱 소외시키지는 않을까요? 행여나 문화예술을
> 내세운 또 다른 상업 자본의 전략의 휘말려 특정 주관 단체나 이벤트 업체
> 만을 배부르게 해주는 꼴은 아닐까요? 결국은 현실적 삶의 공허와 빈곤을
> 덮어씌우려다 오히려 그것을 고백하는 알리바이가 되지는 않을까요?[3]

〈인천세계춤축제〉의 실패로 인한 충격 때문이었는지 민선 2기 시절
인천시 차원의 관 주도 축제 및 문화의 도시 홍보 수단화 모습은 당분간
보이질 않았다.[4] 그러나 그것은 보다 적극적인 차원에서 노골적인 모습
을 띠기 위한 숨고르기에 지나지 않았다. 그것은 다름 아닌 앞서 언급한
인천경제자유구역(IFEZ) 조성 사업이다.

3. 인천경제자유구역 조성 사업과 '문화'

이 사업은 지난 2003년 8월 국가경쟁력 강화를 위한 신성장동력으로
삼기 위해 인천의 송도-청라-영종 3곳을 국내 최초로 지정 고시하면서

---

3) 민운기, 「자발적으로, 천천히, 지속적으로」, 계간 『시각』 2002 · 겨울(통권 22호) 특집 :
   '축제'에 대한 다섯 가지 단상.
4) 그렇다고 이 시기 인천시에 축제가 없었던 것은 아니다. 오히려 기초자치단체 차원의
   축제가 하나 둘씩 생겨나면서 각 군 · 구별로 한 두 개씩의 축제를 모두 갖게 되었다.

본격적으로 시작되었다. 주지하다시피 경제자유구역은 "신자유주의 흐름 속에서 외국 자본을 유인하기 위해 행정의 간소화와 세제상의 혜택을 주는 것에 그치지 않고, 그들이 이곳에서 마음대로 경제생활을 해나갈 수 있도록 노동시장의 유연화 뿐만 아니라 의료, 교육, 환경, 문화를 비롯한 모든 여건들을 그들의 구미에 맞게 개방"하다 보니, "이곳에서는 국내법에 따르는 노동자의 권리가 보장되지 않는 것은 물론이고, 우리나라 고유의 역사적, 사회적 환경 속에서 형성된 의료체계나 교육체계, 사회체계가 무화되며, 따라서 한국사회와는 전혀 다른 외국인들을 위한 특별행정구역"[5]인 것이다. 결국 자본에 의한, 자본을 위한, 자본의 구역인 것이다.

사실 경제자유구역 조성 사업에 대해 이처럼 문제의식이 없었던 것은 아니나 그것이 구체적으로 어떻게 진행되고, 어떠한 결과를 야기시킬지 잘 몰라 초기 단계에 지역의 시민·문화 진영에서는 제대로 대응하지 못했고, 필자 또한 마찬가지였다. 그리고 송도의 갯벌을 매립하여 새롭게 조성한 곳에서 시작하다 보니 해당 구역에 한해 그렇게 만들어 가려나보다 생각을 하였다. 그러나 그것이 그곳에만 해당하지 않는다는 것을 깨닫는 것은 오래 걸리지 않았다. 경제자유구역 조성 사업을 성공적으로 완수하기 위해서 도시의 모든 정책과 사업을 자본의 논리로 재편하려 함은 물론, 모든 시민들의 사고와 가치 판단 또한 그렇게 바꾸려 했다. 당시 인천시정부가 내건 별칭인 'Buy Incheon'은 도시상품화 전략을 그대로 대변해준다. 그리고 이 과정에서 문화는 이를 실현하기 위한 가장 효과적인 수단으로 다시 등장하게 되었다. 그러나 그것은 전형적인 제도 예술이었고, 주체적으로 만들어가려는 것이 아닌, 타 도시 내지는 유명

---

5) 이희환, 「광역도시 인천의 문화자원과 권역」, 『한 권으로 읽는 인천』, 인천발전연구원, 2006.

세의 예술인을 불러오는 방법이었다.

그 움직임은 민선3기 안상수 시정부 말부터 나타났는데, 2005년 하반기 시작한 〈인천 & 아츠 프로젝트(Incheon & Arts Project)〉가 그것이다. 이는 세계적 지휘자인 정명훈 씨를 중심으로 인천시립합창단과 아시아필하모닉오케스트라 육성프로그램 운영, 아시아 신진음악인 육성을 위한 아시아필하모닉오케스트라 아카데미, 지휘 마스터클래스, 성악 워크숍 운영, 연중 문화행사 개최 등을 맡는 것으로, 이를 위해 인천시는 정씨의 형 정명근 씨가 운영하는 (주)CMI와 계약을 체결하고, 이를 위해 인천경제자유구역 내 송도 국제업무단지 개발을 담당하고 있는 NSC(송도신도시개발유한회사)[6]와 2005년 10억 원을 포함, 2008년까지 향후 3년간 매년 30억 원 씩 총 100억 원 중 50%를 인천시와 분담 후원하는 협약식을 체결하였다.

4. "명품도시 인천 건설" 속 '도시재생' 사업과 '문화'

그러나 이는 서막에 불과하였다. 2006년 치룬 지방선거에서 재선에 성공한 안상수 민선 4기 인천시정부는 보다 강력하고도 전면화한 개발 드라이브를 걸기 시작했다. 인천시가 지나치게 신도시 중심의 경제자유구역 조성 사업에만 관심을 쏟고 재정을 투입한다는 구도심 주민들의 불만이 팽배해지던 분위기 속에서 이를 '지역균형발전계획'이라는 명분으로, '도시재생'이라는 이름을 내건 도시 (재)개발 사업을 인천시 전역

---

6) 미 게일인터내셔널과 포스코건설 합작회사로, 이후 이 회사는 'NSIC(송도국제도시개발유한회사·New Songdo International City Development)'로 사명을 변경하였다.

으로 확대한 것이다. 이를 위해 민간 차원의 도시정비사업 구역 지정 허가를 남발하여 한 때 212곳까지 늘어났었고, 시 차원의 공영개발사업인 도시재정비촉진사업을 구도심 역세권과 경인고속도로축 6곳에 지정하여 벌여나갔다.

이 사업은 주지하다시피 겉으로 드러낸 명분이나 이름과는 달리, 개발을 통한 이익 나눠먹기이며, 도시 및 해당 지역의 역사·문화적 정체성은 물론 주민들의 생활생태계를 파괴하고 나아가서는 치솟은 공간에 대한 지불조건이 가능한 사람들로 교체시키려는 막가파식 개발사업이었다. 이른 바 인천시가 내세우는 '지역균형발전'은 각 공간의 고유한 특성과 가치를 제대로 인정받도록 하는 것이 아닌 땅값의 균형이며, '도시재생'은 근대적 생산주의 패러다임이 우선시되면서 망가진 도시공간을 인간적·생태적 환경으로 '다시re-생성시키는generate' 작업이어야 함에도 불구하고 그나마 남아있던 소시민적 삶의 근거지와 사연들을 일거에 제거시키고 돈의 논리로 재편하는 무시무시한 이름으로 드러났다.

여기에 더하여 안상수 인천시정부는 인천시의 도시브랜드를 'Fly Incheon'으로 바꾸고, 시정 구호를 "세계 일류 명품도시 인천"으로 정하여 이를 호도하고 포장하는 다각적인 정책과 사업을 벌여나갔다. '명품도시', 얼핏 들으면 그럴 듯하고 그야말로 품격 있는 도시를 만들 것처럼 비춰지지만 그것은 이러한 폭력적인 개발 사업을 포장하고 호도하는 이데올로기적 수사(修辭)였다. 그러나 이것이 무서운 것은 단지 구호로 끝내지 않고 실제로 이를 만들기 위해 온갖 수단과 방법을 가리지 않고 있다는 점이었다. 그것이 얼마나 전방위적으로 진행되었는지는 다음과 같은 사례를 통해서도 확인할 수 있는데, 이를테면 당시 기존의 시설은 물론 새로 건립하는 각종 시설 관련 명칭과 관련하여 '월드'니, '국제'니, '아세안'이니 하며 바꾸거나 일방적으로 부여하였다. 2006년 말 완공한 체육관의 명칭을 두고 당시 해당 지역의 지명을 딴 '삼산체육관'으로 하자는 주민들의 입장과 인천체육계의 원로 이름을 딴 '장창선체육관'으로 하자는 시의 입장이 첨예하게 맞선 후 결국 인천시장이 나서서 '인천삼산월드체육관'으로 최종 결정한 바 있고, '문학경기장'을 '인천문학월드컵경기장'으로, '서운사이클경기장'을 '인천국제벨로드롬'으로 개정하였다. 그리고 옛 창고건물을 리모델링하여 미술문화공간으로 활용하려는 계획―현재의 인천아트플랫폼인―이 당시 한창 진행 중이었는데, 잠정적 명칭을 'Asian Art Center'로 정했던 적이 있다. 개인의 습속과 관련하여서도 "국제시민" 운운하며 표준화된 글로벌 에티켓을 내세워 개인만이 지닌 독특한 언어나 행위마저 간섭하며 특정의 유형으로 획일화시키려 한 적도 있고, '영어도시', '에듀시티 선포식' 또한 개최한 바 있다.

그리고 '명품도시'에 '문화'가 빠질 리 없다. 아니 드디어 본격적으로 문화를 활용한 "명품도시 건설"이 시작되었다. 그리고 그 '명품'은 오랜 역사와 전통의 축적 속에 만들어지는 누구나 인정하는 그런 도시가 아닌, 명품의 '이미지'들만으로 채워 그럴듯하게 보여주려 하였다.

1) 취지도, 과정도, 결과도 문제투성이 〈IFEZ아트센터〉 건립 사업

그 중에 대표적인 사업 중의 하나가 IFEZ아트센터 건립 계획으로, 이는 앞서 소개했던 〈인천 & 아츠 프로젝트〉 사업에서 한 술 더 떠 지휘자 정명훈 씨로 하여금 아예 아시아 필하모닉 오케스트라(APO, Asia Philharmonic Orchestra)를 창립하여 맡도록 하기 위해 세운 것이다. 이는 단순한 공연시설이 아닌 교육, 전시, 제작, 축제, 판매 등의 다양한 문화기능을 갖춘 복합문화공간으로, 총 1조 원에 가까운 비용을 투입 1,800석 규모의 콘서트홀, 1,400석 규모의 오페라하우스, 500석 규모의 다목적홀 2개, 세계 최고 수준의 클래식 음악학교와 디자인학교가 들어서는 '문화단지' 및 예술가 거리와, 호텔, 콘도, 스튜디오, 사무실 등의 '지원단지'로 구분하여 조성하는 것으로 되어 있다. 그리고 이 지원단지에서 발생하는 수익금 중 250억 원을 문화단지 운영비로 지원하기 때문에 시의 돈을 단 한 푼도 들이지 않는다고 하였다.

이러한 계획에 대하여 당시 인천의 문화단체들은 변변한 공연장이나 시립미술관 하나 없는 인천의 문화현실과는 동떨어진 인식에 기반한 아트센터 건립에 대하여 문제를 제기하였다. 더욱이 정명훈이라는 한 사람을 불러오기 위하여 이렇게까지 한다는 것은 아트센터 운영의 실질적인 효과보다는 '정명훈'이라는 브랜드 효과에 더 큰 기대를 거는 것으로 판단하였다. 이러한 인천시의 방침에 대하여 일각에서는 이렇게 엄청난 비용을 들여 건립을 해놓았는데 혹여나 정명훈 씨가 잘못되는 일이라도 생기면 어떻게 할 것인가, 라는 이유를 들어 반대하기도 하였다. 그런데 이러한 메머드급 프로젝트를 별다른 검증도 받지 않고, 공개경쟁 절차도 거치지 않은 CMI에게 맡긴 것이 드러나면서 특혜 논란이 거세게 일기도 하였다.

그러나 인천시는 이를 무시한 채 2008년 기공식을 강행하였다. 그렇지만 애초의 명칭이 'IFEZ아트센터'에서 '송도아트센터'로 바뀌었다가 다시 '인천아트센터'로 최종 결정하는 일이 있었던 만큼이나 사업 추진 과정은 혼란 그 자체였다. 그리고 아트센터의 핵심구역인 문화단지 개발을 처음에는 CMI가 출자한 (주)인천아트센터개발과 인천도시개발공사가 맡았으나 NSIC(송도국제도시개발유한회사)가 이 사업에 참여하기로 하면서 (주)인천아트센터개발이 개발에서 일부 손을 떼는 일이 발생하였

고, 지원단지 1지역은 특수목적회사(SPC)인 IACD(아이페즈아트센터개발주
식회사)가 국내외 투자유치를 통해, 지원단지 2지역은 도시개발공사가
PF방식을 통해 비용을 조성할 계획을 세우는 등 불확실하고 불투명한
방식으로 이어져왔다.

그러다가 최근 또 다시 문제가 드러난 것이, 지원단지 조성 사업 관련
애초의 취지는 어디론가 사라지고 "각종 이권 의혹을 불러일으키면서 당
초 계획에 없던 주상복합, 오피스텔이 들어서고 있다."[7]는 것이다. 그리
고 당초 지원 1·2단지 완공 후 SPC가 상업시설을 운영하고 연간 수익금
250억 원을 문화단지 운영비로 지원키로 했던 것을 변경하여 5만 3천㎡
의 상업시설을 기부채납 하기로 하였는데, 이를 상업시설 2만 7천㎡로
또 다시 줄인 것이다. 이로 인해 발생하는 운영비 부족분은 시 예산으로
충당키로 이미 협약을 맺었단다.[8]

이상의 과정에서 볼 수 있듯이 인천아트센터 건립 사업은 지역사회와
의 합의나 공감도, 문화와 예술에 대한 기본적인 인식과 철학도 없이 시
작한 사업이 어떻게 변질되고 궁극적으로 애물단지로의 전락이 예견되
는지를 잘 보여주고 있다.

2) 되살아난 록페스티벌 〈인천 펜타포트 페스티벌〉

2006년도에는 1999년 중단되었던 트라이포트 록페스티벌을 〈인천 펜
타포트 페스티벌〉이라는 이름으로 7년 만에 되살려냈다. 기존의 항만
(Sea)과 공항(Air), 정보(Information)에 비즈니스(Business)와 레저(Leisure)

분야를 추가한 것이다. 그리고 2011년부터는 아츠(Arts), 프린지(Feinge), K-POP 페스티벌 등과 통합된 〈인천펜타포트음악축제〉로 명칭을 또 바꾸어 기간도 늘리고 장소도 도시 곳곳으로 넓혔다. 이와 관련 여전히 필자로 하여금 불편한 심기를 숨기지 못하게 하는 것은 다름 아닌 '프린지페스티벌Fringe Festival'로서, 그 유래를 살펴보면 '락' 못지않게 '독립성'이 주된 정신[9]인데, 이를 관주도 행사에 끌어들인 주최 측이나 그러한 행사에 참여하고 있는 뮤지션들이나 예술이 지닌 저항성과 전복성, 대안성을 상실한 채 '열정' 자체만 남아버렸다.

문화를 활용한 도시 홍보 수단화 계획과 사업은 계속해서 이어지는데, 2007년도에는 〈구겐하임 미술관〉 유치, 경제자유구역 영종지구 내에 〈피에라 밀라노 전시장〉 유치 계획 발표에 이어, 3억 원을 투입하여 〈세계오페라페스티벌〉을 개최하기도 하였다. 한편으로 2008년 가을에는 〈인천불꽃축제〉를 개최하여 아암도 해안 밤하늘에 하루 저녁시간 동안 6억 원을 쏘아 올리기도 하였다. 이렇듯 인천시정부는 지역의 문화 인프라를 구축하면서 총체적인 수준과 역량을 끌어올리는 가운데 자연스런 외부적 확산과 외부의 관심을 끌어들일 생각은 않고, 오로지 외부의 시선만을 의식한 문화정책과 사업으로 일관하였다.

인천시정부의 이러한 사고와 태도는 당시 논란이 일었던 '대표축제' 담론에서도 그대로 드러나는데, 이는 축제 개최의 의도가 시민들을 문화적 주체로 불러내는 데 있는 것이 아니라 인천을 알리는 수단으로 활용하

---

9) '프린지페스티벌'은 1947년, 여덟 명의 배우들이 공터에서 무허가로 공연한 것으로부터 출발하였다. 1947년 스코틀랜드의 '에든버러국제페스티벌(Edinburgh International Festival)'이 처음 열렸을 때 초청받지 못한 작은 단체들이 축제의 주변부(fringe)에서 자생적으로 공연하였다. [네이버 지식백과] 프린지페스티벌 [Fringe Festival] (시사상식사전, 박문각)

고 있음을 고백한 것이라 할 수 있다. 이러한 욕망은 아직까지도 남아있다고 보는데, 그러다보니 정말로 축제다운 축제를 만들어내지 못하는 요인으로 작용하고 있다.

3) '명품'과 '여성' '미술'의 짝짜꿍 〈인천여성미술비엔날레〉 개최

이와 관련하여 빼놓을 수 없는 또 하나의 행사는 〈인천여성미술비엔날레〉로, 사실 이 행사는 처음부터 인천시 주도는 아니었고, 1983년 창립한 '인천여류작가회'가 1997년 '인천여류작가연합회'로 이름을 바꾸고, 2005년에는 '(사)인천여성작가연합회'로 또 한 번의 변신을 시도하면서 무리하게 추진했던 행사다. 당시 이의 개최를 둘러싸고 지역 미술판 일각에서 '여성'에 대한 문제의식의 부재, 행사 추진 과정의 자기중심적 태도 등 비판의 목소리가 컸지만 이에 아랑곳 하지 않고 인천시에 예산 책정을 요구했으나 이렇다 할 소득이 없자 2006년 중앙부처로부터 8천만 원의 예산을 받아와 인천시 입장에서는 어쩔 수 없이 매칭 펀드로 8천만 원을 더해주며 '주최'로 나설 수밖에 없었다고 한다.10)

그러나 이러한 상황에 직면하여 지역사회와의 협의를 거친 공론화를 통해 진행했어도 되었건만 그러한 과정을 생략한 이면에는 이 또한 '명품 도시'를 만들기 위한 안상수 인천시정부의 전략과 부합하는 면이 있었기 때문으로 파악된다. 다만 인천시는 곧바로 지원해주기에는 위험부담도 있어 의미와 명분과 역량이 있는지 확인해 보자는 차원에서 〈Pre_국제인천여성미술비엔날레〉라는 이름으로 개최를 하였고, 이듬해인 2007년

---

10) 보다 자세한 내용은 민운기, 「인천여성미술비엔날레 존폐 논란을 통해 본 지역문화의 단면」, 『시각』 2010년 11·12월호(통권55) 참조.

도에 〈인천여성미술비엔날레〉를 '공식' 출범시켜 종합문화예술회관에서 개막식을 가졌다.

이후 이 행사는 2009년도에 두 번째 행사를 개최했는데, 지역사회에서 비판과 우려의 목소리가 끊임없이 제기되던 중 2010년 6·2 지방선거를 통해 송영길 후보가 당선된 후 인수위원회에서 이 문제가 다시 거론되어 폐지와 존속 논란 속에 차기년도 행사 준비 비용으로 책정된 1억 2천만 원을 지급 보류하였고, 결국 10월 13일 찬·반 진영이 나와 토론회를 개최한 후 최종 결정을 짓자는 쪽으로 가닥을 잡았다. 그러나 토론회 이후에도 인천시에서가 여전히 결정을 못 내리고 있던 중 문제가 터져 나온 게 여성미술비엔날레 조직위원장인 K씨가 토론회에 반대 측 입장으로 참가한 4명의 실명을 거론하며 인신공격성 글을 인천시 홈페이지에 올렸다가 정작 자신이 궁지에 몰리는 상황을 초래하였다. 이후 인천시에서 K씨에게 여성미술비엔날레의 모든 직책에서 사퇴하거나 내년도(2011) 행사 이후 인천시 지원 중단 결정 중 하나를 받아들이라고 하였는데, 사퇴를 하지 않아 2011년 행사를 끝으로 인천시의 지원은 공식 종료하게 되었다.

4) 지역미술인들의 자존심 건드린 '인천시립일랑미술관' 건립 MOU 체결

한편 2009년에는 시립 일랑미술관 건립을 둘러싸고 인천시와 지역 문화예술계가 정면 충돌하는 일이 발생하였다. 그것은 다름 아닌, 안상수 인천시정부가 가칭 '인천시립일랑미술관'을 건립하기로 하고 일랑 이종상 화백 측과 작품기증을 위한 양해각서(MOU)를 체결한 사실이 드러나면서 촉발되었다. 양해각서에는 송도석산에 벽화테마미술관을 건립한다는

것을 전제로, 일랑은 인천시의 요청에 따라 송도석산 예술공원화 및 벽화
테마미술관 조성 사업을 위하여 설치벽화 등 소장작품 및 자료를 시장에
게 기증하고, 시장은 일랑의 지속적인 작품활동과 연구를 위한 지원 및
필요공간을 제공하며, 기증 작품의 체계적 보존·활용 및 미술관 위탁운
영을 위해 이 교수의 호(일랑)를 딴 재단법인을 설립하기로 했다는 내용이
들어가 있다. 그리고 미술관 착공 전까지 법인의 설립과 기증작품 및 자료
목록을 작성하고 기증과 운영에 따른 세부사항에 대한 협약서를 체결하
며 작품안전을 위한 수장고 완공 즉시 이를 인계인수한다고 되어 있다.

　이러한 이야기를 전해들은 인천의 미술인들은 〈일랑미술관 건립백지
화를 위한 인천지역미술인 100인 선언〉을 하고, 이어서 지역의 시민문화
예술단체들까지 참여한 〈인천 시립 일랑 개인미술관 건립을 반대하는
인천문화예술단체 연대〉를 발족한 후 성명을 통해 "인천시의 이러한 계
획에 대해 먼저 그 내용을 떠나 그 동안 지역에서 문화 예술 활동을 지속
시켜 온 제반 주체들은 물론, 시민사회와의 아무런 상의나 공론화 과정
없이 밀실에서 거래를 하고 졸속으로 결정 및 일방적으로 발표한 안상수
인천시정부의 행태와 처사에 대해 규탄하지 않을 수 없다."며 "과연 이것
이 지역의 문화예술 발전과 시민들을 위하는 길인지 묻지 않을 수 없다."
고 지적하였다.

　그러면서 "진정으로 인천시가 이를 고민하고 노력한다면 현재 인천시
가 지닌 문화적 상황을 세심하게 살펴보는 가운데 중·장기적인 관점에
서 총체적인 접근을 시도해야 하고, 무엇보다도 시민들이 주체가 될 수
있도록 씨를 뿌리고 도움을 아끼지 않는 작업에 치중"하면서 "인천만이
지닌 지역성과 역사성, 그리고 정체성을 정립해나가야 마땅하다."고 주
장하였다. 이어서 "이러한 노력은 게을리한 채 지역과 아무런 연고도 없

는 개인 작가를 위해 땅을 내어주고 건물을 지어주고, 그 운영까지 맡기
겠다는 계획은 '문화 향유'를 내세워 인천시민들을 받아만 먹는 존재로
생각하는 사고에 다름 아니며, 지역미술인들을 모독함은 물론 그간의
활동성과마저도 무시 및 왜곡시키는 일이 아닐 수 없다."고 질타하였다.

그러면서 "일랑 이종상 화백은 인천시가 나서서 미술관을 설립하고
그 운영까지 맡길 만큼 국제적으로 크게 인정받거나 국민적으로 추앙받
는 화가인가 따져볼 때 의문과 논란의 여지가 있"고, "70대 초반의 생존
작가를 위해 공공미술관을 설립한 예는 세계적으로도 유례를 찾기 어렵"
다며, 시립일랑미술관을 왜 건립하면 안 되는지에 대하여 그 이유를 조목
조목 밝히며 건립 계획 백지화를 요구하였다. 이 연대 모임은 이어서 1년
앞으로 다가온 지방선거를 앞두고 〈인천 시립 일랑 개인미술관 건립 반대
및 반민주 반문화 시정 주도 안상수 인천시장 반대 선언 270만 인천시민
서명운동〉까지 전개하면서 시정부를 압박, 결국 무산시키기에 이르렀다.

이러한 일련의 과정에 적극 참여한 필자는 이렇게 무리수를 두고 있는
인천시의 태도에 대해 다음과 같이 분석한 바 있다.

이 또한 인천시가 내세우고 있는 "세계 일류 명품도시 인천" 건설과 맞닿
아 있다. 이미 수차례 그 허구성과 문제의 심각성에 대해 지적을 했지만,
이는 인천 고유의 역사와 문화를 존중하고 시민들 스스로 문화적 활력과
수준을 높일 수 있도록 도와주는 것이 아니다. 오히려 명품의 '이미지' 내지
는 '외피'를 실제의 도시공간에 채워 넣기 위해 대규모 개발 사업을 통해
빌딩을 짓고, 아파트를 세우고, 고품격 문화 시설을 채워나가는 것이다.
이번 시립일랑미술관 건립 건은 바로 이러한 사고와 계획 속에서 나온
것으로, 명품도시에 도움이 되는지의 여부를 판단하는 선택과 배제의 논리
속에서 무언가 '이야기가 되는' 것으로 분류된 것이라고 할 수 있다. 이러한

상황 속에서 시 차원의 관심과 지원을 통해 제대로 된 예술가를 키워내고 문화 수준을 향상시키려는 계획이 들어설 자리는 없다. 인천시는 그럴 계획도 없거니와 이를 기다려 줄 인내심 또한 지니고 있지 않다.[11]

5) 안상수 시정부의 최대 야심작 '인천세계도시축전'

이렇게 안상수 시정부에 의해 명품도시 건설을 위한 문화의 홍보 수단화 작업이 이어지던 중 이 모두를 종합하고 그 욕망을 극단적으로 보여주는 대규모 문화 이벤트를 계획하였으니, 다름 아닌 2009년 개최한 인천세계도시축전(Global Fair & Festival 2009 Incheon Korea, 이하 '도시축전')이었다.

도시축전은 인천시가 당시 1,400억 원에 이르는 막대한 예산을 투입, "내일을 밝히다(Lighting Tomorrow)"라는 주제 아래 "80일간의 미래도시 이야기"란 캐치프레이즈를 내걸고 8월 7일부터 10월 25일까지 송도국제도시 제3공구 일대 행사장을 중심으로 수많은 공무원과 행정력을 총동원하여 전시(EXHIBITION)와 국제회의(CONFERANCE) 페스티벌(FESTIVAL) 3개의 영역으로 나누어 진행하였다.

---

11) 민운기, 「시립 일랑미술관 사태가 주는 교훈」, 계간 『시각』 2009년 가을호(통권 49호).

〈도표 1〉 인천세계도시축전 세부프로그램

전시 Exhibitions	국제회의 Conferences	축제 Festivals

- 주제영상관
- 세계문화의 거리
- 로봇사이언스 미래관
- 2009 인천국제디지털아트
  페스티벌(INDAF09)
- 녹색성장관
- H-igh-Tech PLAZA
- 테디와 아름별이의 세계여행
- 인천도시계획관
- 세계도시관/기업독립관
- 투모로우 시티 Tomorrow
  City
- 미추홀분수/해양관
- RFID/USN KOREA 2009
- ITC 2009 인천국_
- 2009 인천국제환경기술전
- 2009 인천국제물류산업전
  시회
- 2009 인천여성미술비엔날레
- 인천국제악기전시회
- 에이블 아트
	- 아태도시정상회의(APCS)
	- 2009 세계환경포럼
	- 세계도시물포럼
	- 도시재생국제컨퍼런스
	- 2009 u-City 국제컨퍼런스
	- 2009 국제도로교통박람회,
	  REAAA 컨퍼런스 및 세계
	  도로협회 이사회
	- 정보통신기술 국제심포지엄
	- 국제환경연맹총회
	- IFLA아태지역총회
	- APEC EGCFE 전문가 그룹
	  회의
	- 세계통신에너지 국제학술
	  회의
	- 제8차 동아시아 공항 협력
	  체 연례회의
	- 제11회 지속가능발전 전국
	  대회 및 세계지속가능도시
	  포럼
	- 세계한민족여성네트워크
	- 동아시아 문화진흥기관 심
	  포지엄
		- 개막식
		- 월별상설공연/주말빅쇼
		- 오픈스테이지
		- 삼성과 함께하는 멀티미디어
		  워터쇼
		- 제16회 대한민국로봇대전
		- 2009 세계비보이마스터즈
		  대회
		- 세계로봇축구대회
		- 대장금축제/한가위축제
		- 인천대교 개통기념 2009
		  국제마라톤대회
		- 2009 인천방문의 해 인천
		  대교 밝기 마니아축제
		- 코리아오픈 국제태권도대회
		- 인천세계합창페스티벌
		- 2009 인천효박람회
		- 2009 Girl Scout 국제야영
		  대회
		- 아름별이 놀이파크
		- 제7회 푸른 인천 글쓰기
		  대회
		- 폐막식

그러나 이는 그 동안 벌여놓은 각종 개발 사업을 포장하고, 호도하며, 또 다른 방식으로 시민들의 동의를 끌어내려는 목적으로 공론화 과정과 절차를 밟지 않은 채 일방적으로 추진한 것이었다.

"인천세계도시축전은 제국주의시대에 비롯된 박람회의 스펙터클 문화정치학을 고스란히 욕망하고 있다. 그러나 개발주의 시대를 넘어 이미 생태주의적 가치를 지향해가고 있는 세계엑스포의 추세에 비춰본다면 인천세계도시축전은 여전 개발주의 시대의 욕망에 사로잡혀 있다. 무엇보다 인천세계도시축전은 인천에 유일하게 남아있던 갯벌을 대규모로 매립한 인공도시 위에서, "미래도시"라는 이미 박람회의 역사에서는 오래되고 해묵은 주제를 내걸고 개발주의의 화려한 욕망을 스펙터클한 전시장으로 펼쳐 보이려 한 것이다."[12]

행사를 마치고 도시축전조직위는 최종 관람객수를 674만 9,721명으로 집계, 애초의 목표인 700만 명을 거의 달성했다고 발표했다. 그리고 안상수 인천시장은 기자회견을 자청하여 "100% 성공한 도시축전이었다. 제2의 도시축전을 2년마다 개최하는 것을 검토하겠다"고 밝혔다. 그러나 이 행사 개최를 앞두고 발족한 〈도시축전바로보기 인천시민행동〉(이하 '시민행동')은 그와는 상반된 평가를 내렸다.

시민행동은 "인천세계도시축전 행사의 입안 및 추진과정, 그리고 그 내용과 콘텐츠, 운영 등을 평가한 결과 정체성 없는 잡탕행사에 그쳤다는 점을 안타깝게 확인할 수 있었다."며, 도시축전은 "첫째, 과도한 예산 투자와 행정력의 총동원에 비해 애초 인천시가 제시했던 목표에도 크게 미치지 못한 실패한 행사였다. 둘째, '신종플루' 감염 은폐 및 학생동원, 기업과 단체들의 기부행위, 막대한 홍보예산 지출 등에 따른 복마전이 만든 행사였다. 셋째, 시민의 참여와 지역사회의 여론수렴 없이 강행된 안상수 시장의 정치적 치적홍보를 위한 관제이벤트였다. 넷째, 경제자유구역 홍보 및 전면적인 도시개발을 선전하기 위한 맹목적 개발주의의 '투자유치박람회'였다. 다섯째, 도시에 대한 인문학적 비전과 철학이 실종된 채 개발주의의 전면화로 인천의 환경을 파괴하고 서민들을 내모는

---

12) 이희환, 「2009인천세계도시축전'의 전반적 평가와 남은 과제들」, '도시축전바로보기 언친시민행동' 주최 〈인천세계도시축전 대시민평가토론회〉 자료집, 2009. 11. 5.

실제 정책을 호도하는 선전장이었다. 여섯째, 인천의 도시정체성을 담아내지 못하고, 축전으로서의 차별성도 보여주지 못한 즉흥성 잡탕 이벤트였다."고 냉혹한 비판을 가하였다.

이와 같이 행사 결과를 두고 인천시와 시민행동의 입장 차이가 극명하게 드러났지만 한 가지 분명한 사실은 안상수 인천시정부가 그 동안 동시다발로 벌여온 개발 사업을 포함하여 적지 않은 비용을 투자하여 개최한 도시축전이 결국은 인천시 재정위기를 불러왔고, 그것은 이듬해 실시된 민선5기 지방자치단체장선거 당시 3선 도전 패배의 주된 요인으로 작용하면서 부메랑으로 돌아왔다는 점이다.

5. 민선5기 송영길 인천시정부의 출범과 도시정책

결국 멈출 줄을 모르고 기세등등하게 달려왔던 안상수 시장도 앞서 이야기했듯이 스스로 벌여놓은 동시다발적 개발 및 이에 따른 피로감, 도시축전 같은 이벤트성 사업으로 재정 위기를 초래하는 등 자기 발목을 잡고 2010년 6월 2일 실시된 민선5기 인천광역시장 선거에서 민주당 송영길 후보에게 자리를 내주고 결국 물러났다.

송영길 후보의 당선 이면에는 당시 인천지역 내 29개 시민단체와 3개 정당이 일방적인 개발주의 정책을 펼쳐 온 민선 3, 4기 안상수 시장의 연임을 막고 건강한 시민문화와 삶을 회복시켜야겠다는 의지로 〈2010인천지방선거연대〉를 구성하고 정책합의를 이루어낸 노력이 있었다. 송영길 후보는 이를 기반으로 〈인천발전 100대 공약〉을 만들어 선거 운동에 나섰고, 시민사회의 전폭적인 지지와 지원에 힘입어 당선되어 민선5기

인천시정부가 출범하게 되었다.

그러나 송영길 시정부가 맞닥뜨린 현실은 안상수 시정부가 남긴 부채 및 재정 위기와, 각종 재정비 재개발 사업을 위해 온 도시를 파헤쳐 놓았으나 진척이 안 되어 흉물스럽게 남아 있는 공사판이었다. "전임 시장이 벌여 놓은 사업의 설거지밖에 할 수 없다"며 자조적인 표현을 써가면서도 '대한민국의 심장, 경제수도 인천'이라는 시정 구호를 내걸고 취임 100일을 맞아 「2014비전과 실천전략」을 발표하였고, 이듬해 3월에는 「민선5기 공약이행 실천계획」을 발표하는 등 야심찬 계획을 세웠다.

그러나 이러한 의욕과는 반대로 시민의 기대를 실망으로 바꾸는 데는 오래 걸리지 않았다. '경제수도'라는 시정 구호에서도 드러나듯이 모든 것을 경제적 관점에서 생각하고 접근하였다. 그러다 보니 경제를 위해서는 카지노 시설 유치도 불사하는 소신 있는 태도를 보였다. 이렇게 기본적인 도시운영 및 정책에 대한 철학이 없다보니 매 사안마다 시민적인 동의를 얻어 끊고 맺는 단호함 내지는 결단을 내리지 못하고 이해관계가 얽힌 양쪽의 눈치만 보다가 소모적인 논란만 이어지고, 결국 이에 대한 엄청난 경제적, 사회적 에너지의 낭비를 초래하였다.

1) 눈치보기 현안 대응

대표적인 것이 전임 안상수 시장이 차기 선거를 염두에 둔 정치적 포석으로 유치한 2014인천아시안게임 개최 관련 주경기장 신축 문제로, 당시 인천시 재정이 악화된 상황에서 문학경기장을 개보수하여 활용하는 방안을 마련했지만 개발 이익을 기대하며 서구 주경기장 신축을 요구하는 서구 주민과 정치인들의 강력한 항의에 결국 굴복하였다. 그러나

아시안게임 개최는 현재는 물론 향후에도 인천시 재정 압박 내지는 파산의 주요 요인으로 작용하였다. 한때 시민사회의 반납 요구까지 제기되기도 하였지만 또 다른 차원의 정치적인 고려로 이를 받아들이지 않고 결국 특별법을 제정하여 국고 지원을 늘리는 방향으로 함께 노력할 것을 합의하여 대회 개최를 진행하였다.

또 한 가지가 월미은하레일로, 이 또한 안상수 시장 시절 850여 억 원을 들여 2009년 인천세계도시축제 개막 일정에 맞추어 공사를 했으나 시험운행 중에 문제가 발생하여 개통을 못하고 이후 안전진단 결과 부실 공사로 판명된 후 송영길 시정부로 넘어 왔다. 그러나 이 또한 부실 정도가 생각보다 크고, 운행을 하더라도 적자가 예상되는 등 사실상 철거가 마땅함에도 불구하고 무리한 개통을 요구하는 월미도상인회 등의 눈치를 보다가 시간만 허송세월한 후, 현재 은하레일로의 기능은 완전히 접고 시민들의 공모를 받아 레일바이크 등으로의 활용 방안을 모색 중이라 한다. 인천시 중구 주민들로 구성된 '월미은하레일 안전개통추진위원회'가 월미은하레일이 정상 개통되지 못한 것에 책임을 물어 송영길 인천시장과 오홍식 인천교통공사 사장을 인천지검에 형사고발했다는 소식이 전해진다.

월미은하레일 관련 문제는 부실 문제도 크나 필자의 입장에서는 근본적으로 하나의 장소를 바라보는 우리들의 수준 및 사고와 맞물려 있다고 본다. 월미도가 어떤 곳인가? 제국주의 시기 외세의 침탈에서부터 개항기, 일제 강점기, 한국전쟁 – 특히 인천상륙작전 – 등을 거쳤고, 불과 10여 년 전까지만 하더라도 이곳에 군부대가 주둔했던 근·현대 역사의 영욕을 함께 한 상징적인 현장이 아니던가? 그렇다면 이러한 역사적 사실과 그 의미를 해당 장소에서 자연스럽고도 차분하게 확인하고 느끼고 배울 수 있도록 하는 교육의 장으로 만들면서 더불어 관광적인 측면도 기대할 수 있을 텐데, 인천시 행정은 그 동안 이러한 역사성을 하나하나 탈각시키면서 월미전통정원 같은 짝퉁 시설을 만들어 세우고, 월미관광특구 조성 등 천박한 유흥단지로 전락시키고 있다. 월미은하레일은 바로 이러한 사고의 연장선상에서 모든 것을 단순 볼거리 차원 내지는 '스펙터클'화 하는 사업의 차원에서 계획한 것이라 볼 수 있다. 따라서 이렇듯 근본적인 사고와 태도의 전환이 없으면 제2, 제3의 월미은하레일이 계속해서 나올 수밖에 없다.

2) 사라진 '문화' 정책

한편 전임 안상수 시정부가 문화를 도시 홍보의 수단으로 적극 활용하는 '정책 아닌 정책'을 시도했다면 송영길 시정부는 연례적으로 개최해오던 축제 등을 지속하는 정도로 머물렀고, 말도 많고 탈도 많은 〈인천여성미술비엔날레〉에 대한 시의 지원을 논란 끝에 중단하면서 결국은 폐지되는 성과를 끌어내기도 하였고, 시장 개인이 남다른 관심을 두고 있는 "평화도시 인천"을 위한 사업에 문화 예술을 적극 참여시키기도 하였으나, 사실은 '문화의 공백기'라고 할 정도로 이렇다 할 관심도, 의지도 없었다고 보는 것이 맞을 것이다.

그 근거로, 앞서 소개한 바 있는 「2014비전과 실천전략」과 「민선5기 공약이행 실천계획」을 보면 〈2010지방선거연대〉를 통해 이루어 낸 시민과의 약속인 문화예술 공약이 제대로 반영이 안 되어 있음은 물론 왜곡과 변질의 우려마저 보였다는 사실이다. 이를 두고 지역 내 한 문화단체는 「2014비전과 실천전략」에 대해 "문화정책 공약이 사라졌다."며 "방향성도 일관성도 없는 계획"이라는 내용의 성명서를 발표하기도 하였다.

상황이 이렇게 되자 〈2010지방선거연대〉의 정신과 공동정부 구성 약속 이행의 일환으로 만든 '시정참여정책위원회'에서 이 문제를 거론하였고, 이 "위원회의 제안으로 '인천광역시 문화정책 및 문화행정 혁신을 위한 민·관거버넌스 TF'를 인천문화재단에 설치", 민·관 문화예술 전문가 등 6명이 참여하여 두 달이 조금 넘는 기간 동안 작업을 하여 「민선5기 인천광역시 문화예술 기본계획」을 마련, 서둘러 발표를 하는 일이 벌어졌다.

그러나 2013년 초 민선5기 송영길 인천시정부의 '공약자체이행평가' 내용을 보면 새롭게 보완해서 발표한 「민선5기 인천광역시 문화예술 기본계획」은 평가대상에서 빠지고 애초의 「2014비전과 실천전략」과 「민선5기 공약이행 실천계획」에 국한되어 있음을 알 수 있다. 결국 민선5기 인천시정부의 문화정책은 정책적 혼선 속에 사라져버렸거나 부실한 공약을 가지고 집행한 결과를 초래했다고 밖에 볼 수 없다.

그렇다고 '문화'라고 하는 제도 영역이나 분야가 아닌, 아니 더 넓은 의미의 문화적 관점에서 제반 정책과 사업을 들여다보면 학생들의 경쟁을 부추기는 '학력향상 선도학교 육성지원', "단군 이래 최대 개발사업"이라고 하는 영종도 용유·무의 지역의 '에잇시티' 프로젝트, 송도국제도시를 수로로 둘러싼 물의 도시로 만들겠다는 '워터프런트' 사업 계획 등 곳곳에 신자유주의 논리를 적용하면서 도시 삶과 공간의 시장화, 상품화를 심화시키고 있음을 알 수 있었고, 이는 민선4기 안상수 시정부와의 차별성에 의문을 제기하는 주요 근거로 활용되고 있다.

3) 고육지책 〈원도심 활성화 사업〉

이렇게 시간을 보내며 송영길 시정부가 임기 후반을 맞자 2012년 말부터는 〈원도심 활성화 사업〉을 들고 나왔다. 사실 '원도심'[13) 문제는 반복하는 이야기이지만 전임 안상수 시정부 시절 벌여놓은 동시다발적 개발사업의 폐해로 인해 송영길 시장의 입장에선 어떤 식으로든 추슬러야 하는 핵심 현안이었다. 그리고 이를 위해 앞서 소개했듯이 한 때 212곳까지 늘어났던 도시정비사업 구역을 일부 해제하여 140여개로 줄이는 등 나름의 관심과 해결 노력을 보여 왔다. 이 사업은 이러한 노력의 연장선상에서 추진하는 것이라 볼 수 있다.

이를 위해 인천시는 원도심 활성화를 위한 8개 중점과제와 35개 세부추진과제를 선정했는데, 중점과제는 원도심 활성화를 위한 기반정립, 친환경 저탄소 녹색도시 계획수립, 선도적 복합 입체도시 건설, 쾌적한 도시환경 조성을 위한 도시개발사업, 선택과 집중을 위한 도시정비사업 추진, 원도심 재창조 및 도시균형발전, 주거복지활성화 추진, 지적선진화 및 공간정보체계 구축 등이다.

그리고 사업은 '주거환경관리사업'과 '인천형 마을만들기사업'으로 나누어 접근하고 있는데, 그 중 주거환경관리사업은 재개발·재건축 구역에서 해제됐거나 환경이 열악한 지역을 중심으로 하는 '저층주거지정비 선도사업'이 핵심이다. 주민 50%가 동의하면 시장·군수·구청장이 기존

---

13) 이전까지는 '구도심'으로 불렀으나 쇠락한 부정적인 이미지가 있어 이를 바꾸고 이 지역 주민들의 자존심도 챙겨주자는 차원에서 바꾼 것으로 알고 있다. 그러나 여전히 논란은 있다. 왜냐하면 이곳도 한때는 '신도시'였기 때문이다. 그러나 '원도심'의 개념에 해당하는 근원적 대상지를 어디까지 거슬러 찾아 올라갈 수 있는가, 라고 할 때 또 다른 논란이 있을 수 있다면 "애초에 도시의 중심이었다."는 의미로 받아들일 수 있어 필자 또한 그렇게 부르고자 한다.

도시구조를 유지하며 마을공원, 주차장, 커뮤니티센터를 확충해 주거환경을 개선할 수 있다. 인천시는 이를 위해 2012년 12월 정무부시장을 단장으로 하여 각계 전문가 35인으로 〈원도심 활성화 추진단〉을 구성하고, 정비사업분과와 도시재생분과로 나누어 활성화 방안을 마련하고 사업을 진행 중에 있다.

　한편 인천형 마을만들기 사업은 "노후 단독주택이나 다세대주택이 밀집된 지역에 공동체의식 향상을 위해 공동작업장, 텃밭 등의 제공과 인문학적 요소를 가미해 고유한 공동체 문화형성을 위한 것"[14]으로, 지난 5월 마을만들기 사업의 추진 및 예산 지원근거를 마련하기 위한 '인천시 마을공동체만들기 지원조례'를 제정하고, 전담부서를 건축계획과에서 자치행정과 이관하였으며, 조례에 의거 '마을만들기위원회'를 구성하고, 지원센터를 설치 및 민간위탁하기 위한 제반 절차를 진행 중에 있다. 지원조례에 의하면 마을공동체 만들기에는 주거환경 및 공공시설 개선사업, 마을환경 보전 및 개선사업, 마을 문화, 예술 및 전통의 계승발전 사업, 마을일꾼 육성 및 활동지원과 교육사업, 마을자원을 활용한 일자리 창출 및 복지증진 사업, 마을만들기와 관련된 단체와 기관 지원사업, 그밖에 마을만들기 활성화에 적합하다고 인정되는 사업이 들어가 있다.

　이렇듯 얼핏 보면 도시(재)개발 또는 도시재생사업 관련, 전면철거 식이 아닌 도시의 역사성과 공동체성을 유지 보전하는 방향으로 바꾸어야 한다는 세간의 의견을 수용하는 것처럼 보이지만 그것이 지금까지 '도시재생'이라는 이름을 내걸고 전면철거 방식으로 이루어진 재개발·재건축 등 도시정비사업이 지닌 여러 심각한 문제점들에 대한 반성 위에서 어떤

---

14) 유영성 인천광역시 도시계획국장, 「원도심 활성화와 도시만들기」, 『인천일보』, 2013. 3. 11.

패러다임의 전환을 도모하려는 것이 아니라, 경제 위기와 부동산 경기 하락 등 여러 대내·외적인 상황 변화와 여건으로 인해 더 이상 이를 진척시킬 수 없게 된 상황에서 그 동안 재산권 행사를 제대로 하지 못해 피해의식이 팽배해 있는 해당 지역 주민들의 악화된 감정을 뒤늦게라도 달래기 위한 '고육지책'의 성격이 짙다.

이러한 관점에서 '활성화'란 표현은 바로 이러한 상황에서 또 다른 방식으로 어떤 기대감을 불러일으키거나 충족시켜 주기 위한 양적 개념이지 가치 지향적 개념은 아니다. 그렇다고 하더라도 '활성화'를 위한 방향이나 방법만이라도 제대로 잡았으면 좋겠는데, 이 또한 단순하고 빈약하기 그지없다. '활성화'를 위한 가장 우선적인 조건은 (떠나간) 사람들을 다시 불러들여야 하고, 이를 위해서는 기본적인 주거 및 생활 환경이나 교육여건 개선 등도 필요하겠지만 도시의 가치와 매력을 어떻게 만들어 자긍심과 자부심을 느낄 수 있도록 할 것인가가 중요할 텐데, 이런 부분은 거론이 잘 안 되고 있다.[15]

따라서 '원도심 활성화' 논의에서 우리에게 필요한 것은 빈약한 콘텐츠를 넘어서는 풍부한 방법론의 모색과 더불어, 궁극적으로 어떠한 지향점을 마련할 것인가라고 볼 수 있다. 그 중에서도 후자가 핵심이라고 할 수 있는데, 그것은 다름 아닌 '원도심'이라는 잃어버린 '중심성'을 다시 찾는 것이 아니라, 변덕스런 욕망과 이색적인 기호를 부추기거나 여기에 기댄 자본주의의 상품 논리 – 이를테면 얄팍한 관광이나 문화산업 등 –

---

15) 인천시가 〈원도심 활성화 추진단〉을 통해 사업 공모를 벌인 결과 구로부터 제출받은 원도심 정비사업 계획안 대부분이 커뮤니티 센터, 주차장, 공원 등 시설 위주로 주민 공동체를 위한 정책이 실종됐다는 비판이 제기되는 등 적지 않은 논란이 일기도 했다. 「건설 위주 원도심 정책 반대」, 『인천일보』, 2013. 3. 21. 참조.

를 넘어서는 대안적인 가치와 형태를 어떻게 도시공간 및 도시 삶의 지배 원리로 정착시킬 수 있는가가 아닐까 싶은데, 송영길 시장은 주어진 임기 동안 이러한 모습을 보여주지 못했다.

결국 송영길 인천시정부는 도시가 지닌 역사 문화적 정체성과 자산 및 가치에 기반을 두고, 주어진 도시 환경 및 조건, 구조 속에서 어떤 문제점을 발견하고 이를 창조적으로 해결하면서 시민 삶의 질은 물론 도시의 경쟁력도 높이며 지속가능한 발전 모델을 만들어낼 수 있는 혁신적인 생활밀착형 정책과 사업은 보이지 않고 있으며, 냉정한 현실 진단 속에 '문화도시', '문화사회', '생태도시', '열린 도시공동체' 등 우리의 도시가 나아가야 할 방향을 정확한 개념 정립과 비전을 토대로 설정하고 이를 이루기 위한 일관성 있는 정책이나 사업을 계획하고 시민적 동의와 합의를 끌어내는 데에도 실패한 것으로 보인다.

6. 민선6기 유정복 시정부의 도시정책 속 문화

결국 송영길 시장은 지난 2014년 6월 지방선거에서 당시 박근혜 대통령의 실세로 '힘 있는 시장'임을 내세운 새누리당(현 자유한국당) 유정복 후보와의 대결 끝에 적은 표 차이로 아쉽게 패하고 물러났다. 그해 7월 1일 새롭게 임기를 시작한 민선6기 유정복 인천시정부는 이전 정부와는 다소 차별성이 느껴지는 구호를 내걸었는데, 일단 도시비전을 "인천의 꿈, 대한민국의 미래"로, 시정목표를 "새로운 인천 행복한 시민"으로 정하였다. 이후 2015년 1월 간부회의 석상에서 "인천의 정체성 찾기와 인천만의 가치 재창조"를 언급하였는데, 그 해 말인 12월 17일에는 '인천 가치 재창

조 추진과제 실·국별 보고회'를 개최한 것에서 알 수 있듯이 각 부서의
주요 사업으로 계획을 세우도록 하였고, 이는 2016년 1월 20일의 '인천
가치 재창조' 비전 선포식과 '가치 재창조 범시민 네트워크'의 발족으로
이어진다. 이날 선포식에서는 인천의 자연, 역사, 인물, 지속가능 분야에
걸쳐 총 47개 실천과제를 발표하였는데, "인천이 가진 최초, 최고의 역사
관광 자원화", "바다와 섬 등 다른 도시와 차별화된 인천만의 지리적 특성,
공항, 항만, 경제자유구역 등 인천이 지닌 잠재력을 기반으로 인천만의
가치창조를 위한 대표 브랜드사업" 등의 내용이 들어가 있다.

　이러한 사업 계획 '자체'에 대해서 평가하자면 그 동안 역대 시정부가
인천이라는 도시가 지닌 속살을 제대로 알지 못했고, 알려고도 하지 않
았으며, 인천이 지닌 시·공간적 특성으로부터 오늘의 문제를 넘어서고
미래의 새로운 대안을 마련하기 위한 관심과 노력의 모습을 찾아볼 수
없이 '경제' 논리에 매몰된 앞선 시정부와 달리 '가치' 중심의 접근으로
차별성을 확보함으로써 나름의 기대감이 있었던 것이 사실이다.

　그러나 이내 그 '가치'의 모호성과 더불어 경제논리의 또 다른 버전임이
드러났는데, 이를테면 '매력과 감동을 주는 명품섬 조성(이후 '애인섬 만들
기'로 변경) 계획 같은 것이 대표적이다. 더불어 이와는 별개로 파괴적인
개발사업 또한 계속 추진하였는데, 한남정맥을 훼손시키는 검단~장수
간 도로 신설 계획을 세웠다가 환경단체 등의 반발로 포기한 적이 있었고,
람사르습지로 지정된 인천 송도습지보호지역을 관통하는 제2외곽순환고
속도로 건설 계획이나, 한국철도 탄생역인 인천역사를 파괴하며 복합민
자역사 개발을 추진하는 것을 보면 일관성이 부재함을 드러내 주었다.

1) 유정복 인천시정부의 대표적인 문화정책 '문화주권'

그렇다면 문화 관련 정책은 어떠한가? 유정복 시정부 초기에는 문화 정책 자체가 실종되었을 뿐만 아니라 오히려 문화의 전문성과 독립성을 훼손시키는 일이 벌어졌다. 다름 아닌 2015년 7월 행정자치부의 지침을 받아 인천시 산하 공공기관 통·폐합 계획을 마련 중 인천문화재단과 인천발전연구원, 강화고려역사재단을 '연구 분야'로 통합하려다 지역 문화예술계의 반발에 부딪힌 일이 있었다. 더불어 2014년 제정 및 발효된 〈지역문화진흥법안〉에 대한 지자체 차원의 자율적인 이행 계획을 수립해서 시행해야 함에도 손을 놓고 있었다.[16] 더불어 인천문화재단의 독립성과 문화자치 실현, 인천아트플랫폼의 정체성 재고, 인천시립미술관 건립 건, 트라이볼 '비밥' 전용 상설공연장 활용 문제 등 그동안 누적된 문화현안 또한 관심 밖에 놓여 있었다.

그러던 것이 2016년에 들어서 변화의 조짐이 보였는데, 6월 21일 〈인천광역시 문화도시 종합발전계획 수립〉 연구를 외부단체인 '문화다움'에 용역을 맡겨 착수보고회 개최하였다. 그리고 그해 10월 18일 주안의 문화창작지대 '틈'에서 유정복 인천시장이 직접 나서서 '문화성시 인천'을 열겠다는 '문화주권'을 선언하고 다음과 같은 '역점 사업'을 발표하였다.

---

16) 이 법안 제4조(국가 및 지방자치단체의 책무) ①항을 보면 "국가와 지방자치단체는 지역문화의 진흥을 위한 정책을 수립하고 그에 필요한 지원을 하여야 한다."고 되어 있고, 제6조(지역문화진흥기본계획의 수립 등) ④항에는 "지방자치단체의 장은 (문화체육관광부장관이 수립한) 기본계획을 반영하여 지방자치단체의 실정에 맞게 지역문화진흥을 위한 시행계획을 5년마다 수립·시행·평가하여야 한다."가, ⑤항에는 "시·도지사는 시행계획 및 그 결과를 문화체육관광부장관에게 제출하여야 한다."고 되어 있다.

○ 인천아트플랫폼을 개항문화플랫폼으로 확대
○ 새로운 인천고유 역사공간 확대
○ 시립미술관 건립과 인천뮤지엄파크 설립
○ 청년문화창작소 조성
○ 문화예술의 본산 집적화를 통한 시민 접근성 강화
○ 생활문화센터 단계적 확대 설립
○ 인천 대표 공연 창작 및 상설 공연 추진

더불어 분야별 추진과제를 1. 인천가치 재창조로 문화주권 실현, 2. 문화 인프라 확대, 3. 생활문화 활성화로 나누어 7개를 제시하였고, '문화성시 인천'을 위한 별도의 사업으로 시민문화헌장 제정, 인천문화포럼 운영 등을 포함한 4개를 발표하였다.[17]

2) 인천문화재단을 앞세운 관주도 문화정책 및 사업 진행

그렇다면 그것이 과연 어떠한 형태로 드러나고 구체화 되었을까. 문화주권 선언 이후의 모습을 보면 그해 12월 임기 만료를 앞둔 인천문화재단(이하 '문화재단') 4대 김윤식 대표이사 후임 선정 관련, 밀실선임 논란이 일었고, 5대 최진용 대표이사가 취임한 지 얼마 안 된 2017년 2월 21일 인천문화재단 조직을 개편, '개항장플랫폼준비본부'(개항장 플랫폼팀, 축제문화팀, 공간문화팀)를 신설하고 관련계획 수립에 착수하였다. 이는 발표자가 위에서 소개한 『시각』에 "문화와 예술의 근본적 역할과 의미를 잘 살려

---

17) 이에 대해서는 스페이스빔이 발간하는 인천·도시·문화 비평지 격월간 『시각』 2016년 11/12호(통권 87호)에 필자가 '문화자립'과, '문화자생', '문화자치'의 관점에서 조목조목 지적한 〈유정복 인천시정부의 '문화주권' 선언과 그 진정성에 대하여〉를 참고.

내고 존중하기보다는 도시를 구성하는 (관광)콘텐츠 정도로 이를 인식하고 있는 것이 아닌가 하는 의구심이 든다."며 우려를 표명했는데, 인천시가 개항장 관광 활성화를 위해 문화재단을 내세워 밀어붙이고 있음이 확인되었다. 여기에 문화재단도 인천시의 문화사업 대행자를 자처하면서 자기 성과를 내기 위해 무리수를 둔 것이, 신포동 일대를 기반으로 젊은 뮤지션들이 만들어 온 자생적인 음악축제 〈사운드바운드〉에 대한 인천시 지원 예산을 가로채고, 또 하나의 인천시 지원 사업으로 지난해 개최한 자율적 운영의 〈인천청년예술제〉를 문화재단이 주관하여 공연 중심의 공모 형태로 변질시키려다 당사자들의 거센 반발에 부딪히고 비난 여론이 들끓자 다시 되돌리는 일이 발생하기도 하였다.

2017년 5월 17일에는 '인천문화포럼'을 발족하였는데, 공동위원장을 유정복 인천시장과 인천시립예술단 윤학원 명예감독이 맡고, 운영위원장을 최진용 인천문화재단 대표이사가 맡아 문화정책·콘텐츠개발, 생활문화, 청년문화, 문화가치 확산, 문화환경·국제교류 5개 분과로 나누어 '문화주권' 사업을 우선 논의하기로 하였다. 적지 않은 지역의 문화 예술 관계자와 예술 단체 대표급들이 여기에 참여한 가운데, 또 다른 문화 진영에서는 이를 관제 포럼으로 규정지으며 그 진정성에 대해 회의적 시각을 던진 바가 있기도 하다. "이 자리가 정말로 지역의 '모든' 문화 현안이나 과제에 대해 이야기할 수 있고 나아가서는 결정 권한까지 가질 수 있는가?"의 차원에서 보자면 여러 논의가 필요한 〈개항장 문화플랫폼 조성 사업〉을 인천문화재단이 맡아 이미 추진하고 있고, 반문화적 발상의 '애인(愛仁)페스티벌' 또한 진행 중이기 때문이다. 더더욱 큰 문제는 이미 5개 분과로 나누어 논의 범주를 결정함으로써 문화 영역 바깥의 반(反) 역사·문화·환경 정책과 사업에 대한 관심을 차단하고 외면하게

끔 한다는 것이다. 월미도 고도완화 추진, 월미은하레일 재개통 밀어붙이기, 소극적인 인천 내항의 시민 친화적 개발 및 곡물창고의 '상상플랫폼' 일방적 추진, 북성포구 매립, 역사 문화 및 생활공동체를 파괴하는 도시정비사업 및 뉴스테이 개발 사업 강행, 중·동구 관통도로 계속 추진 및 배다리마을 볼거리 중심의 관광지화 등등에 대해서는 아무런 언급도 할 수 없는 장치로 작동한다는 점이다. 이에 지난해 9월 스페이스빔은 인천反'문화'포럼 "포섭과 순응을 넘어 자율과 변혁의 연대를 위하여"를 개최, 이를 비판하고 대안을 논의하는 장을 마련한 바 있다.

한편 2016년 6월 착수보고회를 시작으로 진행한 〈인천광역시 문화도시 종합발전계획 수립〉 연구용역은 2017년 6월 최종보고서를 제출하였는데, 8개 실천범주, 22개 정책과제, 82개 세부사업안을 제시하였다. 이를 살펴보니 '문화도시'에 대한 개념은 비교적 열려 있으나 실질적인 접근은 '문화'에 국한되어 있는 한계를 노출하였다. 거기에다가 인천시가 '문화주권' 이름으로 추진 중인 문화관광정책 및 사업이 상당수 반영되어 있는 것을 보니 주문형 용역이 아닌가, 의심이 들기도 하였다. 그렇지만 문화영향평가제 도입 및 실행, 인천시 문화도시 정책조정위원회 운영, 문화도시 정책담당관 배치 등 긍정적이고 필요한 정책 및 사업도 다수 있으나 적극적인 실행 여부는 미지수다.

3) 남다른 '애인(愛仁)' 사랑으로 3류 멜로문화 만들기

2017년 10월 31일에는 인천시 '애인정책' 여섯 번째로 '문화주권' 선언 1주년을 맞아 2차년도 사업을 6개 분야에 걸쳐 18개 정책 50개 세부사업을 발표하였는데, 앞서 소개한 〈인천광역시 문화도시 종합발전계획 수립〉연구 용역 결과물을 재탕했다는 평가다. 여기에서 한 가지 흥미로운 점은 '애인(愛仁)'이라는 이름인데, 임기 초기 '애인토론회'에서 시작한 것이 이후 '애인 섬' 만들기, '애인페스티벌' 개최, '애인김장축제' 개최, '애인동네' 만들기 사업, '애인카드' 발급, 인천시청 구청사 '애인청'으로의 명명 등으로 이어져왔고, 평창 동계올림픽 응원단 이름도 '애인'으로 붙이는 등 남다른 '애인 사랑'을 보여주었다.

그리고 지난해 말에는 남동구 장수동 인천대공원과 중구 월미공원, 월미문화의 거리 세 곳에 총 9억여 원을 투입 '애인광장'을 조성하여 하트 조형물과 반지조형물, 인천글자조형물, 종합안내판, all ways INCHEON 글자조형물, 화성석 좌대, 트릭아트 등을 설치하였다. 그나마 '인천 사랑'의 의미를 우습게나마 지녀 온 '애인(愛仁)'이 3류 멜로물 수준의 '애인(愛人)'으로 전락되는 순간이었다.

4) '인천 부동산 가치 재창조' 속 멀어진 문화자치

이와 같이 민선6기 유정복 인천시정부의 도시·문화 정책을 살펴보았다. 이를 평가하자면 '문화도시'에 대한 개념 및 철학, 비전이 없다 보니 개발과 성장 논리로 망가진 도시공간 및 공동체 파괴에 대한 성찰 또한 보이지 않은데다가 '인천가치재창조'니 '문화주권'이니 하며 그럴듯한 언어로 포장하여 시민들을 현혹시키며 "인천 부동산 가치 재창조"에 나선 4년이었다고 말할 수 있다. 임기 중반에 선언한 '문화주권'은 시민의 주권이 아닌 인천시(장)의 주권이었으며, 시민 및 지역 문화예술인들이 바라는 '문화자치'는 요원해진 채 인천문화재단의 인천시 종속화 심화되어 인천시정부의 문화정책 사업대행기관으로 전락하였다. 여기에 더해 시민문화진영의 대응 및 대안 제시도 부족하고 일부는 이에 영합함으로써 분열된 양상을 보였다. 더불어 '문화'라는 제도적 틀에 갇혀 반문화, 반환경, 반공동체적인 정책 및 사업에 대한 비판도, 바람직한 도시상을 제시하지도 못하는 무기력을 드러내기도 하였다.

결국 유정복 시장도 지난 6월 치러진 지방선거에서 이번에는 문재인 대통령의 바람이 강하게 불어닥친 분위기 속에서 그 직위를 더불어민주당 박남춘 후보에게 넘겨주었다. 민선7기 박남춘 시정부는 "살고 싶은 인천, 함께 만드는 인천"이라는 도시비전을 시민 참여로 만들어 내세웠는데, 과연 어떠한 모습을 보여줄지 궁금하다.

7. 도시정책의 전면적인 패러다임의 변화가 필요하다

이상으로 지난 20년 기간에 걸친 인천시정부의 도시문화정책에 대하여 살펴보았다. 특히 민선 3,4기 안상수 인천시정부와 민선5기 송영길, 민선6기 유정복 인천시정부의 그것에 집중해 보았다. 결론적으로 세 시장 모두 인천의 과제와 현안을 해결하고 인천이 나아가야 할 바람직한 미래 도시비전 제시 및 구체화에 실패하였다고 본다. 특히 신자유주의 논리에 기댄 안상수 시정부의 개발 일변도의 도시정책 및 도시상품화 정책의 온갖 폐해를 넘어서 새로운 가치와 철학을 도시 정책 및 운영에 도입해 줄 것으로 기대하였던 송영길 시정부는 이렇다 할 차별성을 보여주지 못함은 물론 오히려 더 큰 규모의 개발사업을 추진하여 관심을 끌어보려는 태도를 보이며 그 수준과 바닥을 그대로 드러내고 말았다. 유정복 시정부는 문화에 적극적인 관심을 보이는 것 같았지만 독립성과 자율성, 자생성을 무시한 채 퇴행적인 관제 문화를 시도하다 시민문화예술 주체들의 반발에 부딪히고 말았다.

이제 이러한 사고로는 더 이상 인천의 미래를 보장받을 수 없다. 맹목적이거나 어설픈 경제만능주의 사고에 기반한 지도자의 일방주의적 태도와, 이해 관계자들의 눈치만 보며 과감한 결단을 내리지 못하거나 시민들의 눈을 속이는 모습에 따라 우리가 지불해야 할 사회적 비용이 얼마나 큰지를 경험했다. 나아가 그러한 상황과 과정 속에서 한 발자국 더 나은 미래적 삶을 만들지 못한 정체 상태는 보이지 않는 더 큰 손실이다. 따라서 이제 새로운 패러다임의 도시정책이 그 어느 때보다 절실하다. 무엇보다도 정치와 경제, 사회, 문화, 환경, 교육, 복지 등을 별도의 영역으로 치부하는 것이 아니라 그것들의 상호 연계 속에서 도시 구성원의 다양한 참여를 보장하고, 그들의 지혜와 경험 역량, 새로운 사고를 십분 발휘하여 미래의 동력으로 삼을 수 있도록 도시운영의 시스템을 혁신적으로 바꾸어야 한다. 이를 통해 자본주의 이익논리와 협소한 '문화' 개념을 뛰어 넘는 차원의 문화도시, 인문도시, 창조도시, 공유도시, 포용도시, 지속가능도시, 생태도시의 가능성과 도시비전을 적극 모색해야 할 것으로 보인다. 이를 위한 다양한 분야와 영역에서 도시혁신 실험도 필요하다.

그렇게 하려면 기존의 '도시·문화' 정책(도시와 문화가 별개의 영역으로 존재하는)을 넘어서 '도시-문화' 정책(도시와 문화가 긴밀한 상호 영향 관계에 놓여 있는)으로의 변화가 요구된다. 이를 위해 문화와 예술은 도시를 구성하는 콘텐츠가 아니라 도시 변화의 주체라는 인식의 전환이 필요하고, 도시의 역사, 문화, 생태 환경 유지 및 강화, 도시에 대한 시민의 권리를 확보하기 위한 다각적인 활동 또한 필요하다. 나아가 이들 시민문화 주체들간의 연대를 통한 도시패러다임을 적극 전환하려는 노력이 필요하고,

여전히 근대적인 예술 이념에 머물러 있는 기존 문화 관련 기관과 공간, 운영프로그램들도 이러한 '탈근대'의 관점에서 재구조화가 필요하다. 이와 더불어 대안 공동체 문화사회 내지는 문화도시에 대한 나름의 확고한 철학과 비전 및 구체적인 이행 의지와 능력의 소유자도 필요하다.

> 지역 지도자는 단순한 전략가에 머무르지 말고 전망가Visionary가 되어야 한다. 전략가는 명령하고 요구하지만, 전망가는 자극하고 부추긴다. 도시, 경제, 제도, 문화 주체에게 명령을 내리는 존재를 벗어나 큰 그림을 설명하고 우리가 어디에 있어야 하는지를 이야기할 수 있어야 한다.
>
> — 찰스 랜드리, 『Creative City Making』에서

문제는 이를 어떻게 가능케 할 수 있는가, 이다. 이 지점에 이르면 사실 답이 잘 안 보인다. 어느날 이러한 리더쉽의 소유자가 갑자기 튀어나오는 것도 아니고, 한 사람 잘 한다고 해서 될 일은 아니다. 사실 이는 지역 자체의 총체적 사고 및 수준과 맞물려 있다. 그렇다면 해결책은 지역의 역량을 키우고 다양한 사례를 곳곳에서 만들어내는 일을 활발히 전개하는 일일 것이다. 이러한 움직임과 성과들이 모여 변화된 현실을 구체적으로 확인해나가며 더욱 큰 흐름을 만들어낼 수 있고, 그러한 가운데 우리가 찾는 지도자 또한 만날 수 있지 않을까 싶은데, 갈 길은 멀고 마음만 급하다.

월미공원의 역사적 표상과 평화공원의 제안

1. 영욕으로 점철된, 근대의 섬 월미도

일찍이 한적했던 어부들의 섬이었던 월미도는 근대의 초입에 들어 그 운명이 전변하였다. 인천 앞 바다를 피로 물들인 두 차례의 양요(洋擾)와 운요(雲揚)호 사건을 겪으면서 근대의 섬으로 역사의 전면에 등장한 것이다. 1866년 조선 공략을 위해 황해에 다다른 불란서 함대는 한성으로 들어갈 항로를 탐사하면서 월미도를 발견하고 해도(海圖)에다 '로즈섬(Roze Island)'이라 명명하였다. 함대 사령관 로즈(Pierre G. Roze)의 이름을 따다 붙인 것인데, 이 방자한 이름은 이후에도 조선 침탈 수로를 탐색했던 여러 열강들에 의해 개항기 내내 '로즈섬'으로 저마다의 해도에 표기되었다. 조선 해안을 측량하며 해도를 작성하여 조선 공략에 나선 제국주의 세력들은 조선 침략의 발판으로 '제물포' 지역을 발견되고 이 지역을 강제로 개항시킨 이후 월미도를 두고 각축하였다. 조수간만의 차가

---

* 필자 : 이희환

   2011년 인천시가 월미공원 관광활성화 방안을 발표해 논란이 됐을 때 계간 『작가들』 2012년 가을호에 발표한 글을 수정한 글임.

큰 제물포항 바로 앞의 섬 월미도는 서양의 커다란 이양선이 접안하여 연료 공급기지로 삼기에 최적지였던 것이다.

월미도의 중요성을 그제야 자각한 조선 정부에서 1879년에 월미산 정상에 포대 설치하여 열강의 침탈에 나름대로 대응하고자 했다. 그러나 때는 이미 늦어서, 1891년 1월 21일 일본의 요구에 따라 월미도지소차입약서(月尾島支所借入約書)를 작성하고 만다. 이를 통해 월미도는 부산 절영도(絕影島, 1886년 조인)에 뒤이어 일본 해군의 두 번째 저탄고(貯炭庫) 기지로 조차되었다. 절영도와 마찬가지로 월미도 땅 4,900평을 일본 해군에게 내주고 만 것인데, 당시 부산 절영도의 1년 차지료(借地料)가 은화 20원이었던 데 비해 월미도의 차지료는 4배나 많은 80원이었다. 월미도의 중요성이 그 만큼 컸던 것이다.

1894년에 발발한 청일전쟁의 전란을 또다시 겪어야 했던 월미도는, 1896년 아관파천(俄館播遷)을 틈타 조선에서의 세력 확장을 도모한 러시아 해군에게 거듭 조차된다. 1897년에는 미국의 스탠더드 석유회사(Standard Oil Co.)가 월미도의 가옥과 전토 일부를 매입하여 저유창고를 건조하였다. 러일전쟁이 일어나기 전까지 이처럼 월미도는 러시아와 일본, 미국이 국력을 각축하는 무서운 싸움터가 된다. 결국 1905년 월미도는 러일전쟁의 승자인 일본의 수중으로 완전히 떨어지고 말았고, 그 얼마 후 조선은 일본의 식민지로 전락하였다.

식민지시대 월미도는 일제에 의해 다시 기획되었다. 무단통치를 통해 식민지 체제가 안정되어 가자 군사지대로 내몰렸던 월미도의 아름다운 풍광이 새삼 발견되었던 것이다. 1918년에 인천부에서 월미도를 풍치지구로 지정하면서 월미산 중턱에 회주도로를 뚫고 공원을 조성하기 시작하였으며, 월미산 곳곳에 벚나무, 아카시 등을 심어 가꾸었다. 북성지구에서 월미도에 이르는 길이 1km, 왕복 2차선의 제방둑길을 축조하여 월미도가 섬이 아닌 섬이 되었으며, 1920년에는 월미도 북쪽 해안에 해수욕장을 개장하였다. 식민지 경제를 진작시키기 위한 방편으로 조직된 공진회(共進會)의 주도로 월미도에 첨단의 관광상품인 수족관이 개설되었으며, 연이어 운동장, 야외극장, 조탕(潮湯), 호텔, 요정(龍宮閣) 등의 유흥·오락 시설이 구축되었다.

봄철이면 특히 앵화(櫻花, 벚나무)가 만발하여 전국에서 상춘객이 몰려들어 발 디딜 틈이 없었던 위락지 월미도는 '달의 꼬리'에 비유된 이름처럼 아름다운 땅으로 거듭난 것인가. 그러나 일제에 의해 추진된 월미도 위락지 개발의 이면에 식민지 지배를 합리화하고 안정화하려는 술책이 숨어 있음을 읽어내기란 그리 어렵지 않다. 문화통치의 일환으로 조선 인민을 우민화하고 탈정치화하려는 정책적 의도가 위락지 월미도 개발의 근본적 발상일 터이다. 여기에 더하여 식민 상층 지배층의 은밀한 욕망이 가미되어 인공낙원으로 조성된 것이, 아직도 수많은 엽서사진으로 남아있는 식민지시대 월미도의 모습이었다.

1945년 해방 직후 월미도는 미군에 의해 다시 기획되었다. 이번에는 남한을 점령한 미군의 군사기지로 접수되었던 것이다. 그리고 얼마 후 남과 북에 각기 가장 극단적인 좌·우익 정권이 들어서면서 월미도에는 그 아름다운 풍광을 잃어버리고 차가운 군사지대로 다시 재구성되었다. 연이은 한국전쟁의 발발과 인천상륙작전의 와중에 월미도는 다시 군사적 거점으로 집중 포화를 받게 되었다. 제2차 세계대전 이후 최대의 군사작전이었던 인천상륙작전의 첫 상륙목표지점으로 월미도가 집중토화를 맞음으로써, 월미도의 역사와 풍광도 사라져버렸다. 이후 월미도는 남·북 분단을 상징하는 금단의 이미지로 차갑게 기억되었다.

그 헛헛한 분단의 이미지를 대신해 월미도를 급속도로 채운 건 개발과 소비의 자본주의 논리였다. 군사정권의 지휘 아래 일사천리로 추진된 남한 자본주의의 성장을 축소한 듯, 갯벌을 매립해 구축한 월미도 해안 일대에는 공장지대와 상업지대로 난개발되었다. 1988년에 그 해안지대에 '월미도 문화의 거리'를 조성했지만, 지금까지도 월미도에는 값싼 유흥문화와 배설의 소비문화만 넘쳐날 뿐이었다.

2. 월미공원 조성의 바람직한 방향

2001년 10월 13일 월미산 개방 및 월미공원의 귀환은 역사적이었다. 인천사의 축도이면서 한국 근현대사의 영욕을 간직한 땅 월미도를 새로운 도시공간으로 재기획할 기회가 우리 인천시민에게 찾아온 것이다. 영욕의 세월을 관통하며 상처투성이 육체로 돌아오는 월미산을 어떻게 가꾸어 나가느냐, 그리고 어떠한 과정을 거쳐서 월미공원을 조성해 나가느냐는 하는 문제는, 따라서 인천 지역사회에 던져진 매우 큰 사안인 셈이었다.

당시 인천광역시 중구가 중심이 되어 2001년 6월에 월미도를 포함한 중구 일원이 월미관광특구로 지정을 받은 상황이기도 하였다. 관광진흥을 위해서도 월미공원 조성은 큰 주목을 받기에 충분했다. 뿐만 아니라 월미도는 인천근현대사의 메타포이다. 인천의 지역 정체성을 제고한다는 측면에서도 월미공원 조성의 방향은 중요한 시금석의 의미를 지닐 터였다. 또 한편, 군사지대였던 월미공원을 어떤 컨셉과 내용으로 가꾸고 보존하느냐에 따라서 탈냉전의 시대, 남·북 화해시대를 주도해나갈 인천의 중요한 공간적 거점, 평화의 거점을 마련한다는 의미도 함께 하는 것이었다. 여기에 더 욕심을 부려본다면, 차제에 군부대가 진주해 있던 월미공원을 새롭게 조성해나가면서, 공장지대와 유흥지대로 난개발되어 있는 월미도 전체를 새롭게 재기획할 도시계획적, 도시환경적 측면에서의 발상의 전환도 기대해볼만 하였다.

그러나 2001년 개방 이후 지역 사회 내부에서 이에 대한 활발한 관심과 토론은 별로 일어나지 않았다. 그러한 와중에 인천시에서는 1966년 8월 31일자 건설부 고시 2701호 공원결정을 근거로, 환경녹지국 산하의 서부공원사업소를 설치하여 도시자연공원으로의 조성계획을 입안 추진하여 왔다. 중구 북성동1가 산2-1번지 일원의 17만 6천 평 부지에 도시자연공원법의 규정을 받아 추진되고 있는 공원조성 사업은 토지보상이 시작된 2000년부터 시작해서 2008년까지 총 840억 원이 들어가는 대형 프로젝트였다.

월미공원 조성 사업이 갖는 위와 같은 중요성을 고려하여, 필자는 공원조성 사업시 견지해야 할 몇 가지 근본원칙을 아래와 같이 제기한 적이 있다. 첫째, 월미도는 지난 한국 근현대사의 영욕과 함께 한 곳이라는 역사의 의미를 되새겨야 한다. 따라서 월미공원은, 개항기 외세에 의해 조차지로 수난을 겪었던 역사와 더불어 지난 세기의 식민지 경험과 분단의 아픔을 되새기는 역사적 현장이자 교육장으로 깊이 성찰되어야 한다. 이와 관련하여 〈월미도사료관〉 내지는 〈인천근대박물관〉 같은 문화 인프라가 필요하다고 생각된다. 그러나 이러한 인프라를 막대한 예산으로 거대한 규모로 신축할 필요는 없다. 월미도가 지닌 역사의 산물인 기왕의 군부대 시설을 활용하면 충분하다. 중요한 것은 그것을 채우는 자의 성실성과 자세이고 이를 인천시민과 함께 슬기를 모아 만들어나가는 과정에 있다.

둘째, 월미도는 남·북 분단에 따른 상처가 가장 깊게 할퀴고 간 섬이다. 이념에 따른 동족간의 죽고 죽이는 살육이 이 조그만 섬 월미도를 피로 물들였다. 그 지정학적 위치 때문에 개항 이전부터 군사지대로 훼손되었던 아픈 역사를 기억하면서, 차제에 월미공원은 평화의 공원으로 재구축되어야 한다. 남·북은 물론이려니와 한민족과 이민족이 교류하면서 상생을 도모하는 국제적인 평화의 성지로 월미공원을 조성해야 하는 것이다.

셋째, 월미공원은 그 누구의 것도 아닌 인천시민의 것이다. 월미공원이 인천시민의 것이라는 의미는 월미공원에 대한 인천시민의 배타적인 소유권을 의미하지 않는다. 인천시민이 지키고 보듬어야 할 의무와 책임을 가리킨다. 그리하여 인천시민의 손과 마음을 모아 월미공원을 아름답게 가꾸고 보전하면서 냉전시대 '문화의 불모지'로 추락했던 인천 지역문화를 재건하는 모토가 되어야 한다. 그리하여 후손들에게 자랑스럽게 물려줄 수 있는 도시공간으로 만들어나가야 하는 것이다.

넷째, 섬 둘레 4km, 면적 $0.6km^2$, 해발 105.1m의 이 작은 섬을 어느 일방이 배타적으로 점유했을 때 월미도의 아픔이 비롯되었음을 역사가 보여주었다. 개항기 외세와 일제시대 위락자본, 분단시대 군부대가 장악하면서 월미도는 내내 소외된 지역이었던 것이다. 월미공원을 가꾸는 데 있어 인천시 당국은 이 점을 깊이 고려하여 시민들과 늘 슬기를 함께하려는 자세를 견지해야 할 것이다.

다섯째, 분단 50년 동안 그나마 월미도가 되찾은 것이 있다면, 자연의 무한한 복원력에 의해 되살아난 풍성한 생태 활력이다. 월미공원을 가꾸고 관광자원으로 활용한다고 여기에 함부로 삽날을 들이대서는 안 된다. 2001년 여름, 월미산이 개방도 되기 전에 은밀하게 인천시에 의해 추진된 월미공원 관통도로 건설 계획 이후 수많은 개발 논리와 시설물 계획들이 월미공원 지도상에 횡횡하고 있다. 월미도를 자본의 개발 논리로부터 독립시켜 메트로폴리탄 인천이 마음껏 향유할 수 있는 역사생태공원으로 만들어나가야 한다.

3. 월미공원을 둘러싼 표상들의 각축

2001년 월미공원 개방 이후로 월미공원에 대하여 여러 행정기관에서 시설물 계획을 추진한 바 있었다. 월미공원이 개방되자마자 주한 러시아 대사관에서는 러일전쟁의 첫 포성이 울렸던 1904년 2월 9일에 팔미도 앞바다에서 침몰한 '바랴크호' 수병들에 대한 추모비를 2004년 100주년을 기념하여 월미공원에 건립할 수 있도록 인천시에 요구했었다. 러시아 측의 이러한 요구를 알게 된 인천 시민사회에서는 즉각 반대의사를 표명하였다. 러시아와 일본이 왜 인천의 월미도 앞 바다에서 해전을 벌였는가, 만약 러일전쟁이 러시아의 승리로 돌아갔다면 우리 역사는 또 어찌 됐을 것인가라는 문제의식 아래 제국주의 시대의 역사에 대한 사과와 반성 없는 러일전쟁 전사자 추모비의 월미공원 건립을 반대했던 것이다. 결국 인천 시민사회의 반대로 인해 추모비는 월미공원에 세워지지 않고 대신 연안부두 친수공원에 세워졌다. 2004년 2월 10일 추모비 건립식장에서는 이를 반대하는 인천 시민사회의 반대시위를 벌어져 여러 명이 인천 중부서에 연행되기도 하였다.

월미도의 가장 오래된 전쟁기념 표석은 1960년 미 해군에 의해 인천상륙작전 10년을 기념해 세운 부조물이다. 이 부조물에 이어 월미공원에 다시 대규모 전쟁기념물이 건립된 것은 해군이 이전하고 난 뒤의 일이다. 대한민국 해군은 월미도를 떠나면서 2002년 6월에 벌어졌던 북한 해군과의 '서해교전' 승리를 기념하는 전승비의 건립과 함께 월미도에 주둔했던 해군의 역사를 기념하기 위한 광장을 조성하겠다며 자체예산을 세워 이를 추진하였다. 월미산에 오르는 길목에 위치한 해군 사령부 관사터 1,000평 정도의 부지를 인천시에 매각하지 않고 해당 부지에 추모비를 건립했던 것이다. 월미공원이 평화공원이 되기를 소망했던 시민사회단체의 서해교전 승전기념비 설립 반대에 대하여 보수언론에서 악의적인 보도를 함으로써 보수단체로부터 거센 항의를 받기도 하였다.[1] 또 한편, 해군에서는 2008년 무렵 해군주둔기념비 바로 옆에 '해군첩보부대 충혼탑'을 소리소문 없이 세웠다. 대북 첩보활동을 하다 전사, 순직한 부대원 173명의 이름이 날카로운 금속성 기념탑신에 새겨졌다.

월미도의 역사적 정체성을 독점하려는 이러한 군사적 표상물들과 달리, 인천해양수산청에서는 월미도에 국내 최대(가로 20m, 세로 10m)의 조류정보 전광판 설치를 위해 부지를 내어줄 것을 인천시에 요구했었다. 다행히 인천광역시에서는 도시자연공원으로 조성한다는 기본원칙과 함께 '월미공원 난개발 저지를 위한 시민대책위'의 반대 여론을 들어 거부 의사를 표시하여 월미공원 내 설립은 무산되었고, 월미도 해안에 설치되었다. 인천해양청에서는 또다시 월미도 회주도로가 만나는 지점에 위치한 월미공원 부지에 컨테이너 야적장 설치를 요구하기도 하였으나 무리한 요구로 무산되었다.

해양자원을 독점해온 해양청의 부처이기주의라고밖에 볼 수 없는 근

---

1) 「시민단체 반대로 연평해전 기념비도 못 세우나」 / 「사설-연평해전 기념탑 건립도 눈치 보나」, 『중앙일보』, 2004. 8. 4.

시안적 요구는 국립해양관(오션피아)을 설치하여 관광객을 유치하겠다는 해양수산청의 또 다른 시책의 진정성도 의심스럽게 한다. 해양수산청과 함께 인천광역시와 일부 시민단체들이 부산, 여수와 경쟁하면서 적극적인 유치 운동을 추진했던 국립해양관은 인천에 마땅히 들어서야 할 시설이다. 그러나 국립해양관 설립 예정후보지로 월미공원 부지가 과연 적지인가에 대해서는 의문이 제기되었다. 교통의 흐름이 막혀 있고 온갖 상업시설로 주차장조

〈그림 1〉 해군첩보부대 충혼탑

차 확보되지 않는 월미도에, 그것도 인천 동서녹지축 서쪽의 마지막 녹지보고인 월미공원 내에 이러한 대규모 시설을 설치하는 것이 타당한지 충분히 검토되지 않은 채 추진되었다. 교통영향평가나 환경영향평가도 제대로 거치지 않은 상태에서 월미도에 사람이 많이 찾으니까 일단 유치해보자, 게다가 월미산이 개방되었고 그 아래 군부대가 곧 나가니까 여기에 당장에 손쉽게 조성할 수 있겠다는 발상, 이것이야말로 행정편의주의의 전형인 것이다.

국립해양관 건립 문제는 단순히 하나의 건물을 신축하는 차원을 넘어서는 문제이다. 인천광역시 전체를 놓고 도시계획적 차원에서 접근할 문제이고, 좁게는 월미관광특구 전체를 놓고 판단할 문제였다. 월미공원 이외에 더 좋은 적지는 없는지를 장기적인 관점에서 철저히 검토했어야 했다. 국립해양관이 월미도에 들어서려면 월미공원 부지 10,000평을 도

시공원 지구에서 해제해야 한다. 정말 국립해양관과 같은 시설이 인천에 필요하다면, 차제에 민관이 협력하면서 장기적 계획과 비전을 갖고 면밀한 검토와 토론을 거쳐야 했다. 결국 국립해양관의 유치 문제는 국토부의 사업타당성 조사결과 부산, 여수, 인천 모두 사업타당성이 부족하다고 결론내려 무산되었으나 최근 다시 설립 추진 움직임이 가시화되고 있다.

또 한편 안상수 인천시장은 2003년 연초에 갑자기 〈하와이 이민 100주년 기념관〉을 월미공원에 세우겠다고 발표하였다. 안상수 시장이 미국에 가서 하와이 이민 백주년기념사업에 참가한 직후이다. 2002년 말부터 테스크포스팀을 가동해서 작성하여 2003년 초에 발표한 〈인천미래발전계획〉에도 포함되지 않은 시설물 계획이 갑자기 월미공원에 급조되어 편성된 것이다. 더욱 문제인 것은 이 기념관 시설이 위에서 언급한 국립해양관과 같은 부지에 건설할 계획으로 발표되었다는 데 있다. 한국 근대사에서 하와이 이민이 갖는 의미를 몰라서 이 시설물 계획을 문제시하는 것이 아니다.

문제는 이와 같이 졸속으로 추진되는 행정적 절차와 과정이다. 예술인들의 오랜 염원인 시립미술관 건립은 몇 년째 답보상태를 보이면서, 인천 역사인프라의 총본산이 되어야 할 인천시립박물관은 저처럼 열악한 상태 방치되어 제 기능을 다하지 못하는 상황에서, '하와이 이민 100주년 기념관'이 그처럼 중요한 시설물인가? 하와이 이주 100주년을 기념하여 발의된 이민사기념관의 위치로 월미도가 타당한 것인가도 논란이 되었지만, 결국 '하와이 이민 100주년 기념관'은 2003년 3월 17일 추진위원회를 구성하고, 2004년 박물관 건립 타당성 용역을 시행하면서 긴급히 유물을 수집하는 동시에 2006년 6월 건축공사에 착공하여 2008년 6월 13일 '한국이민사박물관'이라는 이름으로 개관하였다. 다행히 하와이 이민사의 다양한 역사문화적 콘텐츠를 갖추어 한국근대사의 중요한 역사문화적 맥락을 보여주는 특성화된 박물관으로 기능하고 있다.

끝으로, 월미공원 역사적 표상을 둘러싸고 월미공원 조성을 담당한 인천광역시 서부공원사업소에서는 월미도의 역사적, 문화적 정체성과는 그리 어울리지 않는 '월미동천(月尾洞天)'이라는 정체불명의 명칭으로, 전통정원을 중심테마로 하는 공원조성을 밀어붙였다. 애초 해당 부지에는 월미도의 어촌마을이 존재했었다는 역사적 사실로부터 착안된 전통공원은 그러나 어촌마을과는 전혀 다른 박제된 전통공원으로 탈바꿈되었다. 무려 160여억 원을 들여 현상공모까지 실시한 이 전통정원지구의 당선작을 보면, 너무 오밀조밀하게 온갖 인공적인 정원 시설물과 전통 건축물이 밀집되어 있어, 조악하고 인위적인 공원시설로 떨어질 것이라 지적되었다. 월미도의 역사적 정체성과는 그리 어울리지 않는 이 계획은, 서울의 남산 한옥마을이나 덕수궁, 경복궁 같은 전통문화공간과 경쟁했을 때도 그 역사적 연원이 불분명하고 인위적이며 규모도 그리 크지 않다. 수원시에서는 수조 원을 들여 수원 화성 일원 전체를 대대적으로 복원한다는 계획을 발표하기도 하였다. 역사적 실상에도 맞지 않는 인공적인 월미도 전통공원이 이들과 경쟁하면서 과연 전통공원으로서 그 독자성을 살리면서 살아남을 수 있을 것인가? '월미도 난개발 저지를 위한 시민대책위'를 이를 거듭 지적했으나 월미도 전통정원은 그대로 조성되었다.

4. 2011년, 월미공원 관광활성화 방안

월미공원을 둘러싼 역사적 표상의 각축은 2010년 들어 다시 재현되었다. 지난 2011년 7월 25일 인천시는 보도자료를 배포하여 월미공원 이용 활성화 추진 계획을 발표했다. 59만㎡에 달하는 월미공원에 86억 5천만 원의 시 예산을 2년간 투자하여 수도권의 관광명소를 만들겠다는 것이다. 시의 판단에 따르면 월미공원은 현재 관광·편의시설 부족으로 관광객들로부터 외면을 받고 있어서 기념품 매점, 사랑의 자물쇠 광장, 숲 도서관, 카페테리아, 오토캠핑장 등의 시설을 설치하고 전통문화 체험, 전통먹거리장터와 놀이마당 등 체험행사장도 지을 뿐만 아니라 접근성을 높이기 위해서 셔틀전기차를 운행하고 2012년에 진행할 2단계 사업에서는 월미산 정상까지 쉽게 올라갈 수 있도록 경사형 엘리베이터를 설치하고 전통한식체험관도 조성할 계획이었다. 이를 위해 인천시는 오는 9월까지 1단계 사업비 18억1천만 원을 추경예산에서 확보하고 10월까지 사업을 끝내며, 68억4천만 원이 들어가는 2단계 사업은 올해 12월 내년도 본예산에 반영해 내년 1월부터 사업에 착수할 계획까지 발표하였다.

'월미공원 이용 활성화'라는 명분으로 마련된 이 계획이 완료된다면 월미공원이 수도권의 관광명소로 탈바꿈할 것이라는 기대 섞인 전망을 인천의 주요한 언론사에서도 대대적으로 보도했다. 인천시의 발표와 언론의 보도를 보면서 여러 가지로 착잡한 마음을 금할 수 없었다. 무엇보다 현재의 월미공원이 관광·편의시설 부족으로 관광객들로부터 외면을 받고 있다는 기본적인 판단에 동의할 수 없었다. 설령 관광적인 마인드에만 입각해서 이에 동의한다 하더라도 저렇게 급조된 계획만 마련하면 수도권의 관광명소로 월미공원이 과연 탈바꿈할 것인가?

〈그림 2〉 월미공원 이용활성화 계획 구상도

   거듭 강조하거니와 월미공원은 근대도시 인천이 경험한 온갖 영욕을
간직한 섬이다. '한국근대사의 축도'를 보여주는 역사적 장소성을 가진
곳이라는 데 대해서는 이미 전술한 바 있으니 논외로 하자. 이러한 역사적
가치에 더하여 월미공원은 반세기 동안 군부대가 진주함으로써 인천 서
안에서는 유일하게 푸른 숲은 간직한 생태공원으로 부활하였다. 2001년
인천시 서부공원사업소가 월미공원을 도시자연공원으로 조성할 때 인천
지역의 시민단체와 문화단체들이 각종 시설물 계획을 난개발로 규정하고
월미공원 보존을 위해 활동하는 등 민·관의 관심과 노력이 어우러지면서
그나마 현재와 같은 생태공원으로서 보존되어 왔다.
   인천시가 2011년 발표한 월미공원 활성화 계획은 월미공원이 가진 정체성과 미래적 가치를 철저히 배제한 바탕 위에서 오직 근시안적인 관광산업적 마인드에 집착하여 마련한 졸속안이라 하지 않을 수 없다. 월미공원 초기 조성 당시에 서부공원사업소가 무려 160여억 원의 예산을 들여 추진한 '월미동천(月尾洞天)'이라는 전통정원지구 조성 사업이 월미도가 가진 근대역사적 측면의 장소성에는 어울리지 않는다고 문제제기가 있었다. 그런데 2011년 인천시가 마련한 계획은 이 짝퉁 정원지구의 전통의 '한국적' 이미지를 확대복제하여 한식체험관, 전통먹거리장터 같은 판에 박힌 시설을 확대한다니 그 발상이 한심할 뿐이다. 정작 월미도가 매력적인 관광지가 되는 첫 번째 요건은 외국인들에게 짝퉁으로 급조한 전통정원지구와 한식체험관 같은 것을 보여줄 것이 아니라 월미도가 겪었던 근대의 역사를 제대로 보여주는 안내책자나 지도의 제작이 아닌가! 아직도 이런 안내지도나 책자조차 마련하지 못하고 있는 것이 빈곤한 관광 마인드로 하드웨어적인 편의시설만 도입하면 이용이 활성화될 것이라고 보는 것이야말로 이제는 시대에 뒤떨어진 사고방식이라 하지 않을 수 없다.

중구의 원도심이 풍부하게 가지고 있는 역사·문화 자원 및 경관과 연결된 역사·생태공원으로서 보배로운 가치를 가지고 있는 월미공원의 높이는 불과 100m 남짓밖에 되지 않는다. 천천히 걸어서 올라가도 불과 30분이면 경치를 완상하면서 올라갈 수 있는 곳이다. 연로하신 노인들을 모시고 혹은 어린 아이들의 손을 잡고서 아름다운 숲길을 한가로이 걸어 올라가는 시민들의 모습은 월미공원에서만 누릴 수 있는 행복한 순간이다. 이런 곳에 등산로의 여유로운 산책자들을 밀어내고 15~20인승의 전기자동차를 운행하거나 무려 총 길이 252m의 경사형 엘리베이터를 설치한다면 월미공원은 금방 흔하디흔한 '쌈지공원' 같은 모습으로 전락하고 말 것이다. 인천시와 관광공사는 서울의 남산을 흉내 내서 보다 많은 관람객들이 찾고 재정수익도 얻을 수 있는 곳으로 월미공원을 탈바꿈시키려 하는지 모르겠다. 그러나 서울의 남산과 인천의 월미도는 그 규모와 역사성, 그리고 도시공간에서 갖는 장소적 맥락이 크게 다르다. 언제나 인천은 서울을 쫓아가는 낡은 타성에서 벗어날 수 있을까?

제주도 올레길을 시작으로 도시마다 둘레길을 조성하는 것이 붐처럼 일어나고 있는 시대에 야트막한 월미공원의 경관과 생태공원으로서의 가치를 훼손하는 전기자동차와 경사형 엘리베이터 등의 물리적 시설을 들여 이용료를 받으려고 하는 발상은 제발 거두어주었으면 좋겠다. 월미공원의 정체성을 생각하지 않고 일부 외국관람객만을 염두에 두어 전통먹거리장터나 한식체험관 같은 조성하는 것도 구태의연한 발상이기는 마찬가지다. 서울의 한옥마을이나 용인 민속촌과 경쟁할 수 없는 그런 박제된 콘텐츠가 아닌 월미공원만이 가진 역사·문화콘텐츠를 구현해야 한다.

5. 낡은 이념의 스펙터클이 점령한 월미공원

2005년 맥아더 동상 철거논란을 계기로 인천의 보수단체들이 결집하여 맥아더동상 사수를 외치는 한편 자유공원을 맥아더공원으로 호명하면서 해마다 대규모의 집회를 개최하고 있다. 3년 전부터 인천상륙작전 재현행사를 월미도와 그 앞바다에서 진행해왔던 국방부에서는 2009년부터 한국전쟁 60주년 기념사업을 대대적으로 준비하여 최근 사업계획을 발표하였다. '도약의 60! 세계 평화로!'(Thanks & Honor)라는 슬로건, "기억과 계승, 감사와 경의, 화합과 협력"이라는 3대 주제 하에 모두 13개의 사업을 추진하면서 인천상륙작전 전투기념 행사를 핵심행사로 성대하게 개최할 것이라고 밝혔다.[2] 2010년 3월 9일 인천시에 의해 구체화되어 발표된 인천상륙작전 60주년 기념행사는 국방부가 주최하고 해군본부 행사기획단과 시가 주관하여 전야제를 시작으로 기념식, 상륙작전 재연, 시가행진, 사진전시회, 상륙함정 시승, 함정 공개 등 다채로운 행사로 진행할 것이라 한다. 메일 행사인 9월 15일 상륙작전 재현행사에는 실제 병력과 장비가 투입돼 해안정찰, 침투시연, 함포·공군기의 화력지원, 상륙돌격, 평화상징 퍼포먼스 등을 선보였으니,[3] 인천상륙작전은 이제 전쟁축제로 해마다 재생하고 있다.

〈그림 3〉 2009년 9월 15일 대규모로 거행된 인천상륙작전 재현행사

2) 「국방부, 6·25 60주년 13개 사업 확정」, 『연합뉴스』, 2009. 12. 31.
3) 「인천상륙작전 60주년 대규모 기념행사 개최」, 『연합뉴스』, 2010. 3. 9.

한편 이와는 별개로 전임 안상수 시장 체제하의 인천광역시에서는 "인천상륙작전의 역사적 의미를 되새기고 한국전쟁 참전국들에 보은하는 의미"를 갖고서 2013년까지 월미도 지역에 해상기념공원을 조성할 계획이라고 2010년 1월 17일 밝혔다. 시는 중구 북성동 산 2-10번지 일대 24,508㎡의 부지에 국·시비 700억 원을 들여 인천상륙작전 기념공원, 전승기념관, 전승기념비를 건립한다는 것이다. 인천시가 밝힌 건립 목적에는 "인천상륙작전 당시 유엔군의 주 공격로였던 월미도에 기념공원이 조성되면 한국전쟁 참전국 국가원수와 참전용사, 가족 등의 방문이 이어져 국제사회에서 인천의 도시브랜드 가치를 높이는 계기가 될 것"이라고 밝혔다. 또 "안보교육장과 관광자원으로 활용할 수 있어 지역경제 활성화에도 도움이 될 것"이라는 기대를 표명하였다.[4] 인천광역시는 이러한 계획에서 한 걸음 더 나아가 9·15인천상륙작전 기념행사를 2년에 한 번씩 격년제로 정례화하고, 프랑스의 노르망디상륙작전 기념행사처럼 '국제 안보관광상품'으로 개발할 계획이라고 밝혔다.[5]

국방부나 인천광역시 모두 화해와 평화를 이야기하고 있지만, 재현행사와 기념공원 조성의 핵심이 과연 '증오의 수사학'에서 얼마만큼 멀리 벗어나 있는가는 사뭇 회의적이다. 이들이 인천상륙작전을 여전히 남북대결의식에 사로잡혀 승전의 기억으로만 강요하는 가운데 인천상륙작전의 성공을 위해 사전폭격으로 희생된 월미도 원주민들에 대한 무자비한 미군폭격사건은 철저히 배제되고 있다. 이 사건은 1950년 9월 10일 새벽, 인천상륙작전의 사전예방작전으로 이루어진 미군 해병대 함재기들의 월미도 원주민 어촌마을에 대한 무차별 폭격이 가해진 사건이다. 인

---

4) 「인천시, 인천상륙작전 기념공원 조성 추진」, 『연합뉴스』, 2010. 1. 17.
5) 「인천상륙작전 국제관광상품화」, 『경인일보』, 2010. 4. 28.

천상륙작전의 일환으로 전개된 이 폭격사건은 그간 신화화된 인천상륙
작전의 압도적 기억에 의해 가려져 잊혀졌다가 2008년 2월 26일 국가기
관인 진실·화해를위한과거사정리위원회에 의해 진실규명 결정이 내려
짐으로써 57년 만에 그 실체가 드러났다.[6] 그러나 진실규명 이후에도
월주민들에 대한 귀향조처 물론이고 피해보상이 이루어지지 않은 상태
에서 월주민대책위에서는 해마다 9월 15일 오후 2시에 그들이 고향마을
이 위치했던 월미공원 전통정원지구에서 외롭게 위령제를 지내고 있다.
9월 15일, 같은 날 오전과 오후에 각각 개최됨에도 불구하고 인천상륙작
전 재현행사에는 인천의 정관계 인사가 대거 참여함에도 불구하고 원주
민 미군폭격 희생자 위령제는 작년이나 올해에도 정관계 인사들의 발걸
음도 미치지 못하고 있는 현실이다.

〈그림 4〉 2008년 9월 15일 거행된 제2회 미군폭격희생자 위령제

---

6) 보다 자세한 것은 이희환, 「인천상륙작전에 가려진 월미도의 아픔」, 『황해문화』 2011
   가을호 참조.

이런 가운데 인천의 내로라하는 정치권 인사들이 참여한 '인천상륙작전 국가기념일 제정추진위원회'(신학용, 황우여 공동위원장)가 설립되어 2010년 6월 24일 국회에서 기자회견을 갖고 "인천상륙작전 기념일을 국가기념일을 넘어 세계기념일로 격상시키겠다"고 밝힌 것 또한 한국전쟁에 대한 인천의 역사적 인식을 반영하는 것이다. 인천상륙작전 기념공원 조성을 추진했던 안상수 시장이 낙마하고 송영길 시장이 취임하여 공원조성이 설득력을 잃어가자, 인천지구황해도민회가 수봉공원 망배단에서 인천상륙작전 공원부지 확보 촉구를 하면서 송영길 인천시장에 대한 주민소환에 돌입하겠다고 엄포를 놓는 기자회견을 한 것 또한 역사의 시계가 거꾸로 돌아가고 있는 인천의 쓸쓸한 현실인 것이다.

이처럼 인천상륙작전의 와중에 희생당한 월미도 원주민들의 고통을 철저히 외면하면서 스펙터클한 전쟁 재현에만 몰두하고 있는 것 같아 쓸쓸할 뿐이다. 이미 두 세대 전에 일어난 전쟁임에도 불구하고 한국전쟁과 인천상륙작전, 그리고 맥아더라는 이름은 오늘날까지도 우리의 일상을 포성 자욱한 대결의 장으로 만드는 블랙홀로 출몰하고 있다. 2005년 맥아더동상 철거 논란 이후 이러한 양상은 더욱 확대되었으니 우리는 아직도 인천상륙작전이라는 과거에 이념적 포로로 사로잡혀 있는 것은 아닌가.

6. 월미공원을 평화공원으로

한국전쟁의 악몽과 거기서 발원한 증오의 수사학이 우리 사회의 모든 현실문제들을 이념대립으로 증발시켜버리고 마는 근본적인 이유는, 한국전쟁이 아직 종전되지 않은 휴전상태이기 때문이다. 그렇기 때문에 천암함 침몰사건을 계기로 이명박 대통령이 전군지휘관회의를 주재하면서 했던 말 그대로 "불과 50km 거리에 장사포가 우리를 겨누고 있음"을 국민들이 잊고 살아서는 안 된다는 위기의식에 붙들려 살아가고 있다. 동족상잔의 한국전쟁을 근본적으로 종전시키고 남·북 대치상태를 온전히 끝내려는 노력 대신에 우리가 손쉽게 대결의식에 사로잡혀 증오의 수사학을 들이댄다면, 우리는 한 치 없이 한국전쟁의 파놓은 함정에서 벗어날 수 없을 것이다.

이제 9·15인천상륙작전을 이념대립의 상징이자 정치적 타산을 위한 기념물로 확대재생산하지 말고 역사에 객관적으로 기록해야 할 때이다. 세계전사에 빛나는 승리의 역사로 인천상륙작전에 대한 찬사와 그 속에 도사린 적대적 이분법으로 21세기를 내다보는 것은 불행한 일이다. 세계의 모든 시민들이 이미 과거의 역사 저편으로 조종을 울려 떠나보낸 냉전시대의 유물을 부여잡고 분단시대의 어둠을 자임하는 일에 다름 아니기 때문이다. 옥련동의 거대한 인천상륙작전기념관도 모자라 다시 월미도 해양과학관 예정부지에 인천상륙작전 기념공원을 조성하고 해마다 인천상륙작전을 대대적으로 재현하는 것은, 따라서 결코 순수하지도 않고 애국적이지도 않을 뿐더러 시대착오적이다. 동족간에 총칼을 들이댄 전쟁이 발생한 것만도 부끄럽기 그지없는데, 거기에 외세의 군대를 끌어들여 엄청난 포탄을 무차별로 퍼부어 승리한 증오의 전쟁사를 축제로 재현하고, 공원을 만들어 외국인들에게 눈요기로 전시하겠다는 발상이야말로 자존심도 없고 부끄러움도 모르는 몰역사적 행태에 다름 아니다.

60년 전, 인천상륙작전으로 인해 폐허가 되었던 도시 인천, 냉전시대에 황해바다가 얼어붙으면서 몰락했던 항구도시 인천이 탈냉전시대에 부활하면서 황해바다를 포용하는 동아시아의 열린 도시로 어렵사리 되살아났다. 이제 인천에서 진정으로 고민해야 할 것은 남·북의 대치를 종식시키고 인천이 남북화해의 중핵도시, 평화도시로 거듭나게 하는 일이다. 북한 핵문제를 포함한 모든 군사적 대결을 해소하고 기나긴 한국전쟁을 종전시킴으로써, 더 이상 인천 앞바다에서 연평해전이나 '천안함 침몰사건' 같은 비극적인 일이 발생하지 않도록 노력해야 할 것이다.

인천을 평화도시로 재구축하는 그 시작을 월미공원을 평화공원으로 만드는 일로부터 시작해보자고 제안한다. 기실 근대도시 인천의 역사적 장소인 자유공원은 온갖 전쟁기념물의 난립으로 역사적 정체성이 불구화된 상태이다. 월미공원이 온갖 기념물과 시설물들로 잡탕이 되어 '제2의 자유공원'으로 전락해서는 결코 안 된다. 50여 년간 군사지대로 묶이면서 역설적이게도 인천의 친수녹지공간으로는 유일하게 남아있는 월미산, 뿐만 아니라 한국근현대사의 축도를 그대로 보여주는 역사와 문화의 생

〈그림 5〉 2003 월미문학의 밤 포스터

생한 터전인 월미도를 온갖 분열된 이미지와 시설들로 성급히 개발할 일이 아니다. 월미도가 지닌 역사적, 문화적 가치를 깊이 고려하면서 월미공원만이 가질 수 있는 정체성을 최대한 살려낼 수 있는 섬세하고 끈기 있는 노력이 필요한 시점이다.

한국전쟁의 첫 상륙지점으로 수많은 민간인들이 희생된 월미공원을 평화공원으로 조성하는 것도 월미공원이 지향해야 할 중요한 가치의 하나이다. 인천시와 유관 행정기관에서는 이제라도 월미도의의 정체성을 인천시민사회와 함께 깊이 토론해나가면서 장기적인 계획을 함께 세워 나가야 할 것이다. 인천 시민사회에서도 월미공원 문제가 하나의 조그만 공원을 짓는데 그치는 문제가 아니라, 인천의 지역 정체성을 제고하면서 새로운 대안적 도시문화공간을 창출하는 일이다. 따라서 월미공원을 중심으로 한 월미도 전체를, 근대 인천의 역사와 문화가 살아있는 도시공간으로, 더하여 미래지향적인 평화공원으로 조성해나가는 지혜를 모아야 한다.

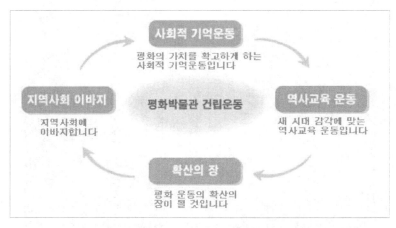

〈그림 6〉 평화박물관 만들기 운동의 지향(평화박물관 홈페이지)

차제에 서부공원사업소 건물로 활용되고 있는 건물을 우선 '월미도역사평화박물관'으로 조성할 것을 제안해본다. 월미도의 역사에 대한 전시, 소개와 함께 월미도가 경험하고 목격했던 근대의 참혹한 전쟁의 역사를 전시, 체험케하여 평화의 가치를 관람객들에게 마음으로 전달하는 평화박물관으로 재개관하자는 것이다. 평화박물관이라고 하여 꼭 커다란 시설과 건물일 필요는 없다. 평화박물관건립위원회가 표방하고 있는 평화박물관은 1. 평화의 가치를 확고하게 하는 사회적 기억운동이자, 2. 다양한 사람들의 작은 기억들을 새 시대 감각에 맞게 보관, 전시하는 역사교육운동이며, 3. 평화운동을 확산하는 장이자 4. 지역사회에 이바지할 평화인프라로 기여할 것을 목표로 각 지역에 소박한 규모로 시작할 수 있는 소박한 박물관을 지향한다.[7]

좌와 우를 넘어 이제 인천에서 서로의 아픔을 이해하며 손을 맞잡는 '고통의 연대'에 입각한 평화운동으로 평화박물관 건립을 시작해야 한다. 그리고 그 장소로 한국전쟁의 상처를 가장 많이 받았던 월미도에 평화박물관을 건립하는 일을 구체적으로 시작해보자. 부디 인천시와 인천관광공사는 단기적 안목과 성과주의의 유혹에 빠지지 말고 월미도의 정체성을 인천시민사회와 함께 깊이 토론해나가면서 장기적인 안목에서 월미공원을 품격 높은 역사·생태·평화공원으로 조성하면서 그 가치를 길이 보존해나갈 수 있는 큰 그림을 그려나가야 할 것이다.[8]

---

7) 평화박물관 홈페이지 http://www.peacemuseum.or.kr/ 참조
8) 월미공원의 역사성과 함께 자연생태계를 보존하고 공원의 품격을 높이기 위해 자연공원법상에 규정된 도립(시립)공원 혹은 구군립공원으로 지정하는 것도 생각해볼만 하다. 이에 대한 필자의 제안은 「인천의 자연유산을 시립공원으로」, 『시의회저널』 78호, 인천광역시의회, 2011, 8·9월호 참조.

인천의 도시재생과 젠트리피케이션

1. 젠트리피케이션의 본질

최근 수년간 젠트리피케이션(Gentrification)이라는 용어가 전문가들뿐만 아니라 일반인들 사이에서도 널리 회자되고 있다. 젠트리피케이션은 본래 신사 계급을 의미하는 '젠트리'에서 유래된 말로, 저소득층 주거지에 새로운 중상위 소득 계층이 유입되며 높은 주거비 수준을 형성하게 되면서 이로 인해 지역 구성원과 주거환경이 새로운 계층에 의해 변해가는 현상을 의미한다. 1964년 영국에서 루스 글래스(Ruth Glass)가 처음 사용한 학술적 용어로 알려지기 시작했는데, 당시에는 주거지역에 나타나는 현상으로 주로 인용되었다. 그러나 이후 상업지역에서 나타나는 젠트리피케이션 현상까지 포괄하는 용어로 사용되었다. 우리나라에서는 2014년 11월 경복궁의 서쪽마을이라 불리는 '서촌'에서부터 관심이 시작되어 최

---

* 필자 : 이희환

이 글은 2018년 4월 20일 인천종합문화예술회관에서 인천광역시와 인천시소상공인연합회 공동주최로 개최된 〈도시재생과 젠트리피케이션〉 주제의 토론회에 발표했던 원고를 수정·보완한 글임.

근에는 성수동 연무장길과 서울대 가로수길까지, 서울 곳곳에서 건물주 간의 갈등소식이 전해지며 상업지역의 젠트리피케이션 현상에 대중의 이목이 집중되었고 급속도로 젠트리피케이션에 대한 관심도 확대되기 시작하였다.

젠트리피케이션 현상에 대해서는 이미 학계에서도 많은 논문들이 나오고 있거니와, 여러 논의 중에서 신현방 런던정치경제대학교 지리환경학과 교수가 최근에 쓴 논문에서 제기한 견해에 깊이 공감하면서 주요 논의를 소개해본다.[1] 신현방 교수는 젠트리피케이션의 본질을 "부동산 축적구조의 위기로 인해 위험성이 큰 대규모 신축개발보다 국지적 개별 자본의 이해가 더욱 반영된 상업 젠트리피케이션이 도시공간을 재편하는 현상"으로 본다. 지대변화를 촉진하고 더 높은 지대에 기반을 둔 지대 차익을 획득하기 위한 개발행위로 기존 원주민을 포함한 토지이용자의 비자발적 이주, 즉 강제 축출을 초래해 사회적/공간적 양극화 같은 도시 문제를 유발하는 과정에서 젠트리피케이션 현상이 발생한다는 것이다.

정치경제학적 입장에서 신현방 교수가 젠트리피케이션 현상에서 특히 주목하는 개념은 '축출' 개념이다. 기존 토지 사용자가 외부에서 유입된 새로운 사용자에 의해 밀려나고, 부동산 가치상승에 따른 이익을 신규 전입자가 전유하는 것을 비판적으로 이해하려는 개념인 젠트리피케이션 개념에서 기존 토지 소유주 일부 및 대다수 점유자의 축출이라는 부정적 현상을 간과하는 것은 이 개념의 본래의 비판적 의미를 탈색하고 자칫하면 젠트리피케이션이 오히려 객관적이고 가치중립적이거나 긍정적인 현상으로 받아들여질 위험이 있다는 것이다. 즉 '좋은 젠트리피케이션'은

---

1) 신현방, 「투기적 도시화, 젠트리피케이션, 도시권」, 『희망의 도시』, 서울연구원 엮음, 돌베개, 2017.

형용모순이라는 것이다.

신 교수는 에릭 클라크(Eric Clark)의 젠트리피케이션 정의를 소개하면서 축출 개념을 구체적으로 소개한다. 클라크에 따르면 '고정자본의 재투자를 통해 건조환경의 변화가 이뤄지고, 이에 동반해 기존 토지 이용자가 더 높은 사회경제적 지위를 가진 신규 이용자에 의해 대체되는 과정'으로 '지대 차이에 따른 개발이익을 극대화하기 위한 자본의 투자 또는 재투자를 포함하여 이 과정에서 더 높은 소득계층이 유입됨으로써 지역사회 계급구조가 변화하며 기존 토지이용자의 축출을 수반하는 과정'이라 정의하고 있다. 젠트리피케이션의 축출은 두 가지로 나뉘는데, 어느 한 공간에서 다른 공간으로의 물리적 이동이 수반되는 물리적 축출과 개발 이후 지역이 너무 많이 변해서 자기가 살아왔던 공간에 대한 공감을 더 이상 느끼지 못하고 소외되고 고립되는 현상학적 축출로 구분한다.

물리적 축출에 대비되는 개념인 현상학적 축출이 최근 주목되고 있는데, 이는 원주민이 재수용되더라도 그들이 사회적 관계에서 고립된다면 이 역시 축출로 봐야 한다는 논의로 이어지고 있다. (또 다른 학자인 마르쿠제(Marcuse)도 축출 개념을 논하면서 최종거주자의 축출, 연쇄축출, 배제적 축출 등을 구별하고, 축출 압력 역시 중요한 연구대상으로 삼아야 한다고 역설한다.) 물리적 축출과 현상학적 축출에 덧붙여 더 고민해봐야 할 것은 과연 축출이 언제부터 시작되는가 하는 것도 깊이 짚어봐야 한다는 것이다. 즉, 젠트리피케이션 방지정책을 수립할 때는 물리적, 현상학적 축출의 이해와 함께 축출의 시작과 종료시점이 언제인지도 고민해야 한다는 것이다.

젠트리피케이션 현상을 지역사회 계급구조의 변화로, 물리적, 현상학적 축출을 야기하는 부정적인 자본의 관철과정을 보는 시각은 자연스럽게 사회정치적 투쟁의 중요성을 강조하는 관점으로 연결된다. 닐 스미스

(Neil Smith)는 1970년대 자본축적 관점에서 지대차이론으로 젠트리피케이션을 설명하고 이론적 근거로 제시했다. 서구 후기산업도시가 건조환경의 쇠퇴, 낙후 같은 이유로 부동산의 가치저하를 겪고 이것이 불균등발전에 따른 지대차이를 발생시켜 젠트리피케이션 현상을 초래하지만, 물리적 환경이 성숙했다고 해도 즉, 지대차이가 극대화 됐다고 해도, 다양한 사회정치적 요인 때문에 젠트리피케이션이 촉진 또는 저지될 수 있다는 실천의 가능성에 주목한다. 젠트리피케이션에 대항하기 위한 사회정치적 투쟁이 중요하다는 것이다. 신현방 교수는 이러한 관점에서 젠트리피케이션에 대한 대응방안으로 '도시에 대한 권리'에 주목한다.

2. 한국의 투기적 도시화 : 사람보다 부동산

신 교수는 20세기 중반 이후 도시화와 산업화를 압축적으로 경험한 한국에서 부동산은 경제정책과 국토계획에서 자본과 정치권력이 연합해 발전을 추구하며 개발수익을 극대화 했고, SOC증대, 인구증가, 중산층 증대에 따른 주택수요의 증대 상황이 잠재적 지대의 급증에 따른 지대차이의 확대를 가져왔다고 분석한다. 1970년대를 거치며 자본축적의 내재적 모순이 극대화되고 이에 따른 축적위기를 겪은 서구도시에서는 위기를 타개하기 위한 일환으로 부동산 개발이 도시정책의 주요 수단이 되었다.

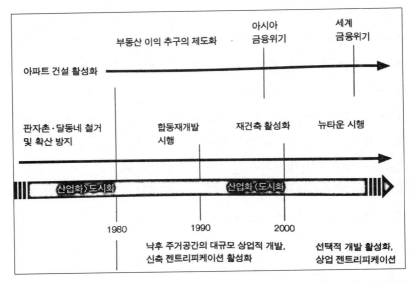

〈그림 1〉 한국 도시화 과정의 변천 및 주요 특징(출처 : 신현방, 앞의 논문, 228쪽)

　　도시화는 인구의 증가와 함께 건조환경에 대한 다양한 형태의 투자가
자본축적으로 이어지는 제 과정을 지칭하며 정치적·사회적·경제적 변화
를 수반한다. 도시화가 산업화보다 급속히 진행된 한국의 1950~60년대에
는 기존도시 및 주변지역에 인구가 급속히 유입되었다. 1970년대 들어
도시화와 산업화가 함께 진행되면서 압축적 산업화 경험, 노동집약적 산
업발전을 동반해 국가 주도형 산업단지의 건설 등을 통해 중화학공업 발전
에 필요한 노동력의 주거시설을 확충하면서 도시문제가 발생했다. 발전국
가가 주도하는 산업화 과정에 도시화 과정이 종속되면서 나타난 문제였
다. 1970년대 말부터 1980년대 초까지는 판자촌, 달동네 등의 철거에서
비공식 주거지역의 추가건설 및 확산방지, 아파트촌의 건설로 이어졌고
1980년대 중반 이후에는 국내 제조업의 순이익률 저하로 생산설비 해외

이전과 부동산 가격급등에 기댄 부동산 보유확대, 부동산 투자확대를 가져와 산업화가 도시화에 종속되는 관계로 역전되었다고 분석된다. 부동산에 보유 자산의 상당 부분을 쏟아 붓는 중산층의 경우 국가 및 자본의 이해관계에 자신들의 이해관계를 합치시켜 중산층을 진보적 사회변혁의 주체로 상정하는 기존 인식은 한계를 가질 수밖에 없게 되었다는 것이다.

이처럼 압축적 도시화와 산업화를 경험했던 한국에서 부동산은 경제정책, 국토계획에서 중요한 역할을 담당했으며 정부가 적극적으로 개입하고 재벌자본과 연합해 부동산 개발을 추진해 사람보다 부동산을 우선 중요하게 여기는 개발을 추진함으로써 이익을 극대화 해왔다. 2008년 세계금융위기 전후로 추진동력을 잃고 표류하던 뉴타운 사업은 한국 도시개발 및 부동산개발에 국지적 젠트리피케이션이 본격 전개될 수 있는 전환점을 제공했다는 것이다. 아울러 상업지역의 젠트리피케이션 현상도 나타났는데, 대규모 개발의 기회가 제약된 상태에서 유휴 부동산자본이 건물 단위 재건축 등에 집중하고 재개발, 재건축을 비껴간 동네를 상업화하면서 크게 대두되었다. 상업지역의 젠트리피케이션은 심지어 폭력적 형태로 관철되면서 강제퇴거 과정에서 개별 임차인에게 물리적 축출과정으로 이어지며 사회문제화 되기 시작했다. 그렇다면 인천의 도시화 과정은 어떠했는지 살펴보자.

3. '관(官)트리피케이션'이 문제다!

오늘 인천의 도시공간을 둘러싼 주요한 현안들을 살펴보노라면, 인천시의 도시정책이 여전히 개발주의에 입각해 지가상승을 도모하고 있다는 것을 여실히 확인할 수 있다. 지방자치제의 실시 이후 최기선-안상수-송영길-유정복 시장으로 정당과 시장의 교체가 이루어지기는 했지만, 확장 위주의 도시정책은 일관되게 관철돼 왔다. 그런데 이러한 흐름은 2007년 국제 금융위기 이후에도 더욱 교묘한 방식으로 계속되고 있고, 이는 주거지역 및 상업지역을 대상으로 한 대규모의 젠트리피케이션을 불러왔다. '원도심의 공동화'와 '도시의 양극화'는 그러한 젠트리피케이션의 결과인데, 그것이 자본의 논리에 적극적으로 호응하면서 정치적 성과를 얻으려는 관이 주도하여 이루어지고 있다는 점에서 관 주도의 젠트리피케이션, 일명 '관트리피케이션'이라고 지칭해보고자 한다. 이하에서 민선6기 유정복 시정부 하에서 일어나고 있는 대규모 지가상승을 목적으로 하는 관 주도 젠트리피케이션의 여러 현안들을 살펴보자.

1) 박근혜 적폐정책 뉴스테이 전면화, 원주민 헐값 내몰아

박근혜 정부의 적폐정책 중의 하나인 '뉴스테이' 개발사업은 중산층 임대주택이라는 명분으로 시작됐지만, 사업추진이 안 돼왔던 공공 책임의 주거환경개선사업지구나 민간 재개발 정비사업지구에 갖가지 특혜를 통해 개발하도록 허락해준 대표적인 적폐 부동산정책의 하나이다. 2015년 9월 박근혜 전 대통령이 인천 도화지구를 방문하여 첫 삽을 뜬 뉴스테이는 말만 그렇듯 하지 실상은 건설경기 침체를 만회하기 위해 원주민에게는 헐값의 보상을 주어 내쫓고 투기적 금융자본과 건설사에는 막대한 특혜와 개발이익을 선사해 죽어있는 건설경기를 되살리려는 잘못된 적폐정책의 하나로, 부동산 개발사업의 변형일 뿐이다.

이처럼 잘못된 적폐정책을 박근혜 전 대통령의 최측근인 유정복 인천

광역시장이 인천 곳곳의 재개발사업지구 중 사업성이 없어 추진이 안
된 곳에 무분별하게 적용하여, 인천시에서만 무려 10곳 이상의 뉴스테이
지구가 지정돼 추진되었다. 문제가 더 심각한 것은, 공공에서 원주민 재
정착을 기본으로 하는 주거환경개선사업지구에 뉴스테이를 연계해, 가
난한 원주민들에게는 종전보상가를 주고 헐값에 내쫓고 뉴스테이 개발
을 밀어붙였다는 점이다. 이렇게 전국 최초로 뉴스테이 연계형 주거환경
개선사업 방식으로 추진했던 십정2구역 뉴스테이 사업과 송림초교주변
뉴스테이 사업은 사업추진과정의 난맥상이 상상을 초월하고 있다.

공공이 나서 주민들의 재정착을 최우선으로 삼아야 할 공공사업인 주거
환경사업지구를 십년간 방치하며 주민들의 재산권 행사를 막아놓더니 뉴
스테이를 명분으로 주민들의 재산을 헐값 보상을 주고 내쫓고 민간건설업
체와 투기적 금융자본에는 용적률 상향 등의 갖가지 특혜를 베풀며 막대한
개발이익을 선사하도록 강요한 사실이 속속 드러났다. 원주민들의 재산을
반강제로 헐값에 강탈하고 민간업체에게는 막대한 개발이익을 선사하도
록 계약한 인천도시공사는 (주)마이마알이와 손잡고 인천 전역에서 무려
5~6개의 뉴스테이사업을 추진해왔을 뿐만 아니라 (주)마이마알이를 믿고
10년간 사업성이 없어 방치해왔던 동인천재정비촉진지구를 '동인천 르네
상스 프로젝트'라는 이름으로 뉴스테이 특혜개발을 졸속 입안해 유정복
인천광역시장이 직접 브리핑하는 해프닝까지 벌이기도 하였다.

유정복 인천시장이 밀어붙인 뉴스테이 사업의 본질은 특히 십정2구역
과 송림초교 주변지역 뉴스테이 사업 추진과정에서 여실히 드러났다.
2016년 12월 감정평가사가 산정한 송림초교지구 주민보상액 900여억 원
을 800여억 원으로 100억 원 정도 삭감할 것을 주민대표에게 강요한 것
뿐만이 아니라, 1차 계약을 맺은 민간사업자에게 당초 예정 분양가인

3.3제곱미터 당 720만 원을 3.3제곱미터 당 760만 원으로 인상할 것을 종용한 것으로 확인된 것이다. 업체들과의 유착관계가 아니면 있을 수 없는 복마전이 뉴스테이 사업을 둘러싸고 벌어지고 있었던 것이다. 유정복 시장은 뉴스테이 사업의 이러한 문제점을 지적한 도시공사 사장을 임기도 끝나기 전에 물러나게 하고, 고교 후배를 도시공사 사장에 앉혀 원주민들의 피눈물을 흘리게 하였다. 그 결과 십정2지구의 비대위 주민들의 저항을 끝내 밀어붙여 이주를 시키고 사업을 추진하고 있으며, 송림초교주변지구도 도시재생뉴딜로의 전환이 가능한데도, 도시보증기금(HUG)의 보증도 못 받은 채 사업을 밀어붙여 인천도시공사가 630억 원을 직접 출자하는 무리수를 두어 추진했다.

　이 과정에서 전 산자부장관의 아들이 새로 만든 (주)마이마알이만 믿고 추진하다, 계약을 해지하는 과정에서 업체의 부실로 인해 계약해지를 함에도 불구하고 계약을 잘못 체결해 200억 원을 마이마알이에서 이자로 주는 등 최악의 행정까지 벌였다. 그러나 마이마알이라는 업체는 송림지구와 금송지구 등 동구에서 여러 곳의 뉴스테이 사업을 주민들을 속여가면서 추진하고 있는 상황이다. 이렇게 원주민들을 내쫓는 최악의 도시개발 폭거를 강행한 인천도시공사가 새정부 들어와서 추진하고 있는 도시재생뉴딜 사업에는, 인천시 도시재생과의 일방적은 결정으로 '광역도시재생지원센터' 운영을 독점하면서 얄팍하게도 '도와주리' 공기업 비전('도시재생·주거복지 리더 공기업')을 선포한 것은 참으로 후안무치한 일이었다.

〈그림 2〉 박근혜 대통령이 2015년 9월 17일 인천 도화지구에 짓는 첫 기업형 임대주택(뉴스테이) 착공식에 참석해 행사 중 박수를 치고 있다. (출처 : 인천광역시)

그런데 박근혜 정부 최대의 적폐 부동산 정책인 뉴스테이 정책에 대해 적폐 청산을 최대의 과제로 제시하고 있는 집권 여당인 더불어민주당 인천시당과 지역위원회는 아무런 입장을 내놓고 못한 채, 인천의 오래된 주민들이 피눈물을 흘리는 것을 방관해왔다. 이제라도 더불어민주당은 사태의 심각성을 깨닫고 인천에서 벌어진 뉴스테이 사업에 대한 정부 차원의 특별감사를 실시해야 한다. 박근혜표 뉴스테이 사업을 전면 폐기하고, 문재인 대통령이 공약한 도시뉴딜정책의 구체적 실현을 통해 원주민들이 현재의 삶의 터전에서 살아갈 수 있도록, 주민들과 협의해 도시뉴딜정책을 적극적으로 실행해줄 것을 제안한다.

2) 시장이 발표하고 사과도 없이 폐기한 '동인천 르네상스 프로젝트'

유정복 전 인천광역시장은 2017년 2월 6일 인천시청에서 갑작스럽게 기자브리핑을 갖고 '동인천 르네상스 프로젝트'를 발표했다. 오는 2022년까지 약 2조 원의 민간자본을 끌어들여 10년 이상 정체됐던 동인천역 주변지역에 높이 330m, 80층 규모의 대규모 복합시설과 5,816세대의 뉴스테이(기업형 임대주택)를 건립하겠다는 것이었다.

지난 2007년 안상수 전 인천광역시장이 인천의 역세권마다 대규모로 무리하게 지정했던 재정비촉진지구 중의 하나인 동인천역세권재정비촉진지구(이하 '동인천재촉지구')가 다른 여러 재촉지구가 주민들의 대대적인 반발로 해제됐으나 찬반 투표로 유일하게 남게 된 재촉지구였다. 인천시는 지난 10년간 여러 차례 재촉지구 개발계획안을 변경해가면서 개발을 추진했지만, 인천시의 재정여건과 건설경기가 어려워지면서 하등의 개발

〈그림 3〉 긴급 브리핑으로 동인천 르네상스 프로젝트를 발표했던 유정복 시장
(출처 : 인천광역시)

을 하지 못했던 곳이다. 공영개발을 하지 못하면 솔직하게 주민들에게 사과하고 재촉지구에서 해제했어야 하나, 인천시는 재촉지구도 해제하지 않은 채 주민들에게 끝없이 개발의 환상을 유포하면서 고통만 선사해왔다.

이런 아픔을 갖고 있는 동인천재촉지구에 대하여 유정복 시장과 인천시가 갑자기 민간자본을 끌어들여 화려한 조감도를 제시하고 "공익사업" 운운하면서 '동인천 르네상스'라고 포장하는 것은 또 다시 주민들을 기만하는 것이었다. 인천시의 재정을 투여하지 않으면서 공익성을 확보한다는 것은 삼척동자도 다 알 수 있는 새빨간 거짓말에 불과하다. '동인천 르네상스 프로젝트'와 뉴스테이사업 공급촉진지구 지정을 제안했다는 (주)마이마알이는 이미 십정동 뉴스테이 사업에 참여하고 있는 부동산개발업체로, 십정동에서 주민들의 삶터를 헐값으로 보상해서 주민들의 반발을 샀던 기업의 하나다. 인천시가 스스로 내놓은 분석대로 높은 토지보상가 때문에 사업성이 없다고 판명난 동인천 재촉지구를 민간자본을 끌어들인다고 갑자기 사업성이 생길 리 만무하다. 민간자본은 철저히 개발이익을 위해 주민들을 착취할 것이고 고밀도 개발을 통해 도시의 경관과 정주환경을 파괴할 것이다. 기껏, 떡값 정도의 공익성 포장용 주민이주대책을 내놓는다고 민자개발사업의 본질을 가릴 수는 없다.

한마디로 '동인천 르네상스 프로젝트'는 인천시의 지난 10년간 무능력을 민간자본을 끌어들여 뺑튀기하고, 민간 부동산 투기기업을 배불리면서 도시빈민을 대량으로 양산하는 전형적인 투기적 부동산 개발의 재판이다. 도대체 저 높은 토지보상가를 지불하고 지어야 할 뉴스테이의 임대료는 그 얼마일 것인가? '동인천 르네상스'란 곧 10년 전 주민들의 전면적인 저항에 직면했던 안상수식 전면수용 도시막개발의 재판에 다름 아닌 것이다. 이러한 무지막지한 개발을 민간업자와 밀실에서 협의하고 이게 마치 새로운 개발사업인 것처럼 브리핑하고 나선 유정복 시장은 슬그머니 사업을 포기한 것에 대해 사과라도 했어야 했다.

3) 경인고속도로 일반도로화 사업의 성급한 추진

경인고속도로 일반화 사업은 인천기점~도화IC 구간 차선을 10차로에서 4차로로 도화IC~서인천IC의 10차선 구간을 6차로로 줄이고, 최고속력을 100㎞에서 60㎞로 단계적으로 감소시키는 사업이다. 2017년 11월 30일 경인고속도로 일반화구간 교차로 구조개선공사 착공식이 동구 구민운동장에서 열렸다. 경인고속도로 일반화구간에 대한 기본계획이 2018년 연말 완료 예정인 상황에서 일부 공사를 진행하는 것에 대해 인천시민사회단체는 우려를 표명한 바 있다. 기본계획에 대한 타당성평가, 실시설계 등도 진행되지 않은 채 교차로 개선사업부터 진행했기 때문이다. 인천이 관리권을 이관받을 구간은 10.45km에 달한다. 서구, 부평구, 남구, 동구를 관통하는 이 구간이 어떻게 구성되느냐는 따라 주변지역뿐 아니라 인천전체에 큰 영향을 끼치게 된다. 매우 섬세한 접근이 필요한 것이다.

경인고속도로 일반화구간 사업은 향후 인천의 모습을 획기적으로 전환시킬 수 있는 사업임에 틀림없다. 그렇기 때문에 주변지역 주민만이 아니라 충분한 시간을 가지고 300만 인천시민들을 대상으로 폭넓고 획기적으로 의견수렴을 해야 한다. 그러나 인천시는 그동안 민·관·학협의체, 전문가 자문회의, 지역주민 의견수렴 등을 진행해 왔지만, 지역사회의 공통된 의견은 현재 의견수렴 정도로는 부족하다는 것이었다. 인천시가 예상하고 있는, 4천억 원에 달하는 일반화구간 사업비와 향후 유지관리비 마련도 중요한 과제이다. 정부가 경인고속도로 인천구간을 인천시에 이양한다면 일반도로화 사업에 국비 지원이 어렵게 될 것이다. 또한 지하에 민자로 고속도로를 건설한다면 인천시민들이 또다시 통행료를 부담해야 하는 등 풀어야 할 숙제는 많다.

막대한 예산과 시간이 소요되는 일반도로화 사업에 대해서 인천시는 선거를 앞두고 졸속으로 추진할 뿐만 아니라 계획조차 지역의 요구를 일방적으로 수용하는 등의 졸속적 발표를 잇따라 발표했다. 애초 인천발전연구원의 연구를 거쳐 단계적 일반도로화 사업으로 추진하려고 했다가 서구 지역 이학재 국회의원의 지역 민원에 따라 전구간 동시착공이라는 불가능한 방침을 수용해 혼돈을 주기도 했다. 또 경인고속도로 일반화 사업이 중구 주민과 상인의 반발을 사고 있는 상황에서 김홍섭 중구청장이 '일반화 사업 반대'한다고 하니, 중구 구간을 지하화해서 건설하겠다고 발표하기도 했다. 이런 섣부른 발표는 원도심 지지층의 결집을 위한 나쁜 접근이 아닐 수 없다.

4) 경제자유구역 편중, 허울뿐인 원도심 정책과 도시의 약극화

2017년 10월 23일 진행된 국회 국토교통위원회에 인천시 국정감사에 유정복 시장이 그간 펼쳐온 온갖 도시개발사업의 문제점이 여실히 드러났다. 인천도시공사와 인천경제자유구역청을 내세워 유정복 시장이 추진했던 검단스마트시티, 송도 6·8공구 등 각종 대형 개발사업들은 한마디로 말해 실패한 사업들로 인천시민의 혈세를 낭비한 사업들뿐이다. 국정감사가 열리는 인천시청사 앞은 유정복 시장의 막가파식 도시재개발과 박근혜 적폐정책인 뉴스테이 개발, 제2외곽순환고속도로로 인해 집이 무너져 피눈물을 흘리는 원도심 주민들의 분노가 차고 넘쳤다. 유 시장의 정책실패로 인한 원도심 주민들의 분노에 대해 깊이 반성하고 사죄해야 할 유정복 시장은 그러나 뜬금없이 국정감사 다음날 '애인정책' 네 번째 시리즈로 원도심 활성화 정책을 발표했다. 그러나 이 정책은 온갖 미사여구를 동원한 거짓말로 분식된 재탕, 삼탕 정책들의 나열에 불과했다.

유정복 시장이 발표한 향후 5년간의 원도심 활성화 정책을 보면 "올해를 원도심 활성화의 원년으로 삼아 시민 중심의 주거공간을 만들 것"이라고 했는데, 왜 임기가 다 끝날 때, 그것도 10월 말에 이르러 원도심 활성화 원년을 일방적으로 발표하는지 한심하다. 유정복 시장은 한 술 더 떠서 "앞으로 5년 동안 매년 2천억 원씩 총 1조 원의 시 예산을 들여 중구·부평구 등 원도심 주거환경을 개선한다"고 했는데, 사업으로 내놓은 1조 원의 예산 대부분이 문재인 정부에서 추진하는 도시재생 뉴딜 사업 예산이거나 '인천 개항창조도시' 조성 사업에 들어가는 국비들이다. 그도 아니면 국비를 따와야 하나 미정 상태인 경인전철과 경인고속도 주변 개발사업 예산들이 대부분이다. 그렇지 않으면 공영주차장 확대, 교통사각지대 버스노선 투입, 마을 공공디자인 사업 등 기왕에 추진했던 사업들을 나열했을 뿐이다.

더 심각한 것은 유정복 시장이 주민들의 재산을 반토막 내는 원도심의 관리처분 방식 도시재개발 정비사업이나 가난한 주민들의 거센 반대에도 인천도시공사를 내세워 불법과 편법까지 동원해 밀어붙이는 박근혜 표 뉴스테이 연계형 주거환경개선사업을 밀어붙이면서 "원도심을 대상으로 원주민이 삶의 터전에서 계속 살 수 있게 공동작업장 설치, 공공임대상가 영세상인 우선 입주, 공가를 활용한 학습공간 등을 지원할 것"이라고 포장하고 있다는 것이다. 유정복 시장이 마련한 "원도심-신도시 균형발전 방안은 지난 2월 시·시의회·전문가 등으로 이뤄진 원도심재생협의회가 수십 차례의 회의를 통해 수립"했다고 했는데, 이 원도심재

생협의회야말로 원도심 주민들은 철저히 배제한 채 지역개발주의 세력
과 정치권이 야합해 만든 원주민 교체를 위한 개발계획들뿐이었다.

5) 중구 차이나타운 개발과 동화마을의 '관트리피케이션'

상업지구에서 나타나는 관 주도의 젠트리피케이션의 대표적인 장소는
중구의 차이나타운과 이에 맞닿아 있는 송월동 동화마을 개발일 것이다.

월미도 테마파크의 운영자이기도 한 김홍
섭 중구청장이 부임한 이해 추진된 차이나
타운 관광개발사업은 침체돼 있던 인천 차
이나타운을 외관을 크게 바꾸면서 성공적
인 관광개발사업으로 평가돼왔다. 중구청
은 이어 고무돼 차이나타운 2단계 개발사
업을 구상하는 한편, 차이나타운과 맞닿아
있는 중구 송월동마을을 통영의 동피랑마
을이나 부산의 감천마을 등의 사례를 본따
되, 동화 캐릭터로 마을 전체를 이미지 메
이킹하는 동화마을 도시재생사업을 자체
적으로 벌였고, 인천시에서는 여기에 '원도
심 저층주거리 관리사업' 예산을 지원했다.

차이나타운에 이어 송월동 동화마을에
서 일어난 젠트리피케이션 양상에 대해서
는 학계에서 논문이 여러 편 나오기도 했
다.[2] 송월동 동화마을의 관 주도 젠트리피

〈그림 4〉 스페이스빔 민운기 대표가
동화마을 축제와 원도심 저층주거지
관리사업 기공식이 열리던 2013년 10
월 31일 동화마을에서 '진정한 송월
동을 찾습니다'라는 주제로 퍼포먼스
도 벌였다.(출처 : 스페이스빔)

케이션의 폐해에 대해서는 그 문제점을 퍼포먼스를 통해 알린 스페이스
빔 민운기 대표의 글을 통해 확인할 수 있다.

> 나는 지난 3월 말 이틀에 걸쳐 진행했던 인천 중구 송월동 동화마을축제
> 현장에서 1인 행동을 벌인 바 있다. 이렇게 나서게 된 이유는 축제 자체와
> 동화마을 조성 사업에 대한 문제 제기의 일환이었지만, 그 이면에는 하나
> 의 공간 또는 지역, 장소를 바라보고 접근하는 (인천시와) 중구의 사고와
> 방식, 태도에 대한 그간의 누적된 불만과 분노가 자리 잡고 있었다. (…)
> 문제는 개념과 철학 없는 도시 및 관광 정책에 기반을 두고 오로지 경제적
> 인 잣대만을 내세워 접근하다 보니 역사·문화적 가치와 맥락 없는 공간으로
> 변질시켜 왔다는 것이다. 옛 청관의 울긋불긋 벽화와 인공 시설물들, 옛
> 일본 조계지 건물 외벽의 나무껍데기 덧씌우기 작업, 격동의 근·현대사가
> 압축되어 있는 곳에 전국의 전통공원 양식을 모아 짜깁기 한 월미공원 조성
> 사업, 난데없는 각국거리와 (인천시의) 러시아거리 조성 사업 등이 그것이
> 다. (…)
> 그런데 안타까운 점은 이렇게 짝퉁 거리와 장소를 만들어놓았는데 그것
> 이 통한다는 사실이다. 현재 중구 개항장 일대는 주말이 되면 곳곳에서 찾
> 아와 이를 소비하는 사람들로 붐빈다. 이러한 결과를 보고 사업 시행자인
> 중구는 성공했다며 자축의 분위기다. 결국 이는 행정과 시민 내지는 우리
> 의 관광(객) 수준이 합작하여 이루어 낸 결과다. 그리고 여기에 자신감을
> 얻은 행정은 이러한 방식의 사업을 더 확장시킬 계획을 세운다. 송월동 동
> 화마을 조성 사업은 이렇게 해서 시작되었다.

---

2) 이욱진, 「장소성의 인위적 형성을 통한 저층 주거지 재생 연구 : 인천시 송월동 동화마
   을의 사례」, 한국교원대학교 교육대학원 석사논문, 2016.
   홍정환, 「신규 관광지 창업이 주민에 미치는 영향 : 동화마을 중심 연구」, 인천대학교
   경영대학원 석사논문, 2017.
   황희정·윤현호, 「관광객의 진정성 경험을 통한 관광지로의 장소 구성 : 인천 송월동
   동화마을을 중심으로」, 『관광연구저널』 30호, 2016.

송월동 동화마을은 기존의 사업 방식이 그대로 이어진다. 그 나름의 역사와 문화적 특성, 삶의 이야기가 깃들어 있을 곳임에도 불구하고 한 마을을 동화 속 이미지들로 덮어버렸다. 당연히 그 이미지 이면의 마을이 지닌 이모저모, 즉 속살들은 감추어져 버렸다. 물론 시행 과정 속에서 일부 주민들의 여러 불만과 문제 제기가 있었음에도 불구하고 사람들이 몰려오고 지역 경제에 도움이 될 것이라는 기대와 목소리에 묻혀버렸다. 그리고 이러한 성격과 방식의 사업을 당연시하고 이를 다양한 형태로 계속 확대 재생산해나가고자 하는 취지에서 축제까지 개최하기에 이르렀다. 나에게는 이러한 축제가 더 이상 돌이키기 힘든 상황으로 밀어붙이는 것으로 받아들여졌다.

축제는 예상대로 동화 일색이었고 동화 속 주인공들이 주인이었다. '송월동'이라는 마을에서 개최했지만 송월동은 없었다. 어린 아이 손을 잡은 부모들을 포함하여 엄청난 인파가 송월동에 몰려들었지만 온 거리와 주택, 골목을 도배하다시피 한 동화 관련 이미지 외에는 관심을 보이지도 않았고, 보일 수도 없는 상황이었다. 이따금씩 주택 앞이나 골목 어귀에 이곳에 사는 것으로 짐작되는 할머니들이 옹기종기 앉아 있는 모습이 보였지만 방문객들의 관심과 시선에서 철저히 소외되었다. 그리고 축제의 주인이어야 할 마을 주민 분들은 행사장 뒤 언덕배기에 마련한 먹을거리 장터에 모여 앉아 있었다. 그야말로 주객이 전도된 모습이 아닐 수 없다.

그날 나는 '이상한 동화나라의 토끼'라는 개념으로 분장을 하여 현장에 나가 축제의 자발적 참가자가 됨과 동시에, '송월동을 찾습니다'라는 글귀의 어깨띠를 두르고 행사 주최자는 물론 주민들, 이곳을 찾아온 방문객들이 지닌 최소한의 상식적인 판단과 수준에 기대를 걸고 질문을 던짐으로써 나를 그곳으로부터 이탈시켰다. 애초의 기대는 이렇다 할 생각 없이 축제를 마련하고 준비하고 방문한 이들의 시선과 기억 속에 잠깐이지만 무언가 멈칫할 수 있는 이미지를 남기는 것으로 족하다고 생각했는데, 생각 이상으로 적지 않은 반응을 확인함으로써 성공했다고 보았다. 그러나 이러한 자그마한 행위가 축제 이면의 감추어져 있었던 존재와 모습까지 접하게 될 줄이야.[3]

문제는 상업지구의 젠트리피케이션이 송월동 동화마을에서 그치지 않고 관 주도에 의해 배다리마을이나 싸리재거리, 만석동 등지에서 계속 이루어질 가능성이 높다는 것이다. 아울러 민간자본에 의한 상업지구의 젠트리피케이션이 그동안은 서울 중심으로 문제가 됐지만, 인천으로까지 확산될 증후가 인천의 곳곳에서 나타나고 있다. 대표적인 곳이 중구 개항장 문화지구가 위치한 신포동 일대거니와 이곳에는 30년 이상 된 재즈클럽인 '버텀라인'과 '흐르는물' 등이 높은 임대료의 부담 속에서 어렵게 명맥을 유지하고 있는데, 새로운 카페와 주점 등이 잇따라 들어서면서 지가상승과 더불어 임대료 상승으로 인한 상업지구의 젠트리피케이션 현상이 몇 년 전부터 현실로 나타나고 있다는 것이다.

그런데 최근에는 상대적으로 침체된 예전의 상권거리인 싸리재거리에도 민간자본이 들어와 점포와 주택을 매입하는 흐름이 이어지고 있다. 이러한 민간자본의 움직임은 이미 서울 이태원 뒷골목인 경리단길을 시작으로 나타난 바 있는데, 인천에서도 민간자본의 기획적 투자를 통한 지가상승을 목적으로 하는 기획적 투자가 이루어질 가능성이 높다는 것이다.

자본력에 의해 밀려나고 궁극적으로 축출되는 건 지역의 영세한 소상공인들이 될 것이다. 그리고 이러한 흐름은 문재인 정부의 도시재생뉴딜사업의 추진과 함께 맞물려 더욱 나쁜 방향으로 증폭될 수 있지 않을까 하는 우려로 이어진다.

---

3) 민운기, 「도시를 분칠하는 중구와 송월동 동화마을」, 『플랫폼』 45, 인천문화재단, 2014. 5.

4. 인천시의 도시재생 뉴딜사업에 대한 우려

새정부의 출범과 함께 도시개발 분야의 공약사업이었던 도시재생 뉴딜정책이 본격화되면서 각 지방자치단체가 매우 분주하게 이에 대해 준비하고 있다. 향후 5년간 50조 원의 예산을 투입해 노후화된 도시에 활력을 불어넣을 뿐만 아니라 일자리까지 창출하려는 정부의 방침에 따라 각 지자체들로 체계적인 준비를 진행하고 있다.

그러나 인천의 현실은 어떠한가? 정권이 바뀌고 문재인 정부에서 내놓은 도시재생 뉴딜 정책에 대해 인천시는 어떤 준비와 고민을 해왔는지 묻고 싶다. 가장 단적인 인천시의 모습은 유정복 시장이 2018년 2월, 브리핑 했다가 사업을 접고 만 '동인천 르네상스 프로젝트' 지구를 정부의 도시재생 뉴딜 사업을 적용해 사업을 진행하겠다고 섣부른 발표였다. 해당지역 주민들과는 아무런 상의나 논의도 없이 행정 위주의 판단으로 동인천 르네상스라는 전면철거 방식의 도시개발을 대신해 도시재생 뉴딜사업으로 대체하는 행정 편의주의적 접근법과 성과주의에 대한 집착을 여실히 엿볼 수 있었다.

새정부의 도시재생 뉴딜사업이 이처럼, 또 하나의 성과주의 사업으로, 또 행정의 일방적인 독주와 성과주의로 흘러가서는 결코 성공할 수 없다.

원도심에 살고 있는 주민과 상인들이 주체로 나서고 지역의 특성을 살리는 참다운 도시재생 뉴딜사업이 되기를 간절히 바란다. 물론 인천광역시에서도 문재인 정부의 도시재생 뉴딜정책에 대해 고민하면서 어떻게 대처해나갈지 고민이 없지 않았을 것이다.

이와 관련, 2017년 7월에 인천발전연구원 현안과제로 연구한 〈도시재생 뉴딜정책에 따른 인천시 대응방안〉(2017. 7)이라는 연구보고서가 발간

됐다.

　인천시는 도시재생 비전과 방향을 실천하기 위해 모든 행정역량을 집중시키고, 주민과 함께 도시재생을 활성화하기 위해 다음과 같은 원칙하에 추진하도록 한다.
　첫째, 인천 도시재생은 물리+일자리+공동체+문화를 함께 고려한 통합적 정책으로 추진한다. 도시재생은 단순한 시설이나 환경을 개선하는 물리적 사업이 아니다. 지역 전체에 대한 물리, 경제, 사회, 문화 전반의 필요한 요소를 결합시켜야 한다. 이 때문에 다양한 실국의 부서간 협업적 행정시스템을 통해 이것들을 효과적으로 연계시켜야 한다. (…) 이를 위해 인천시는 여러 부서에 흩어져 있는 도시재생사업을 하나의 전담조직에서 총괄, 조정, 지원할 수 있도록 도시균형건설국을 '도시재생국'으로 확대·개편한다. 또한, 시장(부시장)을 장으로 하는'인천 도시재생행정협의회'를 구성하고, 월 1회로 상설화하여 도시재생사업 추진상황, 부서별 역할분담, 예산상황 등을 직접 점검, 조정할 필요가 있다. (…)
　둘째, 인천 도시재생은 소통, 협력을 기반으로 한 공동체(주민) 중심으로 추진한다. 도시재생사업은 해당 지역 주민의 정책에 대한 이해와 공감대를 통해 지지를 받아야 성공할 수 있다. 종전의 공공주도나 소극적 주민참여에서 벗어나 주민및 지역사회의 소통과 협력을 기반으로 '주민체감형 사업'을 중심으로 추진해야 한다. 이를 위해 인천시는 도시재생을 필요로 하고, 주민 또는 지역 스스로 준비할 수 있는 역량을 키워나갈 수 있도록 올해 안으로 '도시재생지원센터'를 설립하여 다양한 역량강화 프로그램을 적극 지원한다.
　또한, 무분별한 지구지정에 따른 부작용을 해소하고, 사업의 효과를 주민이 바로 피부로 느낄 수 있도록 도시재생에 대한 역량이 있는 지역, 준비된 지역부터 단계적으로 추진하도록 한다.
　셋째, 인천 도시재생은 장소중심적으로 추진하고, 공공의 역할을 대폭 강화한다. 인천 도시재생사업은 종전의 획일적이고 개별적 사업에서 벗어나,

지역특성에 맞는 다양한 하드웨어/소프트웨어 사업을 결합한 '지역 맞춤형 도시재생사업'으로 추진한다. 특히, 도시재생사업은 지역이 가지고 있는 활용가능한 자원이나 미활용 공적재산을 재활용하여 지역정체성을 회복시키고 재창조 시키는 것 또한 중요하다. 이를 위해 인천시는 도시재생사업의 안정적 추진을 위해 연간 1,500억 원, 5년간 7,500억 원 규모의 공적재원을 '도시재생특별회계'로 설치하고, 중앙정부의 보조금, 주택도시기금 등 다양한 재원조달방식과 연계하여 추진한다. '인천 도시재생특별회계'에는 시 보통세 징수액의 100분의 5에 해당하는 금액을 매년 일반회계에서 전입할 수 있도록 한다. 현재 인천시 재정여건이 점차 안정화 되어가고 있기 때문에 2018년부터 가용재원의 여유분을 도시재생사업에 과감히 투입해서 시민들에게 돌려주어야 할 것이다. (강조 인용자)

공동체(주민) 중심 추진과 공공의 역할 강화를 제시한 두 번째와 세 번째의 원칙간에 다소간 정합적이지 못한 부분이 없지 않지만, 이를 어떻게 잘 조화하느냐가 관건일 것이다. 그런데 이 보고서에서 가장 큰 문제는 이 두 원칙을 조화롭게 매개해야 할 인천시도시재생지원센터를 인천도시공사로 지정하라고 주문한 아래의 대목들이다.

현재 전국 지자체간 도시재생 국가공모 경쟁이 과열될 것으로 보인다. 물론 중앙공모에도 적극적으로 대응해야 한다. 그러나 중앙정부 예산에 의존하지 않고, 인천시는 자체 예산마련을 통해 자체 사업방식으로 추진하여 지역주민이 <u>하루 빨리 사업효과를 체감할 수 있도록 속도감 있는 재생사업으로</u> 전개하는 것이 필요하다. 물론, 시민의 중요한 세금이 투입되는 만큼, 도시재생에 대한 역량이 있는 지역, 실현가능한 지역을 대상으로 패키지 형태로 공적재원을 효과적으로 우선 투입하고, 이후 추가적으로 확대해야 한다. <u>또한, 인천도시공사를 도시재생지원기관으로 지정하여 지역맞춤형 도시재생사업을 직접 시행할 수 있도록 할 필요가 있다. 도시공사는 인천시 및</u>

<u>군·구의 중점 시책사업에 참여하거나, 사업성이 부족하여 중단된 사업을
재추진 하는 등 자체적 사업모델을 발굴하여 추진하도록 한다.</u>
　　인천 도시재생은 궁극적으로는 주민의 삶의 질을 높이고, 도시의 매력과
도시경쟁력을 강화시키는 것이다. 이를 위해 적절한 재원과 조직 등 체제
를 정비하고, 그리고 적합한 사업을 효과적으로 발굴해야 한다. 시장을 비
롯한 행정 공무원들의 추진의지 또한 중요하다. 무엇보다 중요한 것은 성
공적 도시재생을 위해서는 지역주민의 이해와 지지를 얻어야 한다는 것이
다. 이것을 간과해서는 안 될 것이다. (밑줄 인용자)

　　이 보고서의 제안대로 현재 인천의 광역도시재생지원센터는 인천도시
공사 내에 설치돼버렸다. 그러나 인천시가 앞으로도 뉴스테이를 비롯한
각종 물리적 도시개발사업을 추진하면서 동시에 도시재생 뉴딜사업을
병행해 추진한다는 것은 지역간 갈등을 불러일으키고 주민들의 참여를
어렵게 하는 매우 어려운 과제이다. 그런데 도시재생 뉴딜사업마저 뉴스
테이 등 도시개발사업을 주도적으로 벌여 주민들의 원성을 사고 있는
인천도시공사를 도시재생지원기관으로 선정해 추진한다면, 이는 주민
주도의 도시재생의 원칙에서 벗어나는 중차대한 시행착오가 될 것이다.
위의 인발연 정책요약문에도 드러나 있듯, 여전히 인천시와 싱크탱크
기관인 인발연조차 도시재생 뉴딜사업을 "속도감 있게" "하루빨리 사업
을 체감할 수 있도록" 성과위주로 바라보고 있다는 인상을 지울 수 없다.
그리고 "인천도시공사를 지원기관으로 지정해 지역맞춤형 도시재생사업
을 직접 시행할 수 있도록 할 필요"가 있다니……. 도시재생 뉴딜사업조
차 뉴스테이처럼 주민들이 어떻게 생각하든 도시공사의 단위사업으로
밀어붙이라는 말인가? 이미 곳곳에서 원도심 주민들로부터 불신을 사고
있는 인천도시공사가 도시재생지원센터를 맡는다면 인천시의 도시재생

뉴딜사업은 실패하고 말 것이다.

도시재생 뉴딜사업은 도시개발의 발상의 전환을 지방자체단체와 주민들에게 공히 요구하는 정책으로 바라보아야 한다. 이미 시작된 도시재생 뉴딜사업의 출발부터 과정까지 주민과 함께 하고 센터 설립과정도 주민들과 함께 해온 시민사회의 적극적인 참여와 토론을 통해 공론을 모아나가야 한다. 그렇지 않고 인천시가 또 다시 관 주도로 뉴스테이 사업을 밀어붙이듯 도시재생 뉴딜사업을 벌여나간다면, 이 또한 지탄의 대상이 될 것이다.

5. 지역 주민과 소상공인이 연대하는 도시권 운동의 제안!

주거지역과 상업지역의 연쇄 속에서 일어날 대도시 인천의 젠트리피케이션 현상에 대해 사회적 주거약자인 주민들과 시민사회, 그리고 소상공인들은 어떻게 대처해야 할까? 그저 인천시 정부의 정책만 바라볼 것인가?

인천은 지난해 부천 상동의 신세계복합쇼핑몰 건립반대운동을 통해 골목상권을 지키기 위한 운동을 가열차게 벌여 어렵게 성공했는데, 여러 가지로 생각해볼 시사점을 던져준다. 지역 소상공인들과 시민단체를 중심으로 가열차게 반대운동이 전개되고 여기에 부평구와 인천시 행정까지 가세하면 민관이 함께 골목상권을 지키기 위한 운동을 전개한 끝에, 신세계가 '토지매매계약 체결이 어렵다'는 입장을 부천시에 전달하면서 1년여를 끌어오던 부천 신세계복합쇼핑몰 조성 사업이 최종 무산됐는데, 이런 성과를 얻기까지의 과정을 복기할 필요가 있다는 것이다.4)

부천복합쇼핑몰 사업은 부천시가 서울외곽순환고속도로 중동나들목 인근 영상문화단지(=약 38만㎡)를 개발하는 사업에서 비롯했다. 부천시는 영상문화단지를 2단계에 걸쳐 만화영상특구단지, 기업단지, 쇼핑·상업 단지 등으로 개발할 계획을 세웠는데, 1단계(18만 5160㎡)는 신세계복합 쇼핑몰이 들어서는 게 핵심이다. 부천시는 2015년 9월 신세계컨소시엄 (이하 신세계)을 1단계 개발 우선협상사업자로 선정했다. 신세계는 2018 년까지 약 8,700억 원을 들여 1단계 부지를 이마트 트레이더스와 백화 점, 호텔, 워터랜드 등으로 구성한 복합쇼핑몰 단지로 개발하겠다고 밝 힌 것이 문제의 발단이었다.

중동 나들목 부근에 복합쇼핑몰이 들어설 경우 부평구와 계양구를 비 롯한 인천지역 상인들은 직접적 피해 당사자가 될 것이 뻔했다. 입점 예 정지에서 거리가 부평구 삼산시장 0.8㎞, 부평깡시장 1.7㎞, 부평종합 시장 1.8㎞에 불과했고, 부평 지하도상가와 문화의거리 등이 밀집해있는 부평역도 2.3㎞에 불과했기 때문이다.

부천시가 복합쇼핑몰 조성을 강하게 밀어붙이자, 가장 큰 피해가 예상 되는 부평구(구청장 홍미영)가 가장 먼저 반대하고 나섰다. 부평구는 2016 년 7월 여야정당 4개와 상인단체, 시민단체와 함께 '부천신세계복합쇼핑 몰 저지를 위한 부평구 민관협의회(이하 부평구민관협의회)'를 구성해 대응 에 나섰고, 같은 달에 인천지역 상인단체와 시민사회단체 24개가 '부천· 삼산동 신세계복합쇼핑몰 입점 저지 인천대책위원회(이하 인천대책위)'를 구성해 전면에 나섰다. 이러한 움직임에 뒤이어 인천시도 2016년 11월

---

4) 이하 신세계복합쇼핑몰 건립 저지운동의 경과와 주요 흐름에 대한 내용은 김갑봉 기자 의 「부천 신세계복합쇼핑몰 무산 … 여야 따로 없었다」, 『시사인천』, 2017년 9월 1일자 기사 참조.

민관협의회를 구성해 입점을 반대 입장을 밝혔다. 부평구와 부천시가 팽팽한 입장을 유지하는 상황에서 광역지자체인 인천시의 입점 반대 가세는 부평구와 인천대책위에 큰 힘이 됐다. 여기다 여야 정당에 이어 인천 지역 군수·구청장협의회가 연대해 반대하기로 하면서, 인천에선 여야를 초월한 반대 동력이 형성됐다는 분석이다.

부천 신세계복합쇼핑몰은 지역 상권만 잠식하는 게 아니라, 정주 여건을 악화할 것이라는 우려도 크게 작용했다. 서울외곽순환고속도로 '김포 ~중동~시흥' 구간은 수도권 최악의 상습정체 구간이다. 이 구간 하루 통행량은 약 25만 대 이상으로, 복합쇼핑몰 입점 시 교통지옥이 우려됐던 것이다. 하지만 부천시의 완강한 입장엔 변함이 없어 2017년 3월 신세계와 토지매매계약을 체결하려 했다. 이에 인천대책위는 3월 21일 부천시청 앞에서 철야농성을 시작해 100일 넘게 진행하기도 했다.

〈그림 5〉 '부천 신세계복합쇼핑몰 입점저지 인천대책위원회'와 '부천 신세계복합쇼핑몰 저지를 위한 부평구민관협의회'는 2016년 8월 28일 삼산체육관 앞에서 '부천 신세계 복합쇼핑몰 입점 저지 및 유통산업발전법 개정 촉구 서명 선포식' 모습(출처: 『시사인천』)

다행히 부천 복합쇼핑몰은 박근혜 대통령 탄핵으로 실시된 조기 대선과 맞물리며 새로운 국면을 맞았다. 더불어민주당 경제민주화 위원회인 '을지로위원회' 인천대책위를 방문해 민주당 소속 부천시장의 '대기업을 위한 행정에 사과'하고, 부천시에 사업 철회를 촉구하는 공문을 보냈다. 또, 당시 문재인 대선 후보는 복합쇼핑몰 입점 논란에 대해 '을지로위원회의 입장을 존중한다'고 밝히고, 대선 운동기간에 인천을 방문해 '복합쇼핑몰 입점을 규제하겠다'고 선언하면서 국면의 전환을 맞았다.

그런데 인천대책위와 민관협의회의 입점 저지 활동에 최대 난관은 사실 아파트 가격 문제였다. 복합쇼핑몰이 들어서면 집값이 오르는데 왜 입점을 반대하느냐는 항의가 부평구와 인천대책위에 빗발쳤다고 한다. 이 집값 논란에서 부평구의 역할이 컸다. 부평구는 주민자치위원회와 통장자율회 등에서 복합쇼핑몰 입점시 야기될 경제·환경·교통문제를 적극 알렸다고 한다. 아파트 실거주자들을 중심으로 교통체증과 환경오염 등을 걱정하며 입점 반대여론에 힘이 실렸다. 집값 상승을 막는다고 항의했던 주민들도 돌아섰다. 부동산 투기 목적의 아파트 소유자는 입점에 찬성했을지라도, 실거주자들은 주거환경을 걱정해 반대했을 것으로 인천대책위는 보고 있다. 인천대책위는 "입점 반대 서명운동에 동참해주신 8만여 인천시민들과 인천지역의 여야 정치권, 인천시, 부평구, 계양구, 인천시의회, 부평구의회, 계양구의회, 구별 주민단체, 부평구아파트연합회, 상인단체, 시민단체(인천평화복지연대·인천여성회·인천녹색연합·인천YMCA), 전국유통상인연합회 등 함께해주신 모든 분들께 진심으로 감사드린다."고 밝혔다.

부천 신세계복합쇼핑몰 입점 저지운동은 거대자본에 의한 대규모 복합쇼핑몰이 가져온 골목상권의 침해와 이에 따라 수반될 상업지역의 대규모 젠트리피케이션을 막아낸 성공적인 사례로 평가할 수 있을 것이다. 거대자본에 의한 대형 쇼핑몰로 인해 재래시장과 중소상공인들의 피해를 받는 것은, 이전부터 홈플러스나 이마트의 부분별한 확장에 대한 반대운동을 통해 일정 부분 제어할 수 있는 법적 장치를 마련하기도 했다.

도시의 정체성을 지키고 내가 살고 싶은 곳에서, 내가 어렵게 마련한 점포에서 거대자본, 투기자본에 의해 축출되지 않고 살아갈 권리가 지역주민과 지역 소상공인들에게 있다는 자각과 연대운동이 일어나야 한다고 생각한다. 전술한 바 있거니와 젠트리피케이션의 본질은 "부동산 축적구조의 위기로 인해 위험성이 큰 대규모 신축개발보다 국지적 개별자본의 이해가 더욱 반영된 상업 젠트리피케이션이 도시공간을 재편하는 현상"이다. 지대변화를 촉진하고 더 높은 지대에 기반을 둔 지대차익을 획득하기 위한 개발행위로 기존 원주민을 포함한 토지이용자의 비자발적 이주, 즉 강제 축출을 초래해 사회적/공간적 양극화 같은 도시문제를 유발하는 과정에서 젠트리피케이션 현상이 발생한다. 이러한 대자본의 흐름에 맞서는 지역주민들과 지역 소상공인들의 연대를 통해 신세계 복합쇼핑몰을 막아낸 사례는 매우 중요한 가치가 있다.

경제논리에 입각한 도시정책 및 공약에 대해 인천대 양준호 교수는 다음과 같은 관점을 제시하고 있다. 지난 13년 간 인천 지역경제를 분석한 결과, 인천 경제가 죽을 쑤고 있는 이유는, 인천 지역 안에서 돈이 '돌고 도는' 순환형 경제가 구축되어 있지 않기 때문이라고 분석하고, 세 가지 방향을 제시했다.

첫째는, 지역에서 창출된 소득은 그 지역에서 소비되어야 한다는 것이다. 인천의 경우, 인천 시민이 사용한 신용카드 액수 10조 7,000억 원 중에 다른 지역에서의 소비액이 5조 6,000억 원으로 무려 전체의 52.8%

에 달한다고 한다. 전국에서 가장 많이 인천 시민의 신용카드 사용 지출액이 절반 이상이 인천이 아닌 서울 등지의 외부에서 쓰이고 있다는 것이다. 이를 극복하기 위해서는 지역화폐 2천억 원 어치를 풀어 이를 인천 지역 내 소비에만 쓸 수 있도록 해야 한다고 제안한다.

두 번째는, 지역의 은행 자금이 지역의 자금수요자들에게 투융자되어야 한다는 것이. 지금까지 인천에서 영업활동을 하는 은행들은 다른 주요 대도시 은행들에 비해 지역에서 확보한 예금이 지역 밖으로 유출되는 정도가 상대적으로 높다. 즉 예금의 역외 유출비율이 턱없이 높다는 것이다. 이처럼 인천의 은행들이 인천의 자금수요를 완전 무시하고 있기 때문에, 인천의 중소영세기업, 소상공인, 저소득층, 저신용등급자 등과 같은 지역의 이른바 '금융 약자'들에 대한 은행들의 배제(Exclusion) 조치는 점차 심화되고 있다고 한다. 이를 극복하기 위해서는 시급히 인천에 '지역 재투자 활성화를 위한 조례'를 제정해야 한다고 제안한다.

세 번째는, 인천 기업들의 투자가 인천 내에서 이루어질 수 있도록 해야 한다. 불행하게도 인천은 1920년대 식민지 시기 때부터 기업들이 원재료나 부품 등을 주로 서울 등 외부 지역으로부터 조달하는 '외부 의존형 산업구조'가 형성되기 시작하여 지금까지 그 '파행적' 메커니즘이 작동되고 있다고 한다. 즉 인천 지역 내부 기업들 간의 산업 연관이 매우 약하게 나타나고 것이다. GM 코리아가 대표적이다. 원재료 및 부품을 인천이 아닌 외국 또는 국내 여타 지역으로부터 조달하고 있어 인천 기업들과의 산업 연관은 매우 약하다. 경제자유구역도 마찬가지다. 송도국제도시에 유치된 외투기업들의 경우, 인천 지역 기업으로부터의 조달율은 고작 9%에 불과하다. 이러한 문제를 극복하기 위해 양 교수는 가칭 인천 '지역산업관리공사' 설치를 강력하게 제안하고 있다. 이 조직은 지역 산업연관 상황에 관한 면밀한 분석을 통해, 중간재 및 원자재 조달의 지역 내 연관을 강화하는 정책을 수립하고 또 시행하는 컨트롤 타워의 역할을 수행하도록 해야 한다는 것이다.5) 경제학에 문외한인 필자가 보기에도 매우 명쾌하고 적확한 관점과 대안이 아닐 수 없다.

이제 인천의 시민들과 소상공인들은 삶의 터전인 인천에서 소외되고 축출되지 않을 권리, 도시민으로서 내가 원하는 곳에 머무를 수 있는 권리(Right to stay put)를 요구해야 한다. 젠트리피케이션에 대해 저항의 도구로서 내 도시에 머무를 권리의 보장을 요구해야 한다. 아무리 젠트리피케이션의 물리적 조건이 성숙했더라도 원래 토지소유자나 점유자의 해당 공간 및 자산에 대한 권리가 자본과 권력관계에 따라 재편되거나 그 과정에서 축출을 겪게 되는 사회적 약자의 권리 강탈에 저항해야 한다. 부평 십정동과 동구 송림초교 주변지역 뉴스테이 주민들이 인천시와 인천도시공사의 일방적인 축출과정에 지난하게 저항하고 있지만, 지역 사회가 연대하지 않으니 끝내 축출될 위기에 처해 있다. 상업 젠트리피케이션은 기존 상가세입자가 축출되는 과정에서의 건물주에 의한 권리 강탈이 일어나는 현상이다. 이러한 권리의 강탈은 도시의 시민들에게도 작고 오래된 단골집을 가질 권리를 강탈하는 일이기도 하다.

앙리 르페브르와 데이비드 하비가 역설하고 있는 '도시에 대한 권리'(도시권)에 대해 도시의 주인인 시민과 소상공인들이 함께 인식하고 연대한다면, 관트리피케이션이나 거대자본, 민간자본의 주거 젠트리피케이션이나 상업 젠트리피케이션을 막아낼 수 있는 이론적, 실천적 방책이 되지 않을까? 이러한 연대를 바탕으로 젠트리피케이션에 저항할 거점을

---

5) 양준호, 「시장 후보들에게 묻는다. 인천 경제가 '죽을 쑤는' 이유를 아시는가?」, 『인천 뉴스』, 2018. 4. 4.

시민자산화를 통해 마련하고, 자본에 의한 도시공간의 아파트 위주, 신도시 위주의 획일적 도시화에 반대하며, 도시의 다양성을 지켜나가는 진보적 도시운동, 도시권 연대운동이 지금 인천에 필요한 시점이 아닐까 생각해본다.

서두에서 소개한 신현방 교수의 논고에 따르며, 신자유주의 체제에 대한 저항과 대안운동을 위해서는 자본주의 시스템 하에서 결핍을 경험하고 억압을 겪는 다양한 그룹이 자본주의 극복을 꾀하고 이를 위해 '도시권'을 공통의 목적으로 상정하여 거대한 사회적 블록을 형성할 것을 고민해야 한다고 역설하고 있다.

정책입안자나 정치인, 기업인뿐 아니라 일반인도 도시에서 발견되는 다양한 공간을 바라보며 우열일 매기고 낙인찍기를 한다. 서울로 빨리 연결하고자 하는 욕망도 도시공간에 대한 우열 매기기의 산물일 것이다. 낮은 지대의 공간을 점유하는 사용자가 끊임없이 높은 지대의 공간 사용자와 비교되고 축출의 대상이 되는, 공간 이용의 다양성이 인정받지 못하는 상황이 젠트리피케이션의 본질이다. 젠트리피케이션을 막고 투기적 도시화 과정을 극복하며 소유자뿐 아니라 사용자의 '도시에 대한 권리'가 인정받기 위해서는 도시공간의 다양성을 인정하는 것이 절실하다.

제도적 측면에서 도시공간의 다양성이 보장될 수 있는지를 고민하는 것이 소극적인 의미의 반젠트리피케이션 운동이라면, 부동산 소유를 통한 불로소득이 창출되는 자본주의적 축적구조 자체에 문제를 제기하고 공간의 사회적 생산에 적극 관여하며 이를 통제할 수 있는 방안을 고민하는 것, 한국적 맥락에서 도시권 운동의 적용을 통해 도시민의 도시에 대한 권리를 쟁취하는 것이 궁극적인 의미의 반젠트리피케이션 운동이라고 신현방 교수는 제안하고 있다.[6) 지금, 바로 여기 인천 지역사회에서

지역주민과 소상공인, 그리고 시민사회가 함께 머리를 맞대고 고민해야
할 과제이다.

---

6) 신현방, 앞의 논문, 238~239쪽.

제3부

인천의 도시운동과
'도시에 대한 권리'

'도시에 대한 권리'의 관점에서 본
인천경제자유구역의 파행적 실태

1. 누구를 위한 경제자유구역인가?

경제자유구역. 인천 시민이라면 모르는 사람이 없을 용어다. 도시 곳
곳에 경제자유구역에 관한 홍보가 늘어져 있고, 지역 신문은 마치 경제
자유구역이 인천의 미래를 보장해주는 유일한 정책 수단인 것처럼 포장
하는 '관변' 기사들로 난리다. 그런 가운데, 더 심각한 것은 인천시가 경
제자유구역 개발을 '만병통치약'으로 인식하고 있다는 점이다. 경제자유
구역 개발만 잘 되면, 지역의 경제도 살아나고 고용도 늘어나며 또 인천
의 기존 산업들도 경쟁력을 높이게 될 것이라는, 이른바 경제자유구역에
대한 '무모한' 낙관이 인천 시정 전반에 녹아들어 있음은 부정할 수 없는
사실이다. 해서, 여타 광역시도에 비해 인천은 지역을 위한 경제정책도
금융정책도 그리고 산업정책도 없다. 오로지 '경제자유구역' 정책뿐이

---

* 필자 : 양준호

다. 이렇듯, 인천의 정책 생태계 내에서는 '경제자유구역'이 무소불위의
권력을 휘두르고 있음에도 불구하고, 이 정책의 의미와 실태에 관한 시
민들의 이해는 유감스럽게도 그리 높은 수준이 아니다.

경제자유구역법을 들여다보자. 이 법에 의하면, 경제자유구역의 목적
은 '외국인투자기업의 경영환경과 외국인의 생활여건을 개선함으로써
외국인투자를 촉진하고 나아가 국가경쟁력의 강화와 지역 간의 균형발
전을 도모하는' 것으로 설정되어 있다. 이 법이 정하고 있는 목적 그 자체
에 대한 근본적인 논의는 우선 차치하더라도, 분명히, 이 법의 목적은
외국인투자를 유치하여 지역발전을 유도하겠다는 것에 맞춰져 있다.

그러나 인천경제자유구역의 실태는 어떠한가? 송도 신도시의 사례를
보라. 국내 재벌 대기업인 현대백화점이 설립한 '현대송도개발'은 말레
이시아 국적의 투자회사로부터 고작 자본금의 10%에 불과한 15억 원을
투자받았다는 이유만으로 외국인투자 기업으로 승인받고 인천경제자유
구역청의 '상전 모시기' 혜택을 독점했다. 이 괴상한 외국기업 '현대송도
개발'은 인천시와의 수의계약을 통해 5만 9,193㎡의 땅을 인수해, 자신
의 모회사인 현대백화점에 이를 임대해 주고, 또 현대백화점은 이곳에
아울렛을 열어 성업 중이다. 이 무슨, 이런 '개판'이 다 있나? 국내 재벌
대기업에 어쩌면 이렇게 다정한 외국기업이 다 있는지 모를 판이다. 이
는 인천경제자유구역청의 지극하기 짝이 없는 외국자본 우대조치를 악
용해 국내 재벌 대기업이 이익을 챙기는 전형적인 사례다. 바꿔 말해,
작금의 경제자유구역은 외국인 투자기업의 경영환경 개선을 위한 공간
이 아니라 국내 재벌 대기업의 '꼼수'에 놀아나는, 그야말로 사유지로
전락했다. 가장 심각한 것은 현재 우리나라 재벌 대기업들은 송도 등과
같은 경제자유구역을 어디까지나 투기 대상으로 생각하지 생산적 활동

을 위한 투자처로 간주하지 않는다는 점이다.

또 지극히 자의적인 '계약변경'과 '불공정협정'은 어떠한가? 송도에 대규모 단지 아파트를 짓는 과정에서, 인천경제자유구역청은 인천도시개발공사 등의 개발시공업자와의 계약조건을 멋대로 변경했다. 예를 들어, 150~170%로 이미 결정되어 있던 용적률을 최고 375%로까지 변경하여 시공업자의 개발이익을 아주 '친절하게' 챙겨준 바 있다. 또 민간자본에 의한 SOC 프로젝트와 관련해서도, 인천경제자유구역에 고작 9억 원을 투자하는 것만으로 무려 24조 원 규모의 개발 사업을 총괄해온 게일사와 인천시 간의 불공정계약은 전 세계가 주목하고 있는 희대의 코미디극이다. 여기서 그치지 않는다. 송도 U-City 통신망 구축 과정에 있어서는 인천경제자유구역청이 민간 개발사업자의 불법행위를 확인하고도 아무런 행정적 재제를 가하지 않고 묵인해버리지 않았는가. 또 인천경제자유구역청은 공공적인 목적을 가진 사업에는 조성원가로 토지를 공급하고 또 개발이익이 클 것으로 예상되는 사업에 대해서는 감정평가가로 토지를 매각함으로써 개발이익이 개발사업자보다도 직접투자자로 더 많이 돌아가게끔 조치하지 않았나. 하나 더 지적하자. 인천시가 투기자본의 이익을 보증해주기 위해, 과도한 우대조치를 제공한 것 역시 간과해서는 안 되는 사실이다. 인천경제자유구역청이 국제업무단지 내 센트럴 파크 공사를 담당한 NSC(송도신도시개발유한회사)에게 무려 100년 간의 토지 무료 사용을 승인한 사건을 둘러싼 특혜 의혹은 지금도 풀리지 않고 있다. 또, NSC가 127억 달러에 달하는 투자유치를 인천시에 약속했음에도 불구하고, 모건 스탠리에 고작 1억 5,000만 달러의 3년간 분할투자를 알선하고자 밀실계약을 강행한 것 역시 주지의 사실이다.

결국, 송도신도시는 이른바 '기업주의적 도시개발'을 전면에 내세우면서 애초부터 합리적으로 계획되거나 조정되는 개발 프로젝트와는 달리, 그 설계와 집행 과정에 있어서 매우 투기적이었고, 이와 같은 투기에 의해 많은 문제점이 초래되고 있고 나아가 그 리스크가 상존할 수밖에 없는, 투기적 개발을 기치로 내거는 도시 그 자체가 가진 파국적인 성격을 더욱 강화하고 있다. 바꿔 말하자면, '송도 신도시'로 불리는 경제자유구역은 기업과 외국자본에만 좋으면 된다는 패러다임으로 개발을 추진하는 '기업주의적 도시'가 갖는 그 본질적 성격에 인천 특유의 '부정' 및 '불공정'이 조합된 최악의 '기업주의 도시'로 전락하고 있는 상황임을 지적하지 않을 수 없다.

누구를 위한 경제자유구역이란 말인가? 송도 매립 과정에서 벌어진 '투기꾼들이 어민을 잡아먹었던' 괴기한 역사는 묻지 않는다. 경제자유구역 개발의 투기적 성격과 지역경제에 대한 파급효과의 부재에 대해서도 묻지 않는다. 단, 지금부터라도 이 공간에 시민의 '도시에 대한 권리'가 작동되지 않으면, 인천의 미래는 없다.

2. '복마전' 송도국제도시, 그 정치경제학적 본질

이전부터 우려해왔듯이, '명품도시'니 '경제수도'니 하는 달콤한 수식어로 포장된 인천경제자유구역 개발 프로젝트에 제대로 된 '빨간불'이 켜졌다. 인천의 유일무이한 경제정책인 경제자유구역 개발을 대표하는 송도국제도시 조성 개발사업이 지자체와 개발 시행사 간의 부정 유착관계와 국내 재벌대기업이 설립한 현대송도개발과 같은 국내 재벌대기업이 설립한 기업이 개발이익을 독점적으로 챙기는 이른바 '검은 머리 외국인기업' 논란으로 여론의 뭇매를 맞더니, 이젠 개발이익 정산과 환수 문제로 몸살을 앓고 있다. 개발을 주도해온 인천시 산하 경제자유구역청의 실질적인 총책임자인 청장 직무대리가 2016년 8월 14일 자신의 SNS계정에 이에 관한 폭로성 글을 올린 뒤 그 파문은 날로 확산되고 있다. 송도국제도시의 개발이익 정산 및 환수의 방법론에 대한 논란에서부터 경제자유구역 개발 그 자체에 대한 근본적인 의문에 이르기까지 다양한 각도의 또 다양한 형태의 주장이 제기되어 오고 있는 상황이다.

특히 2017년 8월 18일 자로 대기 발령으로 열외로 나오게 된 경제자유구역청의 책임자가 그의 SNS계정에 '개발업자들은 얼마나 쳐드셔야 만족할는지? 언론, 사정기관, 심지어 시민단체라는 족속들까지 한통속으로 업자들과 놀아나니…'라는 글을 게시하며 송도국제도시 개발사업을 둘러싼 '검은 커넥션' 의혹을 제기한 것은 인천 지역사회를 충격에 빠트렸다. 이러한 충격요법 때문인 것인지, 그간 인천의 언론과 시민단체 등 경제자유구역 개발 방식에 대한 제대로 된 비판 한번 제기하지도 못 했던 이들이 그 이후에는 다들 한결 같이 감시자로 또 비판자로 그 궤도를 수정하고 있다. 왜 일찍부터 이러지 못 했나 하는 아쉬움도 없지 않아 있지만, 개발 방식 그 자체부터 잘 못된 인천의 경제자유구역에 지금부터라도 '시민적' 채찍을 가할 수 있게 된 것은 사안의 중대성을 고려해 볼 때 다행스러운 일이 아닐 수 없다. 또 이미 언론과 연구를 통해서도 지적되어 온, 부정, 불공정 협정, 지역성장연합과 개발업자 간의 유착관계 등과 같은 송도국제도시의 '기업주의적' 도시개발의 파행적 한계가 이번 기회에 제대로 폭로되어 경제자유구역 개발의 방법론부터 근본적으로 또 과감하게 수정되어야 한다. 아무튼 금번 폭로가 송도에서 벌어지는 대규모 개발사업의 초과개발이익 정산과 환수, 개발업체 선정을 위한 협상을 진두지휘하던 인물에 의해 촉발된 것이기 때문에야 말로, 경제자유구역을 둘러싼 '검은 커넥션'은 속속히 드러날 것으로 확신해 마지 않는다.

사실, 송도국제도시 개발이익 환수 문제는 오래 전부터 공론화되어야 했다. 역사적으로 짚어보자. 개발 시행사가 챙기는 개발이익뿐만 아니라 송도의 원주민들의 '조개딱지'를 얄팍하게 주물려 막대한 부동산 투기이익을 챙긴 투기꾼들의 비윤리적 이익에서부터 그 공공적 환수 문제는 제기되었어야 했다. 1970년대 이후 해산물 양식사업이 정부에 의한 장려(보호)산업으로 지정되면서 송도국제도시의 원 공간인 송도 갯벌은 해산물 양식에 종사하는 어민의 생계를 위한 전형적인 '공유지'로 자리 잡았으며 또 그 역할을 감당해왔다. 그런데, 경제자유구역 개발을 위한 1996년의 송도 매립사업 시작과 함께 주민들에게 고작 매립지 50평을 소유할수 있는 권리, 소위 '조개딱지'를 마치 인천시가 베푸는 시혜인 것처럼 나눠주었는데, 주지하다시피, 이를 손에 쥔 갯벌의 원주민들은 당장의 눈앞의 생계를 해결하기 위해 이를 당시 송도에 득실거리던 부동산 투기꾼들에게 헐값에 다 팔아 넘겼다. 그러나 토지소유권이 투기꾼에게 넘어가는 순간 딱지의 가격은 6~7배 이상 폭등했다. 송도는 바로 이 순간부터 전국에서 가장 대표적인 투기장으로 전락하지 않았던가. 송도 개발과 함께 원주민들은 삶의 터전을 잃고 그곳에서 쫓겨날 수밖에 없었고, 2007년경이 되자 송도국제도시 내 토지의 원주민 보유비율은 10~20%에 불과했다. 이는 무엇을 의미하는가? 영국의 문호 토마스 모어가 그의 명저 '유토피아'에서 권력자들이 목양장을 짓기 위해 작은 토지를 유일한 생계 수단으로 여기던 소생산자들을 폭력으로 쫓아내던 15~16세기 영국을 '양이 사람을 먹어치우는 나라'로 비판했던 것처럼, 경제자유구역 개발로 인해 결국 공유지 송도는 '투기꾼이 어민을 잡아먹는 도시'가 되고 만 것이다. 그럼에도 불구하고, 당시 부동산 투기꾼들이 챙긴 막대한 이익의 공공적 환수에 대한 논의는 제기되지 않았다. 인천시는 말할 필요도 없고 당시의 인천 시민사회단체도 이에 관한 문제의식을 가지고 있지 않았다. 최근 논란이 되고 있는 송도 6·8공구의 개발이익 정산과 환수 문제에 대해 인천의 시민사회가 이전부터 비판적 입장을 견지하지 못 했던 것은, 어쩌면 이와 같은 인천 지역사회의 경제자유구역 개발에 대한 무관심과 몰이해 그리고 '명품도시' 또는 '경제수도' 같은 허황한 캐치프레이즈 그 자체에 대한 시민 대응의 속수무책으로 점철된 인천 고유의 오래 된 '역사적 경로의존성(path dependency)'이 지금까지도 작동하고 있었기 때문으로 보인다.

송도국제도시 투기이익 또는 개발이익의 공공적 환수 문제는 송도가 매립되고 있던 개발 초기 단계의 부동산 투기꾼들에 의해서만 남겨 놓은 과제가 아니다. 천혜의 자연이자 지역의 인문학적 정체성이 고스란히 녹아들어 있는 인천 앞바다를 메워 서울 여의도 면적의 17배에 달하는 53㎢ 규모의 송도국제도시를 개발하는 사업은 지난 2003년 경제자유구역 지정 이후에도 그 논란이 끊이지 않았다. 총 사업비의 대부분을 인천시와 한국토지공사 같은 공공기관이 부담하는 문제에서부터 막대한 시민혈세를 투입하여 온갖 특혜를 제공하고 있음에도 불구하고 외국자본이 송도를 기피하는 현상이나 이와 같은 유치 외국자본의 사각지대 문제를 노려 국내 재벌대기업이 순식간에 외국기업으로 옷을 갈아입는 파렴치한 사태에 이르기까지, 송도국제도시를 비롯한 경제자유구역 개발의 방식과 정책 집행 과정에 대한 '심상치 않은' 적신호는 지속적으로 켜져 왔었다. 특히, 최근에 와서는 '인천의 강남'으로 불리는 송도 매립지를 수십만~수

백만 ㎡씩 떼어 민간 사업자에 수의계약으로 넘긴 뒤 나중에 개발이익을
정산해 개발이익 환수 명분으로 이를 인천시와 나눠 먹는 개발방식과
관련해서는 특혜시비와 양자 간의 분쟁이 꼬리에 꼬리를 물고 있지 않은
가. 최근 논란의 중심에 서 있는 송도 6·8공구 개발 역시, 인천경제자유구
역 개발 도처에서 확대 재생산되고 있는 인천시와 민간사업자 간의 갈등
중 하나에 불과하다. 송도국제도시 개발 초기부터 개발이익의 공공적
환수에 대한 이렇다 할 문제의식도 또 치밀한 대응도 보이지 못 했던
인천시와 본질적으로 개발이익에만 혈안이 되어 있을 수밖에 없는 민간
개발 시행사 간의 이와 같은 갈등과 분쟁은, 개발 초기단계에 성립된 양자
간의 '밀월관계'가 어떤 영문인지 최근 와서 개발이익 환수와 관련한 행정
조치를 급작스럽게 강화하고 나선 인천시의 '공공성을 향한 쇼맨십'으로
인해 깨지면서 초래된 당연한 귀결이다. 송도 6·8공구 개발에서만 나타
나는 문제가 아닐 것이다. 빙산의 일각일 것이다.

　논란이 되어 온 송도 6·8공구 개발의 역사를 조금만 더 자세하게 살펴
보자. 인천경제자유구역청은 2007년 8월 미국의 포트만홀딩스와 삼성
물산, 현대건설, SYM & Associate가 공동 출자하여 설립한 프로젝트 법
인 송도랜드마크시티유한회사(SLC)에 대해 송도 6·8공구 부지 228만㎡
와 그 독점적 개발권을 아주 과감하게 헐값으로 제공하여 무려 151층이
나 되는 랜드마크 인천타워 건립을 포함한 업무지구, 상업지구, 주거지
구 등이 복합적으로 조성되는 국제도시 개발을 추진했다. 과연 누구의
의지대로 인천경제자유구역청이 당시 SLC에 송도 6·8공구 부지를 3.3
㎡당 300만 원에 매각했는지 알 수 없다. 짐작은 가지만, 물증 없는 심증
만으로는 충분하지 않다. 암튼, 여기서 인천경제자유구역은 개발이익 극
대화를 지상과제로 삼는 개발 시행사에게 '친절하게' 시혜를 베풀었던

것은 확실하다. 인천시가 민간 업자들에게 독점적인 개발권을 부여한 것에서부터 토지의 시세 차익까지 세심하게 또 혈세로 챙겨주었던 것은, '개발 자본에게 초과이윤을 챙기는 인센티브를 챙겨줌으로써 이들이 그 초과이윤의 추가 확보를 위해 보다 투기적인 성격의 개발과 그 전략을 일삼을 수밖에 없게 하는', 앞에서도 언급한 이른바 '기업주의적 도시개발'이 갖는 파행적 한계가 드러나게 된 중요한 배경이었다. 시행사들이 개발을 통해 확보하는 내부수익률 12%를 넘는 이익에 대해 인천시와 절반씩 나누기로 약속한, 일부 이익 환수는 차치하더라도 이른바 시행사들의 '초과이윤'을 일부 보장해주려고 했던 조치는 개발 시행사들의 이해관계를 최우선시하는 '기업주의적 도시개발'의 전형이다. 게다가 인천시의 시행사에 대한 이러한 약속 조치는 개발이익의 정산 방법이 명확하게 설정되지 않는 등 어정쩡하기까지 했다. 개발 방식은 '기업주의적'인 형태를 흉내 내되, 그 형식은 양자가 뒤에 가서 얼버무릴 가능성이 있는 소위 '날림'이었던 것으로 보인다.

　이와 같은 '관민 성장연합'이 협의한 편파적이고도 불완전한 룰은 2008년 금융위기 이후 조금씩 변질되기 시작했다. 세계적인 금융위기의 여파로 인한 부동산 경기의 전반적인 침체로 랜드마크 인천타워 건립이 장기간 표류하자, 인천경제자유구역청은 SLC와의 담판을 통해 194만㎡를 회수하고 34만㎡만 SLC에 매각하기로 2015년 1월에 룰을 바꿨다. 또 시행사에게는 장사가 잘 되는 아파트만을 짓게 해줬다. 그런데, 앞에서도 언급했듯이, SLC가 해당 용지에서 아파트를 분양해 발생하는 내부수익률 12%를 넘는 이익을 정산하는 것과 관련하여, 인천경제자유구역청은 개별 블록별로 개발이익을 정산하자는 입장을 견지해온 반면에, SLC는 총 7개 블록 중 당시까지 2개 블록만 분양된 상태였던 만큼 모든 개발계획이 완료된 후에 통합적으로 정산하자며 맞서면서 문제가 불거졌다. 개발이익 정산과 관련된 양자간의 명확한 합의가 있었는지는 지금까지도 알수가 없다. 그러나, 이와 같은 '관민 성장연합' 간의 불협화음은 분명 성공적 송도 개발을 통한 정치적 재집권과 기하급수적으로 늘어나는 초과이윤에 대한 일종의 망상이 낳은 장밋빛 청사진에 도취된 인천시와 개발시행사의 공동 작품 아니겠는가. 특히, 송도 6·8공구 개발 시행사인 SLC의 초과이윤에 대한 탐욕은 이론적으로 볼 때 아무리 그러할 수밖에 없다치더라도 그 도는 지나치다. 이는 명명백백한 사실이다. 2007년에 인천경제자유구역청이 SLC에 대해 부지를 3.3㎡당 300만 원에 매각했는데논란 당시 송도 땅값이 3.3㎡당 1,200만 원이 넘었던 점을 고려하면, SLC가 음흉하게 주머니에 넣어버린 '불로소득' 즉 땅값 차익만 해도 최소 9천억 원에 달했을 것으로 보인다. 분양을 통한 막대한 개발이익에더해 토지 시세 차익도 챙길 개발 시행사가 개발이익 정산 방식을 두고인천시와 벌이는 '막장 드라마'는 부동산 개발 자본과 투기 자본의 민낯을 그대로 보여 주는 것 아니고 무엇이겠는가. 그렇다고 해서, 인천시에면죄부를 주려고 하는 것은 아니다. 되레 개발 시행사의 토지 '불로소득'의 가능성을 누가 먼저 보장해주었는지를 지적하지 않을 수 없다. 인천시 역시, '기업주의적 도시개발'의 그 이론적 수준을 넘는, 과도한 '개발자본 챙기기'에 대한 비난으로부터 자유로울 수 없다. 그리고 탐욕과 졸속으로 점철된 '관민 성장연합'이 초래한 최근의 이 모든 파행적 귀결에대해 인천경제자유구역청 책임자였던 공직자가 말한 '언론기관'과 '시민사회단체'는 무엇 때문에 이 '개판'을 목도하고 있었던 것일까?

송도국제도시 개발 프로젝트. 토건 자본의 초과이윤과 이를 위한 투기지향적 '관민 성장연합', 그리고 이로 인한 시스템적 불안정성을 초래할 수밖에 없는 '기업주의적 도시개발'의 전형적인 모습을 보이고 있다. 해서, 이러한 방식의 도시개발은 본질적으로 합리적 계획 및 조정과는 거리가 멀고 지극히 투기적일 수밖에 없다. 그러나 송도 국제도시의 현주소는 그 본질을 훨씬 상회한다. 그곳은 '비밀리에 나쁜 일을 꾸미는 무리들이 모이는 곳'을 의미하는 '복마전(伏魔殿)'일 가능성이 크다. 외젠 오스만의 탐욕적인 대규모 도시 재개발 계획에 맞서 시민이 도시를 접수한 파리꼬뮌. 이런 혁명적 상황이 인천에는 있을 수 없다며 비꼬는 사람, 이들이 바로 송도국제도시의 개발이익을 챙기는 '공공의 적'들이다.

3. 영종 경제자유구역은 '송도 사태'로부터 자유로운가?

송도국제도시 6·8공구 개발을 둘러싼 인천경제자유구역청과 개발시행업체 간의 공방전으로 인천 지역사회가 참 어지러웠다. 송도 개발의 실태에 관한 정확한 정보와 지식도 없는 시민들은 이 싸움을 접하며 답답하기만 했다. 사실 지금까지도 그 실태에 대한 제대로 된 정보를 시민들은 접할 수 없다. 이런 인천 시민들의 '지적 공백'을 마치 새롭게 개척해야 할 '블루 오션'으로 여기기라도 한 듯, 인천의 일부 언론들 역시 한쪽은 인천시를 또 다른 한쪽은 개발시행업체를 비판하는 기사들을 거의 연일 내놓으면서 또 다른 차원의 공방전을 전개했었다. 암튼, 송도국제도시 개발의 종자돈은 시민 혈세로 충당하면서, 그 개발 퍼포먼스 뒤에 숨겨진 '불편한 진실'에 대한 시민의 귀한 알 권리는 철저하게 배제되었다. 심각한 문제다.

그런데, 여기서 매우 중요한 또 다른 문제가 하나 있다. 인천경제자유구역에 대한 모처럼의 비판적 문제의식들이 송도 개발 쪽으로 지나치게 쏠려 있는 가운데, 영종, 청라와 같은 송도 이외의 경제자유구역은 제대로 개발되고 있는지에 관해서는 관심이 없었다는 점이다. 전국적으로 스포트라이트를 받고 있는 송도국제도시 논란에 가려, 영종, 청라의 개발 실태는 '사각지대'가 되어 버렸다. 송도와 같은 맥락의 개발을 벌이고 있는 영종, 청라 경제자유구역에 대해서도 시민의 견제와 비판적 관찰을 유지하지 않으면, 이곳들 역시 제2의 '복마전'으로 전락하지 않는다는 보장은 없다. 이런 맥락에서, 그간 제대로 들여다보지 못 했던 영종 경제자유구역의 실태를 살펴보자.

주지하다시피, 영종 지구는 공항지원, 항공물류, 국제금융에 특화한 경제자유구역을 목표로 개발되고 있는 곳으로, 개발 면적은 총 4,184만 평(2003년 8월 당시 지정)으로 송도 지구에 비해 3배 이상이나 넓은 곳이다. 그런데, 영종 지구의 개발 면적은 2016년 8월 현재 1,597만 평으로 크게 축소되어 인천경제자유구역 3개 지구 중에서 가장 많은 면적이 개발 사업에서 해제되었는데, 그것도 무려 4차례나 걸친 경제자유구역 지정 해제가 단행되었으니, 분명히 뭔가 문제가 있음을 쉽게 짐작할 수 있다.

영종하늘도시 개발 사업은 영종 지구에 공항지역과 연계한 고부가가치 산업 및 정주여건조성, 영종복합리조트 조성을 목표로 총 사업비 8조 2천여억 원을 투입하는 프로젝트였다. 그러나 2006년부터 추진되어온 전시, 디자인·문화·교육기관, 지원시설을 갖춘 영종 밀라노디자인시티 사업은 2011년에 추진 주체였던 특수목적법인(SPC) FIEX가 파산함으로써 사업자체가 취소되었다. 반면에, 2003년 영종 경제자유구역 지정 당시에 단 1세대도 없었던 아파트는 2016년 현재 1만7,368세대로 늘어나는 등 하늘도시 사업은 결국 경제자유구역과는 전혀 관계가 없는 아파트 짓기 프로젝트로 전락해버렸다.

'미단시티'로 불리는 운북 복합레저단지는 영종 지구에 주거, 레저, 비즈니스, 문화시설, 외국인학교, 다국적 문화빌리지 등 국제적인 복합도시를 조성하겠다며 착수한 사업이었다. 그러나 개발을 주도해온 미단시티개발(주)는 기반 공사가 마무리된 2011년까지도 사업을 진척시키지 못해 2012년에는 파산 직전에까지 몰리며 2013년에 '뜬금없는' 카지노사업을 위기 탈출용으로 제시하면서 애초의 개발계획을 크게 변경했다. 그러나 사업기간 연장 등을 위해 경제자유구역법 시행령을 개정해야 하는 문제와 사업을 주도하고 있는 특수목적법인이 복합리조트 개발 사업에 투자하기로 한 2조 3천억 원의 자금조달 문제 등으로 인해 미단시티 개발사업이 계획대로 추진되는 것은 쉽지 않았다.

용유·무의 문화·관광·레저 복합도시사업은 용유·무의 지역 약 100만 평의 입지에 민간투자 약 1조 3,900억 원을 유치해서 세계적인 관광도시 조성을 목표로 하는 사업이었다. 용유 노을빛타운 사업은 공동사업 민간사업자에 응모한 업체 2곳이 신용등급 등 사업추진을 위한 자격을 갖추지 못해, 우선협상자 대상 자격이 상실됨에 따라 사업추진이 어려워졌고 또 을왕상 Park52 개발사업은 법적, 행정적인 이유로 인해 사업대상지가 경제자유구역에서 해제될 위기에 놓이기도 했다.

'경제자유구역의 지정 및 운영에 관한 특별법' 제1조에서는 외국인투자기업의 경영환경과 외국인의 생활여건을 개선함으로써 외국인투자를 촉진하고 나아가 국가경쟁력의 강화와 지역 간의 균형발전을 도모한다는 경제자유구역의 지정 및 운영의 목적을 분명히 밝히고 있다. 또한 외국인투자 유치가 중요하다는 주장에는 외국인 직접투자와 외국인기업이 인천에 들어와야만 선진화된 기술이나 경영 노하우 등을 이전 받을 수 있다는

장밋빛 전망이 녹아들어 있다. 그러나 이러한 경제자유구역의 지정 목적
이나 전망과는 전혀 달리, 인천경제자유구역의 외국인투자 현황은 매우
저조한 수준에 머무르고 있다. 2017년 기준으로, 영종 경제자유구역에 위
치한 외국인투자기업은 개발사업 관련 3개 업체, 서비스관련 1개 업체,
교육·연수관련 1개 업체, 기타 7개 업체 등 총 11개 업체가 입주한 것에
불과하며, 국내기업은 1개 업체도 입주하지 않았다. 공항 관련 물류, 항공
기업을 빼면 6개 업체인데, 이 중 3개 기업이 복합리조트개발을 위한 외국
인투자기업이다. 앞에서도 지적했듯이, 영종 경제자유구역은 영종하늘도
시의 아파트개발 사업과 미단시티, 파라다이스시티, 용유·무의 문화·관
광·레저 복합도시 사업 등 부동산개발 사업이 주를 이루고 있다. 영종지
역 전체 외국인직접투자 신고액의 88.6%와 총사업비의 77.8%가 부동산
개발 사업과 관련되어 있다. 이는 영종 경제자유구역이 부동산 개발을
위한 땅으로 전락했음을 보여주는 증거가 아니고 무엇이란 말인가?

특히 영종 경제자유구역에는 카지노를 포함한 복합리조트 개발 사업이
주를 이루고 있다. 실제로 인천공항 국제업무단지 IBC-Ⅰ부지에 2017년
4월 20일 외국인 전용카지노와 호텔 등이 포함된 파라다이스시티가 개장
했고, 향후 인스파이어 카지노를 포함한 복합리조트도 2019년 개장을
목표로 IBC-Ⅱ지역에서 추진되고 있으며, 미단시티 개발 사업 중에도
카지노사업이 포함되어 있고, 영종하늘도시 1-3단계 사업계획에도 복합
리조트 개발 사업이 포함되어 있다. 이렇듯, 영종 경제자유구역은 영종하
늘도시의 아파트 건설사업과 4곳의 카지노를 포함한 복합리조트 개발사
업 등 부동산개발 사업이 주를 이루고 있음을 여기서도 분명히 확인할
수 있다.

이와 같은 상황들을 볼 때, 현재까지 영종 경제자유구역은 경제자유구

역의 지정 목적과는 전혀 다른 개발 형태를 보이고 있으며, 특히 복합리조트 사업은 일부 장밋빛 연구들의 결과와는 달리, '사행사업'이 갖는 특성으로 인한 정책상의 제약과 외국인 특히 중국인 관광객에 대한 높은 의존성 등이 문제로 작용할 것이며, 나아가 리조트 사업의 특성상 대규모 투자와 회수기간의 장기화 등에 따른 사업의 불확실성이 높아질 수밖에 없어 개발 사업의 성공여부도 장담할 수 없는 것이 사실이다. 암튼 야심차게 내밀었던 영종 경제자유구역이 카지노 지역으로 변질되고 있는 것은 희대의 사기극이자 코미디극이지 아닐 수 없다.

송도국제도시만 잘못 돌아가고 있는 게 아니다. 영종 경제자유구역 역시 심히 불안하다. 지역 성장연합들에 의한 영종 지구에 대한 장밋빛 전망과는 달리, 이곳은 부동산 개발과 아파트 짓기 프로젝트 지역으로 전락했다. 게다가 노름꾼들이 모이는 카지노 클러스터가 되어 버렸다. 그 누가 이곳을 제대로 된 '경제자유구역'으로 평가해줄 수 있단 말인가. 인천경제자유구역청의 영종 지구 개발에 관한 이와 같은 입장 선회의 배경은 뻔하다. 외국인투자가 제대로 이루어지지 않았기 때문 아니겠는가. 그렇다면, 과연 누가 또 어떤 세력들이 외국인 투자 유치가 어렵다는 이유로 애초의 영종 경제자유구역의 지정 목적을 포기하고 아파트와 카지노만 넘쳐대는 곳으로 개발을 이끌고 있는 것일까? 영종 역시 '복마전'일 가능성이 매우 높다. 송도국제도시뿐만 아니다. 영종, 청라 등 인천경제자유구역 전체에 대한 시민 차원의 조사와 통제가 절실한 시점이다.

4. 누가 시유지를 사유자화하려 드는가?

인천경제자유구역 내 송도 6·8공구 개발사업 커넥션 의혹과 관련된 그간의 언론기사나 소문만 접하면 인천 시민들은 정말 지긋지긋했다. 사실 기대하지도 않았지만, 인천시의회 조사특위 역시 속수무책이었다. 개발업체들을 시의회가 소환하여 심문할 수도 없는 노릇이었거니와 이 때문에 경제자유구역청 최고 책임자가 폭로했던 역대 인천시장들의 배임 혐의와 관련해서도 진실을 제대로 밝혀낼 수 없는, '말 뿐인' 조사특위로 막을 내렸다. '원죄' 때문이었을까? 사실 시의회가 시가 밀어붙이는 대규모 개발 사업을 진작 '사전에' 잘 감시하고 견제해왔었더라면 이런 사태가 벌어지지도 않았을 것 아닌가. 해서, 사태를 '사후에' 비로소 파악하기 시작한 인천시의회도 지금의 송도 6·8공구 개발사업 커넥션 논란으로부터 사실 자유롭지 않다. 시의회가 사법권을 발동할 수 없는 것도 관련 진실 규명을 가로막는 제도적 한계이겠지만, 이들의 원죄 역시 조사특위를 무력화시킨 역사적 배경이다. '복마전'의 진실은 윤곽조차 잡히지 않고, 결국 이 도시의 주인인 시민은 그 진실로부터 소외되고 있다.

당시의 국감 역시 마찬가지였다. 금뱃지 단 국회의원들은 인천경제자유구역청이 가구 수 증가와 용적률 상향 조정을 전제로 개발업체와 건설사에 송도 6·8공구 내 땅을 팔고 사는 과정에서 누가 가장 큰 이익을 얻은 수혜자였는지를 제대로 밝혀내지 못 했다. 논란과 의혹의 불식에 절대적으로 필요한, 가장 중요한 사안은 제대로 파헤치지 못 했다는 말이다. 그들의 국감에서의 발언들은 2018년 지방선거를 의식한 그야말로 정치적인 퍼포먼스에 지나지 않았다. 전 인천경제자유구역청 차장이 제기한 특혜 및 배임 의혹과 또 언론과 사정기관 간의 불법 유착 관계의

'불편한 진실'로부터 이 도시의 주인인 시민은 또 소외되고 있다. 우리 시민이 왜 그런 국감장에서 지방선거를 위한 유세를 들어야 했던가. 송도 6·8공구는 시가 소유하고 있는, 즉 시유지다. 그렇다면 그곳의 개발이익의 주인은 시민이지 않은가. 그런 시민들은 타 정당 험담이나 정치하는 사람들끼리의 고소 공방을 관전할 시간적 여유도 또 심리적 여유도 없다. 우리 시민이 사수하고자 하는 것은, 오로지 시민의 자산인 시유지를 도대체 누가 사유지화하려 했던 것인지 하는 문제에 대한 진실 규명을 통한 '도시에 대한 권리'였을 뿐이다.

우리 시민은 '도시에 대한 권리'를 회복하기 위해, 특히 인천경제자유구역청이 2015년 1월 추정감정가가 약 평당 1,200만 원인 송도 6·8공구 내 10만 3,000평을 송도랜드마크시티유한회사(SLC)에 평당 300만 원에 넘긴 배경과 또 이와 같은 졸속 개발행정의 수혜자들이 누구였는지를 반드시 알아야 한다. 이러한 진실 규명을 통해 그곳의 개발이익이 정확하게 계산되어야 하며 또 이는 시민에게 전적으로 환원되어야 한다. '2007년에 체결된 개발협약으로 인해 개발사업자에게 토지를 무조건 240만 원에 공급하게 돼 있었는데, 이 같은 제약 조건 하에서 토지 환수를 위해 300만 원이 넘는 토지공급 단가를 고집해 사업을 조정하지 못 하게 될 경우 토지 환수의 어려움에 따른 개발 지연으로 결국 미래손실이 늘어난다'는 게 인천경제자유구역청의 주장이었다. 따라서 우리 시민은 평당 300만 원에 토지를 공급하는 것으로 정해 사업 조정 협상을 타결함으로써 얻을 수 있는 개발이익과 높은 토지가격 책정에 따른 사업 조정 실패로 안게 되는 기회손실 간의 격차를 반드시 파악해야 할 필요가 있다. 나아가 인천경제자유구역청의 주장처럼, 그들의 개발업자에 대한 헐값 매각이 시의회의 동의를 받아 강행된 것이었다고 한다면, 우리 시민은 시의회

역시 갈아치워야 한다. 이들 역시 응분의 책임을 져야 하지 않겠는가.

　인천시의회 조사특위에서 송도 6·8공구 개발사업 커넥션 의혹을 제기한 정대유 전 인천경제자유구역청 차장이 배임 혐의를 적극 주장하면서 당시의 사태는 검찰 수사로 확대됐다. 남은 건 이제 제대로 된 검찰 수사를 재개하는 것뿐이다. 엄중하고 중립적인 검찰 수사의 재개, 이는 정의를 세우는 것이기도 하지만 우리 인천 시민들에게는 '도시에 대한 권리'를 지키는 것에 다름없다. 의혹과 논란, 그리고 시민의 권리 훼손이 난무하고 있는 지금, 제대로 된 검찰 수사는 어쩌면 말도 많은 '경제자유구역'으로 불리는 땅이 가야할 새로운 방향을 모색하는 출발점이 될지 모른다.

5. 나오며 : 송도 개발이익 환수의 패러독스와 시민의 '도시에 대한 권리'

　인천경제자유구역청 간부의 송도국제도시 6·8공구 개발을 둘러싼 '검은 커넥션'의 작동 가능성을 암시하는 폭로로 인해 지역사회는 논란의 소용돌이 속으로 빠진 바 있다. 당시의 파문은 개발 시행업자에게 토지를 매각하고 배타적인 개발권을 쥐어 줌으로써 이들에게 어떻게든 높은 수준의 '초과이윤'을 챙겨주는데 초점을 맞추는, 이른바 '기업주의적 도시개발'의 본질적 한계를 드러낸 사건이라는 점에서 그 의미는 매우 컸다. 그렇지 않아도, 지역경제에 대한 기여도 없는 경제자유구역 개발의 궤도 수정에 대한 요구가 제기되고 있는 만큼, 대대적인 조사와 수사를 통해 송도 개발방식이 갖는 본질적 한계와 베일에 싸인 지역 성장연합의 음흉한 '동학'을 철저히 규명해야 한다. 이에, 인천 시의회와 경제자유구역청은 송도 개발이익을 둘러싼 여러 의혹에 대한 조사에 나섰다. 전자는 조사 특위를, 후자는 재무회계 조사를 통해 진상을 규명하겠다고 했다.

그런데 여기서 약간의 문제가 발생했다. 시의회 본연의 기능은 시정부 정책을 면밀히 분석하고 또 이의 올바른 집행을 위해 견제하는 것 아닌 가. 그렇다면, 첫째, 인천시가 막대한 혈세를 쏟아 부어 가며 시 정책 중에서도 가장 많은 거래비용을 투입해서 밀어붙여 온 경제자유구역 개 발에 대해 시의회는 당시와 같은 사후적 '늑장' 대응이 아니라 사전적 '조기' 대응을 취했어야 했다. 물론, 경제청 관계자나 개발 시행업자 같 은 당사자만큼 내막을 구체적으로 꿰고 있었을 수는 없지만, 그래도 당 시 논란이 되어 온 송도 개발의 그 '복마전(伏魔殿)'에 관한 물증은 아니더 라도 적어도 심증은 쥐고 있었어야 했다. 시민의 대표인 시의회가 관련 조사에 나서는 것은 당연지사다. 그러나, 시의회는 그들의 '늑장' 대응에 대한 철저한 반성을 토대로 특위를 운영해야 했었다. 이는 성공적인 진 상 규명의 전제 조건이다. 둘째, 경제자유구역청이 개발이익의 정확한 정산을 위해 시행업자에 대한 재무조사를 벌이는 것도 논리 상 자연스럽 다. 관련 권한을 가지고 있지 않은가. 그러나, 경제자유구역청도 당시 논란의 책임에서부터 그리 자유롭지 않다. 무슨 영문으로 갑자기 개발이 익 환수에 적극적으로 나서게 됐는지는 알 수 없으나, 2015년에 개발 면적을 축소하고 시행업자의 아파트 '올인 체제'를 보장해주는 등의 사업 계획 조정이 있었을 때, 개발이익 정산과 환수 방식에 대해 딱 부러지게 못을 박았어야 했다. 마치 2017년의 재무조사 엄포와 같이 말이다. 그랬 으면 당시와 같은 분쟁도 없었을 것이리라. 또 경제자유구역청은 2007 년 당시 대체 어떻게 땅값을 계산했는지 개발 시행업자에 대해 부지를 헐값에 팔면서 이들이 막대한 시세 차익을 챙길 수 있게 한 '원죄'가 있지 않은가. 그런 맥락에서, 송도 6·8 공구 개발의 실태 조사에 관한 인천시와 경제자유구역청의 역할은 앞으로도 축소되는 것이 논리적으로 옳다.

이제, 시의회는 조사특위의 조사 범위를 6·8공구로 한정하지 말고 송도국제도시 전체로 확대해야 한다. 특위의 시민사회로의 외연적 확대도 반드시 필요하다. 조사 결과는 시민사회와 실시간 공유되어야 하며 시민사회와의 협치를 통해 진상이 검토되어야 한다. 그리고, 시민사회의 가면을 쓰고 나오는 '복마전의 플레이어'를 단단히 색출해내야 하는 것, 바로 이것이 시민의 '도시에 대한 권리'를 되찾는 가장 중요한 지적(知的) 실천 아니겠는가.

'도시에 대한 권리' 찾기로서의 배다리마을 지키기 싸움, 가꾸기 활동

1. 평온했던 마을을 두 동강 낸 산업도로 공사

　예전에 바닷물이 들어오던 갯골이 있어 "배와 배를 연결해서 다리를 만들어 건너 다녔다." "배가 드나드는 다리가 있었다." 등등의 연유로 붙여진 배다리마을. "인천 역사 문화의 모태"라고 말을 할 정도로 개항 이후 근대 종교와 교육, 산업, 노동, 교통, 상업의 시발지로, 한국전쟁 이후에는 헌책방 거리로 유명했으나 도시의 확장에 따라 사람들의 발길이 뜸해지고 잊혀져가던 이 마을이 다시 주목을 받게 된 이유는 마을 중간을 관통하는 산업도로 공사 때문이었다.

　폭 50m 8차선으로 계획한 이 도로는 "지역간 균형발전"을 내세우고 있지만 실제로는 이곳 주민들에게 아무런 도움이 되지 않는, 인천시가 국책사업으로 벌이고 있는 경제자유구역의 성공적 조성의 일환으로 남쪽의 송도와 북쪽의 청라지구를 직선으로 잇는 물류의 흐름을 신속하게

＊ 필자 : 민운기

하기 위하여 이곳을 '지나갈' 뿐이었다. 지난 1998년 기본계획을 마련하고, 2000년대 초부터 중·동구 구간의 공사를 본격화하면서 해당 부지에 포함된 주택들을 보상 후 철거하고 도로와 터널을 확장하고 개설해 왔는데, 2006년에 이르러 배다리마을에 다다른 것이다.

공사가 이대로 진행될 경우 오히려 배다리 일대가 지닌 역사와 문화는 물론 주민들 간에 살아 있는 생활생태계가 파괴됨은 불을 보듯 뻔한 일이 었다. 그리고 주민들에게는 각종 소음과 공해, 분진 피해를 안겨줌은 물론 보행권에도 심각한 지장을 초래하며 안전을 위협할 것으로 우려되었다.

2. 배다리 산업도로 이면의 도시개발 논리

이러한 배다리 산업도로는 인천시 차원의 도시정책과 연관되어 있다고 볼 수 있다. 그 중에서도 앞에서 소개한 경제자유구역 조성 사업은 인천시가 도시경쟁력 확보 차원에서 벌이는 자본축적 전략과 맞물려 있고, 송도지구는 이를 구체화하기 위한 핵심 거점이라고 할 수 있는데, 이는 전 지구적 차원의 신자유주의 이익 논리 확산 및 재생산 구조의 고착화 흐름과 맞닿아 있다.

이를 위해 인천시는 사업 성패의 관건이 되고 있는 외국 기업의 투자를 유치하기 위해 각종 규제를 풀어줌은 물론 제반 여건 및 편의를 제공하기 위해 주거, 교육, 의료, 문화, 관광 관련 최고급 시설과 환경을 조성해주고자 엄청난 비용을 쏟아 붓고 있다. 구도심 또한 이의 성공을 위한 배후기지로 삼아 도시재개발사업을 진행시키며 그 공간에 대한 지불조건이 가능한 사람들로 대체하려 하고 있는 것이다.

배다리 산업도로 논란은 바로 여기에 있다고 보는데, 인천시는 주민들의 피해는 아랑곳 하지 않고 경제자유구역의 성공적 조성을 위해서라면 무엇이든 마다하지 않고 일방적으로 밀어붙이겠다는 것이며, 거기에서 나오는 이익을 다시 환원하겠으니 그 정도의 희생은 감수하라는 식인 것이다. 그러나 이로 인해 자신이 살고 있는 삶의 근거지가 파괴되고 이웃 간의 정이 단절되며 더불어 사는 재미와 의미를 상실한다면 나중에 엄청난 부를 가져다준다 한들 무슨 소용이 있겠는가?

더구나 경제 논리를 내세워 너도 나도 돈에 대한 욕망이 확산되고 이의 노예가 된다면 과연 그 이익이 주민들에게 제대로 돌아갈 지 어떻게 믿을 수 있겠는가? 배다리 산업도로 공사는 바로 이러한 논리에서 시작된 것이고, 배다리 일대의 주민들은 바로 그 피해의 직접적인 당사자가 되고 있는 것이다.

3. 본격적인 배다리 산업도로 무효화 싸움 시작

이에 이곳 배다리 주민들이 주축이 되어 결성한 '중·동구 관통 산업도로 무효화를 위한 주민대책위원회'(이하 '주민대책위')와, 인천지역 시민문화예술단체와 활동가들이 모여 조직한 '배다리를 지키는 인천시민모임'(이하 '시민모임')이 중심이 되어 상호 역할 분담 내지는 공조를 통해 무효화를 위한 다양한 활동을 벌여나갔다.

도로 관통이 초래할 여러 가지 피해사항들을 공유하면서 인천시에는 공사 중단 내지는 무효화를 요구하는 성명서 발표와 기자회견, 그리고 항의 집회를 개최하였고, 공사 자체의 문제점 내지는 부당성과 더불어 배다리만이 지닌 역사 문화적 가치를 대·내외에 알리는 작업, 이를테면 지역의 언론매체를 활용한 칼럼 작성이나 소식지 발간, 포럼 및 초청강연 등을 마련하였고, 배다리 사태를 듣고 하나 둘 모여들기 시작한 문화공간과 활동가들의 주도로 매달 한 번씩 문화행사를 개최하기도 하였다.

이렇듯 가열찬 싸움으로 공사는 중단되었지만 당시 시장의 현장 방문과 주민의견 수렴 및 반영 지시, 공사 담당 기관의 지시 불이행 및 공사 재개, 주민들의 공사 저지와 적극 가담자에 대한 시행사의 고소 고발에 따른 재판 및 벌금 부과, 주민대책위 차원의 공익감사 청구 등이 이어지며 공사를 막으려는 쪽과 어떤 방식으로든지 강행하려는 입장 간에 갈등과 충돌, 긴장 상황이 계속되었다.

4. 엎친 데 덮친 싹쓸이식 재정비촉진사업과 대응 활동

그러던 와중에 또 하나의 강력한 쓰나미가 몰려오고 있었으니, 다름 아닌 갈라진 배다리마을 한 쪽을 포함하는 〈동인천역 주변 재정비촉진사업〉(이하 '재정비촉진사업')이었다. 이 사업은 전면 수용에 의한 전면 철거 방식의 공영개발사업으로, 2007년 5월에 지구 지정을 한 후 같은 해 주민설문조사, 2008년 개발계획 수립, 2009년 초 주민설명회 등의 행정절차를 차곡차곡 밟아오고 있었다. 이 계획이 구체화되어 배다리마을이 싹쓸이 개발 속에 사라진다면 산업도로를 애써 막은 보람이 없어질 것이기 때문에 시민모임 차원에서는 두 가지 사안에 같이 맞서 싸울 수밖에 없었다.

그러나 재정비촉진사업은 산업도로 싸움처럼 공사 반대와 마을을 지키자는 주장만으로는 명분이 부족하다는 판단 하에 그 동안 싸움 와중에 논의를 진전시켜 온 이야기, 즉 공사를 위해 파헤쳐진 구역을 포함한 이 일대를 어떻게 주민들을 위한 문화·생태적 공간으로 재탄생시킬 수 있는가, 나아가서는 주민들이 주체가 되어 자신들이 지닌 독특한 삶의 역사와 기억, 문화를 지속시켜나가는 바람직한 공동체를 만들어 낼 수 있는가, 한편으로는 이러한 노력을 배다리에 국한하지 말고 인천시 전역에서 '명품도시'라는 이름으로 무자비하게 펼쳐지는 각종 개발과 홍보성 사업에 맞서 제대로 된 대안을 제시해야 하지 않겠는가, 라는 관점에서 '배다리 에코뮤지엄'이라는 개념의 대안적인 도시재생방안을 내세워 이를 구체화하기 위한 활동과 사업을 벌여나갔다.

이의 일환으로 '배다리를 지키는 인천시민모임'을 '배다리를 가꾸는 인천시민모임'으로 명칭을 바꾸고, 구호 또한 "산업도로 반대"에서 "배다리는 살아있는 인천의 역사입니다"로 바꾸었다. 그리고 2009년 4월에는 마을 주민을 포함하여 인천지역 시민사회계 총 250여명이 참여하여 "도시개발에 있어 인간적 삶의 가치에 기초한 도시철학과 문화적 상상력을 최대한 반영하도록 발상의 전환을 요구"하는 〈배다리문화선언〉을 선포하였고, 같은 해 9월에는 '배다리 책방거리 보존 및 에코뮤지엄 조성을 위한 배다리 역사·문화지구 지정 촉구 시민서명운동'을 전개하였다.

이와 병행하여 배다리마을에 터를 잡은 각 문화공간들이 각자의 건물을 창의적으로 개보수, 활용하며 도시재생의 작은 모범사례를 보여주면서 마을공동체를 위한 활동과 사업 또한 다양하고도 활발하게 펼쳤다. 마을 벽화 그리기, 간판 개선 사업, 텃밭 가꾸기, 인천근대역사탐방 인천장정, 시낭송회, 배다리 주말극장, 동네美술공장 '땜빵', 지역화폐 '띠앗', 생활문화공동체 활성화 사업, 레지던시프로그램, 배다리 인문학교실, 벼룩시장, 배다리 문화축전 등등이 그것이다.

이러한 노력은 그 자체로도 많은 의미와 성과를 드러내었지만 2009년 10월 재정비촉진사업의 마지막 행정 절차인 주민공청회를 결사항전의 의지와 태도로 막을 수 있었던 명분과 근원적 힘이 되었다. 그리고 인천 지역 역세권을 중심으로 동시다발로 진행해왔던 인천시의 도시재생사업 은 주민공청회가 이번에 이르기까지 세 번째 막히며 결국 주민설문조사 를 다시 하는 등 전면 재검토 국면으로 바뀌었으며, 이듬해 초 배다리마 을은 산업도로를 지하화하고 재정비촉진사업지에서의 '제척'을 '약속' 받 기에 이르렀다.

5. 배다리 역사문화마을 만들기 활동과 갈등의 잠복

2010년 5월, 큰 위기를 넘겼다고 생각한 배다리 활동 조직 및 구성원 들은 애초에 내세웠던 '에코뮤지엄'이 본래의 의미를 떠나 다소 박제화 된 형태로 받아들일 수 있다는 판단에 제대로 된 취지와 방향성을 담은 '역사문화마을'로 바꾸고, 이를 본격적으로 추진하기 위해 보다 큰 틀거 리인 '배다리 역사문화마을 만들기 위원회'(이하 '배다리위원회')를 '별도로' 만들었다.

그러나 배다리 상황은 그렇게 호락호락 우리의 편이 되어주지 못했다. 6·2지방선거로 민선 4기 전임 시장이 물러나고 '배다리 역사문화마을 조성' 공약을 내건 민선5기 시장과 구청장이 당선되었으나 이번에는 개발 찬성 주민들의 반발에 '제척' 약속은 슬그머니 사라지고 양쪽의 눈치를 보는 형국이 계속되었다. 그러던 중 해결의 기미는 엉뚱한 데서 나타났는데, 다름 아닌 지난 시정부가 도처에 벌여놓은 개발사업으로 인한 재정 악화와 미국 발 경제위기, 부동산 경기 하락 등으로 인해 사업을 지속할 수 없는 상황이 되었고, 오히려 적당한 출구전략 마련이 필요하게 되었다.

이후 산업도로는 지하화를 이끌어냈지만 그 구간을 둘러싸고 배다리 마을인 금창동(3구간)을 단절시키지 말고 지나서 바깥 도로(1, 2구간)와 연결시키라는 주민 측과, 이미 수도국산 중턱에 뚫어놓은 송현터널로 연결하려면 (동네가 갈라지더라도) 금창동 중간쯤에서 바깥으로 나와야 한다는 인천시 종합건설본부 측이 양보 없는 실랑이를 벌여오다 인천시의 재정난으로 논의마저 중단된 채 무기 연기되었다가 2013년 초 도로 관련 법 조항 일부가 바뀌어 '완전지하화' 공사가 가능해졌다. 그러나 주민들과의 최종 합의 또는 결론을 내리지 않은 채 공사는 인천시의 악화된 재정 상황으로 인해 진행시키지 못하고 기약 없이 연기되었고, 이는 이후 언제 또 다시 불거질지 모르는 갈등의 씨앗으로 잠복하게 되었다.

그리고 재정비촉진계획 또한 2011년 인천시 조례를 개정하여 6개 구역으로 분할, 2012년 5월 배다리(2구역)를 포함한 전 구역의 토지와 건물 소유자들을 대상으로 도시재정비촉진사업 추진방식에 대해 설문조사를 실시하였고, 이를 토대로 개발 방식을 결정하겠다고 하였는데, 2013년 9월 '존치 관리'로 변경을 하여 각종 도시기반시설 및 주민편의시설을 제공할 수 있고 주택의 신축과 개축도 가능해지게 되었다.

그 결과 배다리 주민들은 그 동안 산업도로와 재정비촉진사업으로 인해 도시가스 설치 공사가 중단되어 지금까지 추운 겨울을 비싼 기름으로 버텨왔는데, 2012년 겨울 원하는 가구에 한하여 가스관 매립 및 설치 공사를 진행하여 다수의 가구가 공급을 받게 되었다. 이는 배다리 일대 개발의 필요성을 열악한 주거 조건에서 찾는 주민들의 그간의 생각에

많은 변화를 가져올 것으로 받아들일 수 있는 상징적인 사안으로 바라볼
수 있다.

6. 지자체 권력의 변동과 배다리마을에의 영향

그러나 지방선거로 인한 광역 및 기초자치단체장 등 권력의 교체는
어떤 기대와 신뢰 속에 지속적인 활동을 벌여나가는데 있어 적지 않은
변수로 작용하였다.

2013년에 접어들며 민선5기 시장이 임기 막바지에 재개발 사업지에서
제외된 지역을 대상으로 하는 원도심 활성화의 일환으로 '저층주거지 관
리사업'을 본격 추진하면서 배다리마을도 사업지 중의 하나로 포함되었
다. 당시 인천터미널 부지를 매각하여 확보한 비용 중 일부인 26억 6천만
원이 배다리마을에 배정되었고, 2014년부터 이름이 '주거환경관리사업'
으로 바뀐 상황에서 이를 어떻게 요긴하게 쓸 수 있을까 하여 공식적으로
만 일곱 차례의 주민워크숍을 개최하여 마을에 필요한 사업들을 작성,
제출하였다. 여기에 더하여 동구에서도 '마을만들기 공모사업'을 진행하
여 주민들이 마을에 필요한 일을 찾아 신청하면 선정하여 일정 비용을
지원해주었다.

이러한 정책과 사업은 그 자체도 큰 변화이지만 이를 준비하고, 신청
하고, 일부 사업이 선정되어 집행하는 과정에서 그 동안 소원했거나 이
렇다 할 접촉이 없었던 마을 주민들이 만나 주거 조건 및 환경이나 향후
의 발전 방안에 대하여 상의하는 구조와 분위기가 만들어진 점은 또 다른
부대효과라 할 수 있다. 더불어 이 시기 시장도 두 차례나 다녀가고, 관

계 공무원들의 방문 빈도도 잦아지는 등 전례 없는 관심이 이어졌다.

그러던 것이 2014년 6월 민선6기 지방선거로 인해 시장과 구청장이 모두 보수적인 정치인으로 교체가 되며 전임 자치단체장이 추진했던 사업 예산을 이런 저런 이유를 들어 전액 삭감함으로써 폐기될 위기를 맞이하게 되었다. 당연히 배다리 주거환경관리사업 지원 예산도 없었던 것으로 되었다. 동구청(장) 또한 마을만들기 공모사업 등을 없애고 자신들이 생각하는 관광지 조성 등의 사업을 벌여나갔는데, 배다리마을 또한 구성원들과의 상의도 없이 추진하고자 하면서 또 다른 차원의 갈등을 유발시켰다. 〈배다리 근대 역사문화마을 조성 사업 계획(안)〉이 그것으로, '근대'라는 말을 내세워 이곳을 과거의 이미지로 박제화시켜 단순 볼거리 차원으로 만들려는 것이었다. 주민들이 위기에 빠진 마을을 힘들게 지키고 가꾸어 왔더니 이런 식으로 접수하여 자신들의 개념으로 가져가려는 것이다.[1]

특히 민선6기 동구청장의 일방적이고 보여주기 식 행정은 극에 달했다. 그 동안 산업도로 부지에 '배다리지기'들이 자연생태의 복원을 시도하며 (전임 구청장 시절 공식 수락과 지원 속에) 텃밭도 가꾸고, 정자도 만들어 주민들 쉼터로도 활용하고, 여름철에는 생태캠프를 개최해왔고, 나중에는 아이들을 위한 생태놀이숲도 만들어주었다.

그러나 지난해인 2017년 초 주민들과의 일체의 상의도 없이 이곳 부지 전체에 인위적인 꽃밭조성계획을 세워놓고 이를 가능하기 위한 걸림돌을 제거하기 시작하였다. 처음에는 마을텃밭을 불법 경작으로 몰아가다 주민 반발에 부딪혀 물러나더니 어느 날 느닷없이 공무원들이 들이닥쳐

---

1) 다행히도 이 계획(안)은 동구청이 더 많은 국비 확보를 위해 당시 시범으로 운영하고 있었던 문화영향평가제 평가를 의뢰했는데, 낙제점을 받아 그 명분을 상실하게 되었지만 이에 아랑곳없이 강행하며 많은 갈등과 충돌을 빚게 되었다.

놀이터 시설을 침탈해가는 일이 벌어졌다. 결국에는 주민들 간의 합의가 제대로 이루어지지 못한 틈을 타고 도로부지를 또 다시 갈아엎고 봄에는 꽃양귀비, 가을에는 코스모스 씨앗을 뿌려 자신들의 계획대로 꾸미고야 말았다.

금년에는 '배다리지기'들이 다시 나서서 주민 주도의 생태 숲 가꾸기를 해보자고 의견을 모아보았지만 일부 주민의 반대로 이루지 못한 채 부지 가운데의 배수로를 사이에 두고 한 쪽은 주민들이, 또 한 쪽은 구청이 관리를 하는 웃지 못할 일이 벌어지고 말았다. 새로 바뀐 민선7기 구청장 체제 속에서는 또 어떻게 전개될지 예측하기 어렵지만, 이러한 과정 속에서 확고한 원칙과 방향을 갖고 동의와 참여를 끌어내는 일은 지속될 것이다.

7. '전면 폐기'로 돌아선 배다리마을 주민들

한편 2015년 11월 인천시와 종합건설본부는 느닷없이 산업도로 관련 지하화 구간(숭인지하차도)을 애초의 입장대로 배다리마을 일부 구간만을 지하화로 하는 계획안을 만들어 밀어붙이려다 주민들의 거센 항의에 부딪혔다. 이후 소강상태를 보이다 2017년 초 인천시와 종합건설본부는 배다리 구간은 지하도로에다가 지상의 주택가 양쪽으로 소방도로 명분의 길을 또 추가하는 설계안을 들고 나와 주민들을 격앙시켰는데, 이는 이미 어느 정도 진행이 된 인접한 수도국산의 송현터널과 고가(1, 2구간)부터 우선 개통시킬 목적으로 공사를 해오던 중 나머지 3구간과의 연계성을 도모하려다 생각해 낸 방안이었다. 이렇게 될 경우 배다리마을은 지하는 물론 지상의 골목길까지도 차량들이 오가게 될 상황이었다.

이에 배다리 주민들은 주민총회를 거쳐 "배다리 관통도로 전면 폐기"를 결의하고 9월 13일 송림로 옆 송현터널 초입에 천막을 치고 1, 2구간 개통 공사 저지 및 무기한 농성 등 '천막 행동'에 들어갔다. 주민들이 3구간 완전 지하화를 넘어서 '전면 폐기'를 주장하고 나선 데에는 일방적인 행정에 따른 불신도 깔려 있지만, 그 간 이 도로로 인해 초래될 지역 단절과 보행권 침해, 각종 소음, 매연, 분진으로 인한 피해는 물론 지난해 3월 개통한 인천~김포 간 제2외곽순환고속도로 중구 쪽의 진출입로가 인근 주택가 쪽으로 숨이 막힐 정도의 매연을 유발시키는 것을 보고 생각을 바꾼 것이다.[2]

초기 배다리마을 주민들과 '배다리위원회'가 주도했던 '천막행동'은 이후 '중·동구 관통도로 전면폐기 주민대책위원회'(이하 '주민대책위')로 외연을 확대하면서 초기의 경우 매일 밤낮으로 천막을 지키고 아침마다 집회를 여는 등 강력한 연대를 보여주며 결국 1, 2구간 개통 공사를 중단시켰다. 이후 인천종합건설본부가 인천경찰청에 신청한 개통 계획안이 '교통안전시설심의의원회'에서 여러 문제로 '보류' 결정이 남에 따라 결국 공사업체가 철수를 하게 되는 성과를 얻었다. 이후에도 혹한의 추위를 버티며 이듬해 봄까지 아침 집회를 이어왔고, 폭설과 폭우, 태풍 속 천막이 무너질 위태로운 상황 속에서도 이를 보수하며 지켜왔다.

---

2) 인천시의 설계안대로 3구간을 지하화 하더라도 배다리 마을 양 쪽에 진출입로가 두 개나 생기게 되어 직접적인 피해가 예상되기 때문이다.

8. 6·13지방선거 결과와 민·관협의회 운영

그러나 오랜 시간 속의 힘겨움과 긴박한 상황이 다소 해소되고 소강상태를 맞이하게 되면서 초기와 같은 '행동'은 계속하지 못하고 나중에는 천막을 유지하는 정도로 머물게 되었다. 그럼에도 불구하고 100일, 200일, 300일 맞이 등의 주민 한마당 행사를 중간중간 개최하며 상황을 공유해 왔는데, 그 시계는 곧 다가올 6월의 지방선거에 맞추어져 있었다. 즉 선거를 앞두고 출마하는 (한 표가 아쉬운) 후보자들에게 이 관통도로 상황을 공유하고 전면 폐기에 대한 약속을 미리 받아두려는 것이었다. 예상대로 선거일이 다가오자 인천시장을 비롯한 시의원, 구청장, 구의원에 출마하는 (예비)후보들이 천막을 찾아왔고, 저마다 표현과 수위는 다르지만 '주민들이 원하는 방향으로의 결정'이라는 발언을 받아냈다.

선거 결과는 이러한 주민들의 주장에 우호적인 더불어민주당이 승리하여 많은 기대를 갖게 했고, 주민대책위는 "약속을 지켜라!"는 기자회견까지 했지만 박남춘 인천시정부는 결단을 미룬 채 고심하더니 천막행동 1주년을 앞둔 지난 9월 3일 소통담당관을 보내 갈등조정관 제도를 활용해 풀어볼 의향을 비쳤다. 이에 주민대책위는 인천시 도로과와의 소모적인 논쟁이 또 다시 이어질 것 같아 보다 넓은 도시재생의 관점에서 다양한 분야의 관계자와 전문가를 아우르는 민·관협의회 구성을 역제안하였고, 소통담당관실이 이를 수용하여 현재 시측과 주민 측 대표, 시민소통관과 갈등조정관이 참여하고, 도시(재생), 도로, 환경 관련 전문가를 초대한 가운데 협의회가 운영 중으로 그 결과는 2019년 즈음에 드러날 예정이다.

9. 최근의 배다리 활동과 다양한 변화

　이러한 상황 변화 속에서도 배다리마을에는 문화 관련 공간들이 추가로 들어서면서 기존의 행사 및 프로그램 외에 마을소식지 발간, 벼룩시장, 도시생태캠핑 '밭캉스', 텃밭 가꾸기, 점심밥상, 마을사진관, 배다리 도시학교, 배다리안내소, 배다리생활사전시관, 요일가게–多괜찮아, 나눔가게 '돌고', 배다리 풀·꽃 친구들, 배다리 생태놀이숲 조성, 느릿느릿 헌책잔치, 배다리Day, '배다리, 마을로 가는 교실', 도깨비 장터 등 다양한 공간과 프로그램 및 실험과 논의 구조를 마련하면서 배다리 역사문화마을이 겉모습만 그럴듯하게 남기고 꾸며 과거나 추억으로 소환하는 관광지가 아니라 대안적인 삶의 가치와 형태를 생활 속에 접목하고 습성화하며 제대로 된 마을을 만들기 위해 노력하고 있다.

　특히 올해는 마을 곳곳의 다양한 변화가 이루어지고 있는데, 무엇보다도 앞서 소개했던, 주거환경관리사업 관련 무산되었던 예산이 별도의 특별보조금으로 편성되어 주민들이 기 작성했던 사업을 하게 되었다. 하수구를 정비하고, 무질서하게 엉켜 있던 전선줄과 각종 케이블 선을 지중화하면서 전봇대를 뽑고, 골목길과 도로 인도 정비 작업을 대대적으로 하였다. 또한 오랫동안 책방을 운영해온 어르신들이 지나가는 세월을 감당하지 못하고 젊은 분들에게 물려주는 세대교체가 마무리 되었다. 또한 스페이스빔이 세들어 있는 인천양조장 주인도 바뀌면서 이에 딸린 한옥을 일정 부분 원래의 형태로 복원3)하기도 하였고, 이를 본 맞은편 건물 소유주도 가려졌던 앞 공간을 허물고 안쪽에 숨겨져 있던 한옥 건물

---

3) 지난 1979년 인천에서 전국체전이 열렸을 때보다 근대화된 모습을 보여주기 위해 기와집을 포함한 전통 건축물의 외관을 가리는 일이 있었다 한다.

을 드러내며 매력적으로 탈바꿈시켰다. 그 외 오랫동안 배다리마을의 편안한 안식처였던 개코막걸리 또한 주인 아주머니의 개인 사정으로 인해 젊은 주인으로 바뀌어 새로운 컨셉으로 운영되고 있으며, 문화 예술 쪽에서 열심히 활동하고 계신 분들도 주거지를 이곳으로 이전하여 멋지게 탈바꿈시킨 후 마을 공동체의 일원으로 함께 하는 일이 이어지고 있다.

물론 좋은 일만 생기는 것은 아니다. 마을의 활성화 내지는 방향성을 둘러싸고 개별 주체들의 생각이 다르다 보니 여러 가지 사업이나 활동 계획 마련, 진행 방법과 속도 조절 면에서 생각지 못했던 갈등 양상이 드러나기도 한다. 그러나 이는 '새로운' 문제가 아닌, 어쩌면 그 동안 잠복해있던 요소들이 변화된 상황 속에 수면 위로 올라온 것으로서 적극 안고 가야 함은 물론, 그것 자체가 배다리 역사문화마을 만들기의 중요한 활동이지 않나 싶다.

10. '도시에 대한 권리' 찾기로서의 배다리 역사문화마을 만들기 활동

올해로 11년째를 맞이하게 된 배다리 지키고 가꾸기 활동은 여전히 현재진행형이다. 이는 초기의 굵직한 두 현안, 즉 배다리마을 관통 산업도로와 재정비촉진사업에 대한 싸움이 성공이든 실패든 분명하게 드러나지 않는 가운데 생각 이상으로 오랫동안 지리하게 이어져 오고 있는 면도 있지만, 그 과정 속에서 또 다른 과제가 계속해서 불거져 나오고 또한 발견되면서 멈출 수 없는 상황이 된 것이다. 이를테면 오랜 시기와 상황에 걸쳐 형성된 제도와 관념, 습속으로 인해 하루아침에 도시공간에 대한 시선이나 생활 및 환경에 대한 생각을 바꾸기가 쉽지 않았고, 더더욱 싸움에 함께 나선 주민들이지만 부분적인 국면으로 들어가거나 또 다른 현안에 대해서는 미래 지향적인 관점에서의 동의와 공감보다는 눈앞에 보이는 것에 국한된 판단으로 오해와 갈등의 여지가 더 많이 드러나기 때문이다.

이렇듯 배다리마을이 가야 할 길은 아직 멀지만 이 시점에서 한 가지 분명한 점은 '배다리 싸움'이 도로 하나 막고, 마을 하나 건져내자는 것이 아닌, 속도와 효율, 이익과 성장만을 우선시하는 우리 사회에 만연된 개발 논리, 도시상품화 논리에 대한 성찰이자 저항이며, 새로운 대안을 창출하고자 하는 열망이 모아진 것이라 할 수 있다. 그리고 그 대안은 다름 아닌, '생명'과 '생태', '공동체'를 중시하는 도시 삶의 가치와 형태를 구체화하기 위한 관점에서 주민 및 시민들이 도시를 살아가면서 당연히 누려야 할 공공적, 공익적 권리를 되찾고, 나아가 더불어 즐겁고 행복하게 살 수 있는 지속가능한 구조와 조건, 환경을 함께 만들어나가는 일이라 할 수 있다.

이와 연관하여 도시공간 자체가 자본의 이익을 극대화하기 위한 또 하나의 수단으로 활용되고 있는 점은 주목해야 할 사안이다. 이를 위해 자본주의 논리에 경도된 지방자치정부나 단체장, 그리고 개발주의, 토건주의 세력들은 주민들의 자율적이고도 주체적인 공간 활용 및 생산을 절대 용납하지 않고, 자신들의 이익을 확보하기 위한 관점에서 관리권과 처분권을 적극적으로 행사하려 달려들고 있는 것이다. 그러다 보니 도시의 공간을 자본의 논리로 재편하는 가운데, 인천만의 고유한 정체성을 훼손시키고, 공동체를 파괴하는 일이 계속되고 있다.

이를 위해 '배다리지기'들은 배다리마을을 거점으로 지속가능한 마을과 도시를 위한 다각적인 실험, 즉 도시 혁신을 위한 담론을 생산하며 이를 구체적인 일상과 공간 속에 접목시키려 노력해왔고, 또한 이를 배다리마을 안에서 닫힌 형태로 행하지 않고 안팎을 넘나들며 다양한 주체들과 관계 맺고 연대하며 공유 및 확산시키려 노력해왔던 것이다. 앞으로도 배다리는 여전히 계속되는 자본의 위협에 맞서 반드시 지켜야 하고, 나아가 대안을 모색하고 창출하는 중요한 거점의 하나로 자리매김되어야 할 것이고, 그러한 관점에서 지속적인 활동을 이어갈 것이다.

'인천 가치 재창조' 시책과 '도시에 대한 권리'

1. 넘쳐났던 '인천 담론' 슬로건

　민선6기 유정복 인천시정부 내내 인천에서는 '인천 가치 재창조'라는 시정 구호에 이어 '인천 주권시대'라는 새로운 용어가 등장해 지역사회에 풍미하였다. 2015년 초 확대간부회의 석상에서 유정복 시장이 강조한 이래 본격적으로 사용되기 시작한 '인천 가치 재창조'란 용어는, 언뜻 들으면 인문학적인 내용을 담고 있는 참신한 도시담론으로 들렸다. 그러나 대략 1년 만에 인천시의 거의 모든 실·국·본부에서 쏟아져 나온 각종 시책들은, 인문학적 도시담론으로서 그 내용적 깊이를 확보했다기보다는 백화점식 사업을 나열해 놓고, 마치도 금방 전에 없던 새로운 인천을 만들어낼 것처럼 조바심에 가득하다. 그런데 '인천 가치 재창조' 시책이 미처 본격화하기도 전인 2016년 6월 말 유정복 시장은 취임 2주년을 맞아 기자간담회를 통해 인천 인구가 곧 300만 명을 돌파할 것이라는 점을 강조하면서 '인천 주권시대'라는 새로운 시정 구호를 느닷없이 선언했

　＊ 필자 : 이희환
　　계간 『황해문화』 92호, 2016년 가을호.

〈그림 1〉 지난 6월 27일 인천시청 대회의실에서 열린 '취임 2주년 기자설명회'에서 '인천 주권시대'를 선언한 유정복 인천시장(사진 출처 『인천일보』)

다. '동북아의 관문도시 인천', '세계 명품도시 인천', '대한민국의 심장, 경제수도 인천'이라는 외형적 성장담론을 강조했던 전임 시장들의 시정 구호와는 차별화되는 내향적 표현이거니와, 최고의 인천 출신 민선시장 이기 때문인가?

흔히 한 나라가 독립성을 가지고 행사해야 하는 국가적 권리라는 의미로 사용되는 '주권'이라는 개념을 인천이라는 도시에 사용하는 것이 가능한 것인가 우선 의문이 든다. 대체 '인천의 주권'이란 과연 무엇일까? 인천의 주권은 어디로부터 독립된 주권이며, 그 주권은 누가 부여하는 것인가? 인천의 주권을 형성하는 힘은 어디서 나오는 것인가? 현재에 같은 대한민국 지방자치제도의 수준 속에서 '인천의 주권'을 선언한다는 것은 무슨 의미가 있는 것인가? 갖가지 질문들이 꼬리에 꼬리를 물고 이어진다. '인천 가치 재창조'에 이어 시장으로부터 발어된 인천 '담론'은 과연 인천이 처한 제반 현실로부터 출발한 선언인가? 그리고 이 시정슬로건들은 인천시가 현재 추진하고 있는 여러 정책들과 잘 어울리는 실감을 가진 정책슬로건인가? 이 글은 인천시민의 한 사람으로서, 이러한 두서없는 의문을 가지고 인천시가 진행하고 있는 주요한 도시정책들을 비판적 관점에서 검토해보고자 한다. 인천이라는 도시의 가치에 주목하고 수도권의 변방에 위치했던 인천의 도시 주권을 선언한 시정구호가 과연 인천시의 실제 정책에서 제대로 구현되고 있는지 살펴보면서, 인천의 진정한 가치와 주권을 시민적 관점에서 확장하기 위해서는 어떤 노력이 필요한지 거친 소견을 피력해보고자 한다.

2. '인천 가치 재창조' 시책이 나온 배경

먼저, '인천 가치 재창조'라는 시정 슬로건이 나온 과정을 복기해본다. 2014년 민선6기 시장 선거일을 불과 두 달 앞두고 시장 출마를 결정한 유정복 시장은 선거운동 기간 동안 '인천 가치 재창조'를 공약으로 두드러지게 언급한 적이 없었던 것 같다. 유정복 시장은 박근혜 대통령의 당 대표 시절 비서실장을 역임하고 박근혜 정부에 들어와서 첫 안전행정부 장관을 역임했던 경력을 바탕으로 '힘 있는 시장' '부채, 부패, 부정 척결'을 강조하면서 시장선거에 뛰어들었다. 유정복 시장이 비록 인천 송림동 원도심 출신으로 지역 명문고인 제물포고등학교를 나오긴 했지만, 1995년 관선 서구청장을 역임한 이후로 인천과는 뚜렷한 연고가 없이 주로 경기도에서 정치적 이력을 쌓아왔다는 것은 주지의 사실이다. 그렇기 때문에 민선6기 지방선거 시장 선거에 뛰어들면서 인천과 관련한 공약을 차분히 준비할 여유는 없었을 것이다.

그런 유정복 시장이 2015년 1월, 시장 취임 6개월을 넘어가는 시기에 연초 간부회의 석상에서 '인천 가치 재창조'를 시정의 전면에 내걸었다. 나름 6개월간의 시정운영 과정에서 준비된 시정 정책방향을 새롭게 제시한 것이다. 그런데 '인천 가치 재창조' 슬로건이 나오게 된 저간의 배경에는 인천 역사의 발상지인 문학산 정상이 50년 만에 군 부대로부터 반환되는 기념비적 행사가 중요하게 작동했던 것으로 보인다. 유정복 시장이 취임한 직후인 2014년 하반기부터 인천시는 국방부와 문학산 정상부의 반환 협상이 진행중이라는 사실은 지역언론계에서는 널리 알려져 있었다. 이에 시 정책부서에서는 지난 50년간 군부대가 똬리를 틀고 앉아 있던 문학산 정상부의 개방을 계기로 4년간 시정의 새로운 정책 플랜을 짰을 것으로 보이고, 여기에 지역적 정치기반이 없었던 유정복 시장이 인천 출신의 지역 내외 인물들을 대대적으로 끌어안아야 하는 현실적 필요성과 연계되면서 '인천 가치 재창조' 시책이 궁구되었던 것으로 추정해볼 수 있다.

지금으로부터 불과 얼마 전인 2015년 1월부터 본격화된 '인천 가치 재창조' 시책은, 이후 인천시의 전 실·국과 본부들에 정책 발굴 지시가 하달되면서 전시적 차원의 정책슬로건으로 전면화 되었다. '삼시세끼 어촌 체험' 등 특색 있는 인천 섬 관광콘텐츠 개발을 내세운 섬 프로젝트가 새로운 '인천 가치 재창조' 정책 아이템으로 떠올랐고, 여기에 유정복 시장의 공약사업이기도 한 인천발 KTX 및 송도-청량리간 GTX 건설 사업 등의 교통인프라 토목사업도 인천의 미래가치를 창조하는 사업으로 호명되면서 '인천 가치 재창조' 사업은 역사와 문화, 자연유산, 미래유산 등으로 정책 범주의 가지치기가 이루어졌다. 방위 개념의 자치구 명칭 및 행정기관명을 정체성을 담는 명칭으로 변경하는 사업도 주목할 만한 가치 재창조 사업으로 추진됐다.

　때마침 인천시 도시재생과에서는 2014년 송영길 시정부 때 국토교통부의 도시재생사업 공모에 참여했다 공모 선정에 실패한 인천개항창조문화도시(MWM City) 도시재생사업의 사업내용을 대대적으로 변경해서 '인천개항창조도시' 도시재생사업 공모를 재추진하고 있었다. 또한 유정복 시정부는 유시장의 공약이기도 했던 인천관광공사를 재정난 속의 예산 낭비가 될 것이라는 지역사회의 반대의견을 무릅쓰고 인천도시공사에서 분리해서 설치를 강행했기 때문에, 인천관광공사가 제 역할을 할 수 있도록 예산과 여건을 해야 할 또 다른 과제에 직면하고 있었다. 급기야 인천시는 2015년 12월 17일에 '인천 가치 재창조 추진과제 실·국별 보고회'를 개최한 데 이어 불과 한 달 만인 2016년 1월 20일 '인천 가치 재창조' 비전 선포식까지 진행하였다. 아울러 이 날을 기해 '인천 가치 재창조 범시민 네트워크'(이하 '범시민 네트워크')의 발족과 더불어 47개에 이르는 '인천 가치 재창조' 실천과제를 일괄 선정해 발표하기에 이른다.

　유정복 시장이 2015년 연두 간부회의 석상에서 처음 꺼낸 '인천 가치 재창조' 시책은 이처럼 불과 1년 만에 비전 선포식과 '범시민 네트워크' 발족식을 성대하게 거행할 정도로 빠르게 진행됐다. 이 과정에서 인천시는 많은 유관기관과 각급 학교의 동창회 등과 간담회 등을 개최하기는 했다. 그러나 지역 내외의 인문학자나 시민들과의 활발한 의견개진과 토론도 없이, 비판적 시민사회와의 허심탄회한 정책토론회도 열지 않은 채 빠르게 추진됐다. 급하게 시책을 추진하다 보니 인천시 주도로 구성된 '범시민 네트워크'에 일방적으로 이름이 올랐던 일부 시민단체들이 관제식 사업추진에 반발해 탈퇴하는 모습을 연출하기도 했다. 관 주로 급하게 추진된 '인천 가치 재창조' 시책의 세부 사업들도 각 실·국들이 기왕에 수행해왔던 시책들에 '인천 가치 재창조' 개념을 입히고 아이디어 차원에서 급조된 시책들까지 더해져 백화점식으로만 망라되었던 것이다.

비록 급조된 시책이긴 하지만, '인천 가치 재창조' 시책은 인문적 성찰과 지역적 착근이 거세되었던 저 개발주의시대의 기업주의 도시정책에 비교한다면 긍정적인 측면이 없지 않다. 뿐만 아니라 인천시의 도시정책이 내향적으로 전환되는 계기도 없지 않아서 반갑기까지 한 시책이다. 인천이라는 도시만이 갖고 있는 고유한 특성과 가치를 발굴하고, 이를 오늘의 시점에서 알리고 재창조해나간다는 것은, 과거 무분별한 개발주의 시대에는 볼 수 없던 인문학적 사유가 바탕이 돼야 가능하기 때문이다. 도시의 고유한 특성과 가치를 몰각하고 심지어 그 특성과 가치를 파괴하면서까지 무분별한 대규모 토건·개발사업에만 몰두하곤 했던 이전 시정부의 반지역적, 반문화적 도시개발주의 정책과 비교한다면 적극 환영할 만한 시책이 아닐 수 없다.

그런데 유정복 시장은 취임 2주년을 맞으면서 '인천 가치 재창조' 시책을 미처 본격화하기도 전에, 또다시 '인천 주권시대'를 선언하고 나섰다. '인천 주권시대 선언'이라는 것도 인천이 그간 처해 있던 도시현실에서 보면 긍정적인 측면이 없지 않다. 대한민국의 모든 것을 빨아들이는 수도 서울의 바로 옆에 위치해 늘 도시의 독자적 정체성과 시민들을 위한 도시자족성이 부족했던 인천시의 불완전한 도시성을 회복하려는 주체적 선언으로 읽을 수 있는 부분이 없지 않은 것이다. 그런데 유정복 시장이 취임 2주년을 맞아 제기한 '인천 주권시대 선언'은 인천의 인구가 300만 명을 돌파해 명실상부한 대한민국의 3대도시가 된다는 도시의 서열적 위상과 인천광역시가 면적상 가장 큰 시가 된다는 최대도시라는 외형적 측면을 강조하는 발상에서 출발한 듯하다. 뿐만 아니라 때마침 정부로부터 경제적 타당성을 인정받아 국가철도계획에 포함된 인천발 KTX라든 가 타당성 검토에 들어간 송도~청량리간 GTX 건설 등 교통 인프라 건설 에 크게 고무돼 나온 것으로 보인다.

'인천 주권시대 선언'은 이러한 교통인프라 시책들이 유 시장의 주요 공약사항 중 하나였다는 점에서, 전반기 시정 2년에 대한 엄정한 평가를 건너뛰면서 때마침 부여된 인천의 인적, 공간적 외형 성장을 오버랩해서 나온 새로운 정치적 언술로 보이거니와 향후 2년간의 시정운영과 차기 시장 선거까지를 염두에 둔 정치적 수사의 정책적 표현으로 읽힌다. 이 는 송영길 전 인천광역시장이 시장선거 과정에서 제기한 '대한민국의 심 장, 경제수도 인천'이라는 정치슬로건이 시장 당선 후 4년간 '경제수도추 진본부'를 설치하는 등 인천시정의 최우선 시정과제로 '경제수도 인천' 슬로건이 제시됐던 것과 비슷한 맥락인 셈이다. '경제수도 인천' 담론은 송영길 시장의 낙선과 함께 지금은 인천의 그 어느 곳에서도 찾아볼 수 없는 허망한 시책이 되었다. 이를 대신해 유정복 시장이 내건 '인천 가치 재창조'와 '인천 주권시대'가 시정의 최대 슬로건으로 자리한 셈인데, 이 들 시책은 과연 정책의 진정성과 내용적 깊이를 확보하고 있는가? 유정 복 시장 시정부가 쏟아내고 있는 일련의 '인천 가치/주권' 도시정책이 진정 의도하는 인천의 도시정책의 본질은 무엇인가? 이를 살펴볼 수 있 는 몇 가지 주요한 사례들을 통해 유정복 시정부의 '인천 가치/주권' 도시 정책의 본질을 살펴보기로 하자.

3. 인천 가치를 파괴하는 '인천 가치 재창조' 사업들

'인천 가치 재창조' 시책은 인천시가 지난 1월 20일 비전 선포식에서 발표한 47개 실천과제 목록과 추진사항을 통해 대체적으로 가늠해볼 수 있다. 무엇보다 '인천 가지 재창조' 시책은 인천의 가치가 무엇인지에 대한 인문학적 토론과 검토 없이 인천과 관련된 모든 것을 상품논리로 연결하고 있다는 점을 지적할 수 있다. 인천의 소중한 자연유산이자 미래 유산인 인천의 168개에 이르는 섬을 대상으로 한 섬 관광 프로젝트는 '인천 가치 재창조' 시책의 관광산업적 접근법을 잘 보여주는 단적인 사례다. 그런데 문제는 인천의 자연유산과 역사, 문화를 상품화하고 관광자원화 하는 데 그치는 것이 아니라 심지어는 그 본질적 가치를 훼손하는 개발주의 시책도 서슴지 않고 전개되고 있다는 점이다. '인천 가치 재창조' 사업의 선도사업 중 하나로 비공개적 과정을 거쳐 입안된 '인천개항창조도시' 도시재생사업은 특히 인천 가치를 파괴하는 대표적인 사업이다.

앞서 언급한 바와 같이 '인천개항창조도시' 도시재생사업은 송영길 시 정부에서 처음 국토부 공모에 응모하기 위해 착안된 인천개항창조문화도시(Marine Waking Museum City) 조성 사업이 한 차례 공모에 탈락한 후 유정복 시장 취임 이후 재추진된 사업으로 2015년 국토교통부로부터 경제기반형 도시재생사업으로 5년간 약 250억 원의 국비가 지원되는 사업이다.

그런데 언론을 통해 공개된 '인천개항창조도시' 도시재생사업 프로젝트는 MWM City 도시재생사업 계획과 결정적인 차이를 보여주는 대목이 발견된다. 바로 월미도 일대가 유정복 시장 취임 이후 사업 대상구역에 포함됐을 뿐만 아니라 선도사업으로 전면에 배치된 것이다. '인천개항창조도시' 사업은 2015년 이후부터 진행될 인천 내항 1·8부두의 개방 및

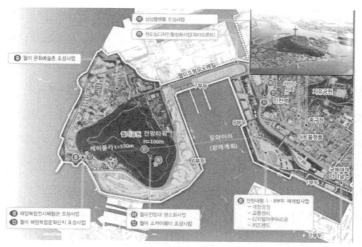

〈그림 2〉'인천개항창조도시' 재생사업 대상지역과 주요 선도사업(출처 : 인천광역시)

항만 재개발사업과 연계하여 개항장 문화지구와의 상호 연계를 중심으로 도시재생을 추진했던 MWM City사업과 달리, 월미도가 포함되면서 내항과 개항장 중심의 도시재생사업은 후순위로 밀리고 월미도 중심의 관광개발사업으로 변질돼버렸다. 이를 단적으로 보여주는 것이 선도사업이라는 이름으로 중집적으로 진행하고 있는 월미도 관광개발사업인데, 월미도 문화의거리에 대한 지구단위계획을 통한 고도완화 추진과 월미산 케이블카 건설 계획 등이 커다란 논란이 된 바 있다.

인천시와 인천시 도시계획위원회는 월미도 경관 파괴와 난개발을 가져오고 궁극적으로 월미도의 가치 파괴를 우려하는 시민사회의 의견을 묵살하고 지난 2016년 5월 18일 월미문화의거리 일대에 대한 고도제한 완화를 의결한 바 있다. 그런데 얼마 후 한 지역언론에서 월미도 고도완화로 인해 땅값 상승이 예상되는 월미문화의거리 일대에 유정복 인천시장 일가(一家) 소유 부지 6천여㎡가 포함됐다는 사실을 보도해 지역사회에 큰 충격을 주었다.[1] 『경인일보』의 보도에 따르면, 유정복 시장의 형 A씨와 유수복 대양종합건설(주) 대표, 유 대표의 부인 C씨, 유수복 씨가 대표로 있는 대양종합건설(주) 등이 공동소유한 땅 5,300여㎡가 월미도 고도완화 지구에 포함됐을 뿐만 아니라 대양건설 소유부지 664.1㎡도 월미도 내에 별도로 존재한다고 보도했다. 확인된 유 시장 일가 소유부지만 9곳에 총 6,019㎡ 규모에 달한다. '인천 가치 재창조'를 내건 인천시 행정 최고책임자의 일가족이 월미도의 개발가능성이 높은 땅을 집중적으로 매입한 사실이 드러난 것이다.

논란이 더욱 확대한 것은, 2004년부터 수년간 월미도 경관파괴 문제로 찬반논란이 뜨거웠다가 2007년 월미도 문화의거리 일대에 대한 고도가 3~4층에서 7~9층까지 대폭 완화된 지 불과 7년 만에 유정복 시장 취임 직후인 2014년 말에 또 다시 건축물의 고도를 16층까지 지을 수 있도록 대폭적인 고도완화를 추진한 월미도 지구단위계획이 발주됐다는 점이다. "월미도 주민들의 숙원사항"이라는 이유만으로 인천시가 또다시 월미도 고도완화를 결정한 난개발 행정이 결과적으로 유정복 시장 친형 일가에게 현시세보다 두 배 이상의 엄청난 부동산 지가상승을 안겨주는 결과가 된 셈이다. 온갖 의혹들로 가득 찬 월미도 고도완화 도시계획 행정과 유정복 시장 일가의 고도완화로 인한 부동산 시세차익 특혜논란은 인천 지역사회의 부끄러운 단면을 그대로 보여주는 난개발 행정의 전형이다. 월미도 앞 갯벌을 매립해 조성된 월미도 문화의거리의 일부 주민과 상인들의 이해와 요구를 대변해 16층 높이까지 건축물을 짓게

---

1) 「고도제한 완화 '유정복 인천시장 형님 땅' 포함」, 『경인일보』, 2016. 5. 24.

한다면 해발 100미터 남짓한 월미산의 경관은 완전히 파괴될 것이 뻔하다. 그런데도 인천시는 '인천 가치 재창조' 시책의 핵심 프로젝트인 '인천 개항창조도시'의 선도사업으로 월미도 고도완화를 추진했던 것이다. '월미산 케이블카' 사업도 마찬가지다.

2008년 유정복 시장의 친형인 유수복 대양건설회장이 제안하기도 했지만 경제적 타당성이 부족해 폐기됐던 월미산 케이블카 사업은 2016년 초에 인천관광공사에 의해 재추진돼 도시계획위원회를 통과했다. 이 또한 '인천개항창조도시' 도시재생사업의 일환으로 추진된 것인데, 다행히 시의회에서 타당성 용역비용 예산을 삭감하는 바람에 추진이 잠시 멈췄지만, 월미산의 환경을 파괴할 우려가 높은 케이블카 선설사업은 언제든 '인천 가치 재창조' 시책의 일환으로 재추진될 것으로 보인다.

월미도는 월미도에 거주하는 주민과 상인들만을 위한 도시공간이 아니다. 2007년 고도완화가 이루어진 현재의 월미도는 7~9층 높이의 모텔과 호텔들이 난립하고 있을 뿐만 아니라 주거지와 상업지역의 혼재, 김홍섭 중구청장 소유의 월미도 놀이시설이 두 군데로 늘어나면서, 이미 품격 있는 해양역사문화 관광지로서의 가치는 훼손된 채 값싼 유흥지로 전락해가고 있다. 여기에 더해 또다시 추가적인 고도완화를 추진하고 케이블카를 설치한다면, 우리는 현세대의 이익을 위해 월미도를 망가트려 후손들에게 넘겨주는 꼴이 될 것이다. 인천 가치 재창조 시책이 진정성을 인정받으려면 월미도를 난개발 대상으로 삼지 말고, 월미도의 진정한 가치를 헤아리고 길이 보존하는 방안을 궁구해야 한다.

도시재생의 새로운 패러다임으로 한때 유행하기도 했던 '창조도시론'을 차용한 '인천개항창조도시' 도시재생사업에는 이밖에도 인천의 역사적, 문화적 가치를 파괴하는 개발사업이 다수 포함돼 있다. 부산의 북항

항만재개발사업은 국가예산을 지원을 받아서 재래항만인 부산 북항을 부산 원도심의 새로운 창조적인 공공성의 장소로 재탄생하고 있는데 비해, 인천의 재래항만인 인천 내항재개발사업은 항만업계의 이해관계를 해결하지 못해 뒤처지고 있음에도 불구하고 인천시는 거의 수수방관하는 모습을 보여왔다. 이런 상황에서 '인천개항창조도시' 도시재생사업은 내항재개발사업의 1차 구역인 1·8부두와 관련한 도시재생사업을 그려놓고 있지만, 내항재개발의 적극적인 추진보다는 그 주변지역 개발에 초점을 맞춘 상사플랫폼 등의 개발계획만 입안하였다. 그 대표적인 개발사업이 한국철도의 시발역인 인천역 주변을 대대적으로 개발하는 '인천역 주변 입지규제 최소구역 개발사업'이다.

〈그림 3〉 월미지구 내 유정복 시장의 형제 등이 소유한 땅.
모두 9개 필지로 전체 면적은 6019.3㎡이다. (출처 : 『경인일보』)

인천시는 1899년 개통한 경인철도의 시발역인 인천역사 주변 지역의 각종 규제를 풀고 민자역사 개발사업을 코레일과 함께 추진하였다. 인천역은 경인선 역사 중에서는 1960년대 지어진 간이역사의 면모를 간직하고 있고 또 차이나타운과 연결되는 장소적 아우라를 연출하고 있는 역사이다. 그런데 인천시는 인천역사(仁川驛舍)를 철거하고 민간자본을 끌어들여 대규모 복합역사로 개발하는 '인천역 주변 입지규제 최소구역 도시관리계획안'을 지역 시민, 문화단체의 반발에도 불구하고 국토부에 신청해 전국 최초로 입지규제 최소구역 결정고시를 받아냈다고 자랑하고 있다. 이 계획에 따르면, 경인전철을 타고 내려와 마치 타임머신을 타고 개항장 시대로 들어가는 듯한 공간적 아우라를 연출하는 인천역사는 철거 혹은 이전되고 인천역(1만842㎡)을 민간자본을 끌어들여 고층의 복합역사로 개발하며, 내항과 연결되는 후면부에는 광장을 건설한다는 계획이다. 인천시는 심지어 인천역사 복합개발을 이끌어내기 위해 건폐율을 기존 60%에서 80%로, 용적률은 기존 250%에서 600%로 크게 완화했다. 이 사업 추진을 위해 인천시는 이미 코레일 측과 개항창조도시 재생사업 추진을 위한 업무협약을 체결했는데, 앞으로 코레일 측과 사업자 공모를 통해 구체적인 사업계획을 수립, 단계적으로 사업을 추진하겠다는 방침도 밝혔다. 사업의 명분은 개항창조도시를 내세우고 있지만, 실상은 흉물로 변한 동인천 민자역사와 마찬가지로 철도청의 인천역사와 주변 유휴부지를 활용한 민자역사 개발사업을 마음대로 할 수 있도록 해주는 것이다. 이 사업이 인천시 계획대로 추진된다면 인천역 주변이 간직하고 있는 고유한 공간의 아우라는 지체 없이 사라지고 말 것이며, 80미터 높이까지 고층건물이 들어서 도시경관마저도 크게 훼손될 것이 분명한데도, 인천시는 이 사업을 '인천 가치 재창조' 사업이라고 홍보하고 있다.

'인천개항창조도시' 도시재상사업은 이처럼 '인천 가치 재창조'를 명분으로 내세우지만 실상은 인천의 가치를 철저히 파괴하는 시책들이 적지 않다. '인천개항창조도시'에 포함된 동구 배다리 역사문화마을을 파괴할 것을 우려해 도로건설이 중단됐던 산업도로를 인천시가 또다시 재개통하기 위해 추진하고 있는 것도 그 중 하나이다. 인천의 대표적인 근대역사문화마을인 배다리 역사문화마을을 제대로 조성하지 못하면서 오히려 이를 파괴하려 하고 있는 셈이다.

이상에서 인천시가 전모를 공개하지 않고 있는 '인천개항창조도시'의 주요한 문제점들을 살펴보았지만, 이를 통해 씁쓸하게 확인할 수 있는 것은 '인천 가치 재창조' 시책이 주로 의도하고 있는 정책목표는 주로 외지 관광객들을 대상으로 한 보여주기식 관광정책, 유커(游客)로 불리는 중국관광객을 대상으로 한 관광개발사업에 치중하고 있다는 것이다. 인천의 가치를 보듬고 인천시민들의 마음과 생각을 읽기보다는 외지인들의 시선에 기초한 표피적 도시개발정책으로 변질되어 가고 있는 것이다.

4. 지역담론으로 포장된 기업주의 도시정책

'인천 가치 재창조' 시책 중에는 '인천의 미래가치'를 명분으로 포함된 사업들이 다수 포함돼 있는데 거개가 대규모 토목개발주업으로 변질될 우려가 높은 사업들도 적지 않다. 인천시가 '인천 가치 재창조' 사업의 2016년 핵심선도사업으로 내세운 '개항창조도시 조성 사업'을 비롯해 '경인고속도로 주변 도시재생' '인천발 KTX 등 인천 중심 교통망 구축' 등인데, 유정복 시장은 이와 같은 대규모 개발사업들을 인천의 미래 가치 재창조라고 강조하는데 그치지 않고 이를 인천의 외형적 확대와 연계해 '인천 주권시대'로 확대했다. 유정복 시장이 새로운 시정운영의 슬로건으로 내세운 '인천 주권시대'는 유시장의 기자간담회 발표에 따르면, 인천시 재정에 일정한 숨통이 트인 만큼 남은 2년은 민생과 복지에 주력하겠다면서 내놓은 것이라고 한다.

인천 주권을 크게 민생주권, 교통주권, 해양주권, 환경주권 등으로 열거해 제시했는데, 네 가지로 나눈 주권들이 어떻게 시민들의 민생과 복지와 연관된다는 것인지는 아직까지 불분명하다. 그러나 유 시장은 이 네 가지 주권을 민선6기 후반기 시정운영의 핵심과제로 제시하고, '인천을 아끼는 모든 분들과 소통하며 가고 싶은 인천, 살고 싶은 인천'을 만들겠다고 밝혔다. 이제 막 유 시장이 기자간담회를 통해 밝힌 인천 주권시대가 전반기에 제기한 '인천 가치 재창조' 시책과 어떻게 맞물리는 것인지도 인천시는 분명히 밝히지도 않았다. 말의 성찬은 넘쳐나는데, 그것이 구체적으로 어떻게 연관되는지 일방적인 선포만 있고, 설득력 있는 설명은 없는 형국이다.

그러나 유 시장이 '인천 주권시대 선언'을 한 지 얼마 안 돼 인천시가 추진하고 있는 인천상륙작전기념관과 한국이민사박물관의 국립화 추진방침이 보도되었다. 보도에 따르면 인천시는 인천을 넘어 대한민국의 중요한 역사적 공간이자 장소인 이들 시설들에 대해 국립화를 추진해 인천뿐만 아니라 대한민국의 문화주권을 실현하는 계기가 되길 바란다고 취지를 밝혔다. 그러나 인천시민의 세금과 하와이 동포들의 헌금으로 만들어진 인천 고유의 문화자산을 관리와 운영이 어려워 국가에 헌납하겠다는 문화주권의 포기에 다름 아니라고 본다.[2] 예산 부족에 따른 운영과 관리의 어려움을 빙좋은 개살구인 '국립화'를 통해 털어버리려는 이와 같은 인천의 문화주권을 스스로 포기하는 사례다. 진정한 의미의 '인천 주권시대'란 인천이라는 도시에서 살고 있는 시민들이 인천이라는 도시를 언제든 잠시 머무르다가 떠나가는 그런 도시가 아니라, 정주하고 싶은 도시, 살고 싶은 도시로 느낄 수 있도록 하는 도시의 자족성과 만족성, 독립성을 확보해야만 가능하다는 점은 강조하고 싶다.

그러나 불행하게도 인천이라는 도시는 화력발전소, 쓰레기매립지, LNG 기지 같은 국가에서 필요한 온갖 환경유해시설이 밀집해 있을 뿐만 아니라, 공업지역과 주거지역이 혼재되고, 고속도로와 철도가 도심 한복판을 횡단하며, 오래된 마을을 두 동강 내면서, 심지어는 주민들의 불안과 반대에도 불구하고 주민들의 삶터 바로 아래로 제2외곽순환고속도로를 건설해도 아무런 항변을 해주지 않는 불편하고 흉측한 도시가 돼가고 있다. 2015년 매립이 종료하기로 협약이 돼 있던 서구 쓰레기매립지를 유정복 시장 취임 이후 4자 협의체 논의를 통해 경제적 실리를 주고받으며 다시 재사용하는 것으로 추진하는 것은 과연 인천 주권시대에 합당한 것인지 묻지 않을 수 없다. 인천 내항재개발사업조차 국가로부터 수백억 원의 국고 지원을 받아 추진됐던 부산 북항재개발사업과는 형평성 차원에서 형편없는 대우를 받고 있음에도 불구하고 인천시가 인천의 해양주권을 위해 그간 어떤 역할을 했는지 인천시는 스스로 복기하면서 '인천 주권시대'라는 이름을 사용해야 하지 않을까?

이상에서 '인천 가치 재창조'라는 정책슬로건과 '인천 주권시대'라는 뜬금없는 선언에 대해 실제적 정책과의 괴리양상을 비판적으로 살펴보았지만, 떠나지 않는 의문이 남는다. 유정복 시정부는 왜 유독 '인천'을

---

2) 이희환, 「이민사박물관 국립화 추진은 인천 문화주권 포기」, 『기호일보』, 2016. 8. 10 참조.

강조하는 시정 슬로건에 거듭 집착하는가, 하는 문제다.

　　독점지대를 뽑아내기 위한 명분을 쌓을 때는 언제나 강력한 사회적·담론적 요소가 작동한다. 많은 사람들 마음속에는 런던, 카이로, 바르셀로나, 이스탄불, 밀라노, 샌프란시스코 같은 곳에는 뭔가 특별한 것이 있지 않을까 하는 생각이 깃들여 있기 때문이다.

　　가장 명백한 사례는 관광업일 테지만, 그렇다고 관광업만 살펴봐서는 안 된다. 여기서 중요한 것은 집합적 상징자본의 힘, 즉 어떤 장소에 특별한 차별성을 부여하는 행동이 가는 힘이다. 이는 일반적으로 말해 자본의 흐름을 이끌어내는 유의미한 힘이다. (중략)

　　파리, 아테네, 뉴욕, 리우데자네이루, 베를린, 로마 같은 이름과 장소가 보유한 집합적 상징자본은 대단히 중요하다. 이런 상징자본은 볼티모어, 리버풀, 릴, 에센, 글래스코 같은 곳은 따라잡기 힘든 경제적 우위를 안겨 준다. 뒤에 열거한 도시들은 독점지대를 낳은 독특함을 주장할 근거를 내세우기 위해 상징자본 지수를 높여야 하고 또 뭔가 뛰어난 측면이 있다는 징표를 늘려야 하는 과제를 안고 있다. 도시 '브랜딩'이 중요한 것이다. 교통·통신이 발당하고 무역 장벽이 낮아져 독점력이 사라짐에 따라, 독점지대의 기반인 집합적 상징자본을 둘러싼 투쟁은 더욱 중요해지고 있다.[3]

　　위 글은 데이비드 하비가 최근 저서 『반란의 도시(Rebel Cities)』에서 도시공간을 둘러싼 자본의 독점지대 구축이 도시의 '집합적 상징자본' 형성에 집중된다는 것을 설명하는 대목이다. 하비는 도시가 자본의 잉여생산물이 사회적, 지리적으로 집적되는 과정에서 발생했을 뿐만 아니라 자본주의의 위기를 타개하기 위해 끊임없이 도시공간의 형성을 필요로 한다는 관점을 견지하면서 최근 수십 년 동안 신자유주의 도시화가 전개됨에

---

3) 데이비드 하비, 『반란의 도시』, 한상연 옮김, 에이도스, 2014, 183~184쪽.

따라 약탈에 의한 축적을 비롯해 도시사회에 나타나는 여러 양상들을 설파하고 있다. 위 인용문은 자본의 전세계화 국면에서 나타나는 국제 금융자본가들이 독점적 수용을 올리기 위한 독점지대의 형성을 위해 지역의 개발과 집합적 상징자본을 형성하는 흐름의 일단을 지적한 대목이다.

하비는 이러한 국제금융자본의 흐름에 맞춰 도시정책을 펼치는 것을 '도시 기업가주의'라고 표현하고 있거니와, 도시 기업가주의는 공적 권력과 시민사회, 사적 이익집단 이 세 가지를 하나로 묶어 일정한 유형의 도시개발과 지역개발을 촉진하고 관리하는 도시 거버넌스 방식을 만들어내는데, 이를 다른 말로 표현하면 '지역 성장연합'이라고 부를 수 있을 것이다. 이는 다시 말해 신자유주의 세계화 속에서 도시간 경쟁 및 지역간 경쟁에 극심한 상황에서 도시경쟁에서 이기려면 자본의 투자 과정을 원만하게 조율해 역동성을 살려야 하고, 적절한 장소와 시기에 핵심적인 공공투자를 집중해기 위한 '지역 레짐'(urban regime)이 필요하다는 것을 의미한다.

과거 인천시가 갯벌을 매립해 조성한 송도 경제자유구역을 위시한 세 곳의 경제자유구역을 개발하면서 진행한 국제금융자본의 집중적 투자유치를 위해 자본의 독점적 초과이윤을 보장했던 경제자유구역은 신자유주의 세계화의 흐름 속에서 이에 적극 편승하려 했던 도시정책의 산물이다. 인천 송도경제자유구역에서 펼쳐진 국제금융자본의 투기와 독점적 이윤창출과정, 부정과 부패로 점철된 기업주의적 도시개발정책의 문제점에 대해서는 최근 연구논문이 제출된 바 있거니와,[4] 이 시기 지역 성

---

4) 梁峻豪, 「仁川市の「経済自由区域」プロジェクトに関する考察-「企業主義的」地域政策に対する批判的検討を中心に-」, 『地域経済学研究』第31号, 日本地域経済学会, 2016. 6. 30. 참조.

장연합의 거점 역할을 한 인천시 정부가 표방한 정책 구호가 바로 '동북
아의 관문도시', '세계 명품도시 인천', '대한민국의 심장, 경제수도 인천'
이라는 시정슬로건 도시 '브랜딩'이었다고 분석할 수 있다.

그러나 2008년 미국발 서브프라임 모기지 사태로부터 발생한 국제금
융위기가 지속적인 영향을 미치고 국내 건설경기와 부동산경기가 장기
침체하면서 인천시의 대규모 독점적 도시공간 형성 정책은 일정하게 정
책방향을 수정하지 않을 수 없게 되었다. 안상수 전 시장 때 무리하게
밀어붙인 가정오거리 루원시티와 도화지구 인천대 이전적지가 자본의
뜻대로 개발이 이루어지지 않으면서 허허벌판으로 남게 되어 지금까지
도 인천시의 재정을 파탄 내는 상황에서, 두 차례의 지방선거를 거치면
서 개발주의 도시정책의 후퇴와 함께 인천시의 재정위기를 극복하는 것
이 도시정책의 최우선과제로 부각됐던 것이다.

유정복 시장 체제 아래서도 인천시의 도시정책은 여전히 '도시 기업가
주의' 도시정책의 본질에서 벗어나지 않았다. 인천도시공사가 부채 위기
를 극복하기 위해 어렵게 조성된 경제자유구역 개발지와 도화구역 등의
금싸라기 땅을 민간자본이 개발할 수 있도록 도시계획 용도까지 조절해
서 매각에 나서고 있을 뿐만 아니라, 이윤 창출이 가능한 검단신도시 개
발사업을 전면적으로 벌이고 있을 뿐만 아니라 중동자본을 끌어들이기
에 여념이 없고, 경제자유구역 영종도 등지에는 카지노 리조트 개발계획
이 허가돼 해외자본을 끌어들여 동시다발적으로 개발이 추진되고 있는
상황은 이를 단적으로 보여준다. 부동산경기의 장기침체로 인해 지지부
진했던 도시재개발사업도 최근 인천시 곳곳에서 '기업형 임대주택'이라
는 변형된 재개발사업인 뉴스테이 개발사업으로 착착 진행되고 있고,
인천도시철도2호선 개통에 맞춰 역세권 개발도 구상하고 있다. '인천 주

권시대'의 핵심적 사업으로 선전되고 있는 인천발 KTX와 송도국제도시
와 청량리를 연결하는 GTX 개통은 또다른 대규모의 기업주의 도시개발
정책의 전면화를 추진했다.

이와 같은 기업주의 도시정책의 숨고르기 과정 속에서 유정복 시정부
가 표방한 '인천 가치 재창조'와 '인천 주권시대' 선언의 본질은 무엇일
까? 여기에 지방선거를 염두에 둔 정치적 선거전략이 자리하고 있음은
물론이다. 그러나 그 뿐만 아니다. 데이비드 하비는 같은 책에서 바르셀
로나를 예로 들면서 "지식산업과 문화유산산업, 활력과 열정이 넘치는
문화생활, 테마 건축물, 독특한 미적 판단 능력 구축 등은 여러 곳에서(특
히 유럽) 도시 기업가주의 정치를 구성하는 강력한 요구가 된다."5)고 분
석하고 있거니와, '인천 가치 재창조' 시책은 집합적 상징자본의 새로운
형성을 모색하려는 변형된 '도시 기업가주의'의 문화적 버전으로 보인
다. 그러나 그 버전조차 '인천개항창조도시'가 잘 보여주듯이 허울뿐인
문화적 구호가 아닌가 말이다.

5. '도시에 대한 권리'의 시민적 확장이 절실하다

이상으로 민선6기 인천시에서 제기한 '인천 가치 재창조' '인천 주권시
대' 시책에 대한 비판적 소견을 정리하면서, 필자가 제안 드리고 싶은 것
은, 신자유주의 도시화가 여전히 대세를 이루고 있는 대한민국의 도시에
서 다기한 양상으로 분출하는 각종 도시현안을 보다 적극적인 시민사회
과 문화운동의 영역으로 끌어안자는 것이다. 도시마다 커다란 현안으로

---

5) 데이비드 하비, 앞의 책, 187쪽.

대두하고 있는 지역 재개발 문제는 대표적인 도시현안의 하나이다.

도시개발과 도시재생사업, 혹은 문화도시, 창조도시라는 이름으로 교묘하게 포장된 지자체의 기업주의 도시정책이 양산하고 있는 여러 문제들을, 개발을 둘러싼 이해당사자만의 문제가 아니라 도시가 갖고 있는 공공재를 함께 향유해야 할 도시민 전체, 그리고 그 도시를 물려받아 살아가야 할 후손들까지도 관련된 공공의 문제로 인식해야 한다. 그렇기 때문에 새삼 그 어느 때보다 사적 소유재산에 기초한 자본주의 개발논리를 넘어서서 도시공간의 공공성에 관심을 갖고 시민들이 방관자가 아닌 참여자로 나서는 '도시에 대한 권리'의 실천운동을 여러 도시에서 다양하면서도 새롭게 시작해나가야 하지 않을까.

> 도시권(도시에 대한 권리)은 도시가 실현하는 여러 자원에 개인이나 집단이 접근할 권리를 넘어선다. 도시권은 도시를 우리의 마음 속 바람에 가깝게 바꿔나가고 재창조할 권리인 것이다. 더불어 도시권은 개인적 권리가 아닌 집단적 권리이다. 도시의 재창조는 필연적으로 도시 형성 과정에서 집단적 권력에 좌우되기 때문이다. 분명히 말하지만 우리 자신은 물론 우리가 살아가는 도시를 만들어나갈 자유, 개조할 자유는 우리가 누려야 할 인권 중에서 제일 귀중한 것이지만, 지금까지 한없이 무시되기만 했다. 그렇다면 이 자유를 어떻게 행사하는 게 최선일까?6)

위 글은 데이비드 하비가 '도시에 대한 권리'에 대한 문학적인 표현으로 서술의 대목이다. "도시를 우리의 마음 속 바람에 가깝게 바꿔나가고 재창조할 권리"를 실천할 자는 우선 누구인가? 도시에서 정주하는 시민들이 누구나 쾌적한 삶을 보장받고 보편적 복지가 실현되는 도시정의를 실현

6) 같은 책, 26~27쪽.

하기 위한 도시운동, 도시에 대한 시민들의 공공적 권리를 되찾기 위한 '도시에 대한 권리' 찾기 운동은 결국 우리가 사는 도시를 자본의 이익논리에 내맡기는 도시가 아니라 인간의 얼굴을 한 도시, 정주 환경이 쾌적한 도시를 만들기 위한 운동에 다름 아니다. 어느 도시건 도시운동의 현안은 문화, 예술, 환경, 복지와 일상생활 등에 이르기까지 복잡하게 얽혀 있는 매우 중층적인 실천의 영역이기 때문에 보다 많은 각계의 부문 시민운동이 함께 참여하고 연대하는 과정이 형성되어야 할 것이다. 인천시가 추진하고 있는 '개항창조도시' 도시재생사업과 같은 '도시재생' 혹은 '창조도시'를 명분으로 내건 도시관광개발사업이나 '인천 가치 재창조'로 포장된 '기업주의적 도시개발정책'에 맞서 도시의 가치와 문화자산을 보존하는 도시권 운동의 시민적 확장은 절실히 필요한 과제이다.

인천의 도시정치와 문화예술, '도시에 대한 권리'

1. 인천의 문화예술과 도시공간의 첫 만남

   지난 2000년대의 10년간 인천은 그야말로 도시 전체가 공사장이라고 해도 과언이 아닐 정도로 개발 일변도의 도시정책을 전개했다. 인천의 얼마 남지 않은 갯벌을 매립해 경제자유구역을 대대적으로 개발하는 한편, 경제자유구역 개발에 맞먹는 구도심 개발사업을 도시재생사업이라는 이름으로 밀어붙였고, 2014년 아시안게임 유치를 계기로 불과 15년 후에는 현재의 인구보다 무려 100만 명이 늘어나는 350만 명의 거대도시화를 시정의 최우선 목표로 삼는 개발주의 행정이 전면화 됐었다. 그러나 경제적 효율과 이익의 극대화에 맞춰진 인천시의 도시개발정책은 환경을 파괴하고 자원을 낭비할 뿐만 아니라 주민들의 복지와 문화는 등한시한 채 시민들의 가장 기본적인 삶의 터전인 주거공간조차 투기적 상품으로 전락시키는 기업주의 도시정책에 다름 아니었다.

---

* 필자 : 이희환
  격월간 『시각』 2017년 9·10월호에 수록한 「인천의 도시문화정치와 문화예술, 그리고 도시에 대한 권리」을 수정, 보완한 글임.

　이를 가장 단적으로 보여준 것이, 안상수 전 시장이 2006년부터 구도심 재생사업이라는 명분을 내걸고 재정비촉진특별법과 도시개발법을 적용하여 모두 8곳에서 동시다발적으로 전개한 도시재생사업이다. 인천의 오래된 마을인 배다리까지 구도심 역세권 지역을 대규모로 묶어 전면철거방식으로 추진된 이 사업은, 그러나 주민들의 강력한 저항에 부딪혔다. 그리고 그 중심에는 동인천역세권 지역에 포함된 배다리마을을 비롯해 제물포역세권 주민들과 인천역세권 지역 주민들이 상호 연대를 통해 개발주의행정의 문제점을 지적하고, 공청회를 막아내는 일련의 과정을 통해 이루어졌다. "강제수용, 전면철거"라는 막가파식 도시개발에 대한 주민들의 저항이 완강하자, 안상수 시장 체제하의 인천시는 6·2지방선거를 앞두고 정책적 부담을 덜어내고자 2009년 11월 주민전수조사를 통해 반대가 많은 제물포역, 인천역, 가좌IC지구를 해제하고 배다리를 포함한 동인천역세권지구는 그대로 사업을 추진하는 결정을 내렸다.

　그러나 지구지정 3년간 해당지역주민들이 받은 고통이 막대한 데도 불구하고 민의에 기초하지 않은 잘못된 정책의 파탄과 번복에 대하여 인천시 행정당국에서는 그 누구도 사과하지 않고 책임을 지지 않았다. 그리고 그 후과는 선도지구로 추진됐던 가정오거리(루원시티)와 도화지구(인천대 이전적지)에서 정책적 난맥상을 연출하면서 2016년 현재까지 인천시가 엄청난 부채를 짊어지고 재정위기 단체로 지정된 요인이자, 인천시가 풀어야 할 최대 난제사업으로 남아 있다. 재정비촉진지구에서 해제되지 못했던 동인천역세권 지역의 중앙시장과 배다리마을의 주민들만 수년 동안 집수리도 못하고 재산권 행사도 못한 채 고통스러운 삶 속에 살아야 했다.

　개발만능주의에 의한 도시공간 문제에 인천지역에서 본격적인 관심이 대두한 것은 바로 이 무렵이었다. 특히 인천시가 송도경제자유구역과 청라경제자유구역을 직선으로 연결하기 위해 원도심인 동구 배다리마을을 관통하는 산업도로 개설을 강행하자 문화예술인들이 배다리 관통 산업도로의 반대와 배다리마을 보전운동을 전개하기 시작한 것이 본격적인 대응의 첫 시작이 아니었나 생각된다. 배다리 역사문화마을 만들기 운동으로 발전한 배다리마을 살기기운동은 도시공간의 문제에 대해 지역의 문화예술인들이 적극적으로 참여하고 또 도시개발 및 도시재생의 올바른 방향에 대해 숙고하게 된 중요한 계기의 하나였다고 평가할 수 있다. 물론 배다리마을 이외에도 김중미 작가의 『괭이부리말 아이들』(창비, 2007)로 유명하진 기차길옆작은학교의 괭이부리마을운동이나 거리의벽화 미술운동을 전개하면서 십정동 마을과 함께 했던 예술가들의 모습도 선구적인 활동으로 언급할 수 있을 것이다. 그러나 2006년 말 스페이스빔의 '도시유목' 탐사활동으로부터 맺어진 배다리마을과 지역문화예술인들의 만남은 이후 스페이스빔, 인천작가회의 등이 배다리마을로 이주해오고 이후 여러 문화예술단체들과 문화예술인들이 마을보존운동에 적극적으로 참여하면서, 무분별한 도시개발에 저항하는 한편, 새로운 도시재생의 방안을 실천적으로 모색하는 계기가 되었다.

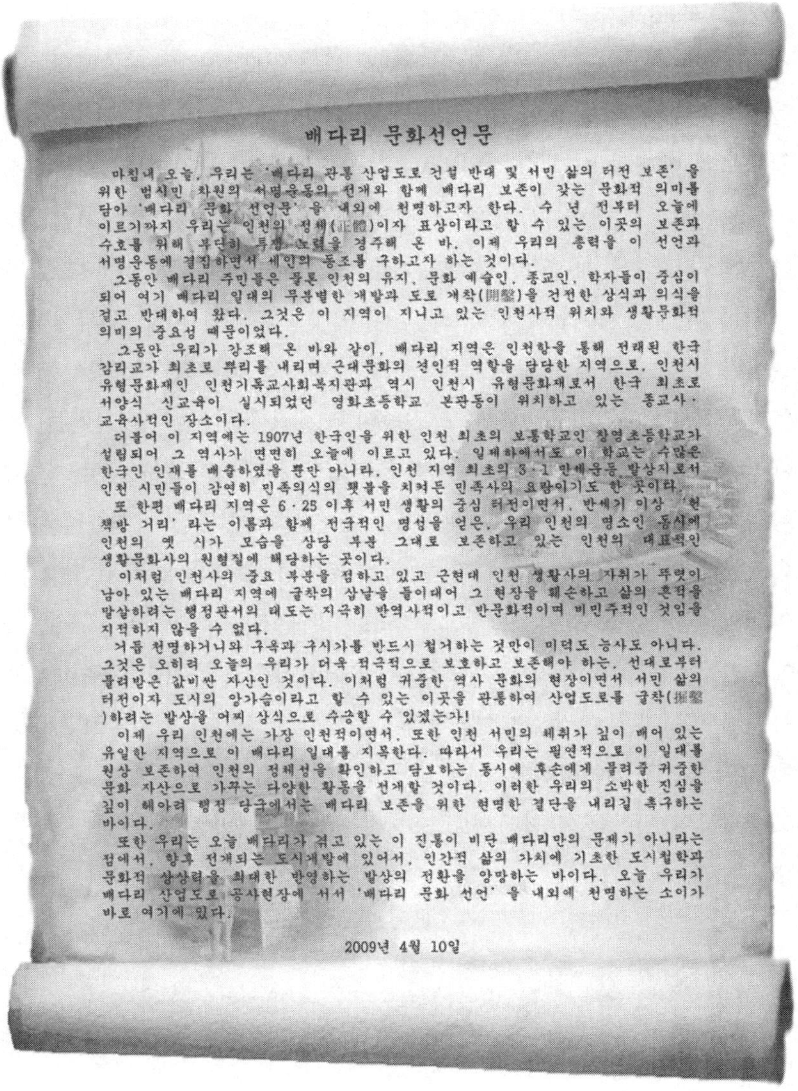

배다리 문화선언문

마침내 오늘, 우리는 '배다리 관통 산업도로 건설 반대 및 서민 삶의 터전 보존'을 위한 범시민 차원의 서명운동의 전개와 함께 배다리 보존이 갖는 문화적 의미를 담아 '배다리 문화 선언문'을 내외에 천명하고자 한다. 수 년 전부터 오늘에 이르기까지 우리는 인천의 정체(正體)이자 표상이라고 할 수 있는 이곳의 보존과 수호를 위해 부단히 특별한 노력을 경주해 온 바, 이제 우리의 총력을 이 선언과 서명운동에 결집하면서 세인의 동조를 구하고자 하는 것이다.

그동안 배다리 주민들은 물론 인천의 유지, 문화 예술인, 종교인, 학자들이 중심이 되어 여기 배다리 일대의 무분별한 개발과 도로 개착(開鑿)을 건전한 상식과 의식을 걸고 반대하여 왔다. 그것은 이 지역이 지니고 있는 인천사적 위치와 생활문화적 의미의 중요성 때문이었다.

그동안 우리가 강조해 온 바와 같이, 배다리 지역은 인천항을 통해 전래된 한국 감리교가 최초로 뿌리를 내리며 근대문화의 정신적 역할을 담당한 지역으로, 인천시 유형문화재인 인천기독교사회복지관과 역시 인천시 유형문화재로서 한국 최초로 서양식 신교육이 실시되었던 영화초등학교 본관동이 위치하고 있는 종교사·교육사적인 장소이다.

더불어 이 지역에는 1907년 한국인을 위한 인천 최초의 보통학교인 창영초등학교가 설립되어 그 역사가 면면히 오늘에 이르고 있다. 일제하에서도 이 학교는 수많은 한국인 인재를 배출하였을 뿐만 아니라, 인천 지역 최초의 3·1 만세운동 발상지로서 인천 시민들이 잠연히 민족의식의 횃불을 치켜든 민족사의 요람이기도 한 곳이다.

또 한편 배다리 지역은 6·25 이후 서민 생활의 중심 터전이면서, 반세기 이상 '헌책방 거리'라는 이름과 함께 전국적인 명성을 얻은, 우리 인천의 명소인 동시에 인천의 옛 시가 모습을 상당 부분 그대로 보존하고 있는 인천의 대표적인 생활문화사의 원형질에 해당하는 곳이다.

이처럼 인천사의 중요 부분을 점하고 있고 근현대 인천 생활사의 자취가 뚜렷이 남아 있는 배다리 지역에 굴착의 삽날을 들이대어 그 현장을 훼손하고 삶의 흔적을 말살하려는 행정관서의 태도는 지극히 반역사적이고 반문화적이며 비민주적인 것임을 지적하지 않을 수 없다.

거듭 천명하거니와 구습과 구석가를 반드시 철거하는 것만이 미덕도 능사도 아니다. 그것은 오히려 오늘의 우리가 더욱 적극적으로 보호하고 보존해야 하는, 선대로부터 물려받은 값비싼 자산인 것이다. 이처럼 귀중한 역사 문화의 현장이면서 서민 삶의 터전이자 도시의 양가슴이라고 할 수 있는 이곳을 관통하여 산업도로를 굴착(掘鑿)하려는 발상을 어찌 상식으로 수긍할 수 있겠는가!

이제 우리 인천에는 가장 인천적이면서, 또한 인천 서민의 체취가 깊이 배어 있는 유일한 지역으로 이 배다리 일대를 지목한다. 따라서 우리는 필연적으로 이 일대를 원상 보존하여 인천의 정체성을 확인하고 담보하는 동시에 후손에게 물려줄 귀중한 문화 자산으로 가꾸는 다양한 활동을 전개할 것이다. 이러한 우리의 소박한 진심을 깊이 헤아려 행정 당국에서는 배다리 보존을 위한 현명한 결단을 내리길 촉구하는 바이다.

또한 우리는 오늘 배다리가 겪고 있는 이 진통이 비단 배다리만의 문제가 아니라는 점에서, 향후 전개되는 도시계발에 있어서, 인간적 삶의 가치에 기초한 도시철학과 문화적 상상력을 최대한 반영하는 발상의 전환을 앙망하는 바이다. 오늘 우리가 배다리 산업도로 공사현장에 서서 '배다리 문화 선언'을 내외에 천명하는 소이가 바로 여기에 있다.

2009년 4월 10일

〈그림 1〉 배다리 문화선언문

오늘 우리는 급격한 근대화와 산업화의 파고가 거세게 휩쓸고 지나간 도
시의 상처를 내밀하게 간직한 배다리에 모여 지난 시대의 무분별한 개발주
의를 넘어 새로운 도시공동체의 생태·문화적 재건을 꿈꾸며 '배다리 도시
문화 선언'을 밝히 드러내고자 한다. 지난 연대의 근대화와 산업화로 인한
지구온난화로 인하여 21기 벽두부터 지구공동체의 파괴가 심각한 지경에
이른 오늘날, 개발지상주의에 대한 전면적 성찰을 촉구하고, 아울러 상처
투성이 도시에서 새로운 생태·문화적 공동체의 건설을 실천하고자 다짐하
는 것이다. (중략) 오래된 도시공동체를 산업논리에 입각하여 폭력적으로
유린하려는 산업도로 공사현장에서 하나둘씩 모이기 시작한 주민과 시민,
그리고 문화인들은 오늘 신개발주의의 폭력에 맞서 인간적 삶의 가치와 문
화적 대안을 모색하기 위하여 여기 자그마한 표석을 세워놓는다. 비록 배
다리의 한가운데로 벌건 황토흙을 드러낸 산업도로 공사가 이미 진행되어
버렸지만, 주민과 시민들이 뜻을 함께 하여 도로공사를 중단시키고, 21세
기의 새로운 생태·문화 도시의 건설을 위하여 지역주민과 문화인들이 뜻
을 합하여 이곳 배다리에서 '도시와 시민들의 합창'이 널리 아름답게 울려
퍼지기를 고대하는 것이다. 그리하여 더 이상 광포한 개발주의의 경제적
폭력으로 인하여 주민들의 의사에 반하는 반문화적, 반생태적 도시파괴가
'명품도시'라는 미명으로 호도되는 일은 더 이상 없어야 한다.
　　　　　　　　　　　　　- 2007. 10. 27. 〈배다리문화선언문〉 중에서

위 글은 2007년 10월 27일 배다리지역의 주민과 활동가들이 배다리
살리기운동의 의미와 중요성을 담아 발표한 〈배다리문화선언〉의 일부이
다. "개발지상주의에 대한 전면적 성찰을 촉구하고, 아울러 상처투성이
도시에서 새로운 생태·문화적 공동체의 건설을 실천하"자고 선언했던
〈배다리문화선언〉의 소박한 외침은 결국 '산업도로'와 '재정비촉진지구'
로 상징되는 개발주의 정책을 극복하고 미래의 도시는 인간과 자연이 공생
하는 생태도시, 역사와 문화와 환경이 조화를 이루는 문화도시, 후손들에

게도 그들의 인간적 존엄을 선택할 수 있도록 하는 인문도시를 지향해야
한다는 소박한 생각을 담은 것이다. 이러한 목소리가 실현되기 위해서는
도시를 바라보는 인문학적 비전과 아울러 도시를 구성하는 다차원적인
요소에 대한 섬세하면서도 장기적인 계획, 그리고 상충하는 이해와 관점
을 소통시키는 민주주의적 도시개발 프로세스를 창안해야 가능할 것이다.
당시 배다리마을의 소중한 가치를 지키기 위해 현장에서 자연스럽게 마음
이 모아지고 소박한 주장으로 형성됐던 〈배다리문화선언〉은, 프랑스의
철학자이자 도시학자인 앙리 르페브르(Henri Lefebvre)가 일찍이 설파했던
'도시에 대한 권리(the right to the city)'의 소박한 표현이 아니었을까?

2. 배다리와 계양산, 도시 공공성을 둘러싼 갈등

한때 송영길 시정부가 출범한 지 1년이 지날 무렵, 전임 시장의 무분별
한 신개발주의 행정의 난맥을 바로잡는 조처가 마련되기도 하였다. 특히
개발문제로 인해 가장 큰 지역의 현안으로 부각되었던 배다리와 계양산,
이 두 도시공간에 대한 개발 문제가 인천 도시정책의 전환을 보여주는
상징적인 현장으로 부각되었다.

2006년 6월 30일 롯데그룹이 계양산 개발계획안을 인천시에 접수하
면서 계양산 골프장 건설을 시도하였다. 이에 인천시민사회 진영에서는
2006년 8월 9일 53개 시민사회단체가 참여한 가운데 '계양산 골프장저
지 및 시민자연공원 추진 인천시민위원회'를 구성하고 조직적으로 계양
산 롯데골프장 반대운동에 돌입하였다. 2007년 1월 23일에는 단순히 골
프장 반대만이 아니라 대안으로서 시민자연공원을 제시하는 조직 명칭

을 담아 2기 대책위인 '계양산 골프장 저지 및 시민자연공원 추진 인천시민위원회'를 발족하고 진보 정당들까지 포괄하여 조직적인 계양산 보존운동을 전개해왔다. '계양산 골프장저지 및 시민자연공원 추진 인천시민위원회'를 기축으로 하여 '계양산 골프장 반대 및 역사·생태·문화 공원 조성을 위한 계양구민대책위'(2006.9.23), '계양산 보전을 위한 100인위원회'(2007.2.28), 계양산 반딧불이축제 조직위원회(2008.8), '계양산 입목축적 허위조작 정당합동 진상조사단'(2009.11.4), '계양산 보전을 위한 한평사기 운동본부'(2010.7.21) 등의 대중조직과 전문조직을 가동하면서 골프장 저지의 명분과 가능성을 되살려놓았다. 그리하여 도시계획시설 결정 및 환경영향평가 단계에서 골프장 건설의 부당성을 대중적으로 알려나간 결과 2010년 6·2지방선거에서 송영길 시장 후보를 비롯한 야권연대 후보들이 계양산 골프장 건설반대를 공약으로 내걸고 당선되는 성과를 가져오게 되었다.

배다리 문제도 송영길 시장 취임 후 한때는 새로운 전환을 맞는 듯했다. 무분별한 관통도로 개발로부터 배다리마을을 보존해 문화지구로 조성하겠다는 공약을 내건 시장과 구청장이 당선되었고, 이들이 취임 1주년을 앞두고 인천시와 동구청에서 배다리 관통도로 개설을 백지화하고 배다리 일대를 문화지구로 조성하겠다는 입장을 공식적으로 표명했던 것이다. 4년을 끌었던 배다리 문제가 이렇게 풀린 데에는 개발주의 정책에 맞서 배다리를 보존하려는 주민들의 노력과 시민들의 관심이 커다란 여론을 형성한 덕이기도 하지만, 더 본질적인 전임 시장의 동시다발적인 개발정책이 엄청난 시의 재정적자와 부채를 남기면서 더 이상 산업도로 건설이나 재정비촉진지구를 추진한 예산이 없게 된 실제적 현실이 더 크게 작용하였다. 그러나 문화지구로 지정한다던 배다리는 일부 지역주민들의 반

대가 여전한 가운데, 주민 중심으로 어떻게 역사문화마을을 만들어갈
것인가에 대한 인천시 당국의 고민과 준비가 부족한 가운데 표류하면서,
현재에 이르고 있다. '계양산 골프장 반대운동'도 골프장 건설을 행정적으
로 지원했던 공무원들이 행정적인 논리를 들어 골프장 백지화를 결정치
못하게 하는 해프닝과 함께 롯데그룹의 재판 청구 등으로 아직까지 완전
히 해결되지 않은 채 10년째를 맞고 있다.

10년째를 맞이하고 있는 배다리 역사문화마을 보존운동과 계양산 롯데
골프장 건설반대 및 시민공원 조성운동은 인천지역 시민사회의 역량과
시민들의 참여가 일구어낸 값진 성과이다. 이는 굴업도 핵폐기장 건설반
대운동 이후 실로 오랜만에 지역 시민사회운동의 진정성이 만들어낸 값
진 성과이다. 그러나 이 두 운동은 또한 현재의 인천지역 도시운동의 현실
을 돌아보게 하고 앞으로 부과된 새로운 과제를 새삼 되돌아보게 한다.
배다리 문제를 중심으로 몇 가지 공동의 과제를 제기해보고자 한다.

첫째, 인천시민사회 진영의 역량을 총동원한 계양산 골프장 건설반대
운동이나 배다리역사문화마을 만들기운동은 새로운 도시운동의 출발로
연결되어야 한다. 골프장을 막는데 그치지 않고 시민공원 조성을 목표로
제시한 만큼 계양산을 어떻게 시민의 공공적 자산으로 보존하고 공유하
면서 후손들에게 아름답게 물려주느냐 하는 문제는 고스란히 두 운동에
부여되는 주요한 과제의 하나이다. '배다리역사문화마을'이나 '계양산
시민공원' 조성이라는 거시적 목표가 제시되어 있기는 하지만, 이를 현
실화하기 위한 대안적 활동을 전개하는 새로운 형태의 시민운동 모델이
필요할 것이다. 이를 위해서는 시민문화운동 진영의 좁은 울타리에서
벗어나서 관과 전문가, 시민들이 폭넓게 참여하는 새로운 정책대안 창출
과정을 마련해야 한다. 이러한 고민은 비단 배다리와 계양산에 그치지

않고 인천이 가진 공공적 자연, 문화유산을 자본과 정치논리로부터 지켜
내면서 장기지속적인 관점에서 공익적으로 활용, 보전하는 새로운 도시
운동, 도시에 대한 시민들의 권리를 정당하게 요구하고 관철하는 운동으
로 발전시켜야 하는 과제를 안고 있다.

둘째, 도시공간의 공공성을 둘러싼 지역의 도시현안을 해결하기 위해
서는 각 부문운동간의 단절을 넘어서야 한다. 지방정치를 변혁시키는
상층 차원의 정치운동도 긴절하지만, 이와 동시에 지역주민들의 직접적
이면서도 지속적인 참여를 이끌어낼 수 있는 풀뿌리주민운동의 토대도
함께 구축되어야 한다. '계양산 골프장 반대운동'도 초기에는 취약한 주민
운동 내지는 풀뿌리운동의 한계로 인해 많은 어려움을 겪었다. 이런 한계
는 개발의 환상이 널리 유포된 사회적 분위기 속에서 지역운동의 동력이
'시민 없는 시민단체'만의 고독한 싸움으로 형해화 되면서 많은 어려움을
초래하고 있다. 전술한 바와 같이 앞으로 많은 지역 현안들이 시민 모두가
공유해야 하는 공공적 가치를 침해하는 대기업 내지는 사기업의 사적
이해와의 충돌이 빈발할 것으로 예상되는 상황에서, 지역주민과의 연계
를 강화하는 것은 시민운동의 한계를 극복하는 관건 중 하나이다.

이미 인천지역에서도 풀뿌리운동에 주목하는 시민운동의 방향전환이
시도된 지 여러 해 되었고, 최근에는 보편적 복지문제를 둘러싸고 다양
한 형태의 풀뿌리운동이 발화하고 있다. 도시문제에 있어서도 마을만들
기나 커뮤니티 비즈니스운동 같은 형태의 새로운 시도가 이어지고 있다.
그렇다고 풀뿌리운동이 만능을 아닐 터이다. 지역시민운동이 정치만능
주의에 함몰되어 지나치게 정치지향적 상층운동으로 달려가는 것도 경
계해야 하지만, 또 반면에 지나친 정치허무주의에 사로잡혀 풀뿌리 하층
운동으로 경사하는 것을 동시에 경계하면서 도시운동의 새로운 진화를

모색해야 하지 않을까 생각해본다. 바로 이 지점에서 인천의 문화운동 혹은 문화예술 진영의 창조적 대응이 절실하다. 이제 문화예술은 과거의 전통적인 장르적 속박에서 벗어나서 지역의 현안과 밀착하고 지역의 척박한 문화 환경을 극복하는 지역운동의 창조적 에너지로 전환할 필요가 있다. 마을운동과 문화운동의 결합뿐만 아니라 도시공공성을 확보하기 위한 문화적 실천이 그 어느 때보다도 절실하다.

앞으로의 도시문제는 또한 공공기관과의 대립과 갈등보다는 무한이윤을 추구하는 사기업과의 갈등과 대립이 더욱 심화되고 확대될 것이다. 대기업인 롯데그룹의 골프장 건설반대운동은 앞으로 더욱 다양한 부문에서 야기될 자본의 무한이윤 추구논리와 공익적 가치 사이의 직접적 갈등을 보여주는 첫 사례이다. 이는 국민의 공공적 자산이라 할 수 있는 굴업도를 특정 기업이 매입하여 사기업의 이윤추구를 목적으로 한 관광지로 변형하려는 시도에서도 여실히 확인된다. 굴업도 골프장 반대운동에서도 문화예술인들이 나서 굴업도의 공공적 가치를 지켜내는 역할을 수행한 것도 기억할 만하다. 인천시민들의 유일한 여름철 휴양지였던 송도해수욕장을 폐장시키고 '테마파트'라는 이름을 내걸며 대우자판에 이어 부영건설이 나서 대규모 개발사업을 시도하고 있다. 항만의 기능을 점점 잃어 노후 항만이 된 인천 내항 1~8부두 전체를 대상으로 한 내항 재개발사업도, 국가가 고시를 통해 내항재개발의 방향을 제시했음에도 불구하고, 내항에서 소소한 이익을 잃지 않으려는 항만업체들의 욕망으로 인해 순조롭게 진행되지 못하고 있다. 내항 8부두에 위치한 어머어마한 규모의 원당창고를 개조해 창조적 문화예술공간으로 만들자고 고시가 이루어졌지만, 지역 문화예술인들의 무관심 속에 중구청에서는 창고를 허물어버리고 고밀도의 '독크타운'이라는 아파트 개발을 요구하고 있는 실정이다.

신자유주의의 지속적인 전개 속에서 이익이 되는 곳이라면 어디든지 몰려드는 자본의 욕망 앞에서 여하히 도시권력이 자본의 굴복하지 않도록 제어하느냐 하는 문제는 앞으로 도시운동 혹은 도시문화예술운동이 감당해야 할 가장 중요한 과제이다. 기왕의 시민사회운동이 중앙권력 내지는 지방행정기관을 주 대상으로 삼는 운동방식이었다면 이제는 다기한 양태로 구사하는 자본의 독점적 이윤창출 욕망과 횡포에 맞서는 논리적 체제와 운동방식을 갖추지 않으면 안 된다.

3. 2017년, 북성포구의 매립과 애경사의 파괴

그러나 인천의 현실은 안타깝게도 여전히 신자유주의에 기반한 개발 성장 담론이 주도하고 있다. 여기에 민선 자치단체장들의 정치적 욕망이 결합되면서 인천만이 가지고 있는 고유한 가치들을 스스로 파괴하고 있다. 민선6기 유정복 인천시정부 출범 3년을 보내는 지금 인천에는 '인천 가치 재창조'라는 시정 구호에 이어 '인천 주권시대'라는 새로운 용어가 등장해 관 주도로 적극 홍보하고 있다. 2015년 초 확대간부회의 석상에서 유정복 시장이 강조한 이래 본격적으로 사용되기 시작한 '인천 가치 재창조'란 용어는, 언뜻 들으면 인문학적인 내용을 담고 있는 참신한 도시담론으로 들린다. 그러나 확대간부회의 발언 이후 1년 만에 인천시의 거의 모든 실·국·본부에서 쏟아져 나온 각종 시책들은, 인문학적 도시담론으로서 그 내용적 깊이를 확보했다기보다는 백화점식 사업을 나열해 놓고, 마치도 금새 전에 없던 새로운 인천을 만들어낼 것처럼

조바심에 가득하다.[1]

인천시정의 최우선 시책이 '인천 가치 재창조'임에도 불구하고 2017년 인천에서는 인천의 가치를 파괴하는 행정의 폭력이 줄줄이 이어지고 있다. 월미도 가는 길목에 위치한 북성포구는 주변의 공장지대와 어우러진 황혼녘의 풍경이 가장 인천적일 뿐만 아니라, 여섯 척 안팎의 어선들이 들고나며 선상파시가 열리는 원도심의 유일한 살아있는 포구다. 그런데 인천시 중구와 동구의 일부 주민민원으로 인천시와 인천지방해양수산청이 비록 십자수로 형태의 일부분일망정 북성포구를 매립하는 사업을 추진해 300억 원의 국비까지 확보했다. 인천시는 북성포구의 부두 어항기능은 대부분 유지시켜 선상파시 등 본래의 가치는 존치하겠다고 한다. 그러나 매립된 토지 위에 주상복합건물을 짓고 회센터, 주차장 등을 건설해서 소래포구를 뒤쫓아 가는 것이 북성포구의 가치를 살리는 일인지 다시 한 번 진지하게 검토해봐야 할 문제이다. 또 국민세금 300억 원을 들여서 모든 국민들의 공유해야 할 공공자산인 북성포구가 특정한 주민들이 독점하는 상업적 공간으로 변질시킨다면, 이는 공공성이 결여된 전형적인 이권개발사업일 뿐이다.

콘크리트로 된 상가건물들로 빽빽한 천편일률적인 다른 포구와 항구의 볼품없는 경관에 비할 때, 십자형 포구로 남아있는 북성포구는 인천의 공업화와 해안매립이 남긴 가장 인천다운 해양친수공간이 아닐 수 없다. 도시재생이라는 말이 난무하는 시대이지만, 북성포구만이 가진 장소적 매력을 십분 살리면서 주변 주민들에게 쾌적한 수변공간을 제공하면서 지역의 명소로 북성포구를 재탄생시킬 대안은 무궁무진하다. 그러

---

1) 인천 가치 재창조 시책에 대한 보다 자세한 비판은 이희환, 「'인천 가치 재창조' 시책과 도시에 대한 권리」, 『황해문화』 2016년 가을호 참조.

나 안타깝게도 바다를 모두 매립해 시민들로부터 바다를 차단한 해양도
시 인천에서, 마지막 남은 갯골포구인 북성포구의 운명은 풍전등화다.
많은 문화예술인들이 참여해 '인천북성포구살리기시민모임'이 답사와
전시, 스토리펀딩과 청원 등을 전개했지만, 북성포구를 보전시켜줄 마지
막 보루로 감사원에 청구했던 감사결과도 인천지방해양수산청의 북성포
구 준설토 투기장 매립사업이 타당한 사업이라는 결론을 내려, 끝내 매
립돼 사라질 처지에 놓여 있다.

2017년 5월 30일 한국 최초의 비누공장이었던 애경사 건물의 파괴는
더 비극적이었다. 그날 아침부터 애경사 철거를 우려한 한 문화예술인이
건물 2층에 올라가 굴삭기로 철거하지 못하도록 몸으로 저항하면서 페이
스북의 타임라인에 철거 위기를 알렸던 애경사 건물은, 그러나 철거를
하지 않겠다는 중구 부구청장의 말을 믿고 문화예술인이 내려오자마자
굴삭기에 의해 간단히 철거되었다. 애경그룹이 창업한 해인 1954년 인수
해 1962년 매각한 비누공장인 근대산업유산 애경사의 역사는 1912년까
지 거슬러 올라간다. 송월동 일대에 밀집한 양조장, 정미소, 전기회사
등과 함께 개항 초기 산업사의 중요한 가치를 담고 있는 근대산업유산이
불과 두 시간 만에, 그것도 이런 건물을 보존해야 할 의무를 갖고 있는
인천 중구청에 의해 파괴되었다. 이유는 간단하다. 송월동 동화마을을
찾는 관광객들을 위한 주차장을 건립하기 위해서였다.

중앙언론에도 집중 보도된 바 있는 애경사의 철거 문제는 그러나 앞으
로도 또 다른 '애경사' 건물의 파괴가 줄줄이 예고되고 있다는 점에서
절망적이다. 논란이 커지자 중구청은 미처 이 건물의 가치를 몰랐다고
변명했지만, 애경사 바로 옆의 건물이 또한 오래된 산업유산인 양조장
건물이라는 점을 알면서도 대규모 주차장을 건설하기 위해 철거를 진행

중이다. 이전에도 중구청은 주민들의 민원을 이유로 조일양조장, 동방극장 같은 30~40년대 인천의 근대건축물들을 잇따라 허물고 주차장으로 만든 적이 있다. 동구 송림동에 소재했던 특이한 구조의 한옥여관은 근처 교회에서 건물을 사 밀어버리고 주차장을 만든 것도 최근의 일이다. 공공자산의 가치를 가지고 있는 역사적 건축물을 단순히 '땅값'으로만 평가하고, 또 관광 활성화라는 명목으로 밀어버리는 사태가 계속되고 있음에도 불구하고 '인천 가치 재창조'를 시책으로 강조하고 있는 인천시는 먼산 불구경이었다.

북성포구는 물고기의 선상파시만 열리던 포구가 아니라 우리의 정신세계를 풍요롭게 했던 문학 작품들을 만들어낸, 문학의 파시가 펼쳐졌던 인문적 공간이었다. 북성포구가 매립돼 사라진다 해도 북성포구를 무대로 해서 만들어졌던 문학작품들은 결코 사라지지 않겠지만, 그러나 북성포구가 매립돼 사라진다면, 문학작품으로도 기억되지 않을 민초들의 삶의 이야기는 더 이상 구전으로 이어지지 못한 게 분명하다. 현덕의 단편 「남생이」를 통해 호두형 부두에서 살아왔던 가난한 인천 서민들의 삶의 자취도 북성포구의 매끈한 매립사업과 함께 더 이상 눈으로 확인할 길이 요원해진다. 북성포구와 인접한 방직공장에서 노동하는 노동자들의 저항과 투쟁을 그렸던 강경애의 장편소설 『인간문제』의 치열함도, 북성포구의 다락방 술집에 앉아서 남이냐 북이냐를 고심했던 최인훈의 소설 『광장』의 주인공 이명준의 이념적 고뇌도, 조세희가 『난장이가 쏘아 올린 작은 공』에서 은강시로 그려낸 1970년대 인천항의 우울한 풍경도, 김중미의 『괭이부리말 아이들』이 선사하는 가난한 만석동 사람들의 인간적 훈기도 북성포구의 매립과 함께 기억하기 더더욱 어려워질 것이다.

북성포구 이외에도 인천에는 한국근대문학과 관련한 문학적 유산들이 적지 않게 남아 있다. 인천은 한국근대문학이 전개되는 과정에서 주요한 모티브를 제공한 문학의 산실이었기 때문이다.[2] 인천이 배출한 문학인들의 작품뿐만 아니라 인천을 중요한 문학적 공간으로 창조된 문학작품과 문학적 자산들을 지금부터라도 시급히 조사하고 의미를 부여해서 사라지지 않도록 노력해야 한다. 그러나 연전에 인천 출신의 극작가인 함세덕이 성장했던 중구 용동에 소재했던 조부 함선지(咸善志)의 생가가 역시 중구청에 의해 헐려 주차장으로 변해버렸다. 함세덕이 태어난 화평동 생가도 아무런 표지석 없이 방치된 채 언제 철거될지 모를 상황이다. 지역연구자인 장회숙 선생이 찾아낸, 작가 현덕이 기거하며 단편「남생이」를 창작했던 화평동 숙부의 집도 마찬가지다. 평론가 김동석이 성장기에 기거했던 싸리재 집터라든가, 「지주회시」를 창작했던 소설가 이상이 오고갔던 해안통 거리, 소월 김정식이 시「밤」을 통해서 읊었던 인천의 풍광 등, 인천 곳곳의 문학적 장소들을 조사하고 시민들과 함께 공유하기 위한 표지석의 설치나 답사 프로그램의 개발 등이 문학인들에 의해 이루어진다면 좋겠다. 더 이상 도시공간이 개발에 의해 변질되기 전에 말이다.

4. 인천시의 도시문화정치와 쟁점현안들

문화예술과 직접 관련된 사안들은 아니지만, 문화예술 진영만이 공공적으로 개입할 현안들은 이밖에도 많다. '문화의 불모지'라는 오명을 벗어나고자 경기문화재단을 벤치마킹해 지역 문화예술계가 뜻을 모아 설립한 인천문화재단에 대한 논란이 대표적이다. 그간 인천문화재단은 지

---

2) 보다 자세한 검토는 이희환, 『문학으로 인천을 읽다』, 작가들, 2010 참조.

역문화예술계를 대표하는 평론가와 예술인들이 대표이사를 맡아 운영해왔지만, 오히려 지역문화예술계와의 거리는 더욱 멀어지는 관료화된 기구로 변모해왔다고 할 수 있다. 이를 불식하기 위해 인천문화재단의 독립성과 이를 보장해주는 1,000억 원 기금 확보 및 대표이사 선출과정의 투명성과 공정성 등에 대한 문제제기가 지속적으로 제기되었음에도 불구하고, 인천문화재단은 인천시장이 재단 이사장으로, 선출직 인천시장의 문화정치적 도구화 기능을 충실히 수행하는 기관으로 변모해왔다. 그 결과 설립된 지 15년을 넘은 인천문화재단은 매년 20억 원에 가까운 예산을 주무르는 지역문화계의 공룡으로 성장했지만, 그 위상은 현저히 추락했을 뿐만 아니라 문화예술적 권위도 실종된 채 시정의 도구화된 수행기관으로 변질된 것은 아닌지 묻지 않을 수 없다. 대표이사의 비상식적 밀실 선출부터, 그렇게 해서 선출된 최진용 대표이사 선출 이후 나타난 〈사운드바운드〉 예산 전용문제라든가, 자기표절 작가에 대한 '우현상' 수상 논란, 개항플랫홈 사업의 일방 추진, 정무직 사무처장의 선출 등은 모두 지역 문화예술계와는 멀어진 관료화된 문화행정기구로서 인천문화재단의 현주소를 보여준다.

인천시는 소위 '문화주권' 정책의 일환으로 인천문화재단의 도구화를 넘어 인천문화예술인들을 전부 제도권 속에 포섭하는 '인천문화포럼'을 지방선거 1년을 앞두고 관 주도로 구성했다. 가난한 인천의 문화예술 진영이 인천시의 지원예산에 의존해야 하는 현실적 어려움을 모르는 바 아니지만, 제도권에 포섭된 문화예술이 과연 창조적인 문제의식을 견지할 수 있을 것인가에 대해서는 심각하게 고민해야 한다. '인천문화포럼'이라는 제도적 틀에 안주한다면, 그것은 문화예술이 인천시 도시정책의 기능적 하부임을 자임하는 셈이다. 여기서 새삼 거듭 묻지 않을 수 없다.

전에 없던 '인천 가치 재창조' 시책과 '인천문화주권' 선언, 관주도의 '인천문화포럼'의 발족을 우리는 어떻게 해석해야 할까? '인천개항창조도시'가 잘 보여주듯이 허울뿐인 문화적 구호가 아닌가 말이다. 문화의 정치적 도구화에 대한 창조적 저항은 결국 지역 문화예술계의 몫이다.

그렇다고 해서 인천시가 밀어붙이는 각종 정책들에 대해 언제까지나 비판적 대응에서 머물 수 없는 것이 또한 인천 문화예술 진영의 과제이다. 2017년 현실에 즉해 대안적 도시문화예술운동의 새로운 실험과 도전을 시도하는 것 또한 간과할 수 없는 과제의 하나일 것이다. 그러한 대안적 실험 가운데 필자는 신자유주의적 도시질서에 저항하는 대항적 도시문화운동으로서 공유지운동과 시민자산화운동에 자연스럽게 주목한다.

자본주의 사회에서 사유재산권이 철칙으로 받아들여지고 있는 사회에서, 도시를 휩쓸고 지나가는 젠트리피케이션으로 인해 많은 문화운동 단체들이 임대를 전전하면서 마을에 뿌리를 박지 못하고 있는 게 현실이다. 이런 상황에서 언제나 문화운동은 관의 지원에만 의존하고 일희일비해야 하는지 답답한 상황의 연속이었다. 최근 들어 각지에서 시민자산화운동의 다양한 모델이 시도되고 있다. 비단 시민자산화운동뿐만 아니라 문화예술운동이 시민과 함께 하는 새로운 대안적 모델을 창출하지 않은 채 과거의 지역문화예술 지원체제에 안주한다면, 지역문화예술은 더 이상 건강한 창조성을 유지하기 어려운 시대일 것이 분명하다.

5. '도시에 대한 권리'와 인천 문화예술운동의 과제

끝으로 함께 고민해보자고 제안 드리고 싶은 것은, 인천을 비롯한 여러 도시에서 다기한 양상으로 분출하는 각종 도시현안을 보다 적극적인 시민사회와 문화운동의 문제영역으로 끌어안을 수는 없을까 하는 고민이다. 도시마다 커다란 현안으로 대두하고 있는 지역 재개발문제는 대표적인 도시현안의 하나이다. 개발주의시대에 널리 유된 개발에 대한 환상은 배다리 보존운동뿐만 아니라 계양산 보존운동에 있어서도 넘어서기 힘든 커다란 장애였다. 개발이 되면 땅값이 오르고 경제적 이득이 올 것이라는 개발논리가 인천의 거시적 도시비전에서부터 '경제수도 인천'이라는 구호로 제시되어 있을 뿐만 아니라 '경제자유구역'라는 도시공간정책으로 전개되면서 많은 문제를 야기하고 있다. 그리고 이는 비단 인천뿐만이 아니라 많은 도시들이 '기업주의 도시정책'을 추진하면서 비슷한 양상으로 전개되고 있다.

어려운 가운데서도 이 척박한 도시에서 오랫동안 문화예술 활동을 전개하고, 문화예술 공간을 운영하고 있는 문화예술인들이야말로 문화예술이 내장하고 있는 공공성을 무기로 도시권을 실천해온 시민주체라고 할 수 있을 것이다. 사실 자본의 논리가 전면화한 인천의 도시공간에서 문화예술 공간을 운영하는 것 자체가 우리가 살고 있는 도시를 "우리의 마음 속 바람에 가깝게 바꿔나가고 재창조"하려는 노력에 다름 아니거니와, 이들이 운영하는 도시 내의 문화예술 공간은 모두 공공적 가치를 가지고 있는 셈이다. 인천시의 문화예술 정책은 이러한 공공적 공간에 대한 지원에 보다 섬세한 정책적 배려를 해야 한다.

비단 문화예술 공간의 운영뿐만 아니라 인천의 문화예술인들은 이미 도시권을 확보하기 위한 실천을 지속적으로 전개해왔다. 배다리를 비롯한 여러 도시개발 현장에서는 물론이고, 굴업도 골프장 반대운동에서도 문화예술인들이 나서 굴업도의 공공적 가치를 지켜내는 역할을 수행한

것도 기억할 만하다. 외국기업의 투자유치를 목적으로 설립된 경제자유
구역의 송도를 홍보하기 위해 급조된 2009년 인천세계도시축전에 맞서
인천의 문화예술인들이 '도시축전바로보기 시민행동'을 조직하고 다양
한 문화 활동을 전개한 것도 같은 맥락이다.

　보다 너른 지역운동으로서의 '도시에 대한 권리' 찾기운동이 절실하
다. 과거의 지역 사회운동과 환경운동, 문화운동의 슬기로운 결합을 통
해 형성해야 한다. 환경생태운동이 자연환경과 지구생태계의 보존을 다
양한 활동을 전개하고 있지만, 그러한 사안이 도시에서 전개될 때에는
새로운 시각과 접근법이 요구된다. 그리고 이는 시민들의 민주적 참여와
권리의 신장을 위해 노력하는 사회운동이나 문화와 예술에 대한 민주적
권리 신장을 위해 노력해왔던 문화운동에 있어서도 마찬가지이다. 그리
하여 지역 사회운동, 문화운동, 환경운동 등이 복잡다단하게 얽혀 돌아
가는 도시의 현실에 착목하여 바람직한 '도시에 대한 시민들의 권리'를
실현하기 위해 이론적, 실천적 노력을 동시에 경주하는, 새로운 도시운
동의 창출이 지금 여기에서 실천되어야 할 것이다.

도시권 관점에서 본 인천 커먼즈 자산의 위기

1. 인천의 공공유산 잔혹사

2017년부터 인천 지역사회에서는 지역 역사·문화유산의 파괴가 문제가 심각한 문제도 대두되었다. 문제의 심각성을 알려준 사건은 2017년 5월 철거된 인천 중구 송월동 애경사 건물의 철거였다. 애경사 건물은 최초로 비누를 생산하던 공장으로 1910년대부터 인천 중·동구 지역에 일본 식민자본이 형성하기 시작한 일군의 근대산업시설 중 하나였다. 붉은 벽돌조 건물로 원형에 가까운 형태를 유지하고 있던 애경사 건물을 철거한 주체는 인천광역시 중구청(청장 김홍섭)이었다. 중구청이 애경사 건물을 매입해 철거한 명분이 가관이었다. 통영의 동피랑마을과 부산의 감천마을의 외피만 벤치마킹한 중구청이 수년 전부터 중구 송월동 원도심 마을에 갖가지 동화와 조형물을 채워 관 주도로 조성한 '동화마을'의

* 필자 : 이희환

이 글은 필자의 글 「바다도 없고 해양정책도 없는 해양도시」(『황해문화』 2017년 가을호)와 「인천 공공유산의 파괴와 커먼즈 운동의 모색」(『황해문화』 2018년 봄호)를 합쳐 본 저서의 구성에 맞춰 새롭게 재구성한 것임.

관광객들을 위해 주차장이 필요하다는 이유로 애경사 건물을 매입해 철거한 것이다. 뒤늦게 애경사 건물의 철거 계획을 알게 된 인천의 시민단체들이 철거 반대 성명서를 발표하면서 반대 여론을 형성하고 언론들도 다투어 보도하면서 문제가 커졌지만, 중구청은 여론은 아랑곳하지 않고 애경사 건물의 철거를 강행했다.

그런데 인천 중구청이 주차장을 만들기 위해 오래된 근대 건축물을 철거한 사례는 애경사가 처음은 아니었다. 중구 선화동에 1939년에 건립된 조일양조장은 최초로 일본식 소주를 생산하던 양조장으로, 매출액이 급증하면서 한때는 축구팀을 운영할 정도로 번성했던 역사를 가진 양조장이었다. 그러나 인천의 도시개발 바람 속에서 원도심 동네 한가운데 운영을 중단한 채 오랫동안 방치되다가, 흉물이라는 주민들의 민원을 이유로 2012년 중구청이 철거를 강행해 결국 주차장이 되고 말았다. 뒤늦게 조일양조장 표지석을 세워 놓기는 했지만 '역사문화 관광도시'를 표방하고 있는 중구청은 근대건축물의 역사·문화적 가치를 스스로 훼철하기에 여념이 없었으며, 이러한 사례는 최근까지도 이어지고 있다. 2013년에는 1904년에 설립된 인천기상대 건물 3채가 사라졌고, 2014년에는 중구 용동의 객주 함선지(咸善志, 극작가 함세덕의 조부)의 가옥과 호프집 '마음과 마음' 건물이 동시에 철거돼 주차장으로 변해버렸다. 차이나타운에 남아 있던 북성동 곡유린 주택과 일본 적산가옥 여러 채가 연거푸 철거되는 비운을 맞기도 했다. 2015년에는 1941년에 건축된 신포동의 옛 동방극장이 철거돼 주차장으로 변했으니, 역사문화도시를 표방하고 있는 중구는 오히려 역사문화유산의 무덤이라고 하지 않을 수 없다.

애경사를 비롯한 이 모든 근대건축자산들은 등록문화재로 지정되지 않아 보존 명분이 없다는 논리로 주로 공공에 의해 파괴되고 있다. '한옥 등 건축자산의 진흥에 관한 법률'이 2014년에 제정돼 2015년부터 시행에 들어갔지만, 인천의 경우는 이 법률에 따라 전수조사조차 제대로 시행되지 않았다. 이런 상황에서 공공에 의한 공공유산의 파괴는 비단 역사·문화유산에 그치지 않고 진행되었다. 도시의 주인인 시민들이 공유해야 할 이들 역사문화유산과 자연유산들을 커먼즈 자산이라고 부를 수 있을 텐데, 인천의 커먼즈 자산들은 관과 특정 기업, 개인들에게 의해 사유화되고 심지어 파괴될 위기에 처해 있다.

2. 인천가톨릭회관의 철거와 애관극장의 매각 위기

그런데 이상한 것은, 인천의 공공유산이 연속적으로 훼철되는 시기가 '인천 가치 재창조'를 시정의 최우선 시책으로 내세운 민선6기 유정복 인천시정부 아래서 일어났다는 점이다. 유정복 인천시정부에서 추진하고 있는 '인천 가치 재창조' 시책 중에는 '인천의 미래가치'를 명분으로 인천의 정체성과 도시공간의 가치를 오히려 훼손하는 대규모 토목개발 사업으로 변질될 우려가 높은 사업들이 적지 않다. 인천시가 '인천 가치 재창조' 사업의 핵심선도사업으로 내세운 '개항창조도시 조성 사업'을 비롯해 '경인고속도로 일반도로화 및 주변 도시재생' '인천발 KTX 등 인천 중심 교통망 구축' 등이 대표적이다.

〈그림 1〉 철거를 앞둔 인천가톨릭회관 전경의 마지막 보습

유정복 시장은 이와 같은 대규모 토목개발사업들을 인천의 미래 가치 재창조 사업이라고 강조하는데 그치지 않고, 부산을 추월하는 인천의 외형적 확대와 연계해 '인천 주권시대'를 시정의 전면에 내세웠다. 진정한 의미의 '인천 가치 재창조'와 '인천 주권'의 실현이란 인천이라는 도시에서 살고 있는 시민들이 인천에서 어쩔 수 없이 잠시 머무르다가 떠나가는 그런 도시가 아니라, 정주하고 싶은 도시, 살고 싶은 도시로 느낄 수 있도록 도시의 자족성과 독립성을 확보하고 시민들이 사랑하고 공유할 수 있는 도시의 공공재와 공유자산이 지속적으로 확충되어야 가능한 일일 것이다.

이런 측면에서 '인천 가치 재창조' 시책과 '인천 주권' 선언이 얼마나 허울뿐인 정치적 구호인가를 가장 단적으로 보여준 장면은, 2017년 연말에 급작스럽게 진행된 인천가톨릭회관의 철거사태였다. 인천가톨릭회관은 인천 답동성당과 함께 1970~80년대 인천 민주화운동의 상징적 장소였다. 그런데 이 유서깊은 건물을 인천 중구청은 '답동성당 일원 관광자원화 사업'을 명분으로 2018년 1월까지 철거를 완료하고 답동성당 아래로는 지하주차장을 만든다는 계획을 추진하였다. 그런데 중구청이 천주교 인천교구로부터 매입한 가톨릭회관과 그 주변 부지는 애초 19세기 말 제물포본당을 창설할 때 천주교 유력신자였던 민선훈(요셉)이 기부한 땅이었다. 천주교 인천교구에서는 2010년대 초에 '답동성당 성역화사업'을 추진하다가 슬그머니 중구청의 '답동성당 관광자원화 사업'에 동의하면서 민선훈이 기부한 땅을 90여억 원에 중구청에 매도한 것이었다.

답동성당 신자들 중 일부는 제물포 본당 창설 당시 신자가 기부한 성지(聖地)를 몰래 매각한 인천교구의 처사에 항의하면서 일인시위를 이어왔다. 또 인천도시공공성네트워크를 비롯한 인천 시민·문화단체들은 2017년 12월 5일 답동성당 앞에서 기자회견을 열고 인천 민주화운동의 요람이었던 인천가톨릭회관의 철거를 반대하는 입장을 표명하려 시도했으나, '중구발전협의회' 임원이라고 밝힌 일부 지역주민들의 폭력적인 기자회견 방해로 장소를 옮겨 성명서를 발표하는 사태까지 연출한 바 있다. 인천가톨릭회관 철거에 대한 반발여론이 점차 커지자 중구청은 애초의 철거계획을 앞당겨 인천가톨릭회관의 철거를 기습적으로 강행했다. 국가 사적 제287호인 답동성당과 짝해 있는 인천가톨릭회관은 그야말로 엄혹했던 1970년대 인천 민주화운동의 횃불을 든 민주화의 현장일 뿐만 아니라 1980년 5·18민주화운동 당시에도 오직 진실의 목소리를 전파했던 인천 민주화운동의 성지와 같은 곳이다. 인천 시민사회와 인천시 당국의 무관심 속에 후손들에게 물려줘야 할 민주화유산이 처참하게 파괴된 것이다.

  인천가톨릭회관에 대한 중구청의 철거가 한창 진행되던 2018년 벽두에
는 근대 인천의 역사유산이자 인천의 서민들과 애환을 함께 했던 문화유
산인 중구 경동의 애관극장이 민간 건설업자에 매각된다는 소문이 파다
하게 나돌았다. 이제는 널리 알려지기도 했지만, 인천 애관극장은 한국인
이 1895년 직후에 세운 한국 최초의 실내극장으로 추정되는 협률사(協律
社)의 역사를 이어온 극장이다.[1] 1910년대에는 신파극 공연이 펼쳐진 축
항사(築港社)로, 1920년대에는 활동사진 전용관인 애관(愛館)으로 명칭이
변경되면서 일제강점기에도 인천의 청년·문화운동이 발화했던 소중한
역사·문화적 자산이자, 인천시민과 후손들까지 공유해야 할 소중한 공공
재적 가치가 있는 인천의 대표 극장이다.

  애관극장의 매각과 민간 건설업자의 매입을 통한 철거 등을 우려한
인천의 시민들은 2018년 1월 5일 「한국 최초의 실내극장, 애관극장 보전
을 위한 인천 시민들의 호소와 제안」이라는 성명서를 발표하여 애관극장
의 역사와 전통이 이어질 수 있도록 인천시가 매입에 나서줄 것을 촉구하
고, 탁경란 애관극장 소유주에게 시민의 공유자산이 되도록 협조해줄
것을 요청하였다. 성명서의 발표를 통해 애관극장 문제가 언론보도를
통해 집중적으로 보도되고 애관극장의 매각에 대한 시민사회의 우려가
크게 확산되기도 하였다. 이에 탁경란 애관극장 소유자는 "매각 의사가
없다."는 입장을 언론을 통해 간접적으로 알리기도 했다. 그러나 수년간
계속돼온 애관극장 매각 소문으로 보건대, 이제 더 이상 애관극장의 생
존을 한 개인의 책임으로 남겨둬서는 안 된다는 자각이 인천시민들에게

---

  1) 이희환, 「인천 근대연극사 연구(1883-1950)」, 『인천학연구』 5, 인천대 인천학연구원,
    2006. 참조.

널리 퍼지게 되었다.

사유재산이라는 측면에서 애관극장은 소유주 한 개인의 것이지만, 120년의 오랜 역사 동안 여러 명의 소유주가 바뀌면서도 인천시민들과 애환을 함께 한 인천의 공공문화유산이다. 성명서를 발표했던 인천 시민들은 '애관극장을 사랑하는 시민모임'을 결성하고 애관극장의 역사와 전통을 이어가기 위해 인천시가 적극적으로 매입을 추진할 것과 더불어 인천의 근현대 건축자산에 대한 전면적인 전수조사와 향후 보전방안 마련을 위한 민관 거버넌스 구축을 제안한 상태이다. 여기서 더 나아가 시민모임에서는 세월이 흘러 미래에는 공공적 가치가 있는 유산이 될 역사·문화유산에 대해 '미래유산보호조례' 등을 제정해 제도적으로 보존하는 정책적 방안을 제안하기로 했다.

3. 마지막 숨을 몰아쉬는 북성포구

앞서 간략히 소개한 바도 있지만, 인천 원도심에 남아 있는 마지막 포구인 북성포구도 매립을 앞두고 있다. 사시사철 언제나 바다에서 퍼올린 광어며 장대, 간재미, 삼치며 새우, 꽃게 등 싱싱한 생선들을 값싸게 살 수 있는 인천 원도심에 유일하게 살아있는 포구가 북성포구다. 이곳을 가치를 아는 건 얼마 전까지만 해도 조그만 손수레를 끌고 부지런히 북성포구로 찾아오는 나이 드신 할머니들뿐이었다. 그러나 근래는 젊은 사람들도 북성포구의 선상파시에서 1킬로당 15,000원하는 광어를 큼지막한 것으로 사가는 사람들이 부쩍 늘었다. 하지만 북성포구의 이런 풍경도 이제 얼마 지나지 않아서, 영영 사라질 지도 모른다. 인천지방해양수산청가 추진하고 있는 북성포구 준설토투기장 조성을 통합 매립사업이, 환경영향평가를 끝내고 본격적인 삽질이 시작될지도 모르기 때문이다.

북성포구 준설토투기장 조성 사업의 환경영향평가서에 대해 한강유역환경청은 지난 2018년 4월 인천지방해양수산청에 북성포구 준설토투기장 사업계획 보완을 요청했다. 매립을 진행해야 하는 이유를 명확히 하고, 매립의 목적이었던 악취 방지와 하수 처리 등 환경 개선 대책이 필요하다는 것이었다. 이에 인천지방해양수산청은 인천시와 중구청, 동구청에 보완 대책을 요구했고, 인천시는 지난 5월 중구, 동구청과 협의 끝에 '인천 북항 북성포구 준설토투기장 건설사업 관련 유입 하수 처리방안'을 인천지방해양수산청에 제출하였다. 이에 대해 한강유역환경청은 인천시의 계획을 그대로 수용해 오폐수 처리 하수관거 설치를 조건부로 매립사업 승인 조치를 내렸다.

다음 지도는 북성포구의 친환경적 보전을 위해 2017년 11월에 발족한 '인천북성포구살리기시민모임'이 발족 기자회견을 통해 북성포구 매립사업의 목적이 불분명하다고 지적하자 인천시가 내놓은 해명자료에 들어있는 매립계획도이다. 매립에 앞장서고 있는 인천시와 중·동구는 2010년 12월 손강식 등 주민 1,251명이 제기한 북성포구 매립 청원을 받아들여 북성포구 전체 32만㎡ 중 가장 악취가 심한 일부 7만㎡을 매립해 항만환경을 개선하고 향후 공공시설 도입을 통해 지역주민 삶의 질 향상을 도모하는 사업이라고 설명했다. 악취와 오폐수 문제를 별도로 해결할 수 있음에도 불구하고 북성포구가 마치 오염원인 것처럼 호도하고 지역사회발전을 위한다는 명분으로 주민들의 민원을 위해 사업을 추진하려 했던 것이다.

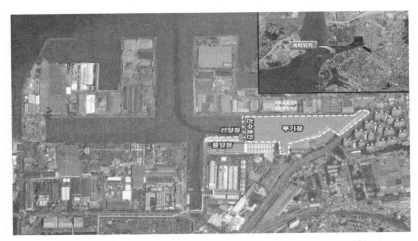

〈그림 2〉 준설토 투기장 조성을 통해 매립되는 북성포구 매립 계획도

월미도 가는 길목에 위치한 북성포구는 주변의 공장지대와 어우러진 황혼녘의 풍경이 가장 인천적일 뿐만 아니라, 여서 척 안팎의 어선들이 들고나며 선상파시가 열리는 원도심의 유일한 살아있는 포구다. 비록 일부분일망정 이런 북성포구를 현세대의 욕망을 위해 매립해서 개발 가능한 토지를 확보하는데 약 300억 원의 국비를 들여 매립하는 것이 과연 타당한 것인가 의문이다. 인천시는 북성포구의 부두 어항기능은 대부분 유지시켜 선상파시 등 본래의 가치는 존치하겠다고 한다. 그러나 매립된 토지 위에 주상복합건물을 짓고 회센터, 주차장 등을 건설해서 소래포구를 뒤쫓아 가는 것이 북성포구의 가치를 살리는 일인지 다시 한 번 진지하게 검토해 봐야 할 문제이다. 또 국민세금 300억 원을 들여서 모든 국민들의 공유해야 할 공공자산인 북성포구가 특정한 주민들이 독점하는 상업적 공간으로 변질시킨다면, 이는 공공성이 결여된 전형적인 이권개발사업일 뿐이다.[2]

4. 인천시의 해양친수도시 조성계획과 내항재개발의 표류

북성포구 매립을 적극 추진한 인천시는 반면에 수억 원의 시민세금을 들여서 인천을 해양친수도시로 조성하기 위한 인천해양친수도시 기본구상 연구용역을 2017년 말 인천발전연구원에 맡겼다. 또한 유정복 전 인천광역시장은 '인천 가치 재창조'를 주요한 시정의 목표로 내걸면서 인천의 도시정체성과 관련한 다양한 사업들을 급조해 발굴하고 있을 뿐만 아니라 인천주권시대 선언의 하나로 '인천해양주권'을 강조해왔다. 그런데 정작 가장 인천적인 장소 중의 하나인 북성포구의 가치와 경관을 크게 훼손할 게 너무도 뻔한 북성포구 준설토투기장사업을 인천시가 밀어붙이고 있으니 자가당착이 아닐 수 없다.

인천발전연구원이 용역을 수행중인 인천 해양친수도시 조성 기본구상 수립용역의 중간보고회가 지난 2017년 6월 8일 열렸다. 이날 인천발전연구원은 6개 친수거점 지정을 핵심 내용으로 하는 해양친수도시 기본구상과 친수공간 활용 가능 지역 및 실행화 방안 등을 발표했다. 하지만 인천 해양의 97%가 인공적인 해안이고 모든 해안지대를 부두와 공장들이 차지하고 있는 불구의 항구도시 인천을 해양친수도시로 재생시키기 위한 미래 비전 및 전략 등을 담겠다던 기본구상이나 해양비전을 찾을 수 없었다. 인천발전연구원 연구진이 제안한 6개 해양 거점은 ▶경인항 마리나, 레저교육연구단지 조성 ▶내항 거점 도심 역사·문화재생 ▶송도 해양문화·레저 ▶소래 해양생태체험 ▶영종도 국제해양관광 ▶강화도 역사·문화보존 등인데, 기존의 해양개발사업이나 관광사업 등을 새롭게 포장해

---

2) 북성포구살리기시민모임이 감사원에 청구한 감사결과는 기각되었고, 시민모임이 제기한 공사취소소송이 선고공판을 앞두고 있다.

내놓은 것일 뿐만 아니라 해양정책에 대한 권한이 없는 인천시의 계획만
으로는 온전한 추진이 불가능한 사업들이 대부분이라고 한다.3)

경인항 마리나사업은 경인항 갯골에 해양레저 교육연구단지를 조성하
고, 북인천복합단지(옛 경인아라뱃길 투기장)에 해양레저사업을 발전시킨
다는 사업이다. 그러나 경인항 마리나사업은 인천시가 조성원가로 매입
하고 싶다는 의사를 인천항만공사(IPA)에 제시했음에도 항만공사가 이
를 받아들여지지 않았다. 내항 거점 역사·문화재생사업은 과거 송영길
전 시장의 MWM(Marine Walking Museum) 사업을 유정복 시정부가 '인천
개항창조도시' 도시재생사업으로 변경해 국토교통부의 도시재생지원사
업에 지원해 선정된 마중물 사업으로 인천역 주변 역세권 개발과 월미도
해양박물관 건립사업 등을 선도사업으로 추진 중이지만, 지나친 월미도
관광개발 중심으로 사업내용이 잦은 변경이 이루어지고, 또한 도시재생
보다는 관광개발사업으로 편중됐다는 비판이 제기되고 있다.4)

갯벌을 매립해 조성한 송도국제도시의 송도워터프런트 사업을 비롯한
6·8공구 해양랜드마크 건설, 아암도 해변체험전망 조성 등 송도를 해양
랜드마크로 만들겠다는 계획은, 송도경제자유구역에 지나치게 편중된
특화개발사업으로 인천시민들의 지속적인 반대여론에 부딪쳐 왔다. 영종
도 국제해양관광 거점 조성은 국가가 주도하는 준설토투기장 매립과 소
유권 이전 문제 등에 대한 협의와 합의가 동반돼야 하지만 쉽지 않을
것으로 보인다. 유정복 인천시정부는 해양주권을 강조하면서 제2준설토

---

3) 「인천시 해양친수도시 조성계획 부실 논란, 수년전 개발 계획 돌려막기 … 올해도 이어
지는 회전문 로드맵」, 『기호일보』, 2017. 6. 12.
4) 이희환, 「'인천 가치 재창조' 시책과 도시에 대한 권리」, 『황해문화』 2016년 가을호
참조.

투기장의 인천시 토지소유권 등을 주장하고 있지만 정부는 곤란하다는 입장을 보이고 있는 상황이기 때문이다. 소래 해양생태체험 계획은 2010년부터 추진했던 인천시의 '어진내 300리 물길투어 계획' 등으로 계획된 바 있으나 이렇다 할 성과를 내지 못했던 재탕사업이다. 강화도 역사·문화보존 계획은 갯벌보존지역(람사르 습지 지정), 갯벌국립공원 조성 등에 대한 강화도 주민들의 반대여론을 넘어서야 하는 문제와 함께 환경부의 승인까지 얻어야 하는 사업이다. 이 밖에도 모든 해양친수도시 사업의 기본이 되는 해안변 철책 철거는 관리주체인 군부대와의 협의 부족 등으로 미진한 상태에 머물고 있다. 해양철책 철거는 2015년부터 추진한 데 이어 지난해에는 가치재창조 사업에 포함시켰지만 사업 평가에서 지속적으로 미흡하다는 평가를 받아왔다.

인천시가 뒤늦게나마 인천의 바다와 해양을 중요하게 여기고 인천을 해양친수도시로 접근하는 것 자체는 무척이나 바람직하고 고무적이지만 보다 장기적인 관점에서 비전과 기본구상을 마련하고 미래를 내다보며 해안 친수공간 확보를 위한 단기적, 중장기적인 방안을 마련해야 했다. 그러나 수억 원이 예산이 들어가는 해양친수도시 기본계획 연구용역이 각 단위사업별로 시민과 도시계획 전문가의 의견을 충분히 수렴해 실현가능성과 새로운 대안적 방안을 내놓기보다는 당장의 성과를 내려는 관광시책 중심의 정책보고서로 귀결되는 듯해서 매우 안타까운 것이다.

　북성포구는 고깃배가 제 편한 대로 아무렇게나 닿는 야매(野昧)한 공간이다. 도시의 뒷간 같은 이 후미진 곳을 애써 찾는 이들이 적지 않다. 필자도 그 중 한사람이다. 아예 이곳의 '홍보대사'를 자임하고 있다. 외지인들과 인천기행 할 적마다 맨 마지막 코스는 거의 이곳이다. 대한제분 공장 옆길이 아닌 만석동 고가도로 아래쪽 길을 일부러 택해 포구로 향한다. 공

장 담이 만든 좁은 골목과 다닥다닥 붙은 횟집을 거쳐, 드디어 포구로 나오
면 백이면 백 모두 감탄사를 내지른다. "와우, 판타스틱!" 신포동, 자유공
원, 차이나타운을 지나오면서도 나오지 않았던 탄성이다. 여기에 노을까지
깔리면 그들은 거의 실신 상태에 빠진다. (……) 사람이나 도시나 너무 예
쁘기만 하면 질린다. 송도, 청라로도 인천의 화장술은 충분하다. 묵은 내
나고 못생긴 포구 하나 정도는 남겨 둬도 좋지 않을까.5)

　위 글은 아는 사람만 알고 찾아온다는 인천 원도심의 한가운데 남아
있는 북성포구의 숨은 가치를 아주 간결하게 담고 있는 글이다. "인천의
화장술은 충분하다. 묵은 내 나고 못생긴 포구 하나 정도는 남겨 둬도
좋지 않을까."라고 있는 그대로의 북성포구를 찬탄했지만, 북성포구는
결코 묵은내만 나고 못생긴 포구가 아닌 인천 원도심의 보석 같이 남은
바다로 열린 창이다. 비록 많은 세금을 들여서 북성포구를 멋들어지게
꾸미지 않더라도 지금 북성포구는 오폐수를 정화하고 악취 발생 원인을
없애면서 물량장과 화장실, 횟집들이 좀 더 여유롭게 운영될 수 있도록
공간적 지혜를 발휘한다면, 인천의 유일한 갯골포구로 명소화될 것이
분명하다. 이런 보석같은 친수공간을 보듬지 않는 인천 해양친수도시
기본구상이란 얼마나 한심한 것인가!
　뿐만 아니라 북성포구와 불과 수백 미터를 사이에 두고 마주하고 있는
노후 항만인 인천 내항 1·8부두의 항만재개발사업이 지난 2015년 국가
고시로 추진 결정이 나 있는 상황이다. 그러나 국비를 부담해야 할 해양
수산부의 미온적인 태도와 인천 내항재개발을 해양친수공간으로 주도적
으로 이끌어나가야 할 인천시의 역량 부족으로 지지부진한 상태에 머물

5) 유동현, 「북성포구를 부탁해」, 『인천일보』, 2016. 11. 25.

고 있다. 인천 내항재개발사업은 지난 40여 년간 인천 중구 원도심 지역
에 각종 분진과 환경오염을 유발했던 내항 일대를 해양친수공간으로 조
성하는 역사적인 도시재생사업의 하나이다. 한때 동양최대의 갑문시설
이라고 교과서에도 실리기도 했던 인천 내항은 일정한 수심을 유지하기
위해 설치된 갑문시설로 인해 대형 컨테이너선이 입출항 하기에 불편해
지면서 항만기능이 크게 쇠퇴하고 있다. 이 내항 전체를 시민들이 바다
를 느낄 수 있는 해양레저친수공간으로 조성하는 일은 인천시의 주도
아래 인천 항만 전체의 기능재배치라는 관점에서 지역사회의 동의와 합
의를 이루면서 내항 전체를 포괄하는 역사적인 사업으로 추진해야 할
사업이다. 그러나 안타깝게도 인천지역사회는 여전히 이러한 합의를 도
출하지 못한 채 지리한 논란만 거듭하고 있다. 인천을 해양친수도시로
만드는 데 있어 가장 중요한 사업이 바로 내항재개발사업을 공공성에
입각해 바다를 인천시민의 품으로 되돌려주는 사업이라고 하지 않을 수
없다. 여기서 한 걸음 더 나아가, 내항의 고여 있는 바닷물과 북성포구를
연결해 바닷물이 흐르게 한다면, 내항과 북성포구 전체를 생태적으로
복원하는 일도 이루어낼 수 있지 않을까? 인천 내항 1·8부두에서 시작해
인천내항 전체부두를 해양친수공간으로 조성하면서, 바로 인접한 북성
포구로 어선배들이 들고나게 해준다면, 이야말로 내외의 시민들에게, 뿐
만 아니라 우리의 후손들에게 아름다운 해양친수공간을 물려주는 멋진
일이 될 것이다.

그러나 안타깝게도 이런 꿈을 꾸기에는 인천시와 시민사회간 해양거버
넌스와 협치가 전혀 이루어지지 않고 있다. 재래항만이었던 부산 북항의
재개발사업이 부산 항만업계와 노동계, 시민사회의 협치를 통해 부산원
도심을 살리는 도시재생에 성공한 사례가 여실함에도 불구하고, 인천은

내항재개발사업을 두고 수년간 항만업계와 항운노조, 시민단체간 이견 등으로 공공성에 기초한 내항재개발을 추진하지 못하고 있다. 지역사회가 합의를 하지 못하니, 해양수산부는 재래항만도 아닌 영종도 준설토투기장을 항만재개발법을 적용해 '한상드림아일랜드'라는 민자개발사업을 열심히 추진할 뿐, 인천 내항재개발사업은 급할 것 없이 강 건너 불구경으로 일관하고 있다. 여기에 전임 김홍섭 청장 체제 아래 중구청까지 나서 내항재개발을 영국에서 이름만 빌려온 '아파트재개발' 사업으로 밀어붙이고 있으니, 인천의 해양거버넌스가 참으로 부끄럽다 아니할 수 없다.

5. '대해양거버넌스' 추구하는 경기만포럼이 부러운 이유

이웃한 경기도에서는 민관이 협력하면서 경기만 전체를 대상으로 한 '에코 뮤지엄'을 꿈꾸는 경기만포럼이 2017년 7월 27일 창립총회를 개최하고 발족했다. 인천의 연안 바다와 섬을 포함하는 경기만은 한반도의 중심이자 '동아시아 지중해의 심장'으로 불리는 곳이다. 너비 100㎞, 해안선 528㎞에 달하는 드넓은 경기만의 바다는, 북녘의 옹진반도 기린도부터 최북서단 백령도, 대청도, 소청도와 연평도, 강화도, 교동도, 말도, 덕적군도, 영흥도, 대부도, 제부도, 풍도 남양만, 충남의 태안반도까지를 아우른다. 경기만포럼은 이곳 경기연안 현장에서 해양환경 및 문화 활동 등을 주로 해왔던 시민단체와 해양 전문가, 어업 및 수산 어민들, 그리고 연안과 바다를 사랑해 온 시민들이 자발적인 민간연합 해양조직으로 활동을 시작해 1년 여를 활동하다가 경기도 등과 함께 '경기만 연안해양 민관협력 거버넌스' 조직으로 출범한 것이다. 경기만포럼은 '경기만을

연안해양 생태문화의 거점'으로 만들고 '대경기만 해양거버넌스 구축'이
라는 웅대한 꿈을 안고 출범했다.

경기만포럼창립준비위원회와 푸른경기21실천협의회가 추진해온 경
기만포럼은 대규모 간척개발과 연륙, 연안자원 및 환경파괴에 따른 지역
공동체 해체 등이 문제가 되고 있는 상황에서 해양환경자원 보전과 생태
문화 연안통합, 합리적 지역개발을 통한 연안문화 확장 및 지역창조, 공
영공생의 연안사회 공동체를 건설해 나간다는 계획을 갖고 있다. 한반도
의 큰 물줄기인 한강, 임진강, 예성강이 생성한 생명의 갯벌을 품고 있는
경기만을 경기만포럼은 생태적 인문사회, 전통문화가 하나로 연결된 공
동체 공간으로 역할을 할 수 있도록 만들어나간다는 계획이다.

이러한 경기도의 민관협치 해양거버넌스 정책에 비한다면, 인천은 지
금 어떠한가? 바다를 한 없이 경시해왔던 해양도시 인천에서 기껏해야
경기만을 '인천만'이라고 부르자는 지역주의적 주장이 개진된 적은 있었
다. 하지만 인천은 여전히 북성포구를 둘러싸고 민민갈등을 부추기면서
가장 인천적인 장소성을 가진 마지막 갯벌수로 포구인 북성포구 매립을
추진하고 있질 않나, 지역사회의 역량을 모아서 공공적인 친수공간으로
조성해야 할 내항재개발마저 중구청이 앞장서 '도크타운'이라는 이름만
영국에서 빌려온 고밀도 아파트를 건설하려 하고 있다. 인천은 여전히
바다도 볼 수 없고 해양정책도 빈곤한 이름뿐인 해양도시인 셈이다.

개항시기 제물포와 함께 그 물길을 열렸던 인천 북성포구는 자연해안과
포구로서 경기만 영흥수로의 남아있는 '별자리'가 되고 있다. 마산수로를
막아 시화호를 만들고 다시 포구를 복원하는 우를 범하지 않기 위해서라도
북성포구를 지키는 일이 중요하다. 먼저 포구의 공간과 삶을 지키고 살리

는 일은 바다에 대한 인류학적인 삶의 성찰과 가치를 찾는 것임과 동시에
빛나는 역사적 선업을 이어가는 과제라는 것을 잊지 말아야 한다. (…) 바
다라는 거친 자연과 햇볕과 바람에 단련된 일상이 공존하는 포구는 자연풍
상과 어업생산 속에서 서정과 서사가 깃들어 있는 역사적 현장이다. 그리
고 그것은 인간이 자연과 함께 살아왔던 전통적 유산이며 우리가 나가야될
오래된 미래가 된다.[6]

북성포구의 매립은 십자수로로 펼쳐져 있는 오염된 갯벌의 일부만을
준설토로 매립하는 단순한 매립사업이 아니다. 혹자는 21세기를 해양의
시대라고 부르기도 했지만, 북성포구는 바다와 갯벌에 대해 우리들이
한 세기 이상 당장의 필요에 따라 매립해서 지워버린 해안선의 마지막
숨구멍이자 혈맥을 살려두는 일이다. 매립으로 점철된 개발의 시대를
지나 바다와 마주보며 공생하는 삶의 지혜를 만들어달라고, 황혼녘의
북성포구는 마지막 숨을 몰아쉬고 있는지도 모른다. 제발, 해양도시의
인천의 면모를 다시 정립하기 위해서라도 북성포구의 매립만은 중단하
는 정책적 결단과 시민적 합의가 이루어졌으면 좋겠다.

6. 도시의 공동체를 지키기 위한 커먼즈운동의 모색

이상에서 최근 몇 년간 인천에서 일어난 역사·문화유산을 비롯한 공
공유산의 파괴와 이에 대응한 지역사회의 움직임을 개괄적으로 소개해
보았다. 자본주의의 개발논리가 작동하고 있는 도시사회에서 일어나는

---

6) 김갑곤 경기만포럼 사무국장, 「'북성포구'가 경기만과 인천 살린다」, 『인천일보』, 2017.
2. 23.

일련의 공공재 혹은 공유재를 둘러싼 사익과 공익 사이의 갈등과 이에 대응하는 시민사회의 대응은 비단 인천만의 문제가 아니라 서울에서 먼저 빈번하게 사회문제화 된 바도 있고, 세계적으로도 다양한 방식으로 이론과 실천이 이루어져왔다.

도시의 정치경제학 연구를 선도하고 있는 데이비드 하비도 도시 형성과 도시 정치에서 공유제가 어떤 역할을 하는가 하는 문제를 이론적으로 명확하게 인식하고 실천에 뛰어든 것은 비교적 최근의 일이라면서, "세계 각지에서 벌어지는 도시 사회운동에서는 공공재 및 도시 공유재와 관련이 깊은 중심 과제를 해결하려는 사람들이 많고 그 정치적 에너지 역시 끓어오르는 중이라는 신호가 대단히 풍부하다."고 주목하고 있다.[7] 국내에서도 공유지운동이나 시민자산화운동 등이 여러 도시에서 전개되고 있는 한편 학계에서도 제주대학교 SSK연구단에서 '공동자원'을 테마로 한 공동연구에 착수하는 등 본격적인 연구가 시작되고 있는 듯하다.

신자유주의가 지배하는 자본의 논리 속에서 도시기업가주의가 도시정책을 좌우하는 가운데 새롭게 나타나고 있는 도시의 공유자산을 지키기위한 도시운동이 '커먼즈(commons)운동'이라는 이름으로 전세계적으로 확산되고 있다. 형성 중에 있는 실천적 개념으로서의 '커먼즈운동'의 'commons'에 대해서는 ① 공유된 자원, ② 공동체, ③ 자원을 관리하고 공동체를 운영하기 위한 일단의 규칙들 등을 의미하는 경우가 혼용돼 사용되고 있는데, 이 모두를 합한 새로운 운동의 흐름을 통칭하는 용어로 수용하는 견해[8]가 설득력이 있어 보인다.

인천에서 나타나고 있는 초보적이면서도 새로운 도시운동의 흐름을

---

7) 데이비드 하비, 『반란의 도시』, 한상연 옮김, 에이도스, 2014, 160쪽.
8) 정남영, 「대안근대로의 이행과 커먼즈 운동」, 『오늘의문예비평』, 2017년 겨울호 참조.

'커먼즈운동'의 범주로 묶어 부를 수 있을지는 모르겠다. 다만, 애경사와 인천가톨릭회관의 철거, 애관극장의 민각 매각위기 같은 개별적인 사안들에 대해 즉자적, 단발적인 대응을 넘어서 보다 조직적이면서도 지속적으로, 이념적인 문제의식과 목적의식을 갖고 인천의 역사·문화유산을 비롯한 커먼즈에 접근할 필요성은 앞으로 점점 커질 것이다. 왜냐하면, 도시의 커먼즈를 사유화하려는 신자유주의 도시정책은 더욱 강고하고 교묘해질 것이며, 이를 그대로 방치한다면 도시의 정체성과 공동체의 파괴는 더욱 심각해질 것이고, 끝내는 우리가 살아갈 도시를 비정한 도시로 만들고 말 것이기 때문이다.

제4부

'도시권'과 도시 공유자산(Commons),
그리고 인천의 미래

인천의 공유자산과 인천시의 도시정책

1. 시작하며

　"국공유지는 국가 전체가 소유하는 부동산이고, 궁극적으로 그 부동산에 대한 권한은 국가의 주권자인 시민들이 가지는 것. 국민들로부터 권한을 잠시 위임받은 관료나 국가 기구가 해당 부동산에 대한 이용과 점유의 권한을 배타적으로 가지는 것으로 생각하는 것은 전형적인 국가주의적이고 관료주의적 자세임."[1]

　"오늘날 잉여가치는 자본축적 과정에서, 특히 자본주의적 도시화 과정에서 발생·누적된 것이며, 또한 경제적, 도시적 위기를 심화시키고 있지만, 이는 분명 도시 서민, 정확히 말해 도시 노동자들에 의해 생산된 것이며, 따라서 이들에 의해 관리되어야 한다. 도시의 건조 환경에 물질적으로 체현될 뿐만 아니라 그 경관에 부여된 문화적 상징자본을 포함하여 도시의 잉여가치는 사회적으로 생산된 것이고, 따라서 도시의 잉여가치는 공유재로 인식되고 관리되어야 한다. 그 동안 도시공간을 통한 잉여가치의 생산

---

* 필자 : 민운기

1) 박배균, 「시민기반형 공유지 정책, 어떻게 가야 하나」, 제13회 협치서울 정책토론회 토론문, 종로 마이크임팩트, 2017. 12. 26.

과 재투자가 지속적으로 확대되어 왔으며, 따라서 도시의 잉여가치가 누적되어 왔음에도 불구하고, 도시의 공유재는 확대되기보다는 오히려 축소되어 왔다. 왜냐하면, 이렇게 누적적으로 증가한 도시 공유재가 오늘날 자본주의적(신자유주의적) 도시화 과정에서 파괴·소멸되면서 사적으로 전유되고 있기 때문이다."2) (강조 인용자)

지역 내에서 특정의 도시공간이나 건물 또는 장소, 즉 자산에 대한 인식에서부터 공적 접근 및 활용 방안을 둘러싸고 지자체와 시민사회(나아가서는 이해관계에 얽힌 또 다른 주민들)와의 갈등과 충돌이 그 동안 적지 않게 있어 왔다. 이러한 '싸움'의 양상은 늘 지자체가 어떤 계획(안)을 발표하거나 결정을 내리면 뒤늦게 이 소식을 듣고 시민사회가 대응하는 모양새로 드러난다. 물론 그 과정에 자문회의나 설문조사, 토론회, 공청회 등의 의견수렴 제도와 절차가 있기는 하지만 대부분 요식 행위로 그치고 있는 가운데 이를 주도하며 최종 결론을 내리는 주체는 지자체(장)이다. 그 결과 이로 인한 개인적, 집단적, 사회적 에너지 낭비와 소진이 만만치 않다. 이러한 일이 되풀이되는 이면에는 지자체가 그 소유권과 처분권을 지니고 있다는 사고와 관행이 자리 잡고 있다. 그 결과 지자체는 행정 권력을 부여잡고 이를 행사하게 되는데, 그 동안 시민사회는 그 '내용'에 대해서 대응해왔지 이러한 '권력 그 자체'에 대해서는 근본적인 문제의식을 발동시켜 오지는 않았다.

이 글은 이러한 소모적 싸움의 반복을 막고 보다 근본적인 차원의 해결과 대안 마련을 위해 특정의 도시공간이나 건물 또는 장소에 대한 소유

---

2) 최병두, 「위기의 도시에서 희망의 도시로」, 심포지엄 〈위기의 도시 희망의 도시〉 자료집, 서울글로벌센터 국제회의장, 2016. 6. 24, 14쪽.

권과 처분권을 다룸으로써 인천판 공유재(commons)[3] 또는 공유자산화 (commoning) 담론을 본격 형성하고자 하는 시작점으로 준비하였다. 그 일환으로 지역 내 특정 자산에 대해 지자체가 그 동안 어떻게 접근해 왔는지, 그리고 그 결과가 어떻게 드러났는지를 관련 사례들을 통해 되돌아봄으로써 인식의 전환을 이루고자 한다.

2. 특정 자산에 대한 지자체의 권력 행사 유형과 그 결과

무엇보다도 바람직한 경우는 아래의 〈도표 1〉에서 보는 바와 같이 공공재산(Public Ownership)이든 사유재산(Private Ownership)이든 이를 공유재 또는 공유자산의 관점에서 접근하여 변화를 도모하거나 그 성격을 더욱 강화시키는 관점에서 접근하는 것이다. 과연 그렇게 해왔는지 다음의 세 가지 유형 또는 관점으로 나누어 접근해보고자 한다.

---

3) '공유재' 또는 '공유자산'이라 함은 그야말로 모두가 함께 누려야 할 자산이라고 할 수 있는데, 과거로부터 '전승된' 자연환경(물질적)과 언어나 교육, 문화 등(비물질적)은 물론, 새롭게 '생산된' 사회기반시설이나 공공문화공간(물질적)과 디지털 기술 및 이를 활용한 p2p 등 오픈소스디자인(비물질적)을 들 수 있다.

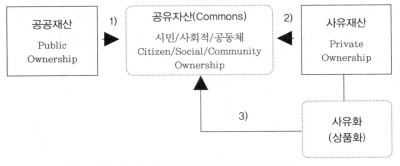

〈도표 1〉 시민자산화의 개념과 그 형태4)

1) 공공재산(Public Ownership)의 처분과 활용

이는 공유재(commons)로서의 성격을 가지고 있거나 그렇게 만들어 가야 할 공공 소유의 재산을 지자체가 어떻게 생각하고 처분 또는 활용했는가와 관련된 사례이다.

(1) 월미도

이곳은 제국주의 시기에서부터 개항기, 일제강점기, 한국전쟁, 분단과 냉전이라는 시기를 거치며 인천은 물론 대한민국, 나아가 세계사와 맞물려 있는 굴곡진 역사의 현장이다. 특히 한국전쟁 당시 미군이 인천 상륙작전을 수행하며 수많은 민간인을 희생시켰고, 그들이 살던 거주지마저 빼앗아 군부대로 활용하였지만 철수한 이후에도 원 소유주에게 되돌려주지 않음은 물론, 다소 생뚱맞은 월미전통공원을 조성함으로써 이

---

4) 전은호 (사)나눔과 미래 시민자산화사업팀장의 발표자료를 활용한 것으로서, '시민자산화'란 공공재산(Public Ownership)이나 사유재산(Private Ownership)이 지니고 있는 공유재로서의 성격을 공공이 제대로 유지 및 활용하지 못할 경우 시민이 나서서 이를 실현하기 위한 다양한 활동 및 그 결과를 일컫는다.

곳이 지닌 역사적 기억을 탈각시키는 우를 범했다. 이를 조성하는 단계에서도 다수 시민의 의견이 반영될 여지는 적었고, 조성 이후에도 시민들은 제한된 선택의 자유만을 지닐 수밖에 없는 조건 속에서 지자체의 공간 권력이 더 강하게 작동하고 있다. 그러나 이는 부분일 뿐 인천시나 중구는 이곳의 역사성을 무시하거나 특정의 사고와 이념에 사로잡혀 이를 대변하는 시설물과 조형물을 채워 넣고 있는 가운데, 섬 자체를 천박한 유흥지로 전락시키고 있다. 가뜩이나 각종 위락시설과 모텔 등이 난립하고 있는데 몇 차례에 걸쳐 고도완화를 시행했고,[5] 정상으로 이어지는 케이블카 설치 계획도 호시탐탐 기회를 엿보고 있다. 거기에 더해 지난 2009년 인천세계도시축전 개막일에 맞추어 853억을 투입하여 개통하려던 월미은하레일은 비록 부실공사에 의해 개통을 못한 채 천덕꾸러기 신세가 되었지만, 그럼에도 불구하고 시민사회와의 소통 없이 무리하게 밀어붙이고 있는 이면에는 이곳에 부동산이나 놀이시설 등을 소유한 일부 정치인이나 그 일가의 이권과 맞물려 있다.

(2) 내항8부두

이곳은 하역과 물류 수송으로 인한 분진과 소음, 악취 등으로 인해 인접 지역주민들에게 오랜 기간 불편과 피해를 끼쳐와 지속적인 이전 및 개방 요구 속에, 부두 기능 재배치 계획으로 지난 2016년 4월, 40여 년 만에 시민들의 품으로 돌아왔지만 곧바로 인근의 차이나타운과 송월동 동화마을 방문객들을 위한 임시 주차장으로 활용하고 있다. 이렇듯 이 공간에 대한 시민들의 자유로운 이용을 보장하고 이러한 관점에서의

---

5) 한 동안 3, 4층이던 것을 2006년 7~9층으로 완화했고, 2016년에는 또 다시 16층으로 완화하였다.

활용 방안에 대한 고민은 전혀 드러나지 않는 가운데, 그 지배권을 인천항만공사와 인천시, 중구가 상호 견제 속에 소유하며 제 각기의 욕심을 드러내고 있는 중이다. 현재 이곳은 인천 내항 1·8부두 항만재개발사업지로 지정하여 2차례의 민간사업자 공모를 실시했지만 무산되어 지난 2016년 12월 해수부, 인천시, LH공사, 인천항만공사가 '기본업무협약'을 맺어 공동개발로 전환한 상태로, 이를 위한 용역이 진행 중이다. 그리고 이곳 8부두 내에 있는 곡물창고는 '인천개항창조도시' 재생사업의 중심 기능 수행을 위해 '상상플랫폼' 조성을 추진 중에 있는데, 바람직한 활용 방안을 두고 시민 및 예술가들에게 열어두고 다양한 제안을 받으며 '만들어 가는' 것이 아니라, 인천시 담당 부서 공무원들과 몇몇 전문가들이 독점하여 결정하더니 이를 채울 콘텐츠도 민간 투자를 끌어들여 해결하려 하고 있다. 그럴 경우 시민들의 자유로운 이용은 물 건너가고, 비싼 비용을 지불해야만 한다. 거기에 더해 중구는 이곳에 지역구를 둔 국회의원과의 합작 속에 전 청장과 개발 욕망에 사로잡힌 일부 주민들이 합세하여 이 일대에 도크타운(Docktown)이라는 초고층 고밀도 주상복합아파트 건립을 막무가내로 요구하고 있다. 한편 최근 해양수산부와 인천시는 1·8부두 재개발을 포함한 내항 및 배후부지 4.64㎢를 대상으로 '인천 내항 일원 통합 마스터플랜 수립용역'을 발주한다고 발표를 했고, 해수부는 이번 용역에 지역사회의 의견을 적극 반영하기 위해 지역 주민들과 단체 등이 참여하는 '인천 내항 통합개발추진협의회'를 구성키로 했다고 한다. 그러나 과연 얼마나 열린 논의를 진정성 있게 이어갈 수 있을지, 그리고 공공성에 부합하는 계획을 마련할 수 있을지는 의문이다.

(3) 북성포구

이 일대를 포함한 인천 연안은 누대에 걸쳐 지속적으로 매립을 해왔고,[6] 개항 이후에는 보다 본격적으로 매립과 더불어 산업단지를 조성해왔다. 이곳은 1960~1970년대에 걸쳐 집중적으로 매립공사를 벌여 왔는데, 물자 수송을 염두에 두고 시기를 달리하여 따로따로 진행하다 보니 십자수로 모양이 되었다. 내륙과 맞닿은 곳엔 갯벌이 여전히 남아 있는데, 인천 연안에서는 유일하다. "1973년 경기어련 부두가 항동 연안부두로 이전하자 십자수로를 따라 조성된 갯골로 어선들이 정박하면서 북성포구가 형성"[7]되었다고 한다. 이곳은 부두도 아닌, 포구로서 비록 규모는 작으나 이곳을 터전으로 적지 않은 서민들이 어업 생태계를 이루며 생업을 이어왔다. 지금도 바닷물이 들어올 때면 갓 잡아온 해산물을 배 위에서 직접 파는 선상파시가 열리고 있다. 그렇지만 눈에 보이는 사람 많은 곳에만 신경을 쓰고 그럴듯하게 꾸미는 지자체 행정에 의해 이곳은 관심 밖의 장소가 되어 열악한 상황을 면치 못하고 있지만, 이는 한편으로 이곳만의 남다른 특색과 풍광 또는 인천의 정체성을 간직하게 되어 이를 보려는 방문객들이 꾸준히 이어지고 있다. 그러한 이곳이 사라질 위기에 처해 있다. 인천지방해양수산청이 이 일대 7만여㎡를 매립하여

---

6) 이 논고와 관련하여 어쩌면 이 부분을 포함한 송도나 청라, 영종 등의 갯벌 매립을 통한 경제자유구역 조성 및 신도시 개발과 투기 문제도 중요한 논의의 대상이 된다고 보나 이미 많은 비판이 제기된 터라 이곳에서는 생략하기로 한다. 다만 최근 영종도 동측과 준설토투기장 사이 갯벌 3,934,564㎡을 인천경제청이 영종2지구 개발계획의 일환으로 또 다시 추진 중이어서 세계적인 멸종위기조류 서식지 파괴를 우려하는 환경단체의 반발을 사고 있음을 거론하지 않을 수 없다.

7) 배성수「북성포구의 역사와 문화적 가치」, 북성포구 살리기 대안 마련을 위한 1차 시민토론회 〈인천 북성포구, 매립을 넘어 상생의 대안을 찾다〉, 인천북성포구살리기시민모임, 인천생활문화센터 '칠통마당', 2017. 1. 19.

준설토투기장으로 조성하기 위한 행정절차를 진행하고 있기 때문이다. 이 사업은 "오염된 갯벌의 악취로 인한 민원 해소와 열악한 주거환경개선을 통한 낙후된 도심의 활성화를 위해 인천지방해양수산청과 인천시·동구청·중구청이 협약을 체결하고 추진"하는 것이라 하는데, 정작 이곳으로 유입되는 오·폐수에 대한 대책은 전무하다. 오히려 준설토 투기장 건설 이후 토지 소유권, 분양, 임대 등에 대한 내용만 담겨있는 것으로 보아, 이는 환경 개선이 아닌 땅투기 개발임이 드러났다. 이 소식을 듣고 시민들이 나서서 2016년 11월 22일 '인천북성포구살리기시민모임'을 꾸려 다각적인 활동을 전개해왔지만 인천지방해양수산청은 행정절차를 마무리하고 지난 2018년 1월 17일부터 기어이 매립공사에 들어가고 있다. 북성포구 매립의 심각성은 주민들의 민원을 공공이 수용하는 모양새로 이루어졌지만, 순수하게 오염과 악취 개선을 바라는 주민들보다는 이를 이유로 매립을 통한 개발 이익을 기대하는 또 다른 주민들과 지자체가 합세하여 밀어붙이는 것으로 파악되는데, 이는 갯벌이라고 하는 공유재의 파괴와 더불어 이곳을 근거지로 살아가는 어민들, 상인들의 생계에 피해와 타격을 주고, 이곳을 찾는 방문객들이 저 마다의 방식으로 누릴 수 있는 자율적 권리를 박탈하면서까지 상업지로 변질시켜 일부만이 그 혜택을 받게 되는 반 공공적 사업이 아닐 수 없다.

(4) 문학산

비류 백제의 건국 신화가 깃들어 있는 이곳은 분단과 냉전 상황 속에서 1962년부터 50년 넘게 군부대가 정상에 주둔하고 있어 일반인의 접근이 불허되어 있었다. 그러던 와중에 1998년 봉제산 미사일 오발 사고를 계기로 지역사회 범시민단체들의 '군부대 이전 및 시민공원 만들기 운동, 패트리어트미사일 배치계획 철회 운동' 등을 벌였고, 이러한 노력에 힘입어 군부대는 결국 2005년부터 영종도 이전 작업을 진행해왔다. 그리고 2015년 10월 15일 인천시민의 날을 기념하며 문학산 정상 일부가 시민의 품으로 돌아왔다. 그러던 와중에 민선6기 유정복 인천시장은 2016년 11월 '문화주권' 2차년도 사업계획을 발표하면서 문학산 랜드마크 조성 사업의 일환으로 1억 2천만 원을 투입해 〈문학타워 건립 타당성 조사 및 기본구상 수립〉 계획을 밝혔다. 그러나 지역의 사학계는 물론 환경단체, 문화진영을 중심으로 환경 훼손에 대한 우려와 비판이 이어지자 올 초 인천시는 〈인천 랜드마크 설치 타당성 조사 및 기본구상 수립 연구 용역〉을 3월 중 벌일 예정이라고 밝히며 용역 명에서 '문학산'을 슬그머니 뺐다. 이러한 과정과 논의 이면을 들여다보면 유정복 인천시장이 도시정책 내지는 관광 사업을 펼치며 내실보다는 외형 및 보여주기에 집착하고 있는 모습이 드러나고 있으며, 역사적으로 중요한 지역의 자연문화유산 자체를 제대로 조사하고 생태적으로 복원하는 일보다는, 자연을 이용하여 (도시) 경관을 즐기려는 문명인의 자기만족적 사고와 감각, 시선에 사로잡혀 있음을 역으로 고백하고 있다. 거기에 지역의 일부 식자와 언론들도 가세하여 이를 부추기다가 머쓱해진 상황이다. 자연환경은 대표적인 공유재로서 이는 인간 삶의 지속을 위해 남다른 접근과 관리가 이루어져야 함에도 불구하고 이러한 얄팍한 인식과 욕망의 소유자들로 인해 자꾸만 수단화, 대상화 되는 것이 안타깝기만 하다.

(5) 애인광장

이는 남동구 장수동 인천대공원과 중구 월미공원, 그리고 월미문화의 거리 세 곳에 총 9억여 원을 들여 '애인(愛仁)'이라는 컨셉으로 꾸민 광장을 일컫는 말이다. 이곳에는 하트조형물과 반지조형물, 인천글자조형물, 종합안내판, all ways INCHEON 글자조형물, 화성석 좌대, 트릭아트 등이 설치되어 있는데, 이러한 발상과 조성과정이 가관이다. 인천시 관계자에 따르면 "연초 시 중급간부공무원 연수 과정에서 '애인광장' 조성 방안 아이디어가 마련됐고, 유정복 시장이 직접 애인광장의 필요성을 언급해 1회 추경에 예산을 세웠다"고 한다. 그리고 2017년 11월 2일부터 7일까지 입찰을 실시해 연말까지 공사를 끝낼 계획을 세우고 일사천리로 밀어부쳤다. 그 어디에도 시민 의견 수렴 절차는 없었다. '애인(愛仁)'은 유정복 시장 임기 초반에 '애인(愛仁)토론회'라는 이름으로 시작되었는데, 이후 애인섬 만들기, 애인페스티벌 개최, 애인김장축제 개최, 애인동네 만들기 사업, 애인카드 발급, 인천시청 신축에 따른 구 청사의 애인청 명명 등등으로 이어지더니 급기야 2016년의 '인천주권' 선언 및 분야별 정책 발표에 이어 2017년에는 '애인정책'을 시리즈로 발표하기에 이르렀다.

이러한 애인에 대한 과도한 집착과 사랑이 결국은 애인광장 조성으로 연결된 것이며, 최근에는 평창 동계올림픽 응원단마저 애인으로 이름을 붙이는 등 모든 길은 인천이 아닌 애인으로 통하고 있다. 그런데 이렇게 조성한 광장의 조형물과 이미지들을 보면 그 수준을 떠나 반지와 하트모양을 형상화하면서 '애인(愛仁)'이 아닌, 애인(愛人)이 되어버렸다. 유정복 인천시장 스스로 '애인(愛仁)'이 지닌 애초의 의미마저 놓쳐버리고 3류 멜로물로 변질 및 전락시킨 것이다. 그러나 더 더욱 문제가 되는 것은 이곳이 다수의 시민들이 활용하는 공공의 공간이란 점이다. 그러한 공간에 정작 그 공간의 주인인 시민들의 의견을 듣지 않고 임기 내에 애용한 자기 사업 이름으로 시장 개인의 발상이 개입된 시설물을 만든다는 것은 권위주의적 발상이자 독단적 사업이 아닐 수 없다. 더불어 '광장'이 지닌 열린 성격과 의미를 안다면 여타의 자유로운 접근과 활용을 제약하면서 특정한 사고와 취향, 미감을 강요하는 이런 시설물 설치는 감히 생각할 수 없을 것이다. 공유의 공간이 독점과 강요의 공간으로 뒤바뀐 대표적인 사례가 아닐 수 없다.[8]

2) 사유재산(Private Ownership)의 처분과 활용

이는 공유재(commons)로서의 성격과 가치를 가지고 있는 민간 또는 개인 소유의 재산을 지자체가 어떻게 생각하고 처분 또는 활용했는가와 관련된 사례이다.

(1) 인천역사(仁川驛舍)

이는 1899년 경인철도 개통과 더불어 한국철도 탄생역인 제물포역으로 시작하여 한국전쟁 때 파괴됐던 시설을 1960년에 신축하여 복구한 것으로, 경인선 구간 내 역사 중 유일한 간이역 형태로 남아 있다. 그 건축적 수준 및 가치와는 별개로 한 시대의 기차역사(驛舍) 건축 양식(벽체구조 : 조적조, 지붕구조 : 맞배지붕)을 그대로 보여주고 있음을 물론, 지난했던 우리의 근·현대 역사를 관통하며 그 시·공간성을 오롯이 담고 있고, 이곳을 이용했던 수많은 사람들의 추억과 애환이 깃든 곳이다. 또한 역사 앞 광장은 어떠한 경제적 비용이나 부담 없이 누구나 자유로이 드나들고 머무르며 약속의 장소로도 삼았던, 모두에게 열린 공유의 공간이다. 이렇듯 인천역사와 앞 광장은 인천의 소중한 근대역사문화자산으로서 보존할 가치

---

8) 이러한 사례는 인천 동구 일대를 포함하여 동인천역 북광장에 대한 이홍수 구청장의 독점적 점유 및 활용과도 흡사하다.

를 충분히 지니고 있다고 볼 수 있다. 그러나 소유주인 코레일(옛 철도청)은 인천시와 함께 이 일대의 역세권 개발을 추진해오던 중 지난 2015년 12월 국토부 공모 도시재생선도사업에 '개항창조도시' 조성 사업이 재수 끝에 선정되어 이곳을 복합역사로 조성하기 위한 행정 절차를 밟았다. 그 일환으로 2016년 7월 이 일원을 입지규제 최소구역9)으로 지정하여 현재의 제2종일반주거지역과 상관없이 2천㎡ 이상의 업무·판매·사회문화시설과 숙박시설 등 복합 개발이 가능하도록 하였다. 건폐율과 용적률도 개발계획에 맞춰 60%와 250%에서 각각 80%와 600%로 대폭 완화시켰다. 이를 토대로 코레일은 민간사업자를 공모해 2021년 준공 목표로 지하 4층·지상 25층 규모의 인천역 복합역사 건립 사업을 추진한다고 한다. 다만 이 과정에서 인천역사의 멸실 위험을 걱정하고 우려하는 지역 여론을 의식했는지 이를 '파사드(Facade)' 방식으로 복원한다는 소식도 있다. 즉 현재의 인천역사 정면 벽체만을 떼어낸 후 새로 짓는 복합역사 내 전시관 외벽으로 활용하겠다는 것이다. 코레일과 인천시가 추진하는 이러한 인천역 일원 역세권활성화 사업은 근대 역사유산과 공유공간이라는 성격을 지닌 이 역사와 광장 및 이 일대가 지닌 공유재로서의 가치를 무시하고 '활성화'라는 이름으로 상업적인 용도로 전환시켜 특정 기관과 업체의 이익을 챙겨주기 위한 방안에 다름 아니다. 다만 이를 추진할 민간사업자가 아직 나타나지 않고 있음을 다행이라고 해야 할까?

(2) 중구 개항장과 송월동 동화마을

지난 1995년 지방자치제를 전격 시행하면서 광역과 기초 단위 자치단

---

9) 이는 도시정비를 촉진하고 지역거점을 육성할 수 있도록 일률적인 도시·건축규제를 완화해 유연하고 복합적인 토지이용을 도모할 수 있도록 한 행정 수단이다.

체들은 이른 바 '도시경쟁력 확보' 차원의 다각적인 수단을 마련하기 위해 해당 지역만이 지닌 남다른 역사 문화(유산), 자연 요소 등에 눈을 돌리기 시작하였다. 그 일환으로 한 때 활력이 넘쳤으나 도시의 확장 또는 신도시 개발로 인해 쇠퇴의 길을 걷기 시작하면서 화려했던 옛 영화를 다시 꿈꾸기 위한 도시재생 또는 원도심 활성화 사업도 전개되었다. 인천 중구 또한 이에 적극적으로 나서 왔다. 문제는 개념과 철학 없는 도시 및 관광정책에 기반을 두고 오로지 경제적인 잣대만을 내세워 접근하다 보니 역사·문화적 가치와 맥락이 없는 공간으로 변질시켜 왔다는 것이다. 옛 청관의 울긋불긋 벽화 및 인공 시설물과 조형물들, 옛 일본조계지 건물 외벽의 나무껍데기 덧씌우기 작업 등은 대표적인 사례다. 이런 식의 공간 및 거리 조성 사업은 무엇보다도 해당 지역이나 장소가 지닌 역사적 정체성을 왜곡시킨다. 바람직한 관광은 해당 지역이나 도시가 지닌 역사나 삶에 대해 진솔하게 다가서고 이해할 수 있도록 '매개'의 역할에 충실해야 하는데, 이러한 방식은 이를 가로막고 표피적인 볼거리 수준의 소비 행태를 조장할 뿐이다. 그런데 더욱 안타까운 점은 이렇게 짝퉁 거리와 장소를 만들어 놓았는데 그것이 통한다는 사실이다. 사업 추진 이후 중구 개항장 일대는 주말이 되면 곳곳에서 찾아와 이를 즐기는 사람들로 붐빈다. 결국 이는 행정과 시민 내지는 우리의 관광(객) 수준이 합작하여 이루어 낸 결과다. 여기에 자신감을 얻은 중구청은 이러한 방식의 사업을 더 확장시킬 계획을 세운다. 좀 더 구체적인 이유로는 개항장 일대를 관람한 가족들 중 아이들이 좋아할 만한 곳을 추가하자는 것이었다. 송월동 동화마을 조성 사업은 이렇게 해서 시작되었다. 그리고 기존의 사업 방식은 이곳에서도 그대로 이어진다. 아니 더 심각한 방식으로 추진하였다. 그 나름의 역사와 문화적 특성, 삶의 이야기가 깃들어 있는 곳임에도 불구하고 한 마을을 동화의 이미지들로 덮어버렸다. 당연히 그 이미지 이면의 마을이 지닌 이모저모, 즉 속살들은 감추어져 버렸다. 물론 시행 과정 속에서 일부 주민들의 여러 불만과 문제 제기가 있었음에도 불구하고 지역경제에 도움이 될 것이라는 기대와 목소리에 묻혀버렸다. 그 결과 이곳 또한 '성공'하였다. 부모님과 손잡은 아이들은 물론 친구들과 연인들의 데이트 코스로 이용되고 있다. 그러나 그 역효과도 동시에 나타나고 있다. 이 일대 부동산 가격 및 전·월세 등 임대료가 오르고, 목 좋은 곳에는 대부분 외부자본이 들어와 차지하였다. 당연히 이곳에 살던 주민들이 떠나가게 되고, 골목길 주민들은 방문객들로 인한 소음에 문을 닫아놓아야 한다. 실제로 이곳은 동화마을 사업을 추진하기 전에 비해 인구가 줄었다는 연구논문도 있다.[10] 그렇다면 이로 인한 이익은 주민들에게 돌아가고 있을까? 주민들로 구성한 '송월동 동화마을 협동조합'이 지속적인 수익증대를 위해 사업영역을 다각화해 나가고 있는 것으로 확인되고 있고, 그 수익금은 일자리창출, 청소, 환경, 교통 등 다양한 분야의 지역사회문제 해결을 위해 사용할 것이라고 하는데, 실제로 그렇게 되고 있는지 모르겠으나, 문제는 이권을 위해서라면 자신이 속한 마을의 역사 문화 정체성 왜곡이나 훼손, 나아가서는 파괴[11]도 주저하지 않는다는 점이다. 결국 이곳은 개항과 근대의 역사를 함께 해

---

10) 이욱진, 「장소성의 인위적 형성을 통한 저층 주거지 재생 연구 – 인천시 송월동 동화마을의 사례」, 한국교원대학교 석사학위 논문, 2016. 8, 96쪽. "동화마을 사업 추진 전 (2013년 3월) 송월동에는 2,556세대 5,929명(인천 중 구 전체 인구의 5.8%)이 거주하고 있었다. 동화마을 사업 추진 후 약 3년이 경과된 2016년 3월 송월동의 인구는 2,354가구 5,276명(인천 중구 전체 인구의 4.6%)으로 감소하였다." 그 외 송월동 동화마을 조성 이전과 이후의 여러 변화 등을 이 논문을 통해 확인할 수 있다.

11) 이와 관련된 구체적인 사례 하나를 이어지는 근대산업유산 애경사 철거 내용에 소개하였다.

온 지역 또는 민간 마을을 관광 수익을 위해 지자체가 나서서(특정 지역은 상업적인 이익에 경도된 일부 주민들과 함께) 해당 장소가 지닌 고유의 정체성과 공유의 가치를 맥락 없는 짝퉁 시설물 및 이미지와 맞바꾼 사례라 할 수 있다.

(3) 애경사

지난해 5월 30일과 6월 2일 두 차례에 걸쳐 인천 중구 송월동에 위치한 붉은 벽돌 건물이 너무도 허무하게 역사 속으로 사라져갔다. 이 건물은 다름 아닌, 1912년 이곳에서 시작했던 비누공장 애경사로, 이후 애경그룹이 1954년 창업을 하며 인수해 1962년 매각한 이래 여러 업체가 매입하여 사용해왔는데, 무엇보다도 개항기에서 일제 강점기에 이르는 이 일대의 양조장, 정미소, 전기회사 등과 함께 초기 인천 산업 단지의 형태를 알아볼 수 있는 매우 중요한 산업유산이다. 그러나 중구청(장)은 이 산업단지로 인해 생겨난 배후 주거지인 송월동을 '동화마을'이라는 생뚱맞은 개념의 관광지로 꾸민 후 몰려드는 차량들을 위한 주차장을 만들기 위해 이를 매입한 후 철거 준비에 들어갔는데, 이를 인지한 지역의 시민 및 시민문화단체들의 반대에도 불구하고 기어이 부수고 말았다. 이 과정에서 '송월동 동화마을 협동조합' 회원들이 나와 철거를 반대하는 시민문화단체 회원들과 실랑이를 벌이고, 송월동과 북성동 '주민자치회', '통장모임' 등의 이름으로 "지역발전 가로막는 시민단체 물러가라!"는 등의 현수막을 내걸기도 하였다. 이러한 상황 속에서 현장에 나선 시민문화단체 회원들 및 지역 전문가 및 활동가들이 SNS를 통해 건물 파괴 장면을 생중계 수준으로 외부에 알렸고, 이를 보고 지역은 물론 중앙 언론들도 달려와 적극 보도를 하면서 비판 여론은 들끓었다. 무엇보다도 답답하고 한심하고 안타깝고 분노를 일으켰던 점은 이러한 일이 처음이 아닌, 이미 중구 관내의 조일양조장, 동방극장, 호프집 '마음과마음' 등을 지자체가 매입하여 부수고 하나같이 주차장을 만드는 일이 반복되어 온데다가, 이렇듯 소중한 역사 유산이 구청장 한 개인의 판단에 따라 그 존폐가 결정된다는 사실이었다. 애경사 파괴는 인천의 근대유산 보존 및 관리, 활용에 있어서 총체적 한계와 문제점 및 그 수준을 드러나게 해주는 계기가 되었다. 중구는 이미 2016년 12월 26일 〈인천광역시 중구 향토문화유산 보호 조례〉를 제정해 놓았음에도 불구하고 이 조례에 따른 〈향토문화유산위원〉 구성도 하지 않은 채 중구 차원에서 〈향토문화유산 전수조사〉를 관내모 민간연구단체에 맡겨 애경사 파괴가 이뤄지던 6월부터 시작하려던 참이었다. 인천시 또한 정부에서 지난 2015년 제정한 〈한옥 등 건축자산의 진흥에 관한 법률〉에 따라 관련 조례를 제정했음에도 불구하고 의무사항인 '근대건축자산 진흥에 관한 기본계획 수립' 및 '건축자산 전수조사'를 미루고 있다가 이러한 사태를 맞아 예산 편성 및 전담 기관과 전문 인력 충원에 부랴부랴 나섰다.[12] 결국 이러한 모습은 '역사문화 중심도시'를 표방하는 중구청장이나 '인천 가치 재창조'를 외치는 유정복 인천시장이 지닌 도시 정책의 허울과 민낯 그 자체라 할 수 있으며, 이러한 도시를 바라보는 철학의 부재와 얄팍한 인식 속에 오늘도 도시 인천의 정체성을 말해주는 수많은 유산들은 하나 둘 계속해서 사라지고 있다.

(4) 인천가톨릭회관

애경사 철거에 따른 충격의 여진이 가시기도 전에 또 하나의 중요한

---

12) 최근 인천시는 이를 위해 인천문화재단 내 인천역사문화센터에 맡겨 〈인천시 문화유산 중장기 5개년 종합발전계획〉을 세우겠다고 발표했다.

지역 자산이 사라졌다. 다름 아닌 인천가톨릭회관으로, 1970~80년대 군사독재 시절 서울의 명동성당에 비견되는 인천지역 민주화운동의 상징적 장소다. 이곳은 1977년 천주교 정의구현사제단 일원인 김병상 신부가 유신헌법 철폐 기도회를 주최했다가 구속되는 사건이 발생한 장소이기도 하며, 인천 5·3민주항쟁, 6·10민주항쟁, 노동자 대투쟁 등의 집회장소로도 활용되었다. 이러한 곳을 중구청이 '답동성당 일원 관광자원화사업'이라는 이름으로 언덕배기의 답동성당(사적 제287호)이 길 건너편에서 잘 보이도록 하기 위해 정비하고, 그 아래로 '또' 지하주차장을 만들기 위해 지난 해 말 이를 서둘러 철거한 것이다. 이 과정에서 지역의 시민문화단체가 철거 반대입장을 표명하였고, 답동성당의 일부 신자들로 구성된 '답동성당 비상대책위원회' 회원들도 1889년 성당을 건설할 당시 땅을 제공한 기증자의 의도와 맞지 않다며 반대에 나선 바 있다. 그러나 정작 이 공간의 주인이었던 가톨릭 인천교구가 이러한 철거 행위에 전혀 나서지 않았는데, 그것은 다름 아닌 동구 송림동 소재 박문여중고를 2014년과 2015년에 차례로 송도신도시로 이전시키고, 그 자리에 가톨릭 인천교구가 들어가기 위해 (가톨릭 인천교구 건물로 사용했던) 답동의 가톨릭회관 부지를 중구청에 매각했기 때문이다. 그러다 보니 시민사회에서는 "이 건물과 직접적인 인연이 있었던 그 누군가가 나서겠지" 하며 눈치를 보다 철거 직전에야 일부 단체가 반대하고 나섰지만 이미 중요한 제반 행정 절차를 대부분 마친 후의 '집행'을 돌이킬 수는 없었다. 결국 인천가톨릭회관 철거는 이권을 쫓아 이러한 대대적인 장소 이동 및 재배치, 부지 매각에 앞장 선 가톨릭 인천교구와, 무엇을 위한 관광인지는 모르겠으나 문화재 건물 하나를 돋보이도록 하기 위해 또 다른 역사자산을 파괴하는 인천시와 중구청, 더불어 상권 활성화를 위해서는 주차장이 하나라도 더 필요하다는 인근 일부 상인들의 생각이 합쳐져서 만들어 낸 결과다. 그렇게 우리는 기억의 공유자산과 주차장을 맞바꾸었다.

(5) 화수부두 부산집과 연탄화덕

이곳은 인천 동구 화수부두로 29-1에 위치하고 있는 선술집으로, 개인적으로 그리고 그 누구보다도 애착이 많았던 곳이다. 술을 좋아해서라기보다는 가게 안쪽에 놓인 연탄화덕 때문인데, 지름과 높이 1미터 남짓의 둥근 모양으로 되어 있고 주변이 널찍하여 이곳에서 조리도 하고 손님들이 탁자 삼아 빙 둘러 앉아 찌개 등의 안주와 술잔을 기울이며 돈독한 친밀감을 형성하게 만든다. 그 어느 곳에서도 볼 수 없는 독특한 구조이자 현재와 같은 이동식 탁자가 나오기 전의 과도기적 형태로 한 시대의 생활상을 그대로 엿볼 수 있는 생활문화자산이라고 여겨졌다. 더불어 이를 오랫동안 유지하며 운영해 온 유임상 여사의 생애사는 물론, 쾌활한 성격에 넉넉한 인심은 한 때의 활력을 뒤로하고 허름해진 화수부두를 찾는 도시인들에게 정서적 위안을 주어온, 연탄화덕 못지않은 따뜻하고도 소중한 또 다른 공유자산이라고 생각되었다. 그러나 이 연탄화덕은 물론 이 가게 또한 사라져버렸다. 다름 아닌 이 '부산집'이 있는 거리 일대가 동구가 추진하고 있는 〈화수부두 수산관광 활성화 사업〉 부지에 포함되어 지난 2016년에 도로 확장을 위한 철거가 이루어졌기 때문이다.[13] 이러한 일을 겪으며 이곳에서 50년 동안 살아오며 세월을 묻은, 그리고 철거를 앞둔 당시 아흔을 넘겨 어디로 가도 새롭게 무엇을 하기도 어려운 유여사는 "나 죽을 때까지 만이라도 아무 일이 없었으면 했는데, 앞으로

---

13) 물론 무허가 건물이긴 하다.

어떻게 해야 할 지 암담하다"고 하소연 했던 기억이 난다. 결국 유 여사는 이 일로 심한 스트레스를 겪었는지 철거 전에 입원을 하여 병원생활 중이고, 이후 가게 철거와 더불어 유 여사와 함께 마을살이를 했던 이웃 할머니들도 모두 흩어지게 되었다. 이러한 사례는 지자체가 침체된 지역 활성화 또는 재생사업을 벌이면서도 정작 그곳에 있는 지역 주민은 물론 공유자산이나 가치를 제대로 파악하거나 배려하지 않고 오히려 쫓아내며 자생적인 공동체와 생활생태계를 파괴하는 폭력적인 일이 아닐 수 없다. 과연 무엇을 위한, 누구를 위한 '재생'이고 '활성화'인지.

3) 사유재산의 사유화(상품화)에 대한 지자체의 대응

이는 공유재(commons)로서의 가치와 성격을 가지고 있는 민간 또는 개인 소유의 재산을 해당 소유주가 사유화(상품화)하여 반공공적으로 활용하려 할 경우 지자체가 어떻게 생각하고 개입했는가와 관련된 사례이다.

(1) 계양산 롯데골프장 건립

계양산은 한남정맥으로 이어지는 인천의 진산이자 멸종위기 동·식물들이 서식하고 있고, 하루 방문객이 1만 5천명이나 되는 시민의 소중한 쉼터다. 그런데 총 면적 384만㎡(약 116만 2,623평) 중 60%에 해당하는 257만㎡(78만 평)이 롯데그룹 신격호 총괄회장의 소유로, 롯데측은 지난 1998년부터 꾸준히 계양산 북사면에 골프장 건설을 추진해왔다. 이에 시민단체들은 즉각 '계양산골프장저지 범시민대책위'를 구성하여 반대 운동을 줄기차게 전개했다. 이러한 노력은 2012년 민선5기 송영길 인천시장이 후보시절 시민사회와 약속한 바와 같이 환경 파괴가 우려된다는 이유로 계양산 골프장 건설계획을 철회하고 시민공원 조성계획을 세우는 성과로 이어졌다. 이에 롯데 측은 인천시를 상대로 소송을 하였으나 1,2심에서 패소한 후 다시 대법원에 상고를 한 상태이다. 그러나 판결이 뒤집혀지기는 어렵고, 더 이상의 추진은 불가능하다는 게 중론으로, 사실상 대기업을 상대로 한 시민운동의 대표적인 성공 사례로 남게 되었다. 이는 자연유산이 특정 개인 또는 기업의 소유라 하더라도 공유재로서의 성격을 갖고 있다면 자신들의 사적인 이익을 위해 함부로 훼손할 수 없다는 '사회적 판결'이 내려진 것이라고 볼 수 있다.

(2) 굴업도 골프장 건립

천혜의 해안 절경을 지니고 있고, 매와 먹구렁이, 황조롱이 등 멸종위기 야생동물과 천연기념물이 다수 서식하고 있는 서해의 보물섬인 이곳은 1994년 정부가 핵폐기장 건설을 추진하면서 우리에게 잘 알려진 곳이다. 당시 이 소식을 듣고 주민과 시민단체들이 결합하여 1년 동안에 걸친 반대운동을 치열하게 전개하였고, 결국 건설 계획이 철회되면서 위기를 벗어났다. 그러나 2006년도에 CJ그룹 이재현 일가가 100% 지분을 출자하여 설립한 C&I 레저산업이 굴업도의 전체부지 중 98.5%를 매입한 후 이곳에 대규모 골프장을 건립하려는 Ocean Park 관광단지개발사업을 추진하면서 자연환경이 크게 훼손될 위기가 다시 찾아왔다. 이에 환경 및 문화단체들이 중심이 되어 '굴업도를 지키는 시민단체 연석회의'를 조직하고, '굴업도를 지키는 문화예술인 모임' 등을 결성하여 이의 지키기 및 알리기 활동을 활발히 꾸준히 전개하였다. 그 과정에서 2011년 12월 민선6기 송영길 인천시장이 자신의 후보시절 공약이기도 했던 굴업도 관광단지 개발에 대하여 "환경훼손이 큰 골프장을 제외한 생태적인 관광단지 개발방안을 CJ와 협의해 나가겠다"고 발표하면서 일대 전기를 맞게 되었고, 이후 이재현 CJ그룹 회장 비자금이 굴업도 매입에 투입이 된 사실이 밝혀지면서 추진 동력을 상실하게 되었다. 결국 2014년 7월 23일 C&I 레저산업은 굴업도 관광단지 내 골프장 조성 계획을 철회하겠다고 발표하면서 막을 내렸다.

(3) 선갑도 채석단지 신청

덕적군도에 속해 있는 선갑도는 섬 둘레가 기암절벽으로 되어 있고, 평지가 거의 없어 사람이 살기에는 부적합한 무인도이다. 하지만 신선세계와 접해 있다고 해서 '선접(仙接)'이라고 일컬어질 정도로 경관이 빼어나다. 특히 C자형 호상 해안은 세계적으로도 유례를 찾을 수 없는 이곳만의 유일한 특성이라고 한다. 하지만 이 섬이 사라질 뻔했다. 그 시작은 1995년 굴업도 핵폐기장 건립 계획이 무산된 시기로 거슬러 올라간다. 아직 반대 싸움의 후유증이 가시기도 전인 이듬해 한국해양연구소(현 한국해양연구원)가 선갑도를 매입한 사실이 드러나며 핵폐기장 재추진 논란으로 확산되었다. 덕적면 주민들이 의혹 해소를 위해 섬 매각을 주장했고, 논란이 일자 한국해양연구원은 지난 2006년 ㈜선도공영에게 매각했다. 선갑도를 소유하게 된 이 업체는 골재 채취를 위해 지난 2014년 2월 허가권자인 산림청에 전체 면적의 10%가 넘는 부지에 채석단지 지정을 신청했다. 이 소식을 들은 주민들 대다수가 채석장 지정 반대에 나섰고, (사)황해섬네트워크를 비롯한 환경단체들 또한 이를 비판하고 나섰다. 그런데 이 사업과 관련하여 인천시와 옹진군은 산림청에 최근 엇갈린 의견을 냈다. 인천시는 채석 과정에서 발생하는 산림훼손과 분진 피해 등 자연환경 훼손을 이유로 반대 의견을, 옹진군은 섬 지역 도로 건설이나 기반 시설 공사에 필요한 골재를 안정적으로 수급할 수 있다는 경제적 이점을 이유로 찬성 의견을 각각 냈다. 아무튼 논란이 확산되자 해당 업체는 지난해 4월 〈옹진 채석단지 지정사업 신청 취하 요청서〉를 산림청에 제출하면서 사업을 포기하기에 이르렀다.[14]

(4) 송도유원지 일대 송도테마파크 건립과 송도석산 개발

송도유원지 일대는 1970년대 초 유원지 지구로 지정된 후 해수욕장과 놀이시설 등이 갖춰져 수도권 최고의 휴양지로 각광받아 왔다. 그러나 인공 해수욕장으로 명맥을 이어오던 송도유원지는 인근에 인천경제자유구역인 송도국제도시가 들어서는 가운데 운영사의 누적 적자로 2011년 해수욕장을 매립한 뒤 유원지를 완전히 폐쇄했다. 인접 지역도 대부분의 토지가 민간 소유인 관계로 토지주 간 갈등과 투자 유치 어려움 등으로 개발 사업이 진행되지 않고 있고, 일부 지역에 한해 모텔이나 간이 골프장, 카페 등이 들어섰을 뿐이다. 이에 인천시는 연수구 옥련동과 동춘동 송도유원지 일대 '장기 미집행 토지' 107만4,400㎡에 대한 체계적인 개발 방안 마련을 위해 〈송도유원지 도시관리계획(세부시설 변경 등) 수립 용역〉을 2017년 9월 발주하였다. 2020년까지 실시계획 인가 등 일정 단계에 이르지 못하면 유원지 시설에서 자동 해제되기 때문에 이에 대응하기 위한 방안이라 한다. 용역 대상지는 옛 송도관광단지 1~3블록, 송도석산, 옛 송도해수욕장, 이건산업 부지 등 송도유원지 내 107만 4,419㎡다. 그 중 핵심은 옛 송도해수욕장이었던 대우자동차판매 부지 내 송도테

---

14) 그러나 최근 선갑도 앞의 바다모래를 퍼내기 위해 옹진군과 골재채취업자들이 해역이용협의서를 인천지방해수청에 제출하였고, 인천시는 모래 채취 신규지정절차를 강행하면서 어업인과 환경단체들이 반발하고 나섰다.

마파크 조성 사업이다. 이는 연수구 동춘동 일원에 49만9,575㎡의 규모로 총사업비 약 7,479억 원을 투자해 도심 체류형 테마파크를 조성하는 사업인데, 인천시가 2008년 당시 유원지였던 대우자동차판매 부지(92만6,952㎡)의 절반에 도시개발사업을 승인키로 하면서 공동주택 등의 분양 이익금으로 나머지 절반에 테마파크를 조성하도록 조건을 내걸면서 시작됐다. 그러나 2010년 4월 대우자동차판매의 워크아웃과 2014년 8월 파산 결정에 따른 법원의 매각으로 2015년 10월 부영그룹이 해당 부지 103만 여㎡(테마파크 49만 9,575㎡, 도시개발사업 53만 8,952㎡)를 인수해 사업을 추진 중이다. 그런데 대우자동차판매가 부지를 소유했던 송도테마파크는 당초 사업 종료기간이 지난 2015년 12월이었으나 부영그룹이 송도부지를 매입하자 인천시는 사업계획 변경 및 해당 부지의 토양오염정밀조사 분석을 통한 환경영향평가 실시와 테마파크 설계도서 제출 등 행정절차 이행에 필요한 시간을 주기로 하고 2016년 6월로 연장한데 이어 2017년 12월로 또 다시 연장해주었다. 그럼에도 불구하고 부영그룹은 또 다시 행정절차 완료 기간을 내년 6월까지, 테마파크 완공 시점을 오는 2020년에서 2023년으로 연장해 달라고 인천시에 요청하였다. 이에 인천시는 '특혜 행정'이라는 비판에도 불구하고 "장기간 방치된 숙원사업"이라는 이유로 지난해 말 또 다시 4개월을 연장해줬다. 그러나 지난 4월 30일까지 환경영향평가와 설계도서 미흡으로 고시가 이루어지지 않자 인천시는 '송도 테마파크사업 실시계획인가'의 효력이 정지됐다고 밝혔는데, 효력상실을 뜻하는 '실효'가 아닌, '효력 정지'는 사실상 부영에게 기회를 한 번 더 준 '꼼수연장'이라는 게 시민사회의 의견이다. 즉 이와 연동되어 있는 도시개발사업 실시계획인가 기한을 4월 30일에서 8월 31일로 4개월 추가 연장해 주면서 미흡한 부분을 보완하여 실시계획인가를 재신청할 경우 다시 검토할 수 있다"는 인천시 관계자의 입장에서 이를 알 수 있다.

한편 부영그룹은 지난해 7월 송도테마파크 사업 조건부 승인을 받은 뒤 9월에 도시개발사업 변경(안)을 연수구에 제출했는데, 세대수를 당초 계획보다 1,040세대 늘어난 4,960세대로 하고, 계획인구를 1만 193명에서 1만 2,500명으로 늘려달라는 게 골자였다. 테마파크보다 아파트 개발에 더 관심을 두고 있다는 속내를 확인할 수 있는 내용이었고, 사실상 엄청난 특혜를 요구한 것이었으나 인천시는 침묵 상태다. 한편 부영그룹 이중근 회장은 임대주택 분양가를 부풀려 1조 원대 부당이익과 수백억 원대 회삿돈을 횡령한 혐의로 지난 2월 7일 구속됐다. 인천시가 부도덕한 기업과의 관계를 어떻게 계속 이어갈 수 있을지 궁금해지는 대목이다.

또 하나의 대상지인 송도석산은 연수구 옥련동에 있는 토석 채취장으로, 야산의 절반가량을 골재로 채취했지만 발파 소음으로 인한 민원이 빈발해 지난 1994년 채취가 중단된 곳이다. 인천시는 흉물로 10년 넘게 방치된 송도석산을 정비하기 위해 지난 2008년 도시공사(당시 인천도시개발공사)와 협약을 맺고 도시계획시설(유원지)인 송도석산 13만 9천㎡에 '시민의 숲' 조성을 추진했다. 이후 도시공사는 용역을 통해 '시민의 숲' 대신 수익을 낼 수 있는 '유원지 개발'로 사업 방향을 틀었다. 그 이면에는 당시 민선4기 안상수 인천시장의 입김이 작용했다고 도시공사는 밝힌 바 있다. 이를 위해 2009년 489억 원을 투입해 민간 소유 부지를 사들였다. 이후 도시공사는 수차례에 걸쳐 민간 개발을 염두에 두고 호텔과 골프연습장, 에너지센터, 문화센터, 쇼핑몰, 문화광장, 전망대 등의 컨셉을 마련했지만 민간사업자 선정에 실패하였다. 이후 도시공사는 자금난을 겪으면서 사업 구조조정을 통해 이 사업을 포기하기로 내부 방침을 정하고 협약 내용을 바탕으로 토지 보상비를 포함해 이미 투입된 483억 원을 정산해줄 것을 시에 요구하고 있으나, 인천시는 협약과 다른 수익 사업에 대해 시가 사업비를 보전해줄 수 없다는 입장이다. 이렇게 보상비를 두고 책임 공방을 벌이는 사이 인천시는 앞서 소개한 바 있는 〈송도 유원지 도시관리계획(세부시설 변경 등) 수립 용역〉을 지난 해 9월 발주하며 송도석산 개발은 다시 원점으로 돌아왔다.

(5) 애관극장

애관극장은 현존하는 우리나라 최초의 극장으로 인천의 문화유산이자 역사적인 가치가 있는 곳이다. 1895년 인천의 대부호 정치국이 협률사라는 공연장을 설립함으로써 그 역사가 시작되었고, 1911년 '축항사(築港舍)'로 이름을 바꿨다가 1920년대 중반 소유주가 김윤복으로 바뀌며 '애관'이라는 이름을 사용하기 시작한 것으로 알려지고 있다. 한국전쟁 때 소실된 뒤 1960년 재개관하면서 이름을 현재의 '애관극장'으로 바꿨다. 1972년 현 탁경란 대표의 부친인 탁상덕 씨가 인수하고 1980년대에 내부 리모델링을 거쳐 현재의 모습을 갖추게 되었다. 이렇듯 애관극장은 개항기부터 시작하여 근현대를 거쳐오며 오랜 역사를 가진 장소적 가치도 크지만 무엇보다도 인천시민들 대부분이 이곳에서 영화 한 편 안 본 분들이 없을 정도로 법적으로는 소유주의 자산일 수 있지만 심정적으로는 시민들 모두의 추억과 기억의 공유공간이라 할 수 있다. 그러나 이러한 애관극장도 2000년대 들어 멀티플렉스 영화관이 속속 들어서고 인구가 신도심으로 빠져나가면서 경영난에 시달려 왔다. 그러던 중 지난 해 말 지역 언론의 모 지면을 통해 애관극장 매각 소식이 흘러나왔다. 인근에 있는 인천가톨릭회관 철거 작업이 채 끝나기도 전에 애관극장마저 헐리면 어쩌나 하는 시민들의 걱정은 '애관극장을 사랑하는 인천시민들' 이름의 성명서를 발표하게 만들었다. 이를 통해 인천시로 하여금 애관이 계속 인천시민들을 위한 상영관이자 문화시설로 존속할 수 있도록 인천시가 즉각 나서줄 것을 촉구하였고, 극장주에게도 민간 건설업자나 대기업 자본에 매각하는 일만은 잠시 미루고 애관극장을 인천의 공공문화유산으로 보전, 활용할 수 있는 기회를 인천시민들에게 주기를 요청하였다. 이후 시민들의 자발적인 모임인 '애관극장을 사랑하는 시민모임'(약칭 '애사모')가 공식 발족되어 다양한 대응책을 상의하였으나, 정작 극장주가 현재까지 아무런 입장을 내놓지 않고 있을 뿐더러 연락조차 안 되고 상황에서 '애사모' 활동도 당분간 추이를 지켜보아야 하는 상황이 되었다. 이러한 과정 속에서 인천시의 태도가 일부 확인이 되었는데, 인천시 산하 기구인 인천영상위원회를 통해 소문의 진위를 확인해 보았다는 정도다. 이를 두고 지역 문화계에서는 사안을 너무 안이하게 보고 있으며, 애관극장 매각 문제를 문화적 관점에서 폭 넓게 인식하지 못한 채 극장이라는 한정된 영역으로 사고하고 있지 않는가, 라는 의견도 제기되었다.

3. 분석과 평가 및 대안 마련의 필요성

이와 같이 공유재(commons)로서의 가치와 성격을 지닌 지역 내 공유재산(Public Ownership)과 사유재산(Private Ownership)을 놓고 인천시(장)과 일부 구(청장)이 포함된 지자체가 그 동안 어떻게 소유권과 처분권을 행사해 왔는지를 구체적인 사례들과 함께 1), 2), 3) 세 가지로 나누어 정리해 보았다. 물론 필자가 임의로 선정 및 소개한 것이기도 하고 또 다른

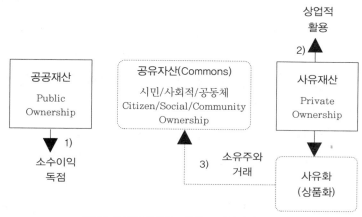

〈도표 2〉공유자산을 대하는 인천시의 태도 분석

괜찮은 사례들도 없지 않으나 공유자산을 두고 인천시를 비롯한 일부 기초자치단체의 도시정책을 대략적으로라도 확인하는데 나름의 준거가 되리라고 본다.

1)의 경우 공공재산(Public Ownership)을 지자체가 열린 논의를 통해 더 많은 시민들이 쉽고 편하게 누리고 지속가능할 수 있도록 공유자산화 (commoning)에 노력해야 함에도 불구하고, 오히려 개발을 통해 그 이익을 소수가 독점하는 상품화에 앞장서거나, 자기 권력의 행사 장소로 활용하고 있음을 알 수 있다. 2)의 경우 또한 마찬가지로 민간 소유의 사유재산(Private Ownership)을 공유자산화 할 수 있도록 매입을 하거나 지원을 하기보다는 공유재적 가치와 성격을 박탈시키며 상업적으로 활용하거나 이를 매입하여 파괴시킨 후 일부의 이익만을 위한 공공재산(주로 주차장)으로 만드는 일에 나서고 있음을 확인하였다. 3)의 경우 사유재산의 소유주가 독점적 이익 확보를 위해 파괴 또는 훼손을 계획하고 있는데

대하여 지자체가 적극 나서야 함에도 불구하고 시민사회가 나서야 그때 가서 움직이는 소극적인 모습을 확인할 수 있었고, 어떤 경우는 나름 난 개발을 막기 위해 지자체가 지닌 권한을 최대한 활용하려는 모습도 보이 나 여전히 상업적인 차원으로 유도하거나 그러한 관점에서 거래를 시도 하는 모습을 보게 되었다.

결국 지자체(장)이 해당 재산의 공유적 가치에 대한 의식이 부재한 상 태에서 그 소유권과 처분권을 행사하다 보니 인천의 도시공간은 공유자 산의 비중과 비율이 감소하고 특정 소수의 권력과 이익을 위한 독점화와 사유화가 증대되고 있다. 물론 지자체(장)에 따라 다소의 차이가 없는 것 은 아니나 그 차이는 자본주의 이익 논리에 얼마나 경도 내지는 매몰되어 있는가와, 해당 재산의 소유권과 처분권을 독단적으로 행사하지 않으면 서 그 공유의 가치를 인식하고 지속시키기 위한 논의를 시민들과 함께 얼마나 벌여나가느냐에 따라 달리 나타난다.

따라서 앞으로의 과제는 지자체(장)의 성향과는 별개로 특정 자산의 소유권과 처분권이 지자체(장)에게 있지 않고 시민에게 있다는 점을 새삼 인식하는 가운데 이에 대한 주인으로서의 권리를 어떻게 확보하고 행사 할 수 있을까, 로 모아진다. 지자체(장)이 적극 나서지 않는다면 시민들 스스로의 힘으로 이를 찾아 나설 수밖에 없다. 이와 더불어 개개인의 사고 와 의지에만 기대하고 맡길 것이 아니라 법적, 제도적 차원의 대안 마련도 필요하다. 그리고 시민들이 주도하여 직접 특정 자산을 매입 및 공유하고 공동체 활성화의 수단으로 활용하는 시민자산화 활동에도 적극적인 관심 과 논의가 필요하다고 본다. 이 글이 인천 지역 차원에서 이를 보다 적극 적으로 실천하고 이루기 위한 첫걸음이 되기를 희망한다.

  "도시권에 대한 요구는 도시공간의 형성 과정에 행사하는 권력, 즉 우리가 살아가는 도시를 만들고 뜯어고치는 방법을 지배하는 권력을 철저하고 근본적으로 주장하는 것을 말한다."15)

  "도시에 대한 권리는 참여의 권리로 인해 누군가로부터 각 개인에게 아래로 분배되는 권리가 아니라, 도시 거주자들이 능동적·집합적으로 도시 정치에 관여하면서 스스로 규정해나가는 것이 된다. 이런 측면에서 도시에 대한 권리는 도시의 물리적 공간에 대한 권리일 뿐만 아니라, 도시가 정치적 공간이라는 관점에서 도시 정치 공간에 대한 권리이기도 하다."16)

---

15) 데이비드 하비, 『반란의 도시』, 한상연 옮김, 에이도스, 2014, 28쪽.
16) 강현수, 『도시에 대한 권리 – 도시의 주인은 누구인가』, 책세상, 2010, 31쪽.

자본과 권력에 대항하는 주민소환,
공유지, 시민자산화 운동의 모색

인천 동구 주민들의 사례

1. '주인으로 사는 인천시민모임'이 발족한 뜻은?

2017년 3월 10일 국민의 신임을 배반하고 헌법을 수호해야 할 법을 위반한 박근혜 전 대통령이 헌법재판소 재판관 전원일치로 탄핵 인용, 대통령직에서 파면되었다. 그러나 대통령 한 사람이 탄핵된다고 해서 온갖 적폐가 덧쌓인 대한민국이 일거에 새로운 사회가 되는 일은 결코 일어나지 않을 것이다. 때마침 국민들에 의한 박근혜 전 대통령의 탄핵 파면과 더불어 지역정치의 주인인 시민들이 주인들을 외면하고 심지어 권한을 남용해 주민들을 기만하는 지역정치인들을 탄핵하자는 동구주민들의 정치적 움직임이 일고 있다. 인천 동구의 원도심에 살고 있는 이들 주민들은 인천의 가장 오래된 주민임에도 불구하고, 온갖 법률로 포장된

* 필자 : 이희환

이 글은 필자의 글 「새로운 도시운동을 준비하는 인천 동구 배다리마을」(『황해문화』, 2017년 여름호)을 동구 지역 주민운동 차원에서 확대해서 재구성한 것임.

각종 국책사업과 개발사업에 의해 고통을 받고 있다. 그러나 시민들의 안전하고 행복한 삶을 위해 존재해야 할 지방자치단체장들과 공무원들은 철저히 주민들의 고통을 외면하고 방관했을 뿐만 아니라 심지어 개발 논리에 따라 오래된 삶의 터전에서 주민들을 헐값보상만 주고 내몰려 하고 있다고 목소리를 높이고 있다.

그간 각기 따로 자신들의 문제에 대해 활동해왔던 동구의 여러 마을 주민들은 이제 자신들의 생존권과 더불어 도시의 주인으로서 가져야 할 존엄한 권리를 보장받기 위해 함께 연대활동을 모색하였다. 그리고 (가칭) '주인으로 사는 인천시민모임'을 결성하고, 더 이상 시민들을 위해 봉사하지 않는 위정자들을 주민소환운동을 제안하고 나섰다. 필자가 보기에 생존권과 재산권을 지키기 위한 이들의 목소리와 움직임은, 말 그대로 '자본과 권력'에 대항해 '도시에 대한 권리'를 찾기 위한 주체적 움직임에

〈그림 1〉 (가칭) 주인으로 사는 인천시민모임 준비회의

다름 아니다. 이는 대한민국 권력의 상징인 대통령을탄핵시키고 자본의
상징인 삼성 이재용 부회장을 구속시킨 촛불시민혁명이 지역에서도 불이
지펴지고 있음을 보여주는 주목할 만한 사례다. 그렇다면 먼저, 도대체
그간 인천 동구에서 어떤 일들이 일어났기에 주민들이 '도시에 대한 권리'
를 찾기 위해 주민소환운동을 제안하고 나섰는지 살펴볼 필요가 있다.

2. 주민 생존권과 재산권 파탄낸 제2외곽순환고속도로

동구 지역의 가장 큰 현안은 국책사업이지만 민자사업으로 추진되고
있는 인천–김포간 제2외곽순환고속도로다. 2018년 3월 23일 개통한 인천
–김포간 제2외곽순환고속도로가 중동구 주민들의 삶의 터전 바로 아래
지하를 관통해 지나가면서 주민들의 생존권과 재산권을 파괴한다는 심각
한 우려가 이미 3년 전부터 개진되기 시작했다. 우리 헌법에는 국가의
책무로 국민들의 재산과 생명을 보호해야 한다고 규정하고 있지만, 국책
사업으로 추진된 제2외곽순환고속도로는 오히려 주민들의 생존권과 재산
권을 위협하는 국책사업이라고 규정하지 않을 수 없다. 국토교통부가 건
설해야 할 국책사업을 민간자본을 끌어들여 추진해온 제2외곽순환고속도
로는, 최초의 설계와는 달리 중동구의 원도심 주민들의 삶터 바로 아래를
관통하도록 설계가 변경되었다. 이 과정에서 국가와 사업시행자는 주민들
의 삶의 터전 바로 아래로 지나간다는 것을 주민들에게 사전에 알리고
협의하지도 않았을 뿐만 아니라, 주민들의 재산권을 심대하게 침해하는
'입체적도로구역'을 국토교통부가 일방적으로 지정하였고, 선보상 협의
도 없이 '구분 지상권'까지 등기상에 설정하도록 주민들을 압박했다.

그럼에도 불구하고 국토교통부와 인천광역시, 동구청 등은 지하 쌍터널 건설과정에서 발생한 모든 문제와 보상의 책임 등을 민간시공사들에게 전가하면서 아무런 책임을 지지 않을 뿐만 아니라, 포스코 등 민간시행사가 폭약사용 등에 걸쳐 법규를 준수하지 않고 건설공기와 비용 절감을 위해 감행한 온갖 불법적 폭파굴착 과정을 철저히 묵인 방조했다. 주민들은 관련문서를 추적해서 공사의 불법성을 증명해왔다. 이로부터 발생한 원주민들의 주거, 상업시설의 물리적 훼손과 싱크홀 발생, 환기구를 통해서 발생할 동구지역의 심각한 대기오염 문제 등에 대해서도 국토교통부와 인천시, 동구청은 무대책으로 일관해왔다. 주민들이 사는 마을 밑 10~40미터 아래로 고속도로가 지나가도록 주민들 몰래 설계하고, 구분지상권 설정을 통해 주민들의 재산가치가 반토막이 나는 막대한 피해가 발생함에도 불구하고 인천시는 무대책으로 일관하였고, 동구청은 주민들에게 돌아가야 할 피해보상을 민간시공사인 포스코로부터 사회공헌이란 이름으로 가로채 '스틸하우스'라는 어린이집을 개관하면서 현수막을 내걸고 구청장의 치적이라고 홍보하게에 급급하였다는 것이 주민들의 주장이다. 이제 주민들은 더 이상 국토교통부와 인천광역시, 동구청을 믿고 이곳에서 살 수 없다고 선언하고 나섰다. 국토교통부는 대대적으로 보도자료를 배포하고 시행사는 엄청난 광고료를 지불하고 미디어에 광고까지 내보내면서 3월 23일 제2외곽순환고속도로 개통을 홍보해왔지만, 주민들은 주민들이 입은 피해에 대한 근본적인 해결책의 제시 없다면 개통 저지에 나서겠다는 강경한 입장을 굽히지 않았다.

3. '동인천 르네상스 프로젝트'의 거짓

동구 주민들의 재산권을 심대하게 침해하는 제2외곽순환고속도로 문제에 대해 모른 체하며 방관하던 인천시의 유정복 시장은 2017년 2월 6일 느닷없이 '동인천 르네상스 프로젝트'라는 것을 직접 브리핑을 통해 발표하였다. 지난 2007년 안상수 전 시장(현 자유한국당 국회의원)이 무리하게 서울의 뉴타운을 흉내내 추진했던 '동인천역세권재정비촉진지구' 지역을 대상으로 5,800여 세대의 중산층 겨냥 뉴스테이 아파트와 80층 높이의 랜드마크 주상복합건물을 세우겠다는 것이 발표의 요지였다. 그러나 주민들은 유정복 시장의 발표를 지켜보고 실로 실소를 금할 수 없었다고 비판했다. 제2외곽순환고속도로가 지나가는 구간과 거의 겹치는 송현동 100번지 일대에 초고층 상업건물과 용적률을 대폭 풀어 초고층 뉴스테이 아파트를 짓는 것이 법적으로 전혀 불가능한 일이기 때문이라는 걸 주민들도 이미 알고 있었기 때문이다.

제2외곽순환고속도로가 지하로 지나가면서 입체적도로구역의 구분지상권이 설정된 지역에는 건물을 높이 지울 수 없다는 것은 국토교통부에 문의해보면 바로 알 수 있는 사항이다. 인천시의 조동암 전 정무경제부시장은 제2외곽순환고속도로 건설과정에서 건물이 훼손되고 파괴된 삼두아파트를 직접 방문하고서도 아무런 대책을 내놓지 못했다. 그러더니 삼두아파트의 피해 주민들이 제2외곽순환고속도로가 지나는 주변지역에 아파트를 재건축할 수 있도록 해달라고 요청하자, 인천시는 허가해줄 수 있지만 국토교통부가 허가를 안 해줄 것이라고 난색을 표명했다고 한다. 삼두아파트 재건축이 제2외곽순환고속도로 지하관통으로 인한 입체적도로구역 설정으로 불가한데 뉴스테이 아파트가 가능하다는 것은 제2외곽순환고속도로 문제를 덮고, 실현 불가능하지만 언제 될지도 모르는 '동인천 르네상스 프로젝트'로 지방선거에서 표를 얻기 위한 선거용 거짓 개발논리라는 것이다.

10년간 공영개발을 한다고 재정비촉진지구로 지정해서 주민들의 자유로운 재산권 행사를 묶어놓고 개보수도 못하게 해놓았던 인천광역시는 우선 제2외곽고속도로로 피해를 본 주민들에겐 물론이고 동인천역세권 주민들에게 사과를 해야 마땅하다. 그런데 이처럼 전혀 실현가능하지도 않은 '동인천 르네상스 프로젝트'라는 허황된 계획을 지방선거를 1년 앞두고 내놓은 저의는 무엇인가? 그것도 자본금 1,000만 원 가지고 설립된 지 불과 2년 남짓밖에 안된 부동산투자기획사인 (주)마이마알이만 믿고 주민들의 삶의 터전을 바꿔버리는 사업에 2조 원을 유치하겠다는 휘황한 거짓말로 유린해도 되는 것인지 주민들은 묻고 나섰던 것이다.

주민들은 이흥수 전 동구청장의 행태에 더욱 분노했다. 동구 구청사와 동인천 북광장에 마치 민자 2조 원이 이미 유치됐다는 내용으로 대형 현수막을 내걸어 동구청이 주민들을 속였다는 것이다. 뿐만 아니라 감정평가사 출신의 이 지역 시의원인 유일용 전 시의원은 '동인천 르네상스 프로젝트'를 하면 감정이 잘 나올 것이라며 주민들에게 찬성하도록 유도했다는 증언이 쏟아졌다. 주민들이 믿고 의지할 시장도 구청장도 시의원도 이렇게 주민들을 속이기에 여념이 없는데, 더불어민주당이나 정의당이라는 야당 정치인들도 아무런 목소리를 내주지 않고 주민들의 어려움을 살펴봐주지 않았다.

4. 투기적 자본 위해 원주민 내모는 '박근혜표' 뉴스테이

인천시가 제2외곽순환고속도로 위에다 (주)마이마알이를 믿고 5,800 여 세대를 짓겠다는 기업형임대주택 '뉴스테이'는 박근혜 정부에 와서 급조된 부동산 정책이다. 박근혜 정부는 겉으로는 전세난을 내세워 중산 층 대상 임대주택이라고 홍보했지만, 실제로는 부동산 경기 침체로 인해 사업성이 안 나오는 재개발 정비사업 등 각종 개발사업의 사업성을 높여 주기 위해 용적률 상향, 주차장 면적 축소 등의 각종 특혜를 풀어주는 박근혜표 부동산 투기진작정책에 다름 아니다. 2015년 인천 도화지구에 서 박근혜 대통령이 참석한 가운데 국내1호 사업으로 착공식을 가진 '뉴스 테이' 개발사업은 이후 '뉴스테이 연계형 정비사업'으로 법제화되어 주민 들을 헐값에 보상주고 투기적인 금융자본과 건설자본이 사업성을 높여준 결과 발생하는 이익의 대부분을 가져가고 원주민은 헐값의 보상금을 받 고 도시빈민으로 내몰리는 전형적인 주민교체형 재개발정책의 포장에 불과하다.

그럼에도 불구하고 박근혜 전 대통령의 비서실장 출신인 유정복 시장 은 인천에서 1호사업 착공식을 진행했을 뿐만 아니라 이후 인천에 무려 10개 지역에 무분별하게 뉴스테이 구역지정을 남발해서 동시다발적으로 추진했다. 그리고 이 가운데 5개 뉴스테이 사업을 (주)마이마알이라는 설립자본금 1,000만 원으로 급조된 민간 부동산투자기획사에 의존해 추 진했다. 주민들은 도대체 유정복 시장과 인천시가 (주)마이마알이에 이렇 게 의존해 원도심의 미래를 뉴스테이로 뒤덮고, 그것도 경쟁입찰 계약인 아닌 수의계약방식으로 막대한 예산이 수반되는 뉴스테이 사업을 추진하 는 이유가 무엇인지 의혹을 갖고 있다.

〈그림 2〉 뉴스테이 개발을 반대하는 송림초교 뉴스테이 비대위 현수막

더욱 심각한 것은 수천 명 주민들의 재산권이 걸린 뉴스테이 사업 추진 과정에서 인천시와 인천도시공사, (주)마이마알이가 체결한 계약서를 전혀 공개하지 않았다는 점이다. 주민들의 전재산이 걸린 뉴스테이 사업이 제대로 진행될 수 있는지, 분양가는 어떻게 합리적으로 결정된 것인지 전혀 알 수 없는 방식으로 밀실에서 추진되었다. 뿐만 아니라 주민들에게 먼저 보상가를 알려주고 주민들이 사업을 추진할 것인지 선택하도록 하는 것이 상식적인 것 아닌가? 그럼에도 불구하고 인천시는 주민들에게 사전에 보상가도 알려주지 않은 채 장밋빛 전망만 제공해 사업추진을 의결토록 하고 나중에 관리처분방식으로 헐값보상을 주고 주민들을 내몰고 있다.

평당 400만 원의 평균보상가로 700만 원이 훌쩍 넘는 뉴스테이 아파트에 들어가려면 주민들은 전재산 내주고 은행에 빚을 지고 들어가야 한다. 송림초교 주변 뉴스테이 지역의 주민들은 10년 동안 LH공사의 자금난으로 주민들을 고통으로 내몬 송림초교주변 주거환경개선사업지구에 뉴스테이를 덧씌워 주민들을 내몰려는 인천시와 인천도시공사에 분노하였다. 십정2구역 뉴스테이 지역 주민들이 헐값보상으로 충격을 받은 이후, 송림초교주변 뉴스테이 주민들은 이미 뉴스테이 사업의 본질을 잘 알게 되었다. 투기적 금융자본과 건설자본의 특혜를 주고 서민들을 헐값보상으로 내모는 것이 바로 박근혜 정부가 추진하고 있는 '뉴스테이'라는 것을! 그리고 이것을 앞장 서서 인천 전역에서 10군데에 동시다발로 추진해서 가난한 주민들을 내몰고 중산층을 입주시켜서 세수 증대만 쫓는 것이 유정복 인천시장과 주거환경정책과라는 것을 알고 있다. 여기에 한층 더 떠서 이흥수 전 동구청장은 4개의 뉴스테이 지역에 더해 2개를 추가로 지정해달라고 요구했다고 한다. 주민들은 이 지역에 대한 평당 감정평가는 역시 감정평가사 출신의 유일용 시의원 사무실에 입주해 있는 '가교'가 했다며 뉴스테이 개발을 선전하고 다닌 유일용 시의원을 성토하였다.

5. 도시의 주인 위에 군림하는 지역정치인들의 횡포

국민들 위에 군림하고 국민들을 속이면서 최순실 등 특혜세력을 위해 국가 공권력을 남용했던 박근혜 정부와 마찬가지로, 주민들 위에 군림하고 자신의 정치적 치적을 위해 주민들에게 거짓말을 밥 먹듯이 하고 주민들을 현혹시키며 심지어 주민들을 헐값의 보상을 주고 내쫓는 정치인들과 자치단체장은 더 이상 주민들을 위한 공복이 아니다.

동구지역 주민들은 우선 각종 국책사업과 뉴스테이 사업을 추진하면서도 주민들의 고통엔 아랑곳 하지 않고 대통령 후보 운운하는 안상수 전 인천시장의 책임을 지적하고 있다. 국회의원이 된 안상수 전 인천시장은 2007년 당시 부동산 경기예측도 하지 못한 채 무책임하게 동인천역주변 재정비촉진지구를 지정한 책임이 있다. 뿐만 아니라 이 지역을 관통하는 국책사업인 제2외곽순환고속도로로 인한 주민들의 고통과 피해를 외면해왔다. 뿐만 아니라 안상수 국회의원은 부분별한 개발사업과 아시안게임 유치 등으로 인해 인천시를 재정위기로 몰아갔을 뿐만 아니라 1,000억 원의 세금을 들인 채 도시 흉물로 남은 '월미은하레일'의 책임자이다.

동구 주민들은 또 박근혜 대통령의 후광으로 인천시장에 오른 유정복 시장이 어린시절을 보냈던 중·동구의 현안에 대해 무대책, 무책임으로 일관하다가 엉뚱하게도 박근혜 정부의 적폐 개발정책인 '뉴스테이' 개발 정책을 강제하고 주민들을 내모는 정책을 동구뿐만 아니라 인천 전역에서 동시다발적으로 전개한 책임을 묻고자 하였다. 주민들은 유정복 시장이 뉴스테이 정책을 전면 재검토하고, 제2외곽순환고속도로의 주민 고통과 피해 대책을 조속히 마련할 것을 지속적으로 요구했다. 또한 실현 불가능한 '동인천 르네상스 프로젝트'도 당장 중단해야 한다고 목소리를 높였다.

동구 주민들은 또 주민들의 고통은 아랑곳하지 않고 주민들의 혈세를 낭비하면서 가난한 동네에 온통 요란한 전기불 치장과 크리스마스 트리를 해마다 설치한 이흥수 동구청장의 사퇴를 요구하기로 결의를 모았다. 이흥수 동구청장은 삼두아파트 주민들의 고통을 아랑곳하지 않고 오히려 "삼두아파트 주민들을 위해 일하지 않겠다"는 망발을 일삼았다고 성토했다. 뿐만 아니라 가난한 서민들의 보금자리를 빼앗는 뉴스테이 개발사업을 동구에서 4개나 추진하는 것도 모자라 2개 지구를 추가로 요구하는 만행을 저질렀다. 주민들이 오랫동안 공들여 만들어가는 배다리 마을 공동체에 대해서도 가진 횡포를 반복해온 공분이 쌓여있었다.

감정평가사 출신의 유일용 시의원도 인천시의회 건설교통위원회 소속으로 일하면서 자신의 사무실에 '가교'라는 감정평가법인이 활동하도록 하고, 가교를 통해 동구지역 뉴스테이 감정평가뿐만 아니라 십정2구역 뉴스테이 감정평가 등을 주도해왔다. 주민들을 헐값 보상으로 내보는 가교의 가혹한 감정평가와 달리 유일용 시의원은 지역주민들에게 보상이 잘 나올 거라는 감언이설로 뉴스테이 재개발을 부추기고 있다. 공직자인 시의원이 자신의 업무와 연관된 개발사업에 직간접적으로 관여하면서 주민들을 내모는 뉴스테이 사업의 첨병으로 역할해왔다고 비판했다. 주민들과 시민단체들은 인천시의회가 유일용 시의원의 공직권한 남용과 업무연관성 문제를 윤리위원회 회부하여 징계하고 시의원직에서 물어나게 해야 한다고 목소리를 높여왔다. 동구 지역 시의원인 황인성 의원 또한 '동인천 르네상스 프로젝트'와 직접적인 이해당사자로서 재개발 사업에 앞장서고 있다는 것이다.

6. 지역정치인 탄핵에 나선 동구 주민들

각기 흩어져서 싸워왔던 동구 지역 주민들이 한데 결집하여 '(가칭) 주민으로 사는 인천시민모임'을 결성하기에 이르렀다. 이들 동구주민들과 지역시민단체들은 이제 지역 정치인들에 대해 이 도시의 주인인 시민들이 엄중한 책임을 묻기 위해 2016년 말부터 주민소환운동을 준비했다. 주민들을 고통으로 내모는 각종 현안에 대한 근본적인 해결책을 제시하지 않으면 인천 전시민들과 동구지역 주민들을 대상으로 대대적인 주민소환운동에 나섰던 것이다.

그러나 현재의 주민소환운동의 관련 법규를 보면 무책임, 무능력, 직권남용의 지역정치인을 시민들이 심판하기에는 너무나 문턱이 높다. 2006년 5월 24일 제정되어 2007년 7월부터 시행된 「주민소환에관한법률」에 따르면, 특별시장·광역시장·도지사는 당해 지방자치단체의 주민소환투표 청구권자 총 수의 100분의 10이상, 시장·군수·자치구의 구청장은 당해 지방자치단체의 주민소환투표 청구권자 총 수의 100분의 15이상, 지역선거구 시·도의회 의원 및 지역선거구 자치구, 시·군의회 의원은 당해 지방의회 의원의 선거구 안의 주민소환투표 청구권자 총 수의 100분의 20 이상 주민의 서명으로 그 소환사유를 서면에 구체적으로 명시하여 관할 선거관리위원회에 주민소환투표의 실시를 청구할 수 있다고 규정돼 있다. 2007년 주민소환제도 도입 이후 전국에서 64명에 대한 주민소환이 추진됐다고 한다. 그러나 서명인수 미달 등의 이유로 실제 투표가 이뤄진 것은 8명뿐이다. 이중 주민소환된 것은 2명인데, 2007년 9월 21일 경기도 하남시에서 광역화장장 건립 추진의 사유로 투표가 실시되어 시의원 2명이 소환되었다. 이렇게 실행률이 저조한 까닭은 주민소환투표 요건이 까다로운 데다, 유권자의 3분의 1 이상 투표를 이끌어내는 것이 매우 어렵기 때문이다.

그러나 십수 년 동안 고통만 받아온 동구 원도심의 주민들은 아무리 주민소환의 문턱이 높다고 하더라고, 내년 지방선거 1년 전까지는 반드시 주민소환운동을 관철하자고 의지를 높였었다. 인천의 원도심 주민 전체와 함께 하면서, 또 적폐를 청산하고자 하는 새로운 시대의 시대정신과 함께 하는 인천시민사회와 인천시민들과 함께 반드시 관철하고 엄중하게 심판하자는 것이었다. 인천지역에서는 아직 주민소환운동이 실시된 적이 없는데, 대통령이 탄핵된 지금이야말로 지역의 적폐를 청산하자는 뜻만 모은다면, 얼마든지 가능하고 또 시도해볼 만한 것이었다. 동구지역 주민들과 '주인으로 사는 인천시민모임'은 2017년 3월 13일 기자회견을 통해 인천 지역정치의 적폐 청산을 위해 인천의 제반 시민사회단체들에 주민소환운동본부 구성 추진을 위한 연석회의를 제안했다. 지역정치에 참여할 수 있는 제도적 장치가 '주민소환제' 밖에 없는 상황이기에 고육지책의 산물이긴 하지만, 2017년 대선과 적폐청산을 위한 큰 도정에서 동구지역 주민들이 '도시에 대한 권리'를 찾기 위해 나선 새로운 움직임은 전국적으로 시사하는 바가 컸다.[1]

7. 배다리의 공유지운동, 인천 양조장의 시민자산화 과제

주민소환운동의 성패도 중요하지만, 문제가 되고 있는 배다리 도로부지를 지역주민과 공동체가 공유하는 공유지로 만다는 일도 시급하다. 인천시에서는 여전히 수백 억 예산이 들어간 배다리 관통도로를 배다리 마을을 지하로 관통하는 산업도로를 건설하려 했지만 예산이 없어 실행하지 못하고 있다. 상부 도로부지를 주민들은 이곳을 생태공원이라고 부르고 있지만, 인천시와 동구청은 여전히 도로부지로 규정해 관의 일방적인 계획을 마을에 강요하고 있다. 최근 '경의선공유지시민행동'을 비롯해 여러 곳에서 시민들이 함께 공유할 공공재로서 공유지를 확보하기

---

1) 그러나 동구 주민들의 주민소환운동은 2018년 6·13지방선거를 앞두고 선거법의 여러 규제로 인해 진행하지 못했다. 민선으로 선출된 지역 정치인들의 횡포를 견제할 주민소환법, 주민발의법 등의 개정이 필요하다.

위한 운동을 전개하고 있는데, 배다리마을의 이 어정쩡한 도로부지를 확실히 주민 주도의 공간으로 만들기 위한 '공유지'로 확보하도록 하는 것이야말로, 10주년을 맞는 배다리 산업도로 반대운동의 새로운 운동의 방향이 되어야 하지 않을까 감히 제언한다.

기실, 인천시가 동인천재정비촉진지구의 랜드마크 시설 건립을 위해 값비싼 비용을 들여 원주민마을과 순대국 골목 상가들을 보상을 주고 철거해 형성된 동인천역 북광장에서 인천시장과 동구청장, 그리고 뉴스테이 개발을 추진하는 투기적 금융자본과 건설자본을 비판하는 주민들의 촛불집회가 매주 열려왔다는 사실 자체가 경이롭다. 이제 동구 지역 주민들은 생존권과 재산권 문제를 넘어 '도시에 대한 권리'를 확보하기 위해 지방권력과 자본이 만들어놓은 동인천역 북광장을 공유지로 확보하고 있는 셈이다.

그러나 여전히 기성의 시민사회단체가 뉴스테이 문제, 재개발 문제에 대해 이해당사자들의 이권이 개입된 문제라고 개입을 주저하고 있는 것이 작금의 인천 시민사회운동 진영의 모습인 것 같다. 그러나 새로운 계급관계가 공공기관인 관의 정책과 행정에 의해 크게 좌우되고, 도시개발이 신자유주의 자본의 이해관계를 반영하면서 다양하게 변주되고 있는 현실에서, 도시개발 문제와 도시공간 문제에 대한 시민사회의 적극적인 개입이야말로 도시 공공성을 최소한이라도 확보하고 '도시에 대한 권리'를 통해 99%의 사회적 약자들을 보호하는 공공적 실천이라는 점을 환기하자. 인천 배다리 도로부지, 동인천역 북광장, 인천 내항 1·8부두 등 시민들이 공유해야 할 공유지가 자본과 권력에 의해 좌우되는 불공정을 공유지 확보 운동을 통해 발진해나가면 어떨까? 이를 위해서는 '경의선 공유지시민행동'을 비롯한 각 지역의 공유지 확보운동간의 연대와 네트워크도 필요할 것이다.

배다리 산업도로부지의 공유지화 운동 못지않게 중요한 것이 인천양조장 건물의 시민자산화운동 사례였다. 2017년 연초 동구청장의 매입 지시 이후 지난 10년간 임대료도 올리지 않던 양조장 소유자가 스페이스 빔에게 2017년 말까지만 임대를 줄 수 있다고 통고했다. 다행이라고 할까? 동구청은 매입계획은 동구의회의 반대에 부딪혀 무산됐다. 그러나 인천 양조장 건물이 민간 건설업자에게 팔린다면, 유서 깊은 인천 양조장 건물과 1920년대 건립된 부속 한옥 건물은 철거돼 도시생활형 아파트 주택이나 빌라로 변모하고 말 것이었다.

인천 양조장 건물의 매각 위기와 인천 문화운동의 코아 중 하나인 스페이스빔이 쫓겨날지 모른다는 보도를 통해 이러한 사실이 알려진 이후 동구 지역 문화인들을 중심으로 '인천양조장 구하기모임'을 결성되어 활동에 들어갔다. 이들은 2017년 연말까지 다양한 방식의 기금 모금과 클라우드 펀딩 등을 활용해 시가로 약 12억 원에 달한다는 인천 양조장 건물을 시민 공동의 자산으로 만들자는 운동을 모색했다. 한국내셔널트러스트에서도 인천 양조장의 시민자산화를 위해서 방안을 모색하고 있다는 소식도 들렸다. 사유재산권만이 철칙으로 받아들여지고 있는 자본주의 사회에서, 도시를 휩쓸고 지나가는 젠트리피케이션으로 인해 많은 문화운동 단체들이 임대를 전전하면서 마을에 뿌리를 박지 못하고 있는 게 현실이다. 이런 상황에서 언제나 문화운동은 관의 지원에만 의존하고 일희일비해야 하는지 답답한 상황의 연속이었는데, 최근 들어 각지에서 시민자산화운동의 다양한 모델이 시도되고 있다고 한다. 배다리인천 양조장이 과거에 인천의 막걸리인 소성주를 빚었듯이, 인천 양조장 건물과 한옥 건물을 시민들의 기부와 모금을 통해 시민의 공공자산으로 만든다면, 인천 문화의 새로운 대항적 문화양조장으로 거듭나지 않을까? 배다리 산업도로 10주년을 맞아 배다리에서 다시 제기되고 있는 인천 도시운동의 과제라 아니할 수 없다.

인천의 커먼즈 자산과 내항재개발 커머닝의 방향

1. 도시공간의 영토화와 커먼즈운동의 지향

신자유주의가 지배하는 자본의 논리 속에서 도시기업가주의가 도시정책을 좌우하는 가운데 새롭게 나타나고 있는 도시의 공유자산을 지키기 위한 도시운동이 '커먼즈(commons)운동'이라는 이름으로 전세계적으로 확산되고 있다.[1] 다양한 경향의 커먼즈운동이 전세계적으로 대두하게 된 배경에는 자본주의의 급격한 신자유주의화 경향 속에서 도시공간에 대한 다양한 영토화 현상이 자리하고 있다. 박배균 서울대 지리교육과 교수는 투기적 도시화 과정에 대해 최근 학계의 이론을 소개하면서 시민주도로 도시공간에 대한 공공적 영토화 필요성을 제기하고 있다. 도시는 원래 사람들의 장소적 뿌리내림에 기반하여 정주적 공동체가 형성되는 곳이다. 그러나 자본주의 사회에서 투기적 욕망에 기댄 도시개발 과정은 장소적

---

* 필자 : 이희환

이 글은 인천대학교 인천공공성플랫폼이 2018년 11월 19일 개최한 "인천의 도시문화자산과 공공적 활용의 방향 모색" 주제의 제4차 지역현안 토론회에서 「인천의 도시문화자산과 내항재개발의 바람직한 방향」이라는 제목으로 발표했던 원고를 수정, 보완한 것임.

1) 정남영, 「대안근대로의 이행과 커먼즈 운동」, 『오늘의문예비평』, 2017년 겨울호 참조.

공동체를 파괴하고, 이윤 추구를 위한 공간의 상품화, 영토화, 구획화를 초래하여 도시를 자유로운 소통과 만남의 공간으로 자리잡지 못하고 있으며 이를 시민기반형 도시공간 창출로 극복해나가자는 것이다. 박교수가 제공한 논의를 따라가면서 인천의 도시공간 문제를 숙고해보자.[2]

박배균 교수에 따르면, 현재 도시공간의 영토화란 구획화와 울타리치기를 통해 공간을 특정 개인이나 집단의 배타적 소유와 점유의 공간으로 만드는 과정을 지칭한다. 이는 역사적으로 1) 영토적 주권에 입각한 근대 국가의 성립, 2) 자본의 시원적 축적을 가능하게 했던 인클로저 과정, 3) 사적 소유권을 기반으로 하는 근대적 재산권 제도의 확립 등과 같이 근대 자유주의 정치, 경제 시스템이 성립되는 과정에서 촉발됐다. 하지만 역사적으로 성립된 영토화된 공간체계는 그 자체로 보편적인 힘을 가진, 절대적이고 영구불변한 질서는 아니라고 하면서 '포용적 공유도시' 형성을 위한 '포스트 영토주의' 관점을 적극 개진하고 있다. 근대적 국가체계는 배타적 영토주권의 개념을 기반으로 성립되었지만, 현실의 국가 영토성은 근대적 정치사상이 이상형으로 전제했던 배타적 영토주권이 효과적으로 행사되는 상황과는 거리가 멀고, 오히려 복잡하고 다층적인 영토성과 다공적인 경계로 구성되어 있어 결코 안정적이지 않으며 항상 변화하는 역동성을 지니고 있다는 것이 포스트 영토주의의 관점이다.

현재 한국사회는 사적소유권에 대해 절대적 가치를 부여하고 있는 것이 현실이다. 헌법에도 담겨 있는 토지공개념이 사문화된 현실인 셈이다. 그러나 토지 자산에 대한 배타적 소유권 개념은 결코 근대사회를 규정하는 절대적이고 보편적인 진리이자 이성으로 인정되어서는 안 된다는 것

---

2) 박배균, 「시민기반형 공유지 정책을 위한 토론회 토론문」, 〈제13회 협치서울 정책토론회〉, 종로 마이크임팩트, 서울특별시, 2017. 12. 26.

이 그의 주장이다. 현재 전 세계에는 수 없이 다양한 형태와 방식의 재산권 체제가 존재하고 있고, 그 중 많은 것들은 사적 재산권의 이상형과 거리가 먼 공유적 형태의 소유권과 결합되어 있기도 하므로, 토지와 부동산에 대한 배타적 소유 개념을 절대시하는 재산권 체제를 절대적 진리로 받아들여서는 안 된다는 것이 박배균 교수의 주장이다. 즉, 자본주의적 정치-경제체제가 공간의 영토화와 그로 인한 투기적 도시화를 유발하는 경향성을 지니고 있지만, 근대 도시에서 공간적 영토화를 결코 피할 수 없는 숙명인 것으로 수동적으로 받아들여서는 안 된다는 것이다.

자본주의적 정치-경제체제가 창출해나가고 있는 현실의 도시화 과정에서 공간의 영토화는 다양한 제도, 담론, 이데올로기적 실천을 통해 강화되고 재생산되고 있는데, 박교수는 그 중 주요한 흐름을 다음과 같이 제시하고 있다.

1) 토지와 자산의 사적소유에 대한 이데올로기적 신화
- 배타적 사적 소유권을 절대시하는 재산권 체제를 무비판적으로 받아들이는 태도는 도시공간의 영토화를 강화하는 핵심적 동력임.

2) 신자유주의화의 경향 속에서 국공유지에 대한 민영화 시도
- 한때 작은 국가를 미화하는 신자유주의화의 흐름 속에서 국공유지를 민영화하여 국가의 재정적 부담을 줄이려는 시도가 있었음.
- 신자유주의에 대한 비판이 거세지면서 최근 들어 이러한 경향은 다소 약화되었으나, 지금도 여전히 막대한 국가재정이 소요되는 사업에서는 국공유지의 사용과 점유방식을 시공간적으로 쪼개어 그 중 일부를 민영화함을 통해 재원을 조달하려는 시도가 강하게 유지됨.

3) 국공유지 이용과 관리에서의 국가주의, 관료주의적 태도

- 국공유지를 관리하는 권한을 부여받은 정부부처나 기구가 그 국공유지에 대한 배타적 이용과 점유의 권한을 가지는 것으로 착각하는 경우가 종종 있음.
- 국공유지는 국가 전체가 소유하는 부동산이고, 궁극적으로 그 부동산에 대한 권한은 국가의 주권자인 시민들이 가지는 것. 국민들로부터 권한을 잠시 위임받은 관료나 국가 기구가 해당 부동산에 대한 이용과 점유의 권한을 배타적으로 가지는 것으로 생각하는 것은 전형적인 국가주의적이고 관료주의적 자세임.

4) 지역주민에 의한 공간의 영토화

- 흔히 풀뿌리 민주주의의 주체라고 여겨지는 '지역주민'들이 공간을 영토화하는 주역이 될 수 있음. 특히, 성장연합정치와 토건적 개발주의에 의해 동원된 지역주민들은 폐쇄적 공동체주의와 영토화된 장소적 정체성 속에서 특정 공간에 대한 배타적 이용과 점유를 주장하는 영토화된 주체가 될 수 있음.

1)의 사례로 인천에서는 인천가톨릭회관의 철거와 애관극장의 매각 위기, 러시아영사관 부지 오피스텔 건립 등의 사례를 떠올릴 수 있을 것이다. 이미 도시계획 용도변경을 통해 개발이익을 추구하고 있는 동양화학 공장부지에 이어 동구의 동일방직공장, 이천전기공장 등도 배타적 소유권이 기득권화된 구조 속에서 도시계획 용도변경을 통한 개발이익 획득을 노리고 있는 사례들이라고 볼 수 있을 것 같다. 2)의 사례로는 인천에서 집중적으로 벌어지고 있는 경제자유구역 개발사업이 대표적이다. 여기에 코레일이 소유하고 있는 인천역의 민자 복합역사 개발과 인천시가 추진한 '상상플랫폼' 임대 등이 또 다른 민영화 방식으로 등장하

고 있다. 3)의 사례로는 월미공원과 배다리 관통도로부지에 이어 부평미
군기지와 경인고속도로 일반화구간, 인천 내항재개발 구역 등이 해당할
것이다. 4)의 사례는 중구 관광개발지구에서 나타나고 있는 일부 동원된
지역주민들에 의한 송월동 동화마을 개발사례와 청라와 송도 경제자유
구역에서 나타나고 있는 G시티 개발요구와 송도 워터프론트 개발요구
등이 이에 해당하는 움직임이라고 볼 수 있을 것이다.[3]

박배균 교수는 최근에 일어나고 있는 공간의 자본주의 영토화 흐름에
대항하여 도시의 공공자산을 진정한 도시공유재로 만들기 위한 원칙을
다음과 같이 제시했다. 도시공간의 영토화로 인한 투기적 도시화의 문제
는 공유에 기반을 둔 부동산 소유권 제도의 확산, 부동산 가치를 시민과
공동체가 공유하는 상생의 도시화를 지향함을 통해 극복할 수 있다. 특
히, 최근 활발하게 제기되고 있는 "도시에 대한 권리(right to the city)"
개념을 바탕으로 도시의 공간이 정치—경제 엘리트, 국가기구나 관료집
단, 부동산 개발업자, 소유권자들에 의해 배타적으로 지배되는 것을 거
부하고, 모든 도시민들이 도시공간에 대한 공유적 참여를 바탕으로 공동
체적 삶을 구축할 것을 지향할 필요가 있다는 주장이다. 도시는 도시의
공간을 이용하고 전유하는 모든 사람들이 참여하여 만든 작품이며, 따라
서, 도시공간은 특정 누군가에 의해 배타적으로 소유되고 지배될 수 없
는 공유재적 성격을 지닌다는 것이 데이비드 하비가 주장해온 도시권의
기본개념이다. 따라 도시권 운동은 재산권을 중심으로 형성된 국가주의
적이고 보편적인 정의론에 기반한 자유주의 권리론을 거부하고, 그 대신

---

3) 인천의 공유자산과 그것에 대한 권력 행사 유형에 대한 보다 자세한 검토는, 민운기,
「인천의 공유자산과 인천시의 도시정책」, 『기전문화연구』 29권 1호, 경인교대 기전문화
연구소, 2018. 6. 참조.

사람들이 그들이 거주하고, 전유하고, 활동하는 도시공간의 생산에서 배제되지 않고 참여할 권리를 강조하는 운동이며, 도시화 과정에서 발생한 잉여의 배분을 민주적으로 관리할 것을 요구하는 운동이라는 것이다.

　서울에서는 경의선 폐선부지를 공유지로 활용하기 위한 운동이 전개되고 있다. 앞서 제시했던 네 가지 도시의 영토화 경향 중 세 번째 "국공유지 이용과 관리에서의 국가주의, 관료주의적 태도"에 맞서 시민들의 공간 점유 및 공유자산화를 통해 서울의 26번째 자치구로 만들자는 취지에서 "경의선공유지시민행동X26번째 자치구" 커먼즈운동을 전개하고 있다.4) 인천에서 현재 도시공간의 영토화를 둘러싸고 주요하게 대두되고 있는 부평미군기지와 인천 내항재개발 지구도 마찬가지로 국공유지 이용과 관리에 있어서의 시민들의 '도시에 대한 권리'를 확보하기 위한 차원에서 전개되고 있다고 볼 수 있다. 이와 관련하여 박배균 교수는 '도시권'의 관점에서 국공유지의 공공적 사용을 위한 구체적 원칙들에 대한 조심스러운 제안을 내놓고 있다. 민관이 함께 고민해야 할 매우 중요한 민주주의 원칙들인데, 아직 인천지역사회에서는 깊이 고민되지 않고 있다.

　1) 민주적 책무성의 원칙
　－국공유지의 사용이 해당 국가기구나 공공기관의 경영적 필요에 의해 결정되어서는 안 됨.
　－국공유지 사용을 둘러싼 의사결정은 민주적으로 이루어져야 하고, 민주적 방식으로 그 사용의 공공적 책임성에 대해 감시되어야 함.

---

4)　보다 자세한 것은 경의선공유지시민행동X26번째 자치구 홈페이지 https://blog.naver.com/commons16을 참조할 것.

2) 공유적 실천의 중요성

- 민주적 책무성은 '공유적 실천'의 과정을 강화하고 확대함을 통해 보장
  될 수 있음.
- 공유적 실천은 적극적으로 공유재를 규정, 창조하고, 지키고, 확대시
  키는 실천적 운동임.
- "시민의, 시민에 의한, 시민을 위한" 공유재 만들고, 지키고, 활용하기
  의 원칙을 국공유지에도 적용할 필요.
- 영토화와 탈영토화의 역동적 긴장

3) 영토적 함정의 극복

- 공유적 실천의 주체를 설정함에 있어서 지역주민을 절대시, 미화하면
  안 됨.
- 다양한 방식과 다양한 공간적 스케일에서 정의된 시민들이 국공유지
  활용의 의사결정과정에 참여할 수 있는 시스템이 필요함 5)

2. 인천 내항재개발, 시민들의 커먼즈 운동공간

이상에서 오늘날 도시에서 일어나는 자본과 권력에 의한 다양한 도시
공간의 영토화와 이에 맞서 시민적 도시공간 창출과 '포용적 공유도시'를
만들기 위한 도시권 운동, 커먼즈운동의 이념적 지향을 거칠게나마 살펴
보았다. 300만 명의 거대도시 인천이야말로 전술한 바와 같은 다양한
도시공간의 영토화가 경제자유구역을 시작으로 도시 전역에서 벌어지고
있는 도시다. 그리고 비록 초보적일망정 인천에서도 새로운 도시운동의
흐름으로 '커먼즈운동'의 문제의식이 나타나고 있다. 다만, 애경사와 인

---

5) 박배균, 「시민기반형 공유지 정책을 위한 토론회 토론문」, 참조.

천가톨릭회관의 철거, 애관극장의 매각위기 같은 개별적인 사안들에 대해 즉자적, 단발적인 대응을 넘어서 보다 조직적이면서도 지속적으로, 이념적인 문제의식과 목적의식을 갖고 인천의 역사·문화유산에 대하여 커먼즈의 관점에서 접근할 필요성이 대두하고 있다. 왜냐하면, 도시의 커먼즈를 사유화하려는 신자유주의 도시전략은 더욱 강고하고 교묘해질 것이며, 이를 그대로 방치한다면 도시의 정체성과 공동체의 파괴는 더욱 심각해질 것이고, 끝내는 우리가 살아갈 도시를 비정한 도시로 만들고 말 것이기 때문이다.

이런 관점에서 작금, 인천광역시 내에서 가장 핵심적으로 대두한 공간의 영토화 욕망과 이에 맞선 도시권 운동이 맞부딪히고 있는 공간을 꼽아보자면, 계양산과 배다리마을, 부평미군기지와 경인고속도로 일반화구간, 그리고 인천 내항재개발 부지 등이 해당할 것이다. 민간기업인 롯데의 골프장 개발에 맞서 계양산 보존운동을 전개한 것은 그 선구적 사례거니와 최근 들어 대법원에서 최종 승소판결을 받은 바 있다. 이와 반면에, 배다리마을은 인천시의 관통도로 개설에 맞서 주민들이 10여 년째 힘겹게 도로개설 반대운동을 전개하고 도로부지를 공유지로 활용하자는 운동을 전개해왔지만, 인천시의 관료주의적 태도와 지역사회의 무관심 속에 겨우 민관협의체 구성을 통해 새로운 논의를 시작하고 있다. 국가로부터 인천시로 관리권이 이관된 경인고속도로 일반화사업 구간은 애초 인천 최대의 녹지축 복원이라는 시민적인 요구가 정치권과 해당지역 주민들의 개발욕망이 성급하게 투영되면서, 난개발될 위기에 처해 있다. 인천 내항재개발은 국가가 40년 이상 독점하면서 인근지역 주민들에게 각종 환경피해를 끼치며 독점했던 곳으로, 어렵사리 노후 항만에 대한 항만재개발법에 따라 국가가 항만재개발 구역으로 고시해 공공성에 기반한 내항재개발이 이루어질 것으로 기대했지만, 현실은 다르게 흘러가고 있다.

> **인천 내항재개발 '문화관광' 대신 집장사로 쏠리나**
> **- 1·8부두에 공동주택 최대 4,913가구 짓는 계획안 '만지작'**
> **- 박 시장 공약인 고품격 복합관광지구 조성 물 건너갈 판**

인천 내항재개발사업이 고밀도 아파트 단지를 양산할 판이다. 수익을 우선하다 보니 그렇다. 박남춘 인천시장의 공약인 '해양문화복합관광지구' 조성은 물 건너갈 공산이 크다.

4일 시와 한국토지주택공사(LH), 해양수산부 등에 따르면 재개발 대상지인 내항 1·8부두(25만 6,905㎡)에 공동주택을 4,662가구에서 4,913가구를 짓는 3가지 대안을 만지작거리고 있다.

공시지가를 기준으로 가격 변동 폭에 따라 마련한 3가지 대안은 금융비용과 이자, 물가상승률을 감안한 순현재가치(NPV)를 볼 때 많게는 885억 원에서 적게는 22억 원 정도 밑지는 것으로 분석했다. 총 사업비의 67% 정도를 차지하는 높은 토지가격으로 사업성이 떨어질 것으로 내다본 것이다. 1·8부두 일대 준공업용지의 실거래가가 공시지가의 130%에서 165%로 형성되는 현실을 감안했다.

이에 따라 LH는 항만 임대료와 비교해 낮은 가격(공시지가 3.3㎡당 210만 원 수준)에 토지 매각을 요구하고 있다. 하지만 소유주인 인천항만공사(IPA)는 감정평가금액으로 매각한다는 입장에서 물러서지 않고 있다. 이럴 경우 LH는 수익성을 따져 1·8부두 재개발 대상지나 앞으로 단계별로 개발할 나머지 부두에 더 많은 아파트를 건립할 수밖에 없는 구조다. '도크타운' 해양신도시 건설이 대안으로 떠오를 수도 있다. 중구는 2016년 11월 '도크타운 해양신도시 건설 추진계획' 용역 발표를 통해 내항 전체(515만㎡)를 재개발하면서 총 1만9천 가구를 건설하는 방안을 제시하기도 했다.

도크타운은 영국의 도크랜드와 부산 북항을 모델로 2035년까지 1단계 1·8부두, 2단계 2·6부두, 3단계 3~5·7부두 등 순차적으로 개발하는 사업이다. 사업비는 16조 6천억여 원으로 국비 3조 1,847억 원과 상부시설 개발사업 수익금 13조 4,376억 원으로 충당한다.

사업 추진 주체와 방식도 아파트 건설을 부추기고 있다. IPA는 재개발사업에 출자를 하거나 사업시행자로 참여하는 것을 꺼리고 있다. 정관상 재개발사업에 참여할 수는 있지만 해양수산부 측이 반대한다는 이유를 든다. IPA가 감정평가로 땅을 팔고 사업에 참여하지 않을 경우 사업 추진은 더디고 수익성은 더 떨어지게 마련이다. 사업 시행 방식은 ▶LH 단독 ▶시·LH 등 SPC ▶시·민간 SPC(LH 자산관리 대행) 등 3가지 구도를 고려 중이다. LH는 땅 주인인 IPA가 빠진 이런 구도에서 수익을 바로 낼 수 있는 아파트 건설을 추구할 공산이 크다.

여기에 시는 용도변경 등 행정 지원을 할 수밖에 없는 구조다. 대규모 아파트 단지 조성에 가려 박 시장이 공약한 해양문화복합관광지구 조성은 애당초부터 퇴색할 수밖에 없다는 우려가 나오는 이유다. 박 시장은 내항을 문화가 있는 고품격 관광지구로 개발한다는 공약을 제시했다.

허종식 균형발전정무부시장 내정자는 "박 시장의 공약은 주민 참여형 해양문화복합관광지구 조성으로 LH측이 구상 중인 사업성 검토를 들여다본 뒤 추진 방식과 개발 방향을 세우겠다"고 말했다.

위 기사는 『기호일보』가 2018년 7월 5일자 1면에 보도한 내항재개발 사업 추진 관련 공공기관들의 행태를 고발한 기사이다. 『기호일보』는 이 기사에 이어 7월 9일과 10일 연속적으로 인천 내항재개발사업 추진과정의 이면을 보도했다.[6] 이 기사들을 들여다보노라니, 주민의 숙원사업이자 인천 원도심재생의 핵심사업인 내항재개발이 공공성과 미래비전을 염두에 두고 추진되기는커녕 공공기관들의 이해타산으로 막장개발 될 위기에 처해 있다는 것을 여실히 느끼지 않을 수 없다. 인천항만공사(IPA)

---

6) 「내항 1·8부두 항만개발 사업 IPA는 땅만 팔고 물러설 판」, 『기호일보』, 2018. 7. 9.
「내항 1·8부두 개발 협약 후 '땅 매각' 선회」, 『기호일보』, 2018. 7. 10.

는 땅장사로 재미보고 빠지는데 혈안이 돼 있고, 뒤늦게 참여한 한국토지
주택공사(LH)는 고밀도 아파트 단지 건설로 집장사할 틈새를 노리고 있
다. 해수부는 국비 지원은 모르쇠로 구두쇠 노릇하면서 LH를 내세워 민간
개발을 부추기고 있고, 인천시는 공공기관의 이런 꼼수에 판 깔아 주는
거간꾼 역할을 하고 있는 것 아닌가? 이러다가는 박남춘 인천시장의 공약
인 고품격 '해양문화복합관광지구' 조성도 물 건너갈 공산이 클 뿐 아니라
원도심을 죽이는 내항재개발로 귀결되지 않을 수 없다. 실로 실망을 넘어
분노를 금할 수 없는 행태다.

　사업 추진 주체와 방식도 아파트 건설을 부추기는 구조로 가고 있다니
심각하다. 지난 40여 년간 중구 주민들에게 각종 환경재앙을 선사하면서
막대한 임대료 수익을 올린 인천항만공사가 해양수산부가 반대한다는
이유를 들어 재개발사업에 출자를 하거나 사업시행자로 참여하는 것을

〈그림 1〉 인천시가 내놓은 내항1·8부두재개발과 상상플랫폼 조감도

꺼리고 있다는 것이다. 언론 보도 이후 인천항만공사는 부인하고 나섰지만, 실제로는 오직 감정평가액으로 땅만 팔고 빠지려는 입장을 갖고 있음이 드러난다. 이렇게 되면 사업 추진은 더디고 수익성은 더욱 악화돼 아파트 개발을 부추길 게 분명하다. LH는 땅 주인인 IPA가 빠진 구도에서 수익을 바로 낼 수 있는 아파트 건설을 내항 전체로 확대할 공산이 크다. 공기업인 인천항만공사는 무책임하게 땅장사에 나선 셈이고, 주거약자를 위해 존재해야 할 LH공사가 항만재개발에 뛰어들어 집장사를 하겠다는 욕망만을 적나라하게 드러내고 있는 셈이다.

　내항재개발이 이처럼 공익을 무시한 기관이기주의의 야바위판으로 흘러가는데 있어서 해양수산부와 인천시가 제 역할을 못한 책임이 크다. 민자사업자 공모 실패 이후 해양수산부가 '공공적 개발'을 명분으로 내걸면서 LH공사를 끌어들여 막장개발 거간꾼 노릇을 해왔다는 사실에 더더욱 큰 분노와 슬픔을 금할 수 없다. 애초 해양수산부는 인천 내항 1·8부두 내 인천항만공사 땅을 임대하는 방식으로 항만재개발을 추진했으나 2016년 12월 LH가 사업에 참여해 해수부와 시, IPA, LH가 '내항 1·8부두 항만재개발사업 기본업무협약(MOU)'을 맺은 뒤부터 토지 일괄 매각 쪽으로 선회했다고 한다. 국가기관인 해양수산부가 공공성에 입각해 국민인 인천시민의 전체 이익을 돌보지 않고 부처이기주의에 함몰된 반국민적 독단밀실행정을 펴고 있다고 아니할 수 없다. 해양수산부는 '항만재개발법'을 만들 당시, 노후 항만도 아닌 영종도 준설토투기장도 항만재개발법을 적용해 개발할 수 있도록 꼼수를 써 법안에 포함시킨 바 있다. 인천 영종도 준설토투기장에 한상드림아일랜드를 끌어들여 민자개발을 적극적으로 추진하고 있는 해양수산부가 인천시민들의 숙원사업인 내항재개발사업에 대해서는 국비 지원조차 인색한 채 공공성이 이처럼 약화시키도록 방치하는 것, 이것이 과연 국가기관이 할 짓인지 묻지 않을 수 없는 것이다.

해양수산부는 인천항 전체의 기능재배치와 더불어 노후 항만인 내항의 고철, 목재, 벌크화물 처리로 인해 고통 받은 인천 주민들을 위해 적극적인 국비 지원과 함께 공공성 있는 내항재개발이 될 수 있도록 내항 부지를 반영구적인 임대가 아니면 그간의 주민피해를 반영해 공시지가 이하로 인천시민들에게 내놓는 것이 옳다. 그런데 원도심 재생을 최대의 정책목표로 내세우고 있는 인천시 도시재생과는 내항재개발을 둘러싼 이들 기관들간의 밀실 거래를 인천시민들에게 전혀 알리지 않은 채, 내항재개발이 아파트개발이 되도록 오히려 내항마스터플랜 연구용역에도 LH공사를 참여시키는 등 무능하고 무책임한 행정을 전개하고 있다. 중구와 인천시민들에게 모든 사실을 투명하게 알리지 않는 것도 큰 문제다.

3. 내항8부두 상상플랫폼 선도사업이 의미하는 것

한편, 6·13지방선거를 전후해서 인천시 도시재생과에서는 내항8부두의 곡물창고를 상상플랫폼으로 조성하는 사업을 추진했다. 인천광역시 도시재생과는 2018년 7월 19일 내항재개발사업 대상지인 내항8부두에 위치한 대형 원당창고(1만 2,150㎡)에 사업비 396억 원(국비 123억 원)을 투입하여 '인천개항창조도시' 도시재생사업의 선도사업인 '상상플랫폼'의 운영사업자로 대기업 CJ의 계열사인 씨제이씨지브이(주)가 선정됐다고 발표했다. 이 사업은 전임 유정복 시정부 하에 추진된 '인천개항창조도시' 도시재생사업의 마중물사업이라는 명목으로 내항 전체 마스터플랜 용역이 수립 중임에도 불구하고 선도사업이란 이름으로 지역 주민들과 전문가들의 여론을 충분히 수렴하지 않고 도시재생과가 일방적으로 무리하게 추진해왔다. 성과주의 행정에 입각해 무리하게 추진한 결과 운영사업자로 선정된 씨제이씨지브이(주)가 제안한 사업내용을 보면, 이 사업이 원도심을 살리는 도시재생사업이 아니라 원도심을 오히려 죽이는 대기업 특혜성 관광개발사업이라는 사실을 여실히 보여준다.

이에 인천시민들은 '인천내항과바다되찾기시민모임'(준)을 결성하고 이 문제에 대해 적극 대응해왔다. 시민모임은 우선 상상플랫폼을 선도사업으로 밀어붙인 '인천개항창조도시' 도시재생사업 전체가 시작부터 잘못 추진된 사업이라는 점을 지적하였다. 인천시 도시재생과가 주도해온 '인천개항창조도시' 도시재생사업은 국토교통부의 도시재생사업 공모에 '경제기반형 도시재생사업'으로 2015년 12월 선정된 이후 2017년 9월 25일 이낙연 국무총리 주재로 열린 제8차 도시재생특별위원회를 통과하면서 본격화된 사업이다. 2016년부터 2021년까지 국비 500억 원과 함께 시비 등을 들여 추진하는 이 사업의 추진과정에 있어서, 국토부 공모라는 이유를 들어 인천시 도시재생과와 인천발전연구원 연구진들에 의해 사업기본계획이 밀실에서 짜여졌다고 비판했다. 지역주민들의 참여나 전문가들의 다양한 견해가 반영될 수 있는 거버넌스 없이 사업내용이 입안되었고, 그 결과 월미도가 주요한 대상사업지로 변경되는 등 도시재생사업이라는 이름이 무색하게 인천의 가치를 파괴하는 '관광개발사업'이라는 비판이 거듭 제기된 것이다.

'인천개항창조도시' 도시재생사업의 가장 문제적인 두 가지 사업이 바로 마중물 사업으로, 새 시정부가 들어서자마자 서둘러 추진하고 있는 상상플랫폼과 인천역 민자 복합역사 개발사업이다. 경제기반형 도시재생사업이 아무리 '앵커시설 도입'과 '민자유치'에 초점을 두고 있더라도, 이 두 가지 사업은 '입지규제 최소구역 지정'을 비롯한 도시계획상의 모든 제한과 규제를 풀어주는 특혜를 민간자본에게 선사하고 정작 원도심인 인천 개항장 지구의 상업기능을 황폐화시킬 재벌특혜 관광개발사업으로 변질돼 추진되고 있다. 인천시는 내년 하반기까지 국시비 396억 원을 들여 8부두 내 폐 원당창고 부지 매입과 외부 리모델링(공사비 최대 146억)까지 해주고, 운영사업자에 20년 동안 「공유재산 및 물품관리법」에 따른 대부방식으로 연간 약 21억 원 정도의 대부료만 받고 운영을 맡긴다고 한다. 인천시는 "운영사업자는 인천시민을 대상으로 청년창업지원 및 일자리 창출과 대규모 집객 효과를 창출하여 지역경제와 산업구조를 획기적으로 탈바꿈시킨다."고 선전해왔다.

인천시는 그간 상상플랫폼에는 교육·체험, 연구개발, 창업지원시설이 들어선다면서 ICT 오픈캠퍼스와 청년작가스튜디오, 디지털체험 박물관, 창작공방과 연구·창업공간 등이 꾸려진다고 홍보해왔다. 그러나 구체적으로 운영사업자로 선정된 씨제이씨지브이(주)가 도입한 세부 도입기능을 살펴보면, 20%의 공공기능 시설에 스튜디오, 창작공간(7.4%), VR lab(3.1%)를 넣고 창업지원이란 이름으로 아티스트창업, 청년창업(푸드)에 9.6%를 제안했다. 이는 대부분 인천시민들이 값비싼 체험 비용을 지불해야 하는 체험형 시설들이다. 약 30%의 공용면적을 제외하고 나머지 50.7%의 시설도 첨단영화관, 엔터테인먼트센터, 전망호텔, 카페 등으로 모두 인천시민들은 물론 외부 방문객들의 호주머니를 노리는 상업시설로 채워져 있다. 대기업에 의해 이런 시설들이 운영된다면 이는 지역의 역사와 문화, 예술을 연결시켜 원도심 전반의 활성화를 도모할 수 있는 '상생' 플랫폼이 아닌, 주변 상권 즉 월미도나 차이나타운, 신포동과 중앙동 일대의 상권까지 빨아들여 침체를 불러올 대재앙의 블랙홀이 될 것이다. 더불어 도시 변화와 혁신을 이루기 위한 실험실(laboratory)로서의 다양한 기회의 제공과 활용 가능성은 봉쇄되고 말 것이다.

가뜩이나 지역경제가 어려워져서 지역 순환형 내발적 경제발전 모델을 궁구하자는 제안이 거듭되는 마당에, 서울 용산구에 본사를 둔 대기업 씨제이씨지브이(주)에게 알토란같은 내항 8부두의 보석 같은 곡물창고를 무려 20년이나, 그것도 온갖 특혜를 베풀면서 공간을 대여해주는 것이 도시재생사업이란 말인가? 씨제이씨지브이(주)가 300억 시설투자를 하겠다는 것도 지역의 자산으로 쌓이지 않는 수익시설비용이자 이윤으로 회수할 비용의 규모를 의미하거니와 신뢰하기 어렵다. 200명을 고용하겠다는 일자리 창출 계획도 본사의 직원들이 대부분일 테고, 지역의 청년들은 값싼 아르바이트 단기 고용에 그칠 공산이 크다. 이게 공익성을 최우선으로 해야 할 내항재개발 우선사업지구인 8부두에서 가장 먼저 해야 할 일이란 말인가!

상상플랫폼과 함께 '인천개항창조도시' 도시재생사업의 또 하나의 마중물사업이라는 인천역사 복합개발도 큰 문제다. 이 사업은 인천역 주변 부지를 소유하고 있는 한국철도공사(코레일)가 주도하는 사업으로 인천시는 코레일의 민자역사 개발사업을 성공시켜주기 위해 입지규제최소구역을 전국 최초로 신청했고, 국토교통부는 2016년 7월 인천역 일대 개발부지를 입지규제최소구역으로 지정해 건축규제를 풀어줬다. 입지규제최소구역은 기존의 용도지역에서 건축물 허용 용도와 밀도, 높이 등 규제를 전혀 받지 않는 용도구역 제도로, 건축법상 특별건축구역에 해당돼 각종 건축특례를 적용받을 수 있게 된다. 코레일은 사업비 민간자본을 끌어들여 1,606억 원을 투입해 인천역 부지 1만 1,700㎡를 업무·숙박·

문화·판매시설 등을 갖춘 복합역사로 개발한다고 한다. 코레일의 현물 출자와 주택도시기금 출자·융자, 민간자본 참여의 도시재생 리츠방식으로 진행될 이 사업에 만약 민간자본이 붙어 사업이 가시화된다면 인천역 복합역사는 지하 4층·지상 25층 규모로 지어진다는 것이다. 이렇게 되면 이 일대의 역사성 있는 도시공간은 어떻게 될 것인가? 개항장 당시의 경관을 유지하고 있는 중국인거리 앞 최초의 경인철도 시발지는 거대한 빌딩으로 변모해 그 역사적 아우라가 영영 사라져버리는 끔찍한 도시 파괴가 이루어질 것이 자명하다. 이것이 어찌 도시재생이란 말인가?

이러한 문제의식 아래 시민모임은 상상플랫폼과 인천역 복합역사 개발이라는 민간자본만 살찌우는 특혜 개발시설 건립을 도시재생사업의 앵커시설이라고 우기면서 추진되고 있는 현재의 '인천개항창조도시' 도시재생사업은 지금 당장 중단되어야 한다고 주장했다. 특히나 공공성을 최우선으로 하여 추진되고 있는 인천 내항 전체의 마스터플랜 계획이 마련되기도 전에 대기업의 상업시설부터 도입하는 인천시 도시재생과가 큰 문제가 있다고 본 것이다. 따라서 인천시는 상상플랫폼 민간 운영사업자와의 계약 체결을 중단하고 시민들의 목소리를 경청할 것을 요구했다. 인천역 복합역사 개발도 공개토론회 등을 열어 그리고 원점에서 다시 중구 주민들, 지역 전문가들이 참여하는 거버넌스 구조를 만들어 계획 하나하나를 재검토하면서 원점에서 다시 추진할 것을 제안했다.

시민모임은 나아가 상상플랫폼 및 인천역 복합역사 개발 반대 입장을 분명히 밝히는 동시에 인천 원도심 최대의 도시재생사업이자 내항 전체의 항만재개발사업이 인천시민들이 그간 잃어버렸던 바다를 인천시민에게 되돌려 주는 사업이 되도록 범시민 차원의 운동으로 '인천 내항과 바다 되찾기' 운동을 인천지역 제 단체와 시민들에게 여러 차례 제안했다. 차제에 해양수산부가 무모하게 매립하려다 중단된 북성포구를 비롯하여 월미도 일원, 그리고 만석, 화수부두에 이르는 원도심의 바다를 시민친화적인 공유의 자산으로 되찾고, 인천시민들이 바다를 쉽고 편하게 향유할 수 있도록 하는 '도시에 대한 권리' 찾기 운동을 시민들과 함께 지속적으로 벌여나갈 것을 다짐하기도 했다. 그러나 거대한 국가기관과 공공기관들의 강력한 행정력 앞에 인천 시민들의 목소리는 모아지지 않고 있다.

4. 인천 내항재개발 커머닝의 향방

박남춘 시정부가 들어선 이후에도 인천시 도시재생과는 법적으로 하자가 없다는 이유와 이미 절차대로 계약을 체결했으므로 씨제이씨지브이(주)에게 장기 대여키로 한 상상플랫폼 사업을 재검토 없이 그대로 진행하고 있다. 인천시는 또 반대의견을 낸 시민모임은 '중구지역 거주지 대상자'여야 한다는 단서조건을 달아 배제한 채 사업화추진협의회를 구성했다. 온라인 중심의 시민모임도 이 문제에 대해 몇 차례 성명서를 발표하고 토론회를 준비했지만, 중구지역의 이해관계를 갖고 있는 폭력집단의 토론회 방해 이후 모임이 제대로 이루어지지 않으면서 표류하고 있다. 그런 과정에서 해양수산부와 인천항만공사, 인천시, LH공사 4개 공공기관은 수억 원을 들여 내항재개발 전체 구역에 대한 마스터플랜 용역을 발주하여 인하대 산학협력단 컨소시엄이 제출한 '다시 개항 4.0' 내항재개발 마스터플랜 구상을 당선작으로 선정해 발표했다.

내항재개발을 둘러싼 인천의 추진 과정은 과연 온당한 것인가를 앞서 박배균 교수가 제시한 원칙에 비추어 고민해볼 필요가 있다. 현재 내항재개발 사업은 철저히 국공유지의 사용에 있어 해당 국가기구인 해양수산부나 공공기관인 인천항만공사, 인천시, 토지주택공사의 기관이기주의에 의해 결정되고 있다. 국공유지 사용을 둘러싼 의사결정은 민주적으로 이루어져야 하고, 민주적 방식으로 그 사용의 공공적 책임성에 대해 감시되어야 하나 그런 과정이 전무한 채 형식적인 '내항재개발지역협의회' 회의를 두고 관철되고 있다. 즉, 민주적 책무성의 원칙이 전혀 지켜지지 않고 있는 것이다.

내항재개발사업이 이처럼 민주적 책무성이 지켜지지 않는 이유는, 내항의 재개발이 인천시민 모두의 공유재라는 관점에서 접근되지 않고, 내항을 미래의 공유재로 지키고 창조하고 확대시키는 실천적 운동으로 이어지지 못하고 있기 때문이다. 즉 "시민의, 시민에 의한, 시민을 위한" 공유재로 내항재개발 구역을 만들고, 지키고, 활용해야 하는 원칙이 실종된 것이다. 영토화와 탈영토화의 역동적 긴장이라는 과정을 통해 이루어져야 할 공유적 실천의 중요성이 전혀 지켜지지 않고 있다. 또한 현재의 내항재개발사업이 인천시민 모두의 것이 아니라 특정 지역 주민, 즉 중구 주민의 이해관계라는 틀에서 논의되는 영토적 함정에 빠져 있다. 공유적 실천의 주체를 설정함에 있어서 지역주민을 절대시, 미화해서는 안 되며, 다양한 방식과 다양한 공간적 스케일에서 정의된 시민들이 국공유지 활용의 의사결정과정에 참여할 수 있는 시스템이 필요한데 전혀 그렇지 못한 것이다.[7]

이러는 사이, 내항재개발 마스터플랜 아이디어 국제공모 당선작을 기초로 2018년 연말까지 마스터플랜을 확정하기 위한 수정작업이 밀실에서

---

7) 박배균, 「시민기반형 공유지 정책을 위한 토론회 토론문」, 참조.

거듭되고 있다. 이 마스터플랜 용역은 인천시·해수부·LH·인천항만공사가 2018년 2월 18억 원의 예산으로 착수한 것이다. 국제현상공모를 거친 결과 인하대 산학협력단과 독일 하펜시티 항만재개발 사업의 마스터플랜을 수립한 네덜란드 도시설계 전문회사 'KCAP'와 건축설계 전문회사 '나우동인건축사사무소'가 참여한 컨소시엄이 제출한 공모안이 당선됐다. 이들은 인천을 글로벌 해양문화관광도시로 변모시키기 위해 '다시 개항 4.0'을 선언하고 내항의 새로운 미래발전 전략으로 '스마트 하버시티' 구상을 제시했다. 내항 1·8부두에는 친수 공간과 문화시설이 있는 해양문화지구가 들어서도록 설계하고 인천항 제2국제여객터미널 이전 부지와 2부두는 행정타운을 중심으로 한 일자리 거점으로 조성한다는 것이다. 3부두는 상징광장과 플로팅 아일랜드가 설치되고, 4부두에는 주상복합 시설과 수변산책로·공원이 만들어진다. 5부두는 첨단물류산업단지, 6부두는 친

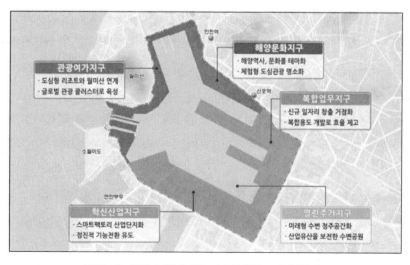

〈그림 2〉 인천 내항재개발 마스터플랜 5개 특화지구

환경 생태공원과 월미복합관광단지, 7부두는 누들뮤지엄과 하버워크 등
으로 그려놓았다. 인하대 산학협력단은 인천항과 석탄부두를 연결하는
철도(폐선 예정)를 친환경 트램으로 전환해 대중교통 접근성을 강화하고,
월미도와 연계해 수변산책로를 만드는 방안도 제안했다.[8]

 이미 한 차례, '인천 내항재개발 추진협의회'에서 개괄적인 발표를 한
이 마스터플랜 아이디어는 수정 작업을 거쳐 2019년 1월 9일 내항재개발
마스터플랜으로 확정돼 발표됐다. 마스터플랜 용역을 먼저 확정하기 위해
현재 중단된 '내항 1·8부두 재개발 사업화 용역'도 마스터플랜이 만들어지
면 곧바로 재개될 예정이다. 그러나 벌써부터 마스터플랜에 대해서 불만
들이 나오고 있다. 인천내항은 지리적으로 일본 요코하마가 맞지 독일
하펜시티와는 맞지 않는다는 의견과 마리나, 해양레저, 여객선 등 바다
쪽 계획이 전혀 없는 단순한 도시계획 같다는 등의 지적도 나오고 있다.
심지어 2009년께 중구가 내항 전체와 해수부가 1·8부두를 대상으로 실시
한 용역 결과보다 못하다는 의견도 나오고 있다. 내항재개발 사업 자문단
의 한 관계자는 "(인천항만공사가 추진하는) 골든하버를 살려 땅 장사를 하기
위해 핵심 시설(마리나 등)을 다 가져가고 빈 깡통인 내항은 무엇으로 재개
발하겠다는 것인지 한숨만 나온다."고 지적했다는 보도다.[9]

 컨소시엄의 주관 책임자인 인하대 김경배 교수는 협의회 발표과정에
서 공공성과 사업성의 조화가 필요하다고 거듭 강조하면서도 사업추진
전략 발표에 있어서는 초기 사업비를 축소하고, 전략적 토지임대 등을
통해 사업성을 강화하고 공공성은 장기적으로 확보해야 할 것이라고 강
조했다. 사업성을 확보하기 위해 주상복합 시설이 들어가고 산업단지가

8) 「인천 내항 '해양문화관광도시' 밑그림」, 『경인일보』, 2018. 10. 2.
9) 「인천 내항재개발 마스터플랜 벌써부터 '불안'」, 『기호일보』, 2018. 10. 2.

계획됐으며 1·2부두에는 갑자기 복합행정타운이 들어갔다. 40여 년간 지역 주민들에게 국가가 끼친 피해를 보상하는 차원에서라도 부산 북항재개발사업에 투여된 1,700억 원 정도의 국비만큼 내항재개발에도 지원해야 하지 않느냐는 거듭된 요구에 대해, 해양수산부 지역개발과 과장은 법에 따라 지원할 수 있을 뿐이라고 말했다. 인천항만공사 소유의 내항 부지를 싼 값에 공급해야 한다는 주장에 대해서도, 내항 부지는 항만공사라는 '개인 땅'이라고 못 박았다. 회의에 참석한 LH공사 과장은 주택을 짓지 않고서는 결코 사업성을 확보할 수 없다면서 민자개발사업이 이루어질 수 있도록 매력요소를 제공해야 한다고 주장했다. 매우 우려스러운 이런 주장이 공공연하게 표출되고 있음에도 불구하고, 인천시는 이에 대해서는 별 관심을 기울이지 않은 채, 상상플랫폼에 이어 내항8부두에 해양안전체험관을 국비를 따서 건립하겠다는 발표를 또 내놓았다. 내항재개발 전체에 대한 구상도 갖지 않은 채, 성과내기에 급급한 모양새다.

어찌할 것인가? 인천 내항재개발 지구는 과연 미래 인천시민들에게 중요로운 공유공간으로 살아남을 것인가? 아니면 공공성을 포기하고 자기 기관의 이해관계에 혈안이 된 국가를 비롯한 공공기관들의 개발욕망이 빚어내는 일그러진 마천루가 될 것인가? 인천시민들과 지역 전문가들의 지혜와 참여가 이루어져 그 향방을 스스로 결정하고 관철할 수 있기를 고대한다. 내항은 인천시민의 공공자산이기 때문이다.

'도시 기업가주의'에서 '도시 내발적 발전'으로!

1. 민선6기 인천을 되돌아보며

민선6기 유정복 인천시정부 4년 동안 인천시민들이 가장 많이 들은 용어들은 '인천 가치 재창조'라는 시정 구호에 이어 '인천 주권', '애인(愛仁)'이라는 구호였다. 그렇다면 민선6기 유정복 시정부는 진정 인천을 사랑했고, 인천의 가치를 잘 보전했을 뿐만 아니라, 인천의 가치를 재창조했는가 물어보아야 할 때다. 아울러 300만 명의 대도시가 된 인천이 마땅히 누려야 할 인천의 주권은 어느 정도 확보했는지도 지역사회가 같이 따져보아야 한다.

'인천 가치 재창조'에 이어 시장으로부터 발어된 인천 '담론'은 과연 인천이 처한 제반 현실로부터 출발한 선언이었는가? 이에 대한 시민들의 평가는 이미 지난 6·13지방선거 결과를 통해 어느 정도 드러나기도 했다. 하지만 유정복 시정부가 인천 가치 재창조, 인천주권시대, 애인정책 등의 슬로건을 내걸고 추진됐던 각종 도시정책, 그 가운데서도 도시

---
* 필자 : 이희환
  계간 『황해문화』 2018년 겨울호.

개발 및 도시재생, 균형발전과 관련된 일련의 정책들이 남긴 문제들은 고스란히 새 시정부가 풀어야 할 과제로 남아 있다.

그렇기 때문에 민선7기 새 시정부는 민선6기의 정책과 시책들에 대해 엄밀한 평가와 검토를 통해 민선7기 시정부의 정책방향을 결정해야 한다. 시민협치와 원도심 재생을 두드러지게 강조한 민선7기 박남춘 시정부가 꿈꾸는 도시 인천의 비전은 무엇이며, 그것을 실현하기 위해 어떤 도시정책을 펼쳐나가야 할지 깊이 고민해야 할 시점이다. 시대적 과제로 부각되었으나 정치권의 이해관계 속에 표류하고 있는 지방분권시대를 대비하기 위해서라도 경향 각지에서 새로 출범하는 민선7기 시정부가 지역을 스스로 개혁하는 방향을 제대로 잡아나가길 고대한다.

2. 도저한 인천의 '도시 기업가주의' 정책

도시에 대한 정치경제학 연구의 대가인 데이비드 하비는 최근 저서 『반란의 도시』(Rebel Cities)에서 도시공간을 둘러싼 자본의 독점지대 구축이 도시의 '집합적 상징자본' 형성에 집중하게 되는 흐름에 대해 아래와 같이 주목한 바 있다.

> 파리, 아테네, 뉴욕, 리우데자네이루, 베를린, 로마 같은 이름과 장소가 보유한 집합적 상징자본은 대단히 중요하다. 이런 상징자본은 볼티모어, 리버풀, 릴, 에센, 글래스코 같은 곳은 따라잡기 힘든 경제적 우위를 안겨 준다. 뒤에 열거한 도시들은 독점지대를 낳은 독특함을 주장할 근거를 내세우기 위해 상징자본 지수를 높여야 하고 또 뭔가 뛰어난 측면이 있다는 징표를 늘려야 하는 과제를 안고 있다. 도시 '브랜딩'이 중요한 것이다. 교

통·통신이 발달하고 무역 장벽이 낮아져 독점력이 사라짐에 따라, 독점지
대의 기반인 집합적 상징자본을 둘러싼 투쟁은 더욱 중요해지고 있다.[1]

외재적 자본의 유입을 통한 도시의 성장과 경제적 우위를 확보하기
위한 도시간 경쟁의 이면에는 자본의 독점적 이윤 창출이라는 도시전략
이 숨어 있고, 이것이 특히 최근에 들어와서는 도시의 '집합적 상징자본'
을 인위적으로 창출하고자 하는 치열한 경쟁과 투쟁으로 비화되고 있다
는 진단이다. 필자는 이 대목을 읽을 때마다, 우리나라 대부분의 도시들
이 집합적 상징자본을 형성하려는 치열한 경쟁 속에 골몰하고 있는 도시
정책의 본질을 엿보게 된다. 특히 '동북아의 관문도시 인천', '세계 명품
도시 인천', '대한민국의 심장, 경제수도 인천' 등의 슬로건으로 열거됐
던 과거 인천의 도시정책들을 절로 연상하게 된다. 민선 3기에서부터
민선5기에 이르기까지 인천이 모델로 삼고자 주로 거론했던 도시들은
아테네, 리우데자네이루, 베를린, 로마 같은 역사도시나 문화도시들은
아니었다. 뉴욕과 도쿄, 상하이와 두바이 같이 빌딩이 마천루를 이루는
거대도시들이 주로 시정 홍보지와 시장의 연설문 속에 자주 언급됐던
것으로 기억한다. 송도국제도시를 비롯한 세 곳의 경제자유구역 건설사
업이 지향하는 미래도시 인천의 모습이 바로 그것이었다.

데이비드 하비는 국제금융자본의 흐름에 맞춰 집합적 상징자본을 경
쟁적으로 구축하려는 성장주의 도시정책을 '도시 기업가주의'라고 표현
하였다. 도시 기업가주의는 공적 권력과 시민사회, 사적 이익집단 이 세
가지를 하나로 묶어 일정한 유형의 도시개발과 지역개발을 촉진하고 관

---

1) 데이비드 하비, 『반란의 도시』, 한상연 옮김, 에이도스, 2014, 184쪽.

리하는 도시 거버넌스 방식을 만들어내는데, 이를 다른 말로 표현하면 '지역 성장연합'이 주도하는 도시정책이라고 부를 수 있을 것이다. 신자 유주의 세계화 속에서 도시간 경쟁 및 지역간 경쟁이 극심한 상황에서 도시경쟁에서 이기려면 자본의 투자 과정을 원만하게 조율해 역동성을 살려야 하고, 적절한 장소와 시기에 핵심적인 공공투자를 집중해기 위한 '지역 레짐'(urban regime)을 구성해 도시정책을 구사하는 흐름이 세계의 도시 곳곳에서 경쟁적으로 만연해 있다는 것이다.

과거 인천시가 갯벌을 매립해 조성한 송도를 위시한 세 곳의 경제자유 구역을 지정해 국제금융·건설자본의 집중적 투자유치를 명목으로 자본 의 독점적 초과이윤을 보장했던 경제자유구역 정책은 신자유주의 세계 화의 흐름 속에서 이에 적극 편승하려 했던 도시정책의 산물이자 도시기 업가주의의 '성장동력'이었다. 인천 송도경제자유구역에서 펼쳐진 국제 금융자본의 투기와 독점적 이윤 창출과정, 부정과 부패로 점철된 기업주 의적 도시개발 정책의 문제점에 대해서는 최근 인천지역에서도 연구가 본격화되고 있거니와, 이 시기 지역 성장연합의 거점 역할을 한 인천시 정부가 표방한 정책 구호가 바로 '동북아의 관문도시', '세계 명품도시 인천', '대한민국의 심장, 경제수도 인천'이라는 시정 슬로건과 도시 '브 랜딩' 전략이었다.

그러나 2008년 미국발 국제금융위기가 지속적인 영향을 미치고 국내 건설경기와 부동산경기가 장기침체하면서 인천시의 대규모 독점적 도시 공간 형성정책은 일정하게 정책방향을 수정하지 않을 수 없게 되었다. 민선3·4기 안상수 전 시장 때 무리하게 밀어붙인 가정오거리 루원시티 와 도화지구 인천대 이전적지가 자본의 뜻대로 개발이 이루어지지 않으 면서 허허벌판으로 남게 되어 지금까지도 인천시의 재정을 파탄내는 상황에서, 두 차례의 지방선거를 거치면서 개발주의 도시정책의 일정한 수정과 함께 인천시의 재정위기를 극복하는 것이 민선6기 인천시정부 도시정책의 최우선과제로 부각됐던 것이다.

그러나 민선6기 유정복 시장 체제 아래서도 인천시의 도시정책은 여전히 '도시 기업가주의' 도시정책을 유지했다. 시정 초기부터 검단신도시 도시개발사업에 중동의 자본을 유치해서 '검단스마트시티'로 확대해 조성하려고 무리수를 두다 일천억 원의 손실을 남긴 것이 대표적 사례다. 경제자유구역 영종도 등지에는 카지노 리조트 개발계획이 허가돼 해외자본을 끌어들여 동시다발적으로 개발이 추진해왔다. 민선6기 인천 시정부는 또한 박근혜 정부의 대표적인 부동산정책으로, 건설경기의 위축으로 재개발 정비사업이 어렵게 된 구역을 '중산층 임대주택'이라는 명분으로 재개발할 수 있도록 특혜를 베푼 뉴스테이 개발정책을 전국 지자체 중에서 가장 적극적으로 추진했다.

뿐만 아니라 민선6기 시정부는 국토교통부의 공모사업에 선정되어 '경제기반형 도시재생사업'으로 '인천개항창조도시' 조성 사업을 추진하면서 인천 근대 역사의 보고인 인천 중구 개항장과 인천 내항 및 월미도 일대를 대규모의 민자개발, 관광사업으로 변질시켜 추진해왔다. 유정복 시정부 하의 인천경제청은 영종도 경제자유구역 부지 일부 개발에 실패해 구역 해제를 하면서도 '영종2지구' 신규 개발이라는 명분으로 갯벌을 또다시 매립해 경제자유구역에 편입시키려 하고 있다. 인천시는 또 상대적으로 개발대상지가 많이 남아 있는 인천 북·서부권 대규모 도시개발을 도시균형 발전이라는 명분을 내세워 전면적으로 추진할 준비를 해왔다.

국내외 자본의 유치를 통한 도시개발과 경제적 이익 창출을 대규모로 도모하는 이런 개발주의 도시정책이 한편으로 '인천 가치 재창조' 시책으

로 포장돼 추진해왔던 것은 모순적으로 보이는 듯하나, 인천의 집합적
상징자본 형성을 위한 도시 '브랜딩'으로 '인천 가치 재창조'라는 슬로건
을 십분 활용해 추진한 것에 다름 아니다. '인천개항창조도시' 도시재생
사업의 마중물 사업으로 인천 내항 8부두에 남아 있는 대규모의 곡물창
고를 인천의 지역 주체가 재생사업에 참여하지 못하게 하고, 대기업인
씨제이씨지브이(주)에게 20년간 장기 임대해주었을 뿐만 아니라 각종
도시계획 특혜를 제공해주는 인천시 도시재생과의 시책은 그 단적인 사
례의 하나이다.[2]

3. 인천의 자족성과 완결성을 위한 '내발적 발전' 정책으로!

안타깝게도 유정복 시정부의 도시기업가주의 도시정책과 도시 '브랜딩'
정책들은 전면적인 재검토가 이루어지지 않은 상태에서 박남춘 시정부가
들어선 이후에도 계속 추진되고 있는 듯이 보인다. 물론 민선7기 시정부가
출범한 지 불과 4개월 밖에 안 된 시점이기에 너무 성급한 진단일 수 있다.
민선7기 시정부가 원도심 재생 정책과 도시 균형발전 정책을 전면적으로
재검토할 조직적, 정책적 준비과정이 어느 정도 필요하기도 하다. 그러나
집권 초기에 성장위주의 도시정책, 도시 기업가주의 도시정책에 대한 전
면적인 재검토와 도시철학에 입각한 성찰과 새로운 도시비전을 새 시정부
가 갖지 못한다면, 결국 기왕에 벌여왔던 많은 도시정책들을 추진했던
행정 관료들과 '지역 레짐'의 영향력 아래, 인천의 도시정책 전반을 방향전

---

2) 「인천 시민단체, CJ CGV 상상플랫폼 사업수주 재검토 촉구」, 『연합뉴스』, 2018. 8. 13.
참조.

환 할 수 있는 소중한 기회를 영영 찾을 수 없게 될 수도 있다.

시민협치와 일자리창출, 남북교류와 함께 원도심 재생을 시정의 최우선 과제로 둔 박남춘 시정부가 선거기간에 시민들과 약속한 대표적인 공약은 '인천경제청에 버금가는 원도심 전담기구 설치'와 '원도심 전담부시장제 도입' 등이었다. 기존의 정무경제부시장을 '균형발전정무부시장'이라고 명칭을 변경하고, 그간 행정부시장의 업무관할이었던 도시균형건설국과 도시계획국을 도시재생건설국과 도시균형계획국이라는 명칭으로 변경해 균형발전 정무부시장이 관할하도록 하겠다는 것이다.

그런데, 원도심 재생을 총괄해야 하고 도시정책 전반에 대한 철학을 갖고 도시정책의 방향전환을 이끌어야 할 균형발전 전담부시장에 정치인 출신을 임명한 것부터 솔직히 정책의 진정성이나 추진력을 의심할 수밖에 없게 하였다. 균형발전 정무부시장 아래 2급 상당의 전문임기제로 원도심재생조정관을 임명해 새로 개편된 도시재생건설국과 도시균형계획국을 관할시킨다고 한다. 그런데, 벌써 내정된 인사가 유정복 시정부 때분터 도시균형건설국장으로 일해왔던 분이 퇴직해 2급으로 승진해 원도심재생조정관으로 임명할 계획이라는 언론보도가 나왔다. 전임 시정부에서 추진했던 도시정책들을 계속 추진하겠다는 인사에 다름 아닌 것이다. 또 한편, 도시재생건설국 아래 재생콘텐츠과를 새로 신설한다고 하는데, 또 하나의 관료조직만 늘어나는 것 같다. 이러한 일련의 시도들이 과연 선거기간 인천시민들에게 공약한 '인천경제청에 버금가는 원도심 전담기구'인가 묻지 않을 수 없다.

원도심 재생을 위해 시민들, 지역주민들이 참여할 기구로 도시재생위원회 산하에 시민참여단 100명 내외를 구성한다는 것이 전부다. 도시재생 분야의 시민협치는 용두사미를 그칠 공산이 매우 커졌다. 이를 보완하기 위해서인지 공론화위원회나 민관협의체, 갈등조정관 등을 쟁점현안에 접목시키고 있는데, 그것이 근본적인 정책대안은 되지 못한다. 시민들이 적극적으로 참여해야 할 광역도시재생센터도 유정복 시정부는 뉴스테이 개발을 추진했던 인천도시공사 내에 설치했는데, 이 또한 관 주도에서 크게 바뀌지 않고 있다. 시민협치는 오직 협치소통협력관(전문임기제 2급) 아래 신설되는 특정 부서에서만 이루어지는 모양새가 되어 가고 있다.

이제라도 민선7시 시정부는 시급히 원도심 재생정책을 근본적 대전환을 위한 대대적 토론과 협치, 그리고 그에 걸맞은 조직체계를 새롭게 준비해나가야 한다. 원도심 재생정책의 근본적 대전환을 위해 지금 심각하게 고민해야 할 아젠다는 인천이라는 도시의 자족성과 완결성을 지향하는 도시의 내발적 발전과 인천의 특성에 걸맞은 진보적 시민참여의 도시를 구현해보는 방향이 아닐까 감히 제언해본다.

작금, 불행하게도 인천이라는 도시는 화력발전소, 쓰레기매립지, LNG기지 같은 국가에서 필요한 온갖 환경유해시설이 밀집해 있을 뿐만 아니라, 공업지역과 주거지역이 혼재되고, 고속도로와 철도가 도심 한복판을 횡단하며, 오래된 마을을 두 동강 내면서, 심지어는 주민들의 불안과 반대에도 불구하고 주민들의 삶터 바로 아래로 제2외곽순환고속도로를 건설해 주민들의 재산권이 침해돼도 아무런 항변을 해주지 않는 불편하고 흉측한 도시가 돼가고 있다. 2015년 매립이 종료하기로 협약이 돼 있던 서구 쓰레기매립지를 유정복 시장 취임 이후 4자 협의체 논의를 통해 경제적 실리를 주고받으며 다시 재사용하는 방향으로 추진된 것도 납득하기 어렵다. 인천 내항재개발사업조차 국가로부터 수백억 원의 국고지원을 받아 추진됐던 부산북항 재개발사업과 비교해 형평성 차원에서 형편없는 푸대접을 받고 있음에도 불구하고 인천시가 조그만 성과를 낼

수 있는 상상플랫폼 사업에 그것도 대기업에 의지해서 내항재개발 전체
그림을 훼손하는 방향으로 가고 있는 듯해 안타까운 것이다.

대한민국은 서울공화국이라는 말이 회자된 지도 오래다. 서울과 접한
인천은 그 어느 도시보다 서울공화국의 폐해 속에 신음하고 있다. 오죽
하면 '이부망천'이라는 부정할 수 없는 진실의 일단이 담긴 말이 공공연
하게 떠돌까? 거대도시 서울 옆에 위치한 인천은 아직도 도시로서의 자
족성이나 완결성을 갖지 못한 도시, 그 때문에 정체성도 없고 '이부망천'
이라는 오명을 들어야 하는 도시로 전락해 있다. 이 도시를 살리는 길은
서울과 경쟁해서 성장하는 것이 아니라, 시민들이 구태여 서울에 가지
않더라도 안온하고 풍족하게 살 수 있는 자기완결성을 갖는 도시, 도시
의 내발적 발전을 이루는 든든하고 내실 있는 도시로 만드는 것이 아닐
까? 경제자유구역과 원도심에 서울로 가는 전철을 연결하고 얼마나 빨
리 서울로 갈 수 있도록 하느냐를 고민해서는 안 된다. 잠만 인천에서
자는 시민들을 위해 언제든 인천을 떠나고자 하는 시민들을 위해 시정을
펴는 것은 바람직하지 않다. 이제는 제발 도시 외향적 성장이 아니라 인
천의 원도심 주민들이 불편하지 않고 쾌적하고 안전하고 편안하게 인천
에서 삶을 영위할 수 있도록 하는, 지역 내 인재를 키워 지역에서 후손들
을 낳고 살아갈 수 있는, 생태적으로나 사회적, 문화적으로도 지속가능
한 도시 인천을 꿈꾸자. 이제 이를 위한 대대적인 토론을 인천 지역사회
에서 벌일 때가 되었다.[3]

---

[3] 지역 내발적 발전에 대한 보다 자세한 논의는 오카다 토모히로, 『지역 만들기의 정치경
   제학―주민이 직접 만드는 순환형 지역경제』(양준호 역, 한울아카데미, 2016), 「창조도
   시론 세계석학 사사키 마사유키(佐々木雅幸) 교수 인천대 특별강연_지역 내발적 발전과
   창조도시」(『시각』 2018년 9·10월호) 등 참조.

'두 개의 과제' : 도시정책의 전환, 그리고 도시권 쟁취를 위한 도시운동

1. '인간적', '시민적' 도시를 위한 정책 방향의 선회

새로운 도시정책 이념, '분권'과 '시민사회'

현재 우리나라는 급속한 출산율 저하에 따른 고령화 사회로 진입하고 있는 가운데 있다. 인천은 송도, 청라, 영종과 같은 경제자유구역의 '베드타운'이 크게 늘어나면서 인구는 300만 명을 돌파하는 대도시가 되었지만, 급속한 출산율 저하와 고령화 현상이 맞물려 나타나고 있고 또 경제자유구역 공간은 물리적 한계를 보일 수밖에 없으므로, 결국 장기적으로 보면 인천 역시 인구 감소 시대를 마주할 수밖에 없는 도시이다. 이와 같은 도시 차원의 저출산 및 고령화 현상에 더해, 인천에서는 젊은 청년

---

* 필자 : 양준호

층들이 서울로 유출되는 현상이 현저하게 나타나고 있다. 이른바 '역류
효과(washback effect)'의 일환으로 나타나고 있는 이 현상은 서울과 물리
적으로 가까운 인천이기 때문에 말로 더욱 가시화되고 있으며, 청년들의
도전정신과 창의정신을 흡수할 수 있는 유무형의 도시 인프라가 결여되
어 있는 인천에서는 보다 심각한 문제로 작용할 수밖에 없다. 우리나라
의 국토정책과 각 지자체의 도시정책은, IMF 경제위기 이후의 장기간에
걸친 산업경제의 침체, 지역 내 여러 공동체의 해체, 환경 및 자원 문제
에 대한 대응, 신자유주의 도시화 또는 도시개발로 인한 지역 정체성의
상실 위기 등 매우 심각한 사회경제적 상황이 인천을 비롯한 우리나라
주요 대도시 또는 중소도시에서 급속히 전개되면서, 어쩔 수 없이 도시
전체의 '지속가능성(sustainability)'을 확보하는 것을 가장 긴급하고 중대
한 정책과제로 인식하기에 이르렀다. 따라서 이와 같은 상황 하에서의
도시정책은 위에서 언급한 우리나라 도시들이 공통적으로 직면하고 있
는 여러 사회적, 경제적 과제에 대한 대응에 초점을 맞춰야 한다. 이에
더해, 도시 시민의 사회 및 정치 참여의식의 확대 등에 따라 진전되고
있고 또 더 진전될 것으로 보이는 도시 시민이 주도하는 '사회적 협치
(social governance)'를 도시정책 또는 도시디자인의 전제 조건으로 설정
하여 지금까지 이상으로 개성화되고 정보화된 시민의 의식과 가치관을
반영할 수 있는 도시경영 시스템을 구축함으로써 도시와 지역의 '인간
적', '시민적' 재활성화를 정책적으로 꾀할 필요가 있다. 어느 대도시에
서도 그러하겠지만, 특히나 지자체와 지역 성장연합의 독점 체제가 도시
정책에 대한 규정성을 강하게 발휘하고 있는 인천에서는, 이와 같은 민
주적인 시민적 거버넌스 체제에 의해 작동되는 도시경영 시스템의 구축
은 매우 절실하다 할 수 있다.

이와 같은 맥락에서, 앞으로의 도시정책 또는 지역정책의 방향은 고도
경제성장기 중앙정부와 지자체의 핵심과제로 간주되어 왔던 국토 전체
차원의 통일성 내지 균질성, 즉 '내셔널 스탠더드'를 중시했던 낡은 정책
기조로부터 탈각하여 탈산업화 경향 하에서 도시정책의 핵심 개념으로
부상하고 있는 '분권(de-centralization)'과 '시민사회(civil Society)'의 본질
적 지향성으로 볼 수 있는 '지역적 다양성(regional diversity)'과 '최적성
(local optimum)'의 실현에 그 초점이 맞춰져야 한다. 이에 더해, 중앙정
부, 지방자치단체, 그리고 기업이 중심이 되어 왔던 기능주의·시장주의
를 토대로 하는 도시정책으로부터 탈각하여 개개인의 시민과 지역의 다
양한 커뮤니티가 도시를 기획하는데 있어 중요한 역할을 수행하며 도시
의 역사, 문화, 환경 등과 같은 지역 차원의 고유성을 중시하는 도시정책
으로 그 무게중심을 옮겨 가야 한다. 즉 '경제정책·산업정책으로서의 도
시정책'에서부터 '문화정책으로서의 도시정책'으로 이행해야 한다.[1] 이
와 같은 도시정책의 벡터 변화는, '인간적', '시민적' 도시공간의 실현을
위해 도시의 구심력을 회복시켜 커뮤니티 생활 및 문화의 장으로서도
기능을 발휘할 수 있는 활력과 다양성이 넘치는 도시공간을 재구축하는
것을 목적으로 하는 '지속가능한 도시(sustainable city)', '새로운 도시화
(new urbanism)', 그리고 '창조도시(creative city)' 등과 같은 구미 제국의
주요 도시에서 나타나고 있는 최신 도시정책의 방향과도 일맥상통하는
것으로 볼 수 있다.

---

1) 일본의 대표적인 도시경영학자인 사와이 야스오(澤井安勇)가 그간 탈산업화 시대의
도시경영 기조에 관해 강조해온 주장이 바로 이것이다. 이 주장은 유럽 도시들의 경험적
사례를 토대로 제기된 것으로, 현재 일본에서는, 도시연구자 및 도시정책가들의 이념적
성향의 차이에도 불구하고, 이는 그들이 공통적으로 선호하는 도시정책 기조로 자리잡
고 있다.

'시민'과 '커뮤니티'의 내생적(Endogenous) 힘을 활용한 도시재생

전 세계적으로 '분권'과 '시민사회'의 제도화가 본격화되고 또 그 경향이 급속히 심화됨에 따라, 자립적인 도시 및 커뮤니티가 그 지역의 역사, 자연환경, 문화자산 등과 같은 지역적 고유성을 활용한 자주적인 도시 디자인 또는 마을 만들기의 시민적 시도가 활발해지는 시대에 접어들었다. 지금까지도 이미 여러 도시에서 이와 같은 시도들이 나타났던 것처럼, 다양하고 독창적인 도시 디자인을 위한 정책적, 시민적 실천이 전개되면서 국내외 도시 및 지역 간에 그와 같은 지역적 고유성을 서로 경쟁하는, 즉 '지속가능한 도시'로의 지향이 한층 더 강해질 것으로 보인다. 특히, 도시 시민 주도의 '사회적 협치(social governance)'가 강력한 패러다임으로 정착함에 따라, 도시재생 또는 도시디자인의 주체는 산업화 시대에 형성된 지역 성장연합 중심의 개발주체가 아니라 사회적, 경제적 주체로서의 활동 능력을 갖춤과 동시에 도시에 대한 기획능력을 겸비한 시민 섹터가 주도하는 '사회적경제(social economy)'형 시민조직으로 대체되고 있다. 이는 2000년대 이후 세계 주요 도시에서 나타나고 있는 공통적 현상으로서, 이른바 '기업주의적' 도시에 대한 시민사회의 비판적 실천과 지역 산관복합체의 정치적, 경제적 이해관계에 따라 설계되던 도시의 파행적 귀결에 기인하는 것으로 볼 수 있다. 즉 도시에 대한 시민적 차원의 책임, 기획, 권리를 강조하며 비영리, 공식성, 국가 또는 지자체로부터의 자립을 강조하는 '제3섹터'가 이니셔티브를 쥐고 도시를 재생시키거나 디자인해내는 사례가 점차 늘어나고 있다는 것이다.[2] 물론, 지자체 부문과 시장경제 부문 간의 연계 역시 도시경영 차원에서 보면

---

2) 양준호, 『지역회복, 협동과 연대의 경제에서 찾다』, 인천대 출판부, 2018.

여전히 일정한 역할을 수행함에 틀림없지만, 지금까지 보여 왔던 것처럼 지자체와 민간 기업 간의 폐쇄적·밀실담합적 결합이 아니라 사업 프로세스 전반에 다양한 형태로 지역의 커뮤니티와 시민조직이 적극적으로 참여하여 되레 민간 기업 그 자체를 '시민기업화' 또는 '기업시민화' 해냄으로써 기업의 '사회적 책임 투자(social responsible investment)' 등과 같은 지역주의적인 행동원리를 유도하는 경향이 거세지고 있다. 이는, '상상플랫폼'이라는 이름의 인천 내항재개발 프로젝트를 재벌대기업 CJ그룹에 전면 위탁하여 사업 수행의 대가로서 그 수익 기반을 무조건적으로 챙겨주는 것에 초점을 맞추고 있는 인천시의 도시정책 기조와는 역방향으로 흐르고 있는, 전 세계적인 경향임을 간과해서는 안 된다.

이와 같은 지역사회의 '시민적 복합체'가 주도하는 도시 거버넌스의 구체적인 모델로서는, 스웨덴과 프랑스의 지역 사회적경제와 지자체 간의 협동 관계를 언급할 수 있을 것이다. 시민 섹터의 공적 부문에 대한 참여가 광범위하게 이루어지고 있는 스웨덴에서는, 산업 또는 공업의 쇠퇴에 의해 침체된 지역경제를 재생시켜내고자 하는 운동이 '밑에서부터' 나타나면서, 도시 또는 지역사회에 시민적 지역개발 그룹이 자발적으로 결성되고 있다. 지역경제를 재생하기 위한 시민적 지역개발 그룹이 스웨덴 전국에 4,000개 이상이나 된다. 스웨덴의 이와 같은 풀뿌리(grass root)형 지역개발 프로젝트는 1990년대 이후 협동조합적인 조직의 주도에 의해 각지에서 활성화되어 오고 있으며, 현재는 복지, 주택관리, 교육 등과 같은 기초적인 사회 서비스에서부터 관광, 지역개발, 문화, 그리고 IT기술을 구사하는 컴퓨터 소프트웨어 개발 등 매우 광범위하게 확산되고 있다. 이와 같은 주체적 시민운동을 지방자치단체가 정책적으로 측면 지원해줌으로써 도시 또는 지역의 자립을 위한 고용 및 경제 진흥의 효과를 높여내고 있다. 여기서 중요한 것은, 스웨덴 사례와 같은 시민섹터와 지자체 간의 '복합체'는 '시민적 복합체'의 성격이 강하다는 것이다. 즉 도시의 다양한 문제를 해결하는 복합체적 거버넌스를 시민조직이 주도할 수 있도록 하는 것에 지자체 도시정책의 초점이 맞춰지고 있다는 것을 주목해야 할 필요가 있다. 우리나라에 있어서도 서울 등 일부 광역자치단체가 공공 부문과 시민사회 부문 간의 협치의 필요성에 주목하여 관련 정책을 도입하는 등 도시정책의 방향이 조금씩 변화하고 있는 것도 사실이다. 그러나 향후 지방분권과 지방자치가 현실화되기 시작하면, 도시 또는 지역의 자립 전략을 구상하는데 있어서 지자체와 시민사회 간의 협동 관계는 불가결해질 수밖에 없다. 예를 들어 공적 지출의 일정 부분을 NGO 및 사회적 경제조직과 같은 시민사회 주체들의 활동을 지원하는 목적으로 돌리고 또 그 비중을 점차 늘여가는 방향으로 정책을 전환함으로써 지자체는 지역 차원의 사회적경제의 활용 범위를 선택적으로 확대해나가는 것이 가능해진다.

　도시 또는 지역의 다양하고 자립적인 형태의 발전을 담보하는 정책과제는 지금까지 해왔던 것처럼 전국 차원의 일률적인 통치구조 하에서 획일적인 매뉴얼에 의한 정책 유도로는 달성해낼 수 없다. 각각의 도시 경영에 관해 자주적인 결정권을 가진 지방자치단체의 지원과 코디네이션 하에서, 지자체, 기업, 시민 등 복수의 사회적 주체들이 긴밀한 연대체제를 구축하여 도시의 내발적인 에너지를 결집해내는 것을 목적으로 하는 '로컬 거버넌스(local governance)' 체제를 확립하여,3) 도시가 국내

---

3) 여기서의 '로컬 거버넌스' 체제 개념은 일본의 진보적 도시론자를 예를 들어 우에타 카즈히로(植田和弘), 진노 나오히코(神野直彦), 그리고 사와이 야스오(澤井安勇) 등에 의해 2000년대 초반에 제기된 개념으로, 유럽의 도시 사례에 대한 실증연구를 토대로

에서뿐만 아니라 국제사회의 장에 있어서도 문화, 경제, 사회활동의 수
준을 끌어올리는 것이 저출산 고령화와 같은 위기적 국면 하에서도 도시
를 재생시키는 바람직한 정책 방향이 아니고 무엇이겠는가. 말할 필요도
없겠지만, '인간적', '시민적' 도시의 실현을 위해서는 이와 같은 '로컬
거버넌스'의 한 가운데에는 시민이 자리 잡아야 한다.

도시경영의 기축, '문화정책'

시민사회가 주도하는 지자체, 기업, 시민 간의 로컬 거버넌스 체제에
의해 도시의 정체성(identity)을 최대한 활용하는 도시재생 정책을 구상하
는 과정에서는 도시가 품어오고 있는 문화의 영향력, 즉 도시의 '문화력
(power of culture)'을 중시하는 정책적 문제의식이 매우 중요하다. 문화예
술은 시대와 국경을 넘어 사람들의 마음을 직접 움직여 그 마음을 연결해
나가는, 보편적인 구심력을 가지고 있다. 따라서, 그와 같은 문화예술의
힘을 살려 도시정책의 각 분야에 대해 씨실과 같은 문화정책적인 배려를
쏟음으로써 시민의 마음을 서로 연결하여 그 에너지를 도시재생을 위한
추진력으로 활용해내는, 도시정책의 전환은 '인간적', '시민적' 활동의 장
으로서의 도시를 만들어내는데 불가결하다. 이와 같은 도시의 '문화력'을
활용한다는 측면에서, 지자체의 각 부서가 각 도시정책의 문화적 차원을
상호 조정하고 또 지자체의 정책 기획을 지원하는 시민위원회 등의 조직
을 구축하여, 경제자유구역 조성과 같은 대규모 도시개발 프로젝트와

구축된 것이기는 하나, 이를 활용한 일본의 실천적 사례들은 매우 독자적이다. 대표적으
로, 일본의 '마치 즈쿠리'와 '지역화폐' 프로젝트에 강한 지역착근성을 보이는 '로컬 거버
넌스'를 도입하고 있는 소규모 지역사회 단위의 사례들은 주목할 만한 가치가 있는 일본
적 주민 실천들이다.

관련해서도 문화정책적 배려를 쏟아 붓고 있는 프랑스의 도시정책이 모범사례로 평가되고 있으며 정책적으로 시사하는 바도 매우 크다. 또 프랑스를 비롯한 유럽의 여러 도시로부터 그와 같은 구체적인 사례를 찾아볼 수 있는데, 예를 들어 20세기 후반 이후에 나타나기 시작한 도시의 경제적, 사회적 침체 현상에 대응하기 위해 각 도시들은 주변의 지자체와의 연대를 통해 도시권을 형성하여 문화예술 활동을 중심으로 하는 국제교류 활동을 적극 추진함으로써 도시재생에 성공한 프랑스의 낭트시와 스페인의 빌바오시 등의 사례가 문화도시 정책의 유용성을 직접적으로 보여주고 있다. 우리나라에서도 부산과 같은 도시들이 문화예술을 도시발전의 핵심 동력으로 인식하는 '창조도시'를 정책 슬로건으로 내걸고 있기도 하고 또 우리 인천의 시민사회 일각에서도 이와 같은 실천 활동에 착실히 매진해오고 있기도 하다. 이러한 정책과 실천은 문화정책 또는 문화적 실천을 통해 도시를 재생시키는 것에 대한 시대적 요청의 귀결로 볼 수밖에 없다. 앞에서 언급했듯이, 산업 또는 경제 개발과 공공투자를 중심으로 했던 기존의 도시정책을 '경제정책적 도시정책'으로 간주한다면, 탈산업화 등과 같은 시대의 변화를 고려해서 볼 때 '문화정책적 도시정책' 또는 '문화도시정책'은 지금부터의 도시정책의 흐름 가운데 그 무게를 더할 수밖에 없다. 또 '문화도시정책'에 있어서는, 사회적 경제형의 시민조직 또는 지역 커뮤니티 등과 같은 시민과 시민이 연대해서 만든 조직이 도시정책의 다양한 국면에서 매우 중요한 역할을 하게 될 것이다. 그리고 이와 같은 시민사회 조직과 도시 지자체 간의 보다 바람직한 협동 관계에 의해 창출되는 도시문화의 에너지는 국내, 국외의 타 도시 또는 타 지역과의 네트워킹을 추진하는 동력으로 작용하게 됨으로써, 보다 새로운 하이브리드 문화를 창조하는데 기여하게 될 것으로 보인다.

2. 도시권 회복을 위한 시민민주주의, 그리고 그 운동적 토대

'시민민주주의'와 그 위기

도시 안의 공업이 쇠퇴하는 탈산업화 경향, 위기 국면 일변도의 도시 재정, 그리고 이와 같은 위기를 해소하기 위해 벌어지고 있는 지역 성장 연합 주도의 도시재개발·재건축 기조 하에서, 도시 지자체가 인간 또는 시민의 생활을 공공 서비스를 통해 보장하고자 하는 정책 구상은 도시에 있어서의 자발적 공동성을 토대로 하는 커뮤니티 기능을 강화하는 것에 다름없다. 그런데 이와 관련해서 중요한 것은 도시의 시민들이 지자체 공공 서비스의 생산과 공급 과정에 자발적으로 참여해야 한다는 점이다. 스웨덴의 정치경제학자 빅토르 페스토프(Victor A. Pestoff)의 용어를 빌려 표현하자면,[4] 그와 같은 시민 실천은 '시민민주주의를 개화시켜내는 출발점'이다. 이는, 페스토프가 시민민주주의를 '시민이 요구하는 도시 서비스의 생산 과정에 시민이 직접 참여하여, 따라서 시민이 공동생산자가 되기 위해 사회 서비스에 관한 '협동적 자주경영'을 통한 시민 능력의 강화 과정'으로 정의하고 있기 때문이다. 물론, 여기서 논의되고 있는 도시 서비스 또는 공공 서비스는 복지, 교육 등과 같은 일반적인 사회서비스 영역뿐만 아니라 도시재생, 도시개발과 같은 도시를 디자인하거나 재생하는 공간적 차원의 정책 서비스까지 포함되어 있다.

그러나 현대의 도시에 있어서 이와 같은 시민민주주의가 개화될 가능성은 그리 크지 않다는 비판적 의문 역시 제기되고 있다. 이는, 도시는 시장(market)의 '장(場)'으로 작용하는 공간이기 때문에 시민과 시민이 서

---

4) Victor A. Pestoff, 'Third Sector and Co-operative services : An alternative to privatization', "Journal of Consumer policy", Vol. 15, Issue 1.

로 협력하는 연결고리는 약할 수밖에 없고 또 그런 구조로 인해 커뮤니티는 시장에 대항하는 주체로까지 성장할 수 없다고 보는 문제의식을 토대로 하고 있기 때문이다. 즉 도시에서는 공동의 문제들을 공동으로 해결한다는 의식이 구조적으로 희박할 수밖에 없다는 의미이다. 분명히, 일국 또는 도시 차원에서 맹렬히 전개되어온 신자유주의 및 시장주의 패러다임과 그 정책화를 통해 이러한 문제의식이 도시를 지배하고 있는 것은 사실이다. 이와 같은 현대의 도시 상황 하에서 도시의 공공 서비스에 대한 '시민에 의한 협동적 자주경영'으로 표현되는 시민민주주의에 대한 회의적인 시각이 만연되는 것은 어쩌면 당연한 것일 수 있다. 또 오히려 현대의 도시문제라고 하는 것은 그야말로 도시의 커뮤니티 붕괴에 기인하는 것임에 틀림없다. 즉 시민들의 '자발적 공동성'이 붕괴되고 있는 위기적 상황 하에서 자발적 공동성의 회복에 도시의 미래를 기대한다고 하는 것은 '일장춘몽'으로 비쳐질 수 있다는 것이다.

역사적으로 볼 때, 산업도시 또는 공업도시라 하더라도 도시 안의 '자발적 공동성'에 의거한 협력을 목적으로 하는 공동체적 조직이 존재하지 않았던 것은 아니다. 그러나 그와 같은 자발적 공동성을 토대로 하는 협력조직은 노동조합과 같이 '생산의 장(場)'으로서의 도시로 즉 직장에 있어서의 협력 조직으로 수렴되어 버린 것이 사실이다. 그와 같은 역사적 사실을 고려하면, 도시에는 '생활의 장(場)'에서 나타나는, 자발적 공동성에 의거한 커뮤니티의 존재가 희박하다는 것은 분명한 사실일 수밖에 없다. 게다가 '생산의 장'이건 '생활의 장'이건, 자발적 공동성을 토대로 하는 협력 조직으로서의 커뮤니티의 붕괴가 도시의 위기를 초래하고 있다. 이는, 도시가 내포해오고 있던 산업 또는 공업의 쇠퇴와 함께 '생산의 장'에서 작동되고 있던 협력 조직이 이완되면서 그것이 '생활의 장'에 있어서의 가족과 같은 최후 공동체의 기능 부전마저 초래하기 시작했기 때문이다. 게다가 그와 같은 가족이나 커뮤니티의 축소를 보완해야 하는 정책적 사명을 도시 지자체가 제대로 또 유효하게 감당하지 않았기 때문이다.

지식사회와 자유시간, 그리고 행동하는 시민

그러나 역설적이게도, 공업도시 또는 산업도시의 현저한 쇠퇴 경향은 역으로 '시민민주주의'를 가능케 해주는 도시 조건을 만들어내고 있다. 도시의 탈산업화 또는 공업도시의 쇠퇴는 20세기에서부터 21세기로 진입하는 전환기에 급속하게 나타나기 시작했는데, 사후적으로 보면 이 시기가 인간 역사의 큰 전환기로 작용하게 되면서 도시에는 공업사회에서 '지식사회(knowledge society)'가 정착하기 시작했다. 이는 여러 도시에서 또 인천에서도 실증 가능한 '대전환'으로 볼 수 있다.

'지식사회'라 하더라도, 인간은 자연을 대상으로 해서 인간에게 유용한 것들을 만들어내어 생활하지 않으면 안 된다. 'Inform'이라고 하는 영어 단어는 '모양을 만든다'라는 의미를 가지고 있다. 즉 정보(information)'라고 하는 것은 '모양을 만드는' 것이다. 인간이 자연을 대상으로 유용물의 '모양을 만들' 때에는 반드시 지식을 활용하여 자연에 존재하는 물질의 '모양을 만든다'. 인간이 철제기구를 만들 때에는 자연에 존재하는 철이라는 물질에 인간의 지식을 더해 철제기구를 만들어낸다. 물론, 철제기구를 만들 때보다 심장 페이스메이커를 만들 때가 자연에 존재하는 물질량에 더해지는 인간의 지식량은 비약적으로 증가하게 된다. 이와 같이, 생산 그리고 생산과정에 있어서 인간의 지식이 결정적인 의미를 갖는 사회가 바로 '지식사회'이다. 이와 같은 사회가 현대 도시에 도래한 것이다. 공업

사회 또는 산업사회의 대량생산이 자연에 존재하는 물질의 대량소비를 전제로 하는 것이었다면, '지식사회'는 인간 지식의 대량소비를 전제로 하는 사회이다. 지식은 양을 질로 치환한다. 지식사회는 더 사용하기 좋은 것, 더 청결한 것, 더 우아한 것, 더 내구적인 것, 더 가볍고 에너지소비가 적은 것 등의 생산을 지향하면서 자연환경에 친화적이다. 게다가, 지식과 정보는 생산과 소비 간의 거리를 크게 단축시킨다. '오더 엔트리(Order Entry)'에 의한 주문방식으로 생산이 이루어지게 되면, 제품 및 서비스를 쓸데없이 대량생산할 필요가 없어지게 된다. 양을 질로 치환해내기 위해서 인간의 지식이 대량소비되기 시작하면, 지성으로 불리는 인간의 인간적 능력이 요구될 수밖에 없다. 도시에 지식사회가 전개되면, 그 도시에는 전문적이고도 지적인 직업에 종사하는 사람들이 급증하게 된다. 정보 관련, 금융, 의료 및 복지, 교육, 레저 및 스포츠 등의 지식집약형 산업이 도시에 확대된다. 이와 같은 지식집약형 산업은 이른바 도시 내 '창조적 계급(Creative Class)'을 필요로 한다. 그러나 '창조적 계급'의 존재는 상징적인 현상에 지나지 않는다. 각각의 인간이 또 시민이 자신의 소중한 인간적 능력을 발휘해낼 것을 요구하는 사회가 바로 '지식사회'이다. '지식사회'에서는 '양적인 지적 능력'이 아니라 '질적인 지적 능력'이 중시되기 때문이다.

이와 같은 '지식사회'에서는 정보 수단의 비약적인 발전에 의해 시간 절약이 가능해진다. 또 시간 절약에 의해 노동시간의 단축이 가능해진다. 노동시간은 인간이 존재하기 위해서 필요한 기초적인 필요를 충족하는 활동에 투입되는 시간이다. 인간은 자연과 싸워 생존에 필요한 유용물에 자연을 변형시켜 기초적인 필요를 충족하며 생활하고 있다. 그러나 공업화 또는 산업화에 성공하여 기초적인 필요를 초과하는 소비가 가능해지게 되면, 기초적인 필요를 충족하기 위해 투입되는 노동시간은 자연스럽게 줄어들게 된다. 즉 인간이 기초적인 필요를 충족하기 위해 **빼앗겨** 왔던 시간으로부터 해방되면서 인간이 인간으로서의 삶을 추구할 수 있는 자유시간이 폭발적으로 늘어나게 된다. 프랑스의 경제학자 J. 폴라스티에 (Jean Fourastie)는 선진국 자본주의에 대량생산-대량소비가 지배적이었던 1965년에 21세기 초에는 주 30시간 노동이 실현되어 생애 전체의 노동시간은 4만 시간이 될 것으로 예언한 적이 있다. 한 사람의 인생이 80년이라고 하면, 생애시간은 70만 시간이 된다. 생애 노동시간이 4만 시간이라면, 수면 등의 생리 현상에 30만 시간 정도 **빼앗긴다** 하더라도 인간이 인간으로서의 삶을 추구할 수 있는 자유시간은 36만 시간이나 되는 셈이다. 20세기 최고의 경제학자로 손꼽히고 있는 J. 케인즈 역시 영국에서는 100년 이내에 주 15시간 노동이 가능해질 것이고 또 사회는 매우 풍요로워질 것으로 예언했다.

도시권, 시민민주주의 운동의 조건과 과제

'지식사회'로 전환되고 있는 지금의 도시에서는 공업사회 때와는 달리 시민들의 자유시간이 크게 늘어나고 있을 뿐만 아니라 시민들의 이동성 역시 감소하고 있다. 정보수단의 비약적인 발전은 정보를 활용함으로써 시민의 물리적 이동을 불필요하게 해주고 있기 때문이다. 인터넷으로 제품 및 서비스를 주문하면 일부러 멀리까지 가서 쇼핑을 해야 할 필요도 없어진다. 이와 같이, '지식사회'가 본격화되고 있는 지금의 도시에서는 시민들의 자유시간이 큰 폭으로 늘어나고 또 시민의 이동성이 줄어들게 되면, 인간이 인간으로서 또 시민이 시민으로서 서로 접하며 상호작용을 할 수 있는 기회가 늘어나게 된다. 서로 사랑하고, 서로 배워나가며, 인간적인 또 시민적인 문화를 창조할 수 있는 기회가 늘어난다. 즉 위에서 언급했던 시민들 간의 '자발적 공동성'을 토대로 하는 협력과 연대가 다시 활성화되면서 인간의 그리고 시민의 공동체적인 연결고리가 강화된다. 이와 같은 공동체적 인간의 연결고리가 바로 '사회적 자본(social capital)'이다. 그렇다면 '지식사회'가 본격화되고 있는 도시에서는 '사회적 자본'이 이전과는 현저히 다른 수준으로 축적될 수밖에 없다. '사회적 자본'은 미국 모델에 대항하는 유럽 사회경제 모델의 열쇠로 작용하는 실천적 개념이다. '사회적 자본'은 프랑스의 사회학자 피에르 브르뒤에(Pierre Bourdieu)와 미국의 경제학자 제임스 콜먼(James Coleman)에 의해 개념화되었고, 미국의 정치학자 로버트 퍼트남(Robert Putnam)이 이탈리아의 남북 격차를 '사회적 자본'의 개념을 구사하여 분석한 연구를 통해 급속히 보급되기 시작했다. 우리나라와 같이 미국 모델을 맹종하지 않고, 유럽에서는 고용과 사회보장을 중시해온 유럽의 사회경제 모델의 장점을 살리면서 역사의 전환기에 대응하는 새로운 유럽의 사회경제 모델을 모색하고 있다. 인간과 인간 간의 그리고 시민과 시민 간의 공동체적인 연결고리로 규정할 수 있는 '사회적 자본'은 그 기축으로 자리 잡고 있는 개념이다.

이와 같은 '지식사회'가 초래하는 '사회적 자본'의 축적, 바로 이것이 앞에서 언급했던 시민민주주의 즉 도시와 도시서비스에 대한 그리고 도시의 생산에 대한 시민의 '협동적 자주경영'의 토대로 작용하게 된다. 시민민주주의를 실현하고 또 시민의 '도시에 대한 권리'를 되찾는 운동은 도시의 현재에 대해 공동체적인 연결고리를 매개로 연합되고 결사되어 있는 시민의 존재를 전제로 하는 것이다. 따라서 이러한 도시운동은 시민들의 '자발적 공동성'을 토대로 하는 다양한 협력 조직을 구축하고 또 이를 지원함으로써 시민들 간의 공동체적인 연결고리를 강화하는 여러 차원의 운동에서 출발되어야 한다. 나아가 도시재생, 도시개발과 같은 도시공간을 물리적으로 개조하는 정책 역시 의료, 복지, 교육과 같은 일반적 사회 서비스로 간주하여 그 서비스 생산 과정을 직접적으로 통제하는 시민들을 재생산하는데 도시운동의 초점이 맞춰져야 할 필요가 있다. 이를 위해서는, 도시권 회복을 위한 시민 실천은 도시 안에서 이루어지고 있는 일반적인 상품 및 서비스의 생산 과정뿐만 아니라 도시 공공 서비스의 생산 과정에 대해서도 시민이 직접 통제하고 개입하는 운동을 통해 '생산자로서의 시민'을 교육시켜 내어야 한다. 이와 같은 시민 실천을 통해 비로소, 시민은 도시 공공 서비스에서부터 도시재생에까지 '소비자로서의 권리'를 인식하며 그 생산에 관여하게 되는 것이다. 앙리 르페브르가 개념화한 시민의 '도시에 대한 권리'는 바로 이와 같은 '협동적 자주경영'의 주체로서의 시민이 형성될 때 되찾을 수 있다.

인간은 그리고 시민은 자립하기 때문에 말로 연대하고 협력한다. 도시 생활에서 자유시간이 폭발적으로 증가함과 동시에 시민의 이동성이 줄어들게 되면 도시에서의 생활자로서의 시민은 그저 수동형인 소비자로서 존재하지 않게 된다. 근대 시민사회에서의 도시 시민이 교양과 재산을 가진 '부르주아'로 표현되었다. 그렇다면 지식사회에서의 도시 시민은 교육과 지식을 체화한 창조적 계급을 기축으로 하는 '행동하는 시민(active citizen)' 즉 '생산을 통제하는 주체로서의 시민'임을, 그리고 그러한 시민들이 연합되고 결사될 때5) 이 책의 목적인 '도시를 민주적으로

---

5) '행동하는 시민'과 '생산을 통제하는 주체로서의 시민'은 앞에서 언급한 Victor A. Pestoff가 주창해온 실천적·이론적 개념이다. 이는 일본의 진노 나오히코(神野直彦)에 의해 '시민민주주의' 개념과 결합되어 발전적으로 활용되어 오고 있는데, 이는 일본의

재생시켜 내는 것'이 가능해짐을 도시운동의 주체는 적극 인식해야 할
필요가 있다.

도시운동 그룹 중 '사회적경제'를 실천적 매개로 하여 도시 차원의 시민민주주의와 도시
경제의 '사회적 조정'을 강조하는 시민운동 분파들에 의해 적극 실천되고 있고, 또 그
모범적 성공사례가 증대하고 있음을 참고할 필요가 있다.

저자 소개

양준호

인천대학교 경제학과 교수, 전 인천대 사회적경제연구센터장
정치경제학, 도시공간정치경제학, 사회적경제론 전공
주요 논저 :
『다중스케일 관점에서 본 인천의 공업단지』(공저)
『지역만들기의 정치경제학 – 주민이 직접 만드는 순환형 지역경제』(역서)
『지역회복, 협동과 연대의 경제에서 찾다』(저서)

민운기

스페이스빔 대표, 인천·도시·문화 비평지 격월간 『시각』 편집주간
서울대학교 미술대학 서양화과 및 동대학원 졸업
주요 논저 :
『인천 배다리 시간, 장소, 사람들』(공저)
국토연구원 편, 『창조도시를 넘어서』(공저)
『골목길 숨은 보물찾기』(공저)

이희환

인천도시공공성네트워크 공동대표, 계간 『황해문화』 편집위원
한국현대문학 전공
주요 논저 :
『인천아, 너는 엇더한 도시? – 근대도시 인천의 역사·문화·공간』(저서)
『문학으로 인천을 읽다』(저서)
『이방인의 눈에 비친 제물포 – 인천개항사를 통해 본 식민근대』(저서)

인천학연구총서 42

인천의 도시공간과 커먼즈, 도시에 대한 권리

2019년 2월 28일 초판 1쇄

기 획 인천대학교 인천학연구원
지은이 양준호·민운기·이희환
펴낸이 김흥국
펴낸곳 보고사

등록 1990년 12월 13일 제6-0429호
주소 경기도 파주시 회동길 337-15 2층
전화 031-955-9797(대표)
     02-922-5120~1(편집), 02-922-2246(영업)
팩스 02-922-6990
메일 kanapub3@naver.com / bogosabooks@naver.com
http://www.bogosabooks.co.kr

ISBN 979-11-5516-873-8   94300
     979-11-5516-336-8   (세트)
ⓒ 양준호·민운기·이희환, 2019